I0038895

Gentopia

das gelobte Land

SCIVIAS VERLAG

PO BOX 45931

MADISON, 53744

WISCONSIN, USA

Bibliographische Information der Deutschen Bibliothek:
Die Deutsche Nationalbibliothek verzeichnet diese
Publikation in der Deutschen Nationalbibliographie;
nähere Angaben im Internet unter http://dnb.ddb.de

ISBN: 978-0-9600695-0-7

Gentopia
das gelobte Land
Dr. med. vet. Edith Breburda

1. Auflage August 2019

© Edith Breburda

ALLE RECHTE VORBEHALTEN

ILLUSTRATIONEN UND UMSCHLAG

COPYRIGHT EDITH BREBURDA

Eine Vervielfältigung, Verbreitung, Bereithaltung zum Abruf oder Online-Zugänglichmachung, Übernahme des Werkes, sonstiger Inhalte (z.B. Bilder) ganz oder teilweise, in veränderter oder unveränderter Form, ist nur nach vorheriger ausdrücklicher Zustimmung der Autorin zulässig.

V

In liebevollem Gedenken an meine Eltern:

Hildegard Anna Josefine Margarete Breburda, geb. Scheid,
Apothekerin -

und Josef Eduard Breburda,

Univ.-Prof., Prof. h.c. der Academia Sinica der Universität
Nanking/ China, Dr. agr., Dr. agr. habil., Dr. h.c. der Universität
Kazan/ Tatarstan, Russland; Träger des Bundesverdienstkreuzes
1. Klasse; Mitglied des Collegium Carolinum.

Epigraph

Ein insgesamt zwölfjähriges Studium der Medizin, Tiermedizin, und einige Semester der Agrarwissenschaften und Psychologie sowie richtungsweisende wissenschaftliche Forschungsarbeiten an hochrangigen Universitäten Deutschlands und den USA, unter anderem am Wisconsin National Primate Research Center, an der Universität von Wisconsin-Madison, das zum U.S. Nationalen *Institute-of-Health* gehört, veranlassen mich, dieses Buch für Sie zu schreiben, um Ihnen einen aktuellen Kenntnisstand über die Hintergründe, Entwicklungen sowie Risiken und *Nebenwirkungen* der neuesten Biotechnologien zu vermitteln.

Eine Entscheidung, wie Sie die neuesten Errungenschaften einstufen, bleibt Ihnen überlassen. Doch das, was sie hier lesen werden, können Sie wahrscheinlich selten in einem einzigen Buch finden. Ich spreche nicht allein von der interdisziplinären Thematik, sondern von Visionen, Zielen und Hindernissen, die offen und ohne ein Blatt vor den Mund zu nehmen veranschaulicht werden.

Um Ihnen diese Botschaft mitzuteilen, habe ich, wie bereits in zwei von meinen publizierten Büchern: *"Globale Chemisierung, vernichten wir uns selbst"*, und *"Reproduktive Freiheit, free for what?"* eine Metapher - in dem Journalisten Leonhard - gewählt, um zentrale Themen herauszustellen. Damit soll ein eher langweiliges Thema in eine Geschichte eingebunden werden, um dieses Buch für Sie lesenswert, unterhaltsam, transparent und leicht verständlich zu machen.

Dr. med. vet. Edith Elisabeth Maria Breburda

VII

Vorwort der Autorin:

Das Klima der Debatte, inwieweit der Mensch die Ressourcen unseres Planeten weiterhin ausbeuten darf, hat sich geändert. Wahrheit und Fakten stehen nicht mehr im Vordergrund. Stattdessen bleiben ungeheuerliche Übertreibungen unangefochten. Unwissenschaftliche Spekulationen werden ohne weitere Nachfrage akzeptiert. Wissenschaftler, die es wagen, diesem Trend Einhalt zu gebieten, verlieren ihre Stelle, und damit ihre ganze Existenz.

Doch wenn wir genauer hinschauen, bemerken wir, wie toxisch nicht nur unsere Umwelt geworden ist. Zwillingskrankheiten wie Adipositas und Diabetes nehmen in einem noch nie gesehenen Umfang zu, sodass die Lebenserwartung unserer Kinder abnimmt.

Aber erheben neue Biotechnologien nicht gerade den Anspruch, ein ewiges Leben schon hier auf Erden zu erhalten? Ein glückliches Dasein, das frei von Schmerzen und Krankheiten sein soll?

Und möchten wir nicht mithilfe der Gentechnik selber bestimmen, welche Eigenschaften unsere Nachkommen haben dürfen? Dafür kommen immer mehr *Tools* auf den Markt. Eigentlich kann man in seinem Hintergarten mit einem relativ billigen CRISPR-Cas9 Kit die Welt nach seinen Wünschen verändern.

Auch wenn wahrscheinlich vorerst nur mit Pflanzen oder Insekten experimentiert wird, sind wir dennoch in der Lage, eventuell Pollinatoren auszurotten. Damit wird unsere Landwirtschaft nicht mehr fähig, die Welt zu ernähren.

Doch daran denken wir in unserer Euphorie über die uns gegebene Macht wahrscheinlich nicht länger nach.

Biotechnologien schreiten so schnell voran, dass Gesetzesgeber und Bioethiker keine Chance haben, einer aufklaffenden Schlucht Einhalt zu gebieten. Nichts und niemand reguliert unseren Forschungsdrang, die Welt nach unseren Vorstellungen zu gestalten.

Aber wenn wir nur noch uns selbst Rechenschaft abgeben müssen, übersehen wir allzu leicht die Notlage, in die wir unsere Mitmenschen und unseren geliebten Planeten bringen.

Früher hat man den Wissenschaftler als den Heilsbringer angesehen. Denken wir nur an die Entdeckung des deutschen Mediziners Paul Ehrlich (1854-1915), der 1910 mit *Salvarsan* in der Lage war, die Geschlechtskrankheit Syphilis zu heilen. Doch nur 100 Jahre später berichtete das Institut für Arbeitsmedizin, Sozialmedizin und Umweltmedizin der Goethe-Universität in Frankfurt von einer Zunahme von sexuell übertragenen Krankheiten (besonders von Syphilis).

Mit der Erfindung der Atomkraft sah man Wissenschaftler mit anderen Augen. Forschung hatte einen bedrohenden *Touch* angenommen. Wie wir sie nutzen, bleibt mehr und mehr fusionierenden Groß-Konzernen überlassen. Am liebsten würden sie alles, was lebt, mit einem Patent versehen, um sich die Alleinherrschaft über die Natur und nachwachsenden Rohstoffe zu sichern. Unsere Intention kann noch so gut sein. Wenn uns jedoch das nötige Wissen und die Umsicht fehlen, wandelt sich die Biotechnologie vom Freund zum Feind.

Inhaltsverzeichnis

1. Transparenz einer Technologie

1.1 Der Junge aus Gentopia

„ **W**elchen Teil von *NEIN* verstehen Sie nicht", fragt Frau Horrorwitz unwirsch. „Gehen Sie endlich. Mein Chef hat keine Zeit für Sie. Journalisten sind hier unerwünscht. Haben Sie nicht das Schild gesehen?"

„Aber", wagt Leonhard einzuwenden. „Aber was? Meinen Sie etwa, Direktor Grimm möchte Ihretwegen im Gefängnis landen? Das kann nicht Ihre Intention sein. Deshalb rate ich Ihnen dringend zu verschwinden. Oder soll ich die Polizei holen? Was meinen Sie denn, wer Sie sind? Da könnte jeder kommen und um Asyl für einen Banditen bitten. Jawohl Bandit! Ich weiß ganz genau, was Sie wollen. Der Junge, der geholfen hat, Mais aus Amerika über Deutschland nach China zu schmuggeln. Man weiß ja gar nicht, wo er herkommt. Zu guter Letzt ist er ein Außerirdischer. Er stammelte etwas von Gentopia. Dieses Land kenne ich nicht. Vielleicht kommt er von einem anderen Planeten. Ich bin bestens informiert, also gehen Sie, aber schnell!"

„Der Junge sprach im Delirium! Sie können das nicht auf die Waagschale werfen", verteidigt sich Leonhard.

„Verlassen Sie sofort den Raum", herrscht ihn die Vorzimmerdame mit hoher Stimme an. Ihre Gebärde verriet dennoch ihre Unsicherheit. Ohne Widerrede geht Leonhard zur Tür der Einwanderungs-Agentur. Als er nach seiner Jacke greift, sieht er eine vornehme Dame. Dann hört er den Direktor: „Frau Bonhomo, es ist eine ganz hervorragende Idee. Natürlich wird die Bibliothek Ihren Namen tragen."

Traurig trottet Leonhard die Treppe hinunter. Es wundert ihn nicht, vor dem Gebäude einen Mercedes GLE 450 zu sehen. Der Chauffeur kratzt eine tote Fliege von der Windschutzscheibe der

Luxuslimousine. So ein seltenes Modell kennt man eigentlich nur aus *Jurassic-Park*, dem Sciencefiction-Movie über wiederauferstandene Dinosaurier, die aus prähistorischer DNA rekonstruiert wurden.

Was will also die Sekretärin? Warum macht sie einen ganz normal aussehenden Jungen so schlecht? Leonhard konnte an ihm nichts *Außerirdisches* finden. So leicht hat es sich noch nie jemand gemacht. Wie der Junge dazu kam, zusammen mit den Maispflanzen nach Deutschland zu reisen, war wirklich ein Rätsel! Trotzdem, es ist eine bloße Anmaßung, zu behaupten, er sei von einem anderen Planeten.

Ein paar Wissenschaftler und Professor Anderson vermuten, dass der blinde Passagier aus einem Land kam, in dem gentechnische Forschung betrieben wurde. Erst vor kurzem stand im *US-Science Magazin* ein Artikel über patentierten Genmais. Die Aufregung war enorm. Als Insider hatte Professor Anderson einen noch nicht veröffentlichten Vordruck erhalten. Man berichtete darin über Chinas Genmaisspionage. Seit Jahren versucht dieses Land, Saatgut von großen Agrarkonzernen wie Monsanto, LG-Seeds und DuPont-Pioneer zu analysieren.

Das *Reich der Mitte* verfügt nicht über eigene Mittel, um in eine kostenintensive Genmaisforschung zu investieren. Deswegen haben Angestellte der chinesischen Landwirtschaftsfirma Dabeinong Technology Group Co. (DBN) Genmais von amerikanischen Feldern gestohlen. In Illinois, Indiana und Iowa gruben sie entweder Maissetzlinge aus oder sie entwendeten nur die Maisohren. Manchmal besorgten sie sich Saatgut auf legalem Weg.

Die Kollaborateure erwarben im Mittleren Westen der USA eine Lagerhalle und dreizehn Hektar Land. Sie nahmen sogar in Kauf, mit dieser Aktion Nagetiere anzulocken.

Im Dezember 2013 ließen FBI-Agenten Mo Hailong und seine fünf *Mitarbeiter* auffliegen. Ende Juni 2014 wurde auch Dr. Mo Yun von der Forschungseinrichtung in Peking festgenommen.

Mo Yun ist die Frau des DBN Chefs Shao Genhou und die Schwester von Mo Hailong. Alle Verhafteten wurden angeklagt, Geschäftsgeheimnisse ausspioniert zu haben. Wobei Mo Yun die patentierten US-Hybrid-Sorten bereits anpflanzen konnte. In China herrschen die gleichen Anbaubedingungen wie in den USA.

Eigentlich waren Mo Yun und ihre Kollegen mit den staatlichen Saatgutkonzernen sehr unzufrieden. <Für Forschung im privaten Sektor gibt es kaum Geld>, erklärte Huang Jikun, Direktor der Chinesischen Akademie der Wissenschaften am Zentrum für Landwirtschaftspolitik in Peking.

US-Ernährungswissenschaftler Pray von der New Jersey Universität in Brunswick kennt das Dilemma seiner chinesischen Kollegen. Nur ein paar private Firmen betreiben eine vernünftige Saatgut-Forschung. Das Saatgutunternehmen DuPont-Pioneer arbeitet als eines der wenigen Konzerne mit China zusammen. Zudem schränkte die Regierung die Kooperation mit US-Agrarkonzernen ganz bewusst ein. Außerdem möchte sie die staatliche Kontrolle über neue Technologien nicht lockern.

Dr. Pray erläuterte, dass China bisher nur eine einzige US-Hybrid-Sorte zugelassen hat. Diese restriktive Vorgehensweise war so gesehen eine Einladung, Spionage zu betreiben. Man nahm an, schneller und kostengünstiger am Ziel zu sein, wenn man das Patent umgeht und US-Saatgut nach China holt.[1] Dies bestätigt die Vermutung der US-Staatsanwälte, dass China schon seit einiger Zeit Mais aus Amerika schmuggelt. Wie man sich vorstellen kann, trifft es die USA besonders, wenn Chinesen ihren patentierten Genmais ausspionieren.

Die alljährliche Wisconsin World-Diary-Expo bot eine gute Gelegenheit, den geklauten Mais mit den Ausstellungstieren zu transportieren. Als US-Frachtkisten in Deutschland in ein chinesisches Flugzeug umgeladen wurden, entdeckte man einen blinden Passagier. Er rief, zwischen Maiskolben versteckt, lautstark um Hilfe. Der Fund sorgte für große Aufregung.

15

Auf den beliebtesten sozialen Netzwerken: Twitter, Facebook, LinkedIn, MySpace, YouTube, Google Wave u.a., stiegen die <*Klicks der Follower*> rasant an. In Windeseile verbreitete sich die Nachricht, ohne dass man viel dazutun musste. Zumindest handelte es sich bei dieser Sache um etwas anderes, als einen chinesischen Arzt in der Karwoche 2017 aus einem amerikanischen Flugzeug zu prügeln, weil die *Flugzeugcrew* die Sitzplätze brauchte.

Wie der Junge die Reise überstehen konnte, war vielen ein Rätsel. Der vollkommen unterkühlte und dehydrierte Jugendliche wurde sofort ins Krankenhaus gebracht. Dann verständigte man Prof. Anderson. Man vermutete, der Lehrstuhlinhaber für Phytomedizin und Pflanzenzüchtung könnte bestimmt weiterhelfen. Ein berühmter Universitätsprofessor hat, wie natürlich jeder andere Wissenschaftler, keine Zeit, um sich mit Nebenschauplätzen abzugeben. Doch, wozu kennt man einen jungen Journalisten? Der Forscher verlässt sich ganz auf Leonhard.

„Es ist schwer einzuschätzen, inwieweit der junge Mann involviert ist, über den sich alle so aufregen. Ich muss versuchen, ihn so gut wie möglich aus all dem rauszuhalten und sehr vorsichtig sein. In Zukunft überlege ich mir genau, wem ich etwas anvertraue", denkt sich Leonhard. Ein Lächeln huscht über sein Gesicht. Trotzdem, das Verhalten der Sekretärin der Visumsbehörde ist nicht zu entschuldigen. Warum hat sie Leonhard so harsch abgewiesen, als er um Asyl für den Jungen bat? Die Reaktion von Frau Horrorwitz kränkt ihn immer noch. Seinen Vater kann der junge Journalist nicht einschalten. Er ist auf einem evangelischen Kirchentag und wartet darauf, mit dem vormaligen Präsidenten der USA zu sprechen. Im Jahr des lutherischen Reformationsjubiläums muss Leonhard alleine mit seinen Problemen fertig werden. Vielleicht kam der Junge tatsächlich nach Deutschland, um uns zu warnen? Leonards Kopf ist gefüllt mit all dem, was er bis dato über die Feldfrucht und ihre genetisch manipulierten Organismen (GMO) recherchiert hatte, als er ziellos durch die Straßen der Stadt irrt.

1.2 Privatier Mais

Mais dient seit etwa 9.000 Jahren als Nahrungsmittel. Damals begannen die Menschen im heutigen Mexiko und Peru, das Wildgras Teosinte zu domestizieren. Blüte und Chromosomenanzahl hat sich seitdem nicht verändert. Sie existieren noch heute in unserem Kulturmais. Dennoch, Teosinte hatte niemals Kolben.

Die Entwicklung des Wildgrases in die heutigen schätzungsweise 50.000 Sorten wird als eine der größten Errungenschaften der Menschheit angesehen. Die weltweit wichtigste Nutzpflanze dient in Entwicklungsländern als Nahrungsmittel. In Industrieländern verarbeitet man sie als Tierfutter und Energierohstoff. Ihr Stärkegehalt ist Ausgangsprodukt für Biokunststoffe und Fermentations-Rohstoffe usw.

Archäologen zufolge wurde Mais 3.000 bis 5.000 Jahre vor Christus angebaut. 1960 erforschte der bekannte U.S.-Archäologe Richard MacNeish die Höhlen im mexikanischen Tehuacán Tal. Er fand in der Metropole der frühen Landwirtschaft kleine, gut erhaltene Maiskolben, die er grob 5.300 Jahre alt schätzte. Sie beinhalteten etwa 50 Körner. Wohingegen unsere modernen Maiskolben bis zu 1.000 Körner fassen können.

Jahre später wollte der Genetiker Jean-Philippe Vielle-Calzada vom nationalen mexikanischen Gen- und Artenvielfalt Forschungs-Zentrums in Irapuato herausfinden, welche Gene zur Domestizierung des Maises beigetragen haben. Der Forscher fürchtete jedoch, dass die Kolben aus dem Museum zu sehr geschädigt sind und einer Genanalyse nicht mehr standhalten würden. Kurzerhand entschieden sich Jean-Philippe und sein Team, die Fundorte selber aufzusuchen. Sie stießen auf Angel Garcia Cook, einen ehemaligen Studenten des Archäologen Richard MacNeish.

Als Cook das erste Mal mit dem inzwischen verstorbenen Professor reiste, war er 21 Jahre alt. Im Alter von 73 kam er nun wieder zu den Fundorten. Angel Gracia hatte noch alle Karten von 1960 und wusste genau, wo man graben musste. Dank seiner Hilfe, konnten erneut mehrere 5.000 Jahre alte Kolben in der Marcos Höhle sichergestellt werden.

Es gelang den Wissenschaftlern, 35 Prozent der Gensequenz zu rekonstruieren. Zu ihrem Erstaunen fanden sie in dem Paläogen der Pflanze einige Bestandteile, die noch heute in den modernen Maiszüchtungen vorkommen.

Bei der Domestizierung von Pflanzen bevorzugte man ihre guten Eigenschaften und verbessert sie durch Kreuzungen mit anderen Sorten. Das Zuchtverfahren überdauerte das 16. Jahrhundert, in welchem Christoph Kolumbus Mais nach Europa importierte. Spanien kultivierte die Pflanze seit 1525.

Die architektonische Struktur der über 5.000 Jahre alten Pflanze konnte jedoch erst 2016 analysiert werden. Forscher erhielten dadurch einen genauen Einblick in die Gene, die zur Züchtung der Maispflanze herangezogen wurden.[2]

Ursprünglich handelte es sich um eine reine Futterpflanze. Unser heutiger Zuckermais entwickelte sich zufällig durch ein mutiertes Gen, welches sich während einer Pflanzenseuche bildete. Heute verändern moderne Biotechnologien unser Pflanzengenom gezielt. Wir überlassen dies nicht mehr den Launen der Natur. So erhalten wir in kürzester Zeit die erwünschte, hochwertige Futterpflanze.

Seit dem 19. Jahrhundert wird Mais in unseren Breitengraden zu etwa einem Prozent angebaut. Die Pflanze war nur von Interesse, wenn sie auch in kühleren Regionen gedeiht. 1970 entwickelte die Agrarforschung Sorten, die den mitteleuropäischen Standorten angepasst waren. Doch immer wieder sind die Bedingungen für eine gute Ernte suboptimal.[3]

Oft mindern Auflaufkrankheiten wie z.B.: die Wurzel-, Keimlings-, Stängel- und Kolbenfäule, der Maisbeulenbrand (siehe Bild), der Maisrost und die Blattfleckenkrankheit den Ernteerfolg.

Hinzu kamen Parasiten: der Drahtwurm, der westliche Maiswurzelbohrer, die Fritfliege, die Ackerschnecken, die Baumwoll-Kapseleule, der Baumwollkapselbohrer und der Maiszünsler, die zu einem Rückgang des Wachstums führen. Ein Schrumpfen der Korngröße ist unausweichlich für einen Ernteverlust verantwortlich.

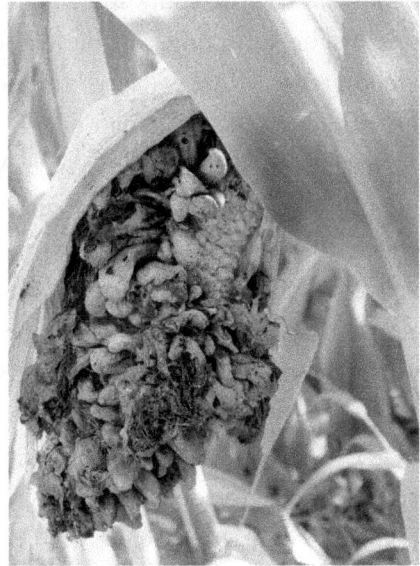

Weltweit wird am häufigsten Mais angebaut, wobei USA und China die größten Produzenten sind. Vor allem in Afrika und Lateinamerika dient die schnell wachsende Pflanze als Grundnahrungsmittel.

In Industrieländern, wie bei uns in Deutschland, wird Silo-Mais als Futtermittel eingelagert. Daneben hat Energiemais für die Verbrennung in Biogasanlagen und als Biokraftstoff eine zunehmende Bedeutung.[4]

Moderne Techniken sollten die Arbeit der Landwirte nicht nur erleichtern, sondern gleichzeitig die Produktion steigern. Mais wird oft als Monokultur angebaut. Dies fördert den Schadinsektenbefall, was zu einem Ernteverlust von bis zu 20 Prozent führen kann. Der daraufhin folgende vermehrte Einsatz von Insektiziden beeinträchtigte Menschen, Natur und Umwelt.

Mitte der 90iger Jahre kamen genmanipulierte Pflanzen auf den Markt, um die Pestizidausbringung einzudämmen. Gentechnisch veränderte Pflanzen vernichten Fraßfeinde, indem sie selber Insektizide produzieren. Um das zu ermöglichen, wurde in das Genom der Nutzpflanze das Bakterium Bacillus-thuringiensis (Bt) eingeschleust. Jede einzelne Maiszelle, d.h. Blätter, Stängeln, Wurzeln, Pollen, Kolben, beinhaltete nun das Toxin. Ebenso sind sie in der Lage, Herbizide zu tolerieren. 1911 gab der deutsche Forscher Ernst Berliner dem Bodenbakterium seinen Namen. 200 verschiedene Bt-Toxine töten die bedeutendsten Insektenschädlinge ab. Es existiert eine Insektenarten-spezifische Ordnung, auf die das Gift unterschiedlich wirkt. An erster Stelle stehen Käfer, dann kommen: Schmetterlinge, Hautflügler und Zweiflügler sowie Nematoden. Auf Pflanzen, Wirbeltieren und uns Menschen sollen Bt-Toxine keine Wirkungen haben.

1938 wendete die ökologische Landwirtschaft in Frankreich die ersten Bt-Toxin-Insektizide in Form von Suspensionen an. Erst 1950, zog die USA nach. Biologische Schädlingsbekämpfungsmittel, die im Kartoffel-, Wein-, Obst- Gemüseanbau sowie in öffentlichen Grünflächen und in der Forstwirtschaft angewendet werden, bestehen zu 90% aus Bt-Präparaten.

Das Insektizid wird vor allem in der Forstwirtschaft eingesetzt. Als erste Spezies wurde 1980 die Kohlschabe gegen Bt-Toxine resistent.[5] Die Bt-Gene der Unterart B. thuringiensis israelensis ist für verschiedene Stechmücken toxisch. Bisher haben die Insekten noch keine Resistenzen gegen das Gift entwickelt.

Mückenarten der Gattungen Aedes, Culex und Anopheles können Krankheiten wie Malaria, Denguefieber oder die parasitär übertragene Flussblindheit Onchozerkose übertragen. Seit einiger Zeit stehen sie auch in dem Verdacht, die mit Zika-Virus assoziierten Entwicklungsstörungen des Ungeborenen, die zu einer Mikrozephalie (kleinerer Kopf des Babys) führen, auszulösen.

Bereits 1983 implementierte der afrikanische Kontinent ein Insektenschutzmittel, welches zu 80% Bt-Toxine enthielt. Durch diese Maßnahme haben schätzungsweise 15 Millionen Kinder überlebt.

In transgenen Pflanzen wurden Bt-Toxine 1996 zugelassen. Seit dem erhöhten sich die Anbauflächen dieser Sorten rapide.[6]

Die Innovation genetischer Pflanzen ist es, Schädlinge zu bekämpfen und Unkrautmittel zu dulden. Es dauerte nicht lange, bis die verabreichten Chemikalien, die eigentlich nur den Pflanzen nicht schaden sollten, auch ineffizient für Herbizide (und Insektizide) wurden. Ein Phänomen, das man von der langjährigen Anwendung anderer Pestizide kennt und von dem Bt-Proteine, gegen die Insekten resistent wurden, nicht abweichen.

Oder anders gesagt, herbizidtolerante und insektenresistente Gen-Pflanzen führten zur Entstehung von herbizidresistenten Unkräutern, die man Superweeds nennt, und zu resistenten Schädlingen, die als Superbugs oder Superpests bezeichnet werden. Um diesen Resistenzen entgegenzuwirken, wurde letztendlich der Anteil von Pestiziden nicht wie geplant reduziert, sondern nahm sogar zu.

Wie man sich vorstellen kann, wollen Verbraucher keine Pflanzenschutzmittelrückstände in Lebensmitteln. In ihrem Buch *"Der stumme Frühling"* lenkte Rachel Carson bereits 1962 die Aufmerksamkeit auf gesundheitliche Risiken, die von Pflanzenschutzmitteln ausgehen. Carson's Publikation ist nach wie vor ein internationaler Klassiker. Sie hat einen wesentlichen Anteil zur Gründung von Umweltbewegungen geleistet.[7]

Jahrzehnte danach sehen wir GMO-Pflanzen als die zumeist mit Chemikalien belasteten Nahrungsmittel an. GMO-Sorten werden ausschließlich mit ihren spezifischen Chemikalien, gegen die sie tolerant sind, verkauft. Es gibt sie nur im Doppelpack. Agrarkonzerne erzeugen damit ein steigendes Abhängigkeitsverhältnis. Weiterhin ist patentiertes Saatgut steril. Durch Genmanipulation keimt es nur einmal aus. Bei der sogenannten Terminator-Technologie können bestimmte Genfunktionen -wie z.B. die Reproduktion- unterbunden werden. Landwirte haben keine andere Wahl, als jedes Jahr neue *Terminatorpflanzen* zu kaufen. Sie haben nicht die Genehmigung, transgene Pflanzen zu vermehren oder zu lagern.

So gesehen entwickeln sich patentierte transgene Pflanzen zu einem kostspieligen Unterfangen. Kleinere Unternehmen stehen vor großen Herausforderungen, herkömmliche Pflanzen anzubauen. Immer wieder hört man davon, dass Genpflanzen nicht Genpflanzen kontaminieren, wohingegen Genpflanzen nicht widerstandsfähiger gegen Krankheiten, Dürre und Überschwemmungen sind. Sie bringen nur höhere Erträge ein, solange sich keine Resistenzen ausbilden.

Dauerhaft erwirtschaften Genpflanzen-Betriebe weniger Gewinne. Eine nicht unbedeutende Rolle spielen Anbaupraktiken, welche der Bodenfruchtbarkeit schaden. Zudem sind konventionell gezüchtete Pflanzen, die an die jeweiligen Standorte und das Klima angepasst sind, wettbewerbsfähiger.[8]

Greenpeace warnt schon lange vor einer industriellen Landwirtschaft. Die Behauptung, sie würde in der Lage sein, die Weltbevölkerung zu ernähren, sei schlichtweg irreführend. Sie besitzt nicht das Potential, gegen Dürrekatastrophen immun und gegen Fraßschädlinge gewappnet zu sein.

Die Organisation wehrt sich gegen eine Technik, die unsere Ernährung ungesund macht. Ihrer Meinung nach sollte eine Pflanze niemals zum Privatbesitz eines Unternehmens werden. Eine in Monokultur angebaute Feldfrucht beeinflusst unsere Umwelt und vor allem schadet sie den wichtigsten Pollinatoren.

Ebenfalls existieren kaum unabhängige Einrichtungen, welche Genpflanzen bedingte Umwelt- und Gesundheitsrisiken überwachen. Wissenschaftler, die nicht für große Agrarkonzerne arbeiten, erhalten meist keinen Einblick in (Feld-) Studien. Wenn es dennoch jemand wagt, die Risiken von Gentechnik aufzuzeigen, wird er oft mundtot gemacht.

<Wir leben in einer Zeit, in der selbst ein harmloser Scherz die ganze Karriere kosten kann>, bemerkte neulich Anna Peele in einem Interview mit den bekannten Komödianten: Kathy Griffin, Roy Wood Jr., Mike Birbiglia, Aparna Nancherla, and Hasan Minhaj.[9]

Engdahl, berühmt durch sein Buch *"Seed of Destruction"*, erläuterte bereits 2007: <Was passiert, wenn jemand Missstände aufdeckt? Nehmen wir als Beispiel genmanipulierten Mais, der auf Druck von Regierungen und Agrarkonzernen und deren fraglichen Interessen angebaut wird. Ein sogenannter Whistleblower wird oft verleumdet und als inkompetent bezeichnet. Schließlich wird er grundlos entlassen. Ohne Versicherungen, Rente und Krankenkasse findet er sich auf der Straße wieder. Dies ist ein teurer Preis, für die Wahrheit einzustehen.

Leute überlegen sich sehr genau, ob es sich lohnt, ihre Karriere aufs Spiel zu setzen, denn allzu oft erhält der *Whistleblower* keinen Schutz. Zu mächtig sind die Unternehmen. Sie haben viele Wege, einem unerwünschten Mitarbeiter Repressionen aufzulegen, sodass er keine andere Wahl hat, als selber zu kündigen.[10]>

Laut Engdahl bleiben Nahrungsmittel, welche Risikofaktoren für unsere Gesundheit beinhalten, auf dem Markt. Sie bekommen zudem meist keine adäquate Kennzeichnung. Oft werden Tatsachen bewusst unter den Tisch gekehrt, damit kein Konflikt entsteht, der den erhofften Profit gefährden könnte.[11]

Greenpeace legt großen Wert auf eine *transparente* Aufklärung. Sie sind der Meinung, dass Gentechnik ein nicht kalkulierbares Risiko in sich birgt: <Sollten wir die Verbraucher nicht lieber schützen, anstatt sie als Versuchskaninchen zu betrachten? Unsere Umwelt, unsere Ackerböden, das Wertvollste, was wir haben, werden mehr und mehr vergiftet. Selten werden die Karten auf den Tisch gelegt. Stattdessen beschwichtigen uns Agrarkonzerne mit ihren utopischen Visionen. Mithilfe der Gentechnik den Welthunger zu bekämpfen, ist nichts anderes als eine irreführende Marketingpropaganda.>

Niemals wird jedoch Greenpeace damit aufhören, sich für eine gesündere Umwelt einzusetzen. Unabhängig davon, was sich ihnen in den Weg stellen sollte, werden sie auf Missstände hinweisen. Unser zerbrechlicher Planet verdient es, eine Stimme zu haben.[12]

Schauen wir zum Beispiel auf Bt-Toxine. Im Prinzip soll sich Bazillus Turingiensis im Darmtrakt der Pflanzen-Fraßfeinde zersetzten. Das Gift bildet eine Kristallstruktur, die sich nur bei dem im Insektendarm spezifischen ph-Wert öffnet. Es handelt sich um ein Protoxin, welches durch spezifische Rezeptoren aktiviert wird.

Dass Bt-Pflanzen damit nicht nur die braungelbe Raupe des Maiszünslers vernichten, sondern auch die natürlichen Feinde der Schadinsekten wie u.a. die Florfliegenlarve oder die Schlupfwespe, kann durchaus passieren.

In einer Deutsch-/Holländisch-/Englischen Studie gingen Entomologen dieser Frage nach. Sie beobachteten Insektenpopulation in 63 verschiedenen Gebieten Deutschlands. In einem Zeitraum von 1989-2016 wurden alle 11,5 Tage Proben von Ungeziefer genommen. Vor allem im Hochsommer, wo sie eigentlich ausnahmslos schwärmen, waren sie fast verschwunden. <Im Laufe der Zeit sind uns kaum noch Insekten ins Netz gegangen. Ihr Überfluss hat innerhalb ein paar Dekaden drastisch abgenommen. Wir sind auf sie als Bestäuber, als Futter für unsere Vögel, Fische und Amphibien, angewiesen. Diese kleinen *Herbivoren* tragen am meisten für ein biologisches Gleichgewicht bei>, erklärt Caspar Hallmann, Doktorand der Holländischen Radboud Universität.

<Ungeziefer sind für unseren Planeten lebensnotwendig. Wenn wir keine Insekten mehr haben, bekommen wir ein großes Problem>, bemerkt Prof. Richard Redak von der Universität in Kalifornien, Riverside, in seinem Buch: *"Bugs-Rule!"* <Die Abnahme der Insektenpopulation ist jetzt schon katastrophal. Sie beeinflusst jeden Aspekt unseres Lebens: unser Essen wie unsere Früchte und Gemüse, unsere Häuser (die in den USA meist aus Holz gebaut werden), unsere Baumwolle oder Seide, ja selbst unseren Müll, den sie *zersetzen*; einfach alles verdanken wir ihrem Zutun.

Jede Pflanze ist von *guten* Insekten abhängig. Sie hat auch mit Fraßfeinden zu tun. Bei ihrem Wachstum übernehmen allerdings

Pestizidinsekten die kleinere Rolle. Sie verursachen nicht die Probleme, die wir in unserem ökologischen System haben. Wenn wir jedoch eine 76-prozentige, ja sogar die 82% Abnahme der Insektenpopulation verzeichnen, hat das verheerende Konsequenzen.>

Mit dem Wegbleiben der Insekten vermerkte man in Holland bereits ein Vogelsterben. In den letzten Jahren sind die Temperaturen in Europa angestiegen. So gesehen hätten sich Insekten schneller vermehren sollen.

Es existieren verschiedene Hypothesen, warum Insekten abnehmen. Der zunehmende Gebrauch von Pestiziden ist eine davon. Ferner könnte es durch die Veränderungen der landwirtschaftlichen Anbaumethoden dazu kommen. Bis jetzt handelt es sich dabei nur um Vermutungen, einen Schuldigen für ein Insektensterben zu finden. Die Studie konnte jedoch keinerlei Beweise für die Annahmen liefern.[13] Dennoch rechtfertigen viele den Einsatz von GMO, weil gerade der Maiszünsler enorme Schäden anrichtet. Zudem sind Agrarkonzerne überzeugt, dass ihre Produkte keinerlei *Nebenwirkungen* haben.

1.3 Dubioser goldener Reis, eine Fehlinvestition?

„*B*ei unseren Grenzkontrollen wäre ein blinder Passagier früher oder später sowieso gefunden worden", erklärt Prof. Anderson der aufgeregten Presse, die eilend zusammenkam, um mehr über das Findelkind zu erfahren. Als ein Reporter direkt fragt, ob der Junge aus Gentopia stammt, weicht der Experte geschickt aus. Keiner hat zum jetzigen Zeitpunkt eine Antwort. Er will nicht, dass die ganze Situation eskaliert. Von einem Ort Gentopia, hatte er noch nie etwas gehört. „Wenn die Leute eine *Story* haben wollen", denkt er, „will ich ihnen gerne eine geben." Kurzentschlossen greift er zum Mikrophon.

„Wir wissen noch nicht, ob es sich um einen Spion, Schmuggler, Flüchtling oder einen harmlosen Bürger Nordamerikas, bzw. verarmten Touristen handelt. Es wird jedoch immer schwerer, Zoll- und

Handelsschranken zu umgehen. Erst neulich erblickten Zollbeamten vom Flughafen in Phoenix im US-Bundesstaat Arizona im Gepäck von Passagieren aus Saudi-Arabien einen ziemlich zerstörerischen Käfer. Um genau zu sein, handelte es sich um die schlimmsten Schädlinge auf Erden. Die Reisenden landeten am 1. Juli 2015 am Sky-Harbor-Flughafen. Sie hatten angegeben, einen Sack Reis im Handgepäck zu haben. Der Beamte erläuterte den Einreisenden, dass es verboten sei, Reis mitzubringen, weil sie den *Khapra beetle* einschleppen könnten. Die Käfer-Art, die im lateinischen *Trogoderma angustum SOL* heißt, kennen wir als *Berlin beetle*. Tatsächlich befanden sich fünf Larven des Käfers in dem mitgeführten Reis.

1953 wurde dieser Schädling das erste Mal in Kalifornien entdeckt. Nach 13 Jahren konnte das Insekt ausgerottet werden, was den Steuerzahler schon damals ein Vermögen von 15 Millionen *bucks* kostete." Prof. Anderson lacht verschmitzt. *Bucks* - ist im US-Jargon ein anderer Begriff für Dollars. Wohingegen *bug* das Wort für Ungeziefer ist.

„Nichtsdestotrotz, der Käfer ist fähig sehr lange unter trockenen Bedingungen zu leben. Sie halten sich in den schmalsten Ritzen auf. Die Reisenden wurden nicht bestraft, weil sie die Einfuhr angegeben hatten. Doch, wie man sieht, kann nicht mal das kleinste Insekt in die USA einwandern.[14]

Reis gehört zu den Grundnahrungsmitteln. In vielen armen Ländern stehen zudem nicht genügend vitaminreiche Nahrungsmittel zur Verfügung. In Afrika und Südostasien führt z.B. ein Fehlen von Provitamin-A zur Erblindung oder sogar zum Tod. Allerdings konnte zwischen 2003 und 2008 bei vierzig Prozent von unter fünfjährigen philippinischen Kindern eine Vitamin-A Unterversorgung durch Vitamin-Zusatzstoffe verhindert werden.

1992 entwickelten die Schweizer Biologen Prof. Ingo Potrykus und Prof. Peter Beyer Gen-Reis. Ihr Anliegen war es, Reis mit lebenswichtigen Vitaminen anzureichern. Wissenschaftler inserierten in die Pflanze das Reis-Gen beta-carotin. Ein Vorprodukt des Vitamin A. Technisch gesehen wird dabei ein artfremdes Gen in einen anderen Organismus übertragen. Bisher konnte man durch eine konventionelle Züchtung die Bildung von beta-carotin nicht erreichen.

Die Aspekte des Goldenen-Reises wurden 2009 bei einer Tagung der Päpstlichen-Akademie der Wissenschaften angesprochen. Diese unterstützte Prof. Potrykus in seinen Arbeiten. Auf der Titelseite des *Time Magazine* stand damals: <Dieser Reis könnte jedes Jahr Millionen Kindern das Leben retten.> Eine Massenproduktion war im Jahr 2000 noch schwieriger, weil die Pflanzen zu wenig Vitamin produzierten. Einige Wissenschaftler diskutieren heftig darüber, ob genetisch veränderter Reis herkömmlichen Sorten überlegen ist. Die Kritiken über moderne Biotechnologien halten an: <Hauptnahrungsmittel gentechnisch zu modifizierten, sei eine untaugliche Methode, welche keineswegs Unterernährung, Armut und Hunger bekämpfen kann. Es bräuchte schon eher finanzielle Mittel und einen ernsthaften politischen Willen. Allein der Aufwand, um ein isoliertes Problem zu lösen, sei zu hoch.>

Dennoch trug das internationale Reisforschungsinstitut in Manila nicht nur entscheidend zur Entwicklung des Goldenen-Reises bei, sie sind auch seine größten Befürworter. Dessen ungeachtete sind sich die Forscher nicht sicher, inwieweit ihr Produkt ausreicht, um eine Nachtblindheit zu vermeiden.

Keiner kennt die Zusammenhänge zwischen den gesundheitlichen Unverträglichkeiten oder weiß, welchen Effekt Goldener-Reis auf die

Umwelt hat. Jetzt schon verunreinigt er neben traditionellen Reissorten auch wilden Reis. Damit ist die Nahrungsmittelversorgung für mehr als die Hälfte der Erdbevölkerung nicht mehr sichergestellt. Wenn man nur genmanipulierten Reis aufnimmt, wird die Ernährung einseitig. Sich gesund zu ernähren bedeutet nicht, wieviel wir essen, sondern, was wir essen. Eine Mangelernährung kann langfristig nur durch eine Nahrungsvielfalt verhindert werden. Wir sind eigentlich gar nicht auf Goldenen-Reis angewiesen, weil mit Vitaminzusatzstoffen der gleiche Erfolg erzielt werden kann.[15]

Viele Ethiker und Philosophen vertreten die Meinung, dass der Mensch kein Recht hat, die Natur zu manipulieren. Wir wissen nicht was passiert, wenn wir einseitig in ein fein aufeinander abgestimmtes Ökosystem eingreifen. Können wir es uns leisten, auf diesem Gebiet Fehler zu machen? Vor allem, wenn diese irreversible sein werden?[16]

In letzter Zeit sind in diesem Zusammenhang viele Bedenken geäußert worden. Dennoch zeichnete das US-Patentamt 2015 das vertretende Konsortium des Goldenen-Reises mit dem *Patent for Humanity Award* aus. Diese Auszeichnung würdigte letztendlich noch eine globale humanitäre Anwendung und die Freigabe von patentierten Technologien.

Dr. Beyer und Dr. Potrykus erlangten mit ihrem Goldenen-Reis Weltruhm. Gen-Reis-Forschung wird vor allem in USA, Vietnam und auf den Philippinen durchgeführt. Die Bill und Melinda-Gates-Stiftung ist ihr größter Geldgeber. In dem neuen Projekt, *ProVitaMinRice*, wird das Lebensmittel mit weiteren Mikronährstoffen angereichert.

Der Zweck heiligt jedoch nicht immer die Mittel. Am 20. Juli 2015 wurde vom amerikanischen *Journal of Clinical Nutrition* ein Artikel zurückgezogen, weil die Untersuchungsmethoden als unethisch angesehen wurden. Die Studie sollte beweisen, dass ein Vitamin-A-Mangel bei Kindern behoben werden kann, wenn sie genetisch veränderten Reis essen. Ohne genügend Vitamin-A erblinden nicht nur viele Kinder, auch ihr Immunsystem wird geschwächt.

Im Jahr 2008 nahmen 68 acht- bis elfjährige Kinder aus der chinesischen Provinz Hunan an den ersten Versuchen teil.

Prof. Guangwen Tang von der Tufts-Universität der Vereinigten Staaten von Amerika lieferte Goldenen-Reis, Spinat und einen Vitaminzusatz nach China. Die 2012 publiziert Studie ergab, dass 100-150 Gramm Goldener-Reis ausreichten, um 60% der Vitamin-A Tagesdosis zu decken.

Greenpeace brandmarkte die Studie. Für sie sind die Kinder zu <Meerschweinchen> degradiert worden. Chinesische Medien entrüsteten sich über die Vermutung. Um den Streit zu schlichten, fanden Nachforschungen der Tufts-Universität in China und Amerika statt.

2013 wurden widersprüchliche Aussagen aufgedeckt. In einigen Fällen lag kein Einverständnis der Versuchsteilnehmer vor. Andere gaben ihre Zustimmung erst nach Versuchsbeginn. Die Universität sah sich dadurch veranlasst, Prof. Tang die Studie zu entziehen. Sie legten ihr weiterhin ein zweijähriges Versuchsverbot auf.

2014 bat Prof. Tang das Oberste Gericht von Massachusetts, ihren Artikel trotzdem im *American Journal of Clinical Nutrition* stehen zu lassen. Der Richter Kenneth Salinger kam der Bitte nicht nach. Dem ethischen Komitee in China lagen keine Beweise vor, dass die Kinder in die Studie eingewilligt hatten. Damit wurde die Studie von Prof. Tang endgültig vom Journal zurückgezogen. Professor Ingo Potrykus, der *Vater* des Goldenen-Reises, riet Prof. Tang, den Artikel woanders einzureichen.[17]

Bereits im Oktober 2013 fand im chinesischen Wuhan ein sogenanntes Reis-Bankett statt. An der Landwirtschaftlichen-Universität konnten die Gäste genveränderten Reis kosten. Unter ihnen waren 300 Befürworter des Goldenen-Reises. Viele Chinesen hoffen nun, bevorzugt genveränderten Reis anbauen zu können. Damals blieb jedoch eine Massenproduktion aus.

Schon im Jahr 2000 und 2005 hatten chinesische Wissenschaftler die Gen-Reis Sorten Goldener-Reis-1 und Goldener-Reis-2 patentieren lassen. Allerdings versah man beide Sorten im Mai 2009 nur für ein Jahr mit einem Sicherheits-Zertifikat.

Im Juli 2013 forderte Prof. Zhang von der Chinesischen Akademie der Wissenschaften der Universität in Wuhan seine Regierung auf, Gen-Reis großflächig anzubauen. Seine Versuchsschweine sind bei 90-tägigen Fütterungsversuchen weder krank geworden noch gestorben.

Wohingegen australische Eber, die 159 Tage genveränderte Ackerfrüchte zu sich nahmen, Magenprobleme erlitten. Deswegen beharren chinesische Bürger auf weiteren Versuchen, die von unabhängigen Forschern durchgeführt werden. Nur so kann man die Ergebnisse glaubwürdig machen und den Anbau rechtfertigen. Man muss bedenken, dass genveränderter Reis unweigerlich landeseigene und wilde Reis-Sorten verdrängt, worunter die Artenvielfalt leidet.

Um eigene Produkte auf den Markt zu bringen, kooperieren Gentechnik-Forscher mit Saatgut-Herstellern. Für die chinesische Regierung handelte es sich anfänglich um ein Prestigeobjekt, einen besonders widerstandsfähigen Reis zu erzeugen. Greenpeace war trotzdem erfolgreich, die Skepsis der Chinesen zu wecken. So wurde bisher eine Massenproduktion von Gen-Reis verhindert.[18]

Ein Agrarchemiekonzern, der unter anderem an der Entwicklung des Goldenen-Reises teilgenommen hatte, gab an, seine Ware nur aus humanitären Gründen zur Verfügung zu stellen. Es sei ihr einziges und alleiniges Interesse, die Folgen der Mangelernährung in Entwicklungsländern zu bekämpfen. Fragwürdig waren allerdings Bestrebungen aus dem Jahr 2001. Damals wollte dieser Pharmakonzern Gen-Reis über alle Stufen der Saatgut- und Lebensmittelproduktion patentieren lassen. Damit wäre ihm ein Monopol zugesprochen worden, denn ein Patent dient dem Schutz kommerzieller Interessen.

Greenpeace fand heraus, dass der Konzern nicht nur ein Patent auf Goldenen-Reis angemeldet hatte, sondern auch auf wesentliche Teile des Genoms anderer Reissorten und Nutzpflanzen. Tatsächlich wollten sie damit weltweit wesentliche Kernbereiche der

Pflanzenzüchtung monopolisieren. Forschern wurde der Einblick in die Genzusammenstellung des Goldenen-Reises nur dann erlaubt, wenn sie die Bedingungen gemäß den Lizenzverträgen einhielten. De Facto deutete dieses Verhalten auf ein kommerzielles Interesse hin.

Die Firma meldete im März 2004 das Patent mit der Nummer WO 04-085656 auf Golden-Reis an, welches in Europa, Nord-Amerika und hundert anderen Ländern, darunter Indien, China, Philippinen, Vietnam sowie in 16 afrikanischen Ländern, Geltung gehabt hätte. Es wurde behauptet, genmanipuliertes Saatgut kostenlos an die Landwirte der Entwicklungsländer abzugeben. Diese Handlung schloss ein zukünftiges geschäftliches Interesse jedoch nicht aus.[19]

Die Genome von *Golden-Rice* patentieren zu lassen, war für Greenpeace unakzeptabel. Der Nobelpreisträger und Mitbegründer des Human Genome Projekt, Sir John Sulston kritisierte den betreffenden Konzern: <Forschungsergebnisse müssen in Datenbanken veröffentlicht werden, damit jeder Zugang hat.[20]>

Derartige umfassende Patente eines Saatgutkonzerns würden nicht nur die Forschung beeinträchtigten, es hat auch Auswirkungen auf die Züchtung und nicht zuletzt auf die Existenz der Landwirte und damit auf die Sicherung der Welternährung.[21] Es handelte sich bei den am Anfang des 21. Jahrhunderts angemeldeten Patenten auch nicht um eine Erfindung, wie man allgemein annehmen könnte, sondern es wurden die natürlich vorkommenden Gene manipuliert, die für bestimmte Bedingungen der Reis-, aber auch der Maispflanze verantwortlich sind: wie z.B. Stress, Wachstum und andere Krankheiten.

Fast alle Pflanzen werden heute gentechnisch verändert: von der Ananas zum Kaffee bis zu den Zucchini, wobei die wichtigsten Ackerfrüchte Mais, Reis und Getreide sind. Man weiß nicht, welche Funktion und komplexe Wirkung die veränderten Gene, die als Regulatoren dienen, auf die Produktion von anderen Genen (bzw. Eiweißstoffe) haben. Schon allein aus ökonomischen Gründen ist ein derartiger Eingriff für viele Firmen erstrebenswert. Die Reichweite, sich über 1000 Gen-Sequenzen patentieren zu lassen, ist unermesslich.

Die Saatgutfirma wollte des Weiteren ein Patent auf die normale Genstruktur der Pflanzen und auf ihre natürliche Nutzung anmelden, um auch das selektive Züchtungsverfahren, das ohne Gentechnik auskommt, zu beeinflussen.

Im Endeffekt können Landwirte kein eigenes Saatgut mehr erzeugen. Sie müssten gentechnisches Saatgut in einer Saison verbrauchen und dürfen keine Vorratswirtschaft halten.

Diese rigorose Vorgehensweise war der Beweis, dass die Firma die Lebensmittelerzeugung mithilfe von Patenten vereinnahmen und monopolisieren wollte. Neben Greenpeace gaben auch Berner Bürger eine Aufforderung an Swissaid ab, in der sie den weltweiten Bann auf Patente aller Lebensformen fordern. Die Agrarfirma musste schließlich ihre Patentanmeldung auf das Erbgut von Reispflanzen zurückziehen. Unter anderem, weil sie nicht gerechtfertigt waren.[22]

In den letzten Jahren erhielten große Agrarkonzerne wie: DuPont, Monsanto, Syngenta und Bayer trotzdem Patente. Die Rockefeller Stiftung in New York gab zu bedenken, dass diese Patente vor allem Drittweltländern schaden. 2003 wurde Gray Toenniessen, der Stiftungsdirektor für Lebensmittelsicherheit, im US-Amerikanischen *Nature Magazin* zitiert: <Wir befinden uns auf demselben Weg, den vor einigen Jahrzenten die öffentliche Forschung zu Impfstoffen und Medikamenten eingeschlagen hat.[23]>

Bereits 2002 bemerkten die Vereinten Nationen (UNEP): <Neue Patentgesetzte berücksichtigen kaum die Kenntnisse der indigenen Bevölkerung, die damit den Ansprüchen von außen schutzlos ausgesetzt ist.

Diese Gesetze ignorieren die kulturelle Vielfalt, dic an der Entwicklung von Innovationen teilnimmt. Ebenso übergehen sie die Eigentumsansprüche der Landesbevölkerung. Unterschiedliche

Ansichten über die Nutzung des Genoms von Pflanzen werden missachtet.

Das Ergebnis ist ein stillschweigender Diebstahl von über in Jahrhunderten erworbenes Wissen, der von den entwickelten Ländern an den Entwicklungsländern begangen wird.>[24]

Aber wie sieht es 2019 mit goldenem Reis aus? Er ist in erster Linie als Nahrungsmittel für die lokale Bevölkerung gedacht. Auf den Philippinen sind schon seit einigen Jahren Freilandversuche mit mehreren Kreuzungsversuchen durchgeführt worden.

Anfang 2017 zeigte die Reissorte Swarna blassgrüne Blätter, was zu Stoffwechselstörungen der Pflanze führte. Der Ernteertrag war deutlich geringer als bei den lokal angebauten Reissorten. Erst als das synthetisch hergestellte Gen an einer anderen Stelle inseriert wurde und man mehrere Golden-Reis-Linien zur Verfügung hatte, verbesserte sich die Golden Rice-Variante GR2E. Sie soll nun auch auf anderen Feldern Südostasiens angebaut werden.

Anfang 2019 rechnete der Agrarminister von Bangladesch mit einer baldigen Zulassung der Sorte. Man wollte spätestens im April damit beginnen, das Saatgut an die Kleinbauern zu verteilen. In Australien, Neuseeland, Kanada und den USA wurde 2018 Goldner Reis als Lebensmittel genehmigt. Australien und Neuseeland haben Handelsbeziehungen zu den Philippinen.

Deshalb ist eine Importzulassung wichtig, weil es immer minimale Beimischungen von Goldenen Reis gibt, welche ansonsten eine Reiseinfuhr behindern würden.[25]

„Ich will damit erläutern", sagt Professor Anderson, „wie sehr die USA eine Spionage durch die Chinesen auf dem Gebiet der Genforschung trifft. Es ist schwer, zum jetzigen Zeitpunkt einzuschätzen, inwieweit der blinde Passagier, den wir unter den Maissetzlingen fanden, die weiter nach China verfrachtet werden sollten, in all das involviert ist."

2 Profit auf Kosten der Umwelt

2.1 Etikettenschwindel

„*G*estatten Sie mir, dass ich Ihnen, meinen lieben Journalisten, noch mehr über Lebensmittelherstellung berichte.

Seit 2018 wird beobachtet die Kennzeichnung *genetically modified*, durch die Bezeichnung *genetically engineered* einzutauschen. *Ge* hört sich angeblich *natürlicher* an. Ganz so, als ob es sich um eine harmlose, ja sogar erstrebenswerte Manipulation unserer Lebensmittel handeln würde. Unabhängig davon, welche Bezeichnung wir dem Produkt aufprägen, der Prozess der Lebensmittelherstellung bleibt dennoch oft im Unklaren.

Neue Technologien wie: CRISPR, synthetische Biologie, bzw. eine ganz neue Technologie, in der die Pflanze in ihrer eigenen-RNA abbaubare Impfstoffe herstellt (RNAi), -was man auch als *plant vaccines* bezeichnet- werden nicht kenntlich gemacht.

Selbst wenn die Herausgeber von YaleEnvironmental 360 die Frage stellen: <Können Vakzine in Pflanzen helfen Pestizide einzusparen?>, fehlt diese Information auf der Verpackung des Produktes. Der Ansatz, Agrochemikalien mithilfe von RNAi von unserer Lebensmittelproduktion zu verbannen, ist lobenswert. Trotzdem handelt es sich, wie bei allen neuen Verfahren, um ein viel zu wenig getestetes System. <Wir wissen nichts über Nebenwirkungen. Und meist fehlt es uns an einer gesunden Skepsis. Eine Beschreibung über das verwendete Herstellungsverfahren hört schon bei der Semantik auf. Wenn Agrarkonzerne der Meinung sind, die Editierung von Genen habe nichts mit Gentechnik zu tun, wird das meistens vorbehaltlos akzeptiert. Wenngleich man davon ausgehen kann, dass *plant vaccines* -wie jede Innovation- potentiell umweltschädlich für unsere Insekten- und Artenvielfalt sind. Unsere Ökologie gerät jetzt

schon aus dem Gleichgewicht, obschon wir erst damit angefangen haben, Fraßfeinde mit der, wie auch immer aussehenden Chemiekeule, zu vernichten. Warum sollen erneute Experimente mit neuen RNAi garantieren, fein aufeinander abgestimmte Umweltprozesse nicht noch mehr durcheinander zu bringen?>, sorgt sich die Journalistin Judith Schwartz, Gründungsmitglied von Regeneration International.[26]

Zunehmend verzeichnet man Bestrebungen, biotechnologisch hergestellte Produkte zu verharmlosen. Der Wunsch, eine Ware aus ökologischem Landbau und ohne Verwendung chemisch-synthetischer Mittel zu erhalten, wird oft nicht ernst genommen. Es hat schon lange genug gedauert, bis sich die Gesellschaft einigermaßen mit dem Gedanken anfreundete, Lebensmittelverpackungen nach dem Emblem *Non-GMO* abzusuchen.

Jetzt plädiert das amerikanische Landwirtschafts-Ministerium (US-Department of Agriculture) dieses, bisher in den USA immer noch freiwillig aufgedruckte Erkennungszeichen, durch eine gelb-grüne simile-face Sonne zu ersetzten, in deren Zentrum sich die Buchstaben <be> (bio engineered) über dem lachenden Strich-Mund befinden.

George Kimbrell, Direktor des US-Zentrums für Lebensmittel-Sicherheit (Center for Food Safety) ist über das Vorhaben entrüstet: <Wir würden ein neutraleres Zeichen bevorzugen. Etwas, was weniger *Biotech* freundlich ist und mit dem wir nicht automatisch ein positives Attribut assoziieren.>

Leider ist die Öffentlichkeit sonst eher im Unklaren, was für Ziele die amerikanische *Food and Drug Administration* -FDA, die unserer Lebensmittel- und Arzneimittelbehörde entspricht (welche die Sicherheit und Wirksamkeit von Human-/Tierarzneimitteln, Medizinprodukten, Lebensmitteln, biologischen Produkten und strahlenemittierenden Geräten kontrolliert)- verfolgt.

Jesse Laflamme, Chef von Amerikas Pete and Gerry's organischen Eiern, bat die FDA, die Kennzeichnung -*Gesund*- auf seine Eier zu setzten. Lange wartete er auf eine Antwort, nachdem er einen 17

35

seitigen Antrag gestellt hatte. Dann hieß es: <organische Eier als
H*ealthy* zu kennzeichnen entspricht nicht dem FDA Standard.>

Daraufhin fragte Jesse, warum dem gesündesten Lebensmittel, das
man sich vorstellten kann, diese Kennzeichnung vorenthalten wird?
Zuckersüße Schokoladenpuddings oder Marmelade-Gebäck besitzen
die Aufschrift *health-food*, obwohl sie ansonsten jeder als *junk-food*
betrachtet. Die immer noch herumgeisternde Information, dass Eier
schlecht für unsere Gesundheit sind, ist längst überholt. Diät- und
Lebensmittelberaterin Keri Glassman, ist nicht die Einzige, die Eier als
eine wertvolle Quelle für hochwertiges Eiweiß- und essentielle
Mikronährstoffe ansieht: <In einem Land, wo ungesunde Ernährung
zunimmt und Leute immer dicker werden, wachen wir allmählich auf
und sehen, was gesund ist. Zunehmend distanzieren wir uns von
fermentierten, fetten Nahrungsmitteln. Bevorzugt wird stattdessen eine
ausgewogene Vollwertkost, die naturbelassene Lebensmittel enthalten.
Deshalb sollte die amerikanische Lebensmittelbehörde Eier als *health-
food* bezeichnen und diese Markierung nicht auf ungesunde, verarbeitete
Lebensmittel setzten, denen künstliche Vitamine zugesetzt wurden und
die vor allem viel Zucker enthalten>, bemerkte Keri.

<Der Verbraucher sollte beim Einkaufen die Informationen
bekommen, die modernen Erkenntnissen entsprechen. Nur so kann er
sachkundige Entscheidungen treffen. Dazu müsste FDA zu aller erst
ihre Lebensmittelkennzeichnung updaten>, forderte Laflamme. Seine
größte Sorge ist es, sein Familienunternehmen in dritter Generation
und den zweitgrößten organischen Eierlieferanten Amerikas vor der
Insolvenz zu retten.[27]

Sonst nimmt es die Lebensmittelbehörde sehr ernst mit ihrer
Kennzeichnung. Schon lange wird darüber diskutiert, ob Milchersatz
die richtig Bezeichnung hat. Doch plötzlich achtet die FDA darauf
Milchalternativen, die aus Mandeln oder andern pflanzlichen
Inhaltsstoffen hergestellt werden, nicht mehr als Milch zu bezeichnen.

Die offizielle Erklärung von FDA lautet: <Mandeln laktieren nicht.> Für viele ist das Festhalten an einer Kennzeichnung antiquiert.

Diese Aussage beruht jedoch drauf, dass Kuhmilch Proteine und Nährstoffe besitzt, die in ihren Alternativen fehlen. Meistens greift man zu Mandel- oder Sojamilch, wenn man eine Laktoseintoleranz oder Casein-Allergie hat. Unabhängig von der Kennzeichnung trinken wir das, was unser Körper toleriert.

Im August 2018 hat die U.S. Food and Drug Administration 145.000 Mandel-Milchkanister aus einem ganz anderen Grund zurückgerufen. Man fand geringe Kuhmilchrückstände in dem Produkt und hatte ernsthafte Bedenken hinsichtlich der Konsumenten. FDA berief sich auf die Aufschrift *Kuhmilch freies* Produkt.[28]

Immer mehr Verbraucher sorgen sich darum, wie ihre Lebensmittel hergestellt werden. Gesundheitsfaktoren, Nahrhaftigkeit, Tierhaltung, Umweltfaktoren oder Umweltgifte spielen eine zunehmende Rolle. Hinterfragt wird bereits die Tiernahrung, die an Nutztiere verfüttert wird. Genau genommen interessiert uns eigentlich auch, was unser vierbeiniger Compagnon zu sich nimmt.

Hundebesitzer, die ihre Haustiere mit Billigfutter abspeisen, erleben nicht selten, dass ihr Liebling aufgrund dessen senil werden kann. Denn verarbeitetes und gekochtes Fleisch, mit Bohnen oder GMO-Maisstärke versehen, ist nicht das, was Wölfe verschlangen. Es ist für das Verdauungssystem ihrer Nachfahren inadäquat. Allmählich nimmt die Tiernahrungsmittelindustrie davon Kenntnis, was sich unweigerlich in den zunehmenden Tierfutterreklamen widerspiegelt.[29] Und für ein Haustier ist eigentlich das Beste gerade gut genug, unabhängig davon, wie die Wirtschaftslage des Landes ist.

Oft lassen wir uns jedoch zu leicht durch Aufschriften täuschen. Ben und Jerry's ist ein beliebter US-Amerikanische Eiscreme Hersteller. Trotzdem wurde er von der organischen Consumer-Gesellschaft/ Association (OCA) angeklagt, weil die Behauptung, die Eiscreme stammt von einer tiergerechten, umweltfreundlichen Haltung, schlichtweg falsch ist. Schon die Aufschrift auf jeder Verpackung: <Hergestellt aus Milch von glücklichen Kühen, die von fürsorgenden Farmen stammen>, ist irreführend. Sie vermittelt dem Verbraucher ein gutes Gefühl, dieses Produkt zu kaufen.

In Wirklichkeit bekommt Ben&Jerry's seine Milch von 360 Farmen aus dem US-Bundestaat Vermont, von denen nur 25% den minimalen Anforderungen einer Standardtierhaltung entsprechen.

Die Behauptungen: <eine ökologische Verantwortung, ein umweltverträgliches Wirtschaften und einen nachhaltigen Umgang mit den knappen Ressourcen zu pflegen>, musste die Eiskremfirma im Juli 2018, vor Gericht verteidigen.

Eine Eiskreme deren Verpackung absticht, weil sie eine Kuh auf grüner Weide darstellt, ist Umweltorganisationen suspekt. Genau genommen erwarte man bei so einem Etikett, dass die Milch von Gras gefütterten Kühen kommt, welche in einer intakten Umwelt leben.

Der Hintergedanke von Ben&Jerry's ist, dass der Endverbraucher ihre Eiskrem als ein schadstofffreies Produkt ansieht, welches unweigerlich mit einer artgerechten Tierhaltung, sauberem Wasser, gesunden Böden usw. zusammenhängt. Das Interesse an regenerativen bzw. nachwachsenden landwirtschaftlichen Erzeugnissen wird demnach von Ben&Jerry's gewinnbringend vermarktet. Die Eiskremfirma hat die Marktlücke, ihr Produkt als ökologisch zu kennzeichnen, für sich vereinnahmt. 2017 erwirtschafteten sie mit der Vortäuschung von falschen Tatsachen 801 Millionen Dollars. Bisher hatte noch keiner ihre Werbekampagne als unredlich entlarvt. Denn eigentlich müsste anstatt dem glücklichen Kuh-Bild- auf der Verpackung vermerkt sein, dass die Milch aus

Massentierhaltungsbetrieben stammt. Auch fehlt die Aufschrift organisch oder Gras gefüttert. Attribute, die das Emblem zweifelsohne suggeriert, wenn man die Beschriftung: *<milk from happy cows>* sieht. Nur 25% der Milch, die den angepriesenen Standards von Ben&Jerry's entspricht, findet man letztendlich im Produkt. Der Rest kommt aus den fast überall in den USA herrschenden, unüberschaubaren Kuhfarmen, die oft billige Tierärzte und Tierpfleger aus Ländern wie: Mexiko, Argentinien bzw. dem Ostblock, täglich 18 Stunden -gegen ein Arbeitervisum- schuften lassen. Ihre tierärztliche Approbation wird in den USA nicht anerkannt und so sammeln sie wenigstens *unbezahlbare* Erfahrungen. Die Postulierung von Ben&Jerry's, dass ihre Milch einheitlich aus Ökofarmen stammt, ist falsch. Weiterhin haben die Produkte von Ben&Jerry's keine positiven Auswirkungen auf die Umwelt. Im Gegenteil, die Eiskrem war mit Pestiziden verseucht. Zehn von 11 Stichproben enthielten Glyphosat-Rückstande, die von Monsantos Roundup stammten.

Überraschend ist dies nicht unbedingt. Glyphosat fand man in Februar 2019 sogar in Bier und Wein. Das ist gerade bei Produkten, die als organisch ausgewiesen werden, besorgniserregend. Die Braumeister und Önologen verteidigten sich, dass der Anteil von Glyphosat unter dem Limit liegt, welches die FDA festgesetzt hat. Wissenschaftler gehen davon aus, dass Roundup über das Grundwasser oder den verschmutzen Boden in das Endprodukt gelangte.[30]

Bereits 2016 wurde eine Liste veröffentlicht, die darauf hinwies, wie viel von dieser Substanz in diversen alkoholischen Getränken zu finden ist.[31] Den besorgten Verbraucher nutzten diese Angaben nicht sehr viel, weil Roundup in fast allen Lebensmitteln zu finden ist und sich die Substanz in unserem Körper akkumulieren kann. 2017 verlangte die Umweltschutzorganisation von Ben&Jerry's, die Inhaltstoffe ihrer Eiskrem der Verpackungsaufschrift anzugleichen.

Die Firma hingegen wehrte sich gegen die Vorwürfe. Ihre Ware birgt keinerlei Gesundheitsrisiko. Es seien außerdem nur minimalste

Mengen an Glyphosat enthalten, die weit unter den regulatorischen Standards lägen. Ben&Jerry's führen sogesehen nicht nur künftig ihre Kunden in die Irre, sie bestehen außerdem darauf, ihre Eiskrem einzig und alleine aus organischen Zutaten herzustellen. Sie bestreiten Kenntnisse zu haben, dass die zugelieferte Milch von Kühen stammt, die mit genetisch hergestelltem Tierfutter, welches zudem heftig mit Pestiziden behandelt wurde, gefüttert wurden. Sie geben an, nichts über Mega-Kuhfarmen zu wissen, die Vermonts Ben&Jerry's und Cabot-Käse mit Milch beliefern. Jährlich machen die Giganten auf Kosten der Umwelt 1 Billionen Dollars Umsatz. Währenddessen läuft die Gülle der *Kuh-KZ*'s in Vermonts Seen und Flüsse. Schon lange ist Lake Champlain so verseucht, dass kein Mensch mehr an ihnen campen kann. Das Wasser enthält grünen Schleim. Es sind hochgiftige Blaualgen, die entsetzlich riechen. An den Stränden stehen Schilder, *Baden Verboten.* Franklin County hat in seiner Umgebung 36.000 Massentierhaltungsanlagen. Die Direktoren von Ben&Jerry's wurden zwar zu einer Lagebesichtigung eingeladen, doch außer ihrem Mitgefühl folgte keine weitere Anteilnahme. Für die Eiskremfirma besteht nach wie vor keine Notwendigkeit, ihre Produkte auf organische Tierhaltung umzustellen. Der Verbraucher nimmt das sowieso an und kauft, auf diesem Glauben beruhend, ihre Ware.[32]

Wozu sollte man also mehr Kosten auf sich nehmen, um die Eiskrem aus organischer Milch herzustellen? <Das Geschäft mit der irreführenden Täuschung läuft gut, was will man mehr!>, bemerkt der Journalist Michael Colby. Er ist kein Unbekannter, denn er war einer der Wenigen, der mit großer Sorge vor 20 Jahren über Vermonts Atrazin verseuchte Landwirtschaft schrieb. Das toxische Pflanzenschutzmittel ist mittlerweile in Europa verbannt.

Es wird aber nach wie vor auf 92.000 Acres großen GMO Anbauflächen in Vermont benutzt, um die Ernährung der vielen tierischen Milchlieferanten zu sichern.[33]

2.2 Jede Menge Mist

*D*en US-Staat Wisconsin bezeichnet man als Amerikas Milchland. 1,27 Millionen Kühe produzieren dort jährlich 12,8 Milliarden Liter Milch. Wie man weiß, ist das nicht ihr einziges Produkt. Im *Dairy Rich Country* entsteht auch jede Menge Mist. Der Dung würde jährlich 3.000 Olympia Schwimmbäder füllen. Oft endet der eigentlich potente Dünger in einem der vielen Gewässer des Bundesstaates. So verzeichnete man am 5. Juni 2014 im Lake Winnebago bei Milwaukee tausende tote Fische.

Man schrieb den Befund der Massentierhaltung, bzw. dem Konzept des *Factory Farmings* zu. Durch eine industrielle Landwirtschaft wird unsere Umwelt mit Pestiziden, Herbiziden, Phosphaten usw. angereichert. Letztendlich bewirkt dies in zahlreichen Gewässern ein massives Algenwachstum, die *dead zones* (tote Zonen) zur Folge haben. Biogasanlagen sollen das Problem lösen. Prof. Steve Carpenter, Direktor des Limnologischen Institutes der Universität von Wisconsin in Madison, untersucht seit 40 Jahren die Qualität der Seegewässer in seinem Staat.[34]

Er sagt: <Eine schnell fortschreitende Technologie kommt der Düngerverarbeitung zugute. Unser Wasser ist nicht mehr so stark verunreinigt. Obwohl immer noch bis zu 70 Prozent der Oberflächengewässer mit landwirtschaftlichen Phosphaten verunreinigt ist, darf angenommen werden, dass die Milchindustrie einen Weg findet, die Gewässer zu schützen.>

Der Oberflächenabfluss in die Seen lässt nicht nur Algen wachsen, er bedingt auch einen unangenehmen Geruch. Badestrände müssen selbst in der Hauptstadt von Wisconsin geschlossen werden.

<Wir müssen eine Lösung finden>, erklärt Monte Lamer, Direktor der Biogas Anlage von Waunakee, einem Vorort von Madison. Biogas, gewonnen aus Ställen mit bis zu 8.000 Kühen, ist ein

lukratives Geschäft mit erneuerbaren Energien und eine vielgefragte Alternative.

<Biogasanlagen ermöglichen es uns, unabhängig vom Wetter zu werden. Denn heftige Regenfälle befördern jetzt nicht mehr Gülle und Boden in die Gewässer von Wisconsin. Damit verringern wir eine Phosphatbelastung. Biogasanlagen kommen, so gesehen, dem Wunsch der Umweltverbände nach, unsere Seen sauber zu halten>, betonen Carpenter und Lamer.

In Wisconsin stand die erste Anlage 2001. 2014 gab es bereits 34 von ihnen. Ihre Bakterien verwandeln die Biomasse in Methan-Gas, was sich Haushalte zunutze machen. Eine Zentrifuge trennt die Phosphate. <Trotz allem gelangen dennoch Bestandteile wie Hormone oder mikrobielle Stoffwechselprodukte in die Oberflächengewässer>, betont Sahra Yang, Wasser-Toxikologin des Natural Resources Amtes in Wisconsin. Immerhin ist es ein besseres Verfahren, als die Gülle auf die Felder auszubringen. Biogas-Anlagen sind dazu da, den Geruch zu minimieren, pathogene Keime zu vernichten und Treibhausgase zu reduzieren. Doch nicht alle Farmer sehen das so. Für sie ergibt Biogas keinen Sinn, zumal es leider vorkommt, dass Anlagen explodieren.

<Um die Phosphate zu eliminieren, müsste man eigentlich nur die Monokulturen abschaffen und Fruchtfolgen einführen>, erläutert Laurie Fischer, Direktorin der Diary-Business-Gesellschaft, deren Aufgabe es ist, ein positives Bild der Landwirtschaft zu vermitteln.

Milchwirtschaft ist in Wisconsin ein 26 Milliarden-Dollar-Geschäft. Für viele der 10.800 Farmer zählen wirtschaftliche Faktoren und eine gewinnbringende Produktionsweise die größte Rolle.[35]

Biogas wird in China schon sehr lange von kleineren Bauern genutzt, die damit ihre Häusers wärmen. Wissenschaftler postulieren im *Science Magazin,* dass menschliche Fäkalien aus Drittweltländern Millionen von Häusern mit Energie versorgen könnten. Eine sanitäre Grundversorgung, wie die bei uns üblichen Toiletten, gibt es z.B. in Bangladesch nicht. Das ist für Entwicklungsländer keine Ausnahme.

Doch anstatt unsere Umwelt mit menschlichen Ausscheidungen und den damit verbundenen Krankheiten zu verschmutzen, sollte man diese besser sammeln.

Das Institut der Vereinten Nationen für Wasser, Umwelt und Gesundheit erstellte eine Rechnung, die besagt, man könnte aus all den in Latrinen angehäuften menschlichen Fäkalien sogenannt Kohle herstellen, wenn man sie auf über 300° C erhitzt. Auf diese Weise könnten 8,5 Millionen Tonnen gebrannt werden. <Sie besitzen den gleichen Energiewert, wie herkömmliche Holzkohle>.

Unabhängig davon könnten Bakterien menschliche Latrinenabfälle in Methan umwandeln. Das in Gastanks gelagerte Methan hätte einen Wert von vergleichsweise 376 Millionen Dollars und würde 18 Millionen Haushalte mit Energie versorgen. Genauer gesagt würde ein *Toilettenabfall* fermentierendes System seine Instandhaltung und seine Baukosten innerhalb kürzester Zeit wettmachen.

Diese Studie wurde am 19. November 2017 -dem *Welt Toiletten Tag*- von den Vereinigten Nationen veröffentlicht. Eine korrekte Entsorgung und *Verwaltung* menschlicher Ausscheidungen ist in Entwicklungsländern ein Gesundheits- und Sicherheitsanliegen. Durch Toiletten gäbe es keine verstreut herumliegende Fäkalien mehr.[36]

Wir müssen nicht mal dorthin oder zurück ins Mittelalter gehen, um einen Eindruck zu bekommen, wie gesundheitsschädlich menschlicher Unrat ist. Die Zeitungen berichten auch heute über den Ausbuch von Thyphus, Hepatitis-A, Läusen und anderen Krankheiten in Kaliforniens Städten. Schuld daran sind die vielen Amerikaner, die es sich nicht leisten können, eine Wohnung zu mieten und statdessen in Zelten hausen. Anwohner beschweren sich über den Gestank menschlicher Fäkalien, der in der Luft liegt. Einsatzkräfte sind bemüht, die Straßen sauber zu räumen und zu desinfizieren. Doch schon bald danach sind sie wieder dreckig.

In der Hollywood-Metropole Los Angeles leben rund 34.000 Obdachlose. Dort, wo sie ihre Zelt aufgeschlagen haben wie in Skid Row, fiepen Ratten, und man muss sehr vorsichtig voranschreiten, um nicht in die Injektionsnadeln von Drogenabhängigen oder in Scherben zu treten. Sonja Robbins lebt seit zwei Jahren auf der Straße. Sie hatte studiert und einen guten Job, den sie jedoch von heute auf morgen verlor. [37] Ihre Geschichte zeigt, dass es in Amerika möglich ist, innerhalb kürzester Zeit vom Generaldirektor zum *Penner* zu werden. Sonja ist keine Ausnahme. Die Hilfseinrichtungen sind zur Enttäuschung vieler Amerikaner, die sich auf der Straße wiederfinden, nicht für sie da, sondern vornehmlich für illegale Immigranten.

<Ich war mein ganzes Leben katholisch, doch als ich die Hilfe von einer ihrer Organisationen in Anspruch nehmen wollte, sagte man mir, man hätte keine Ressourcen für US-Amerikaner>, beklagt sich eine junge alleinerziehende Mutter, die wie so viele Menschen drogenabhängig in dem Staat wurde, wo man an jeder Ecke *Pot* bekommen kann. Inzwischen ist die junge Dame rehabilitiert und bekam nach einem langen Kampf mit der Behörde ihre Tochter zurück, die zuvor bei den Großeltern in einem anderen Staat lebte. Der Vater des Kindes war ein illegaler Einwanderer; dennoch hatte er alle Papiere über seine Frau bekommen, die er dann samt Kind verlassen hat. Der Schmerz über die Erfahrungen bleibt der jungen Mutter. Doch viel gravierender sind die gesundheitlichen Gefährdungen, die entstehen, wenn die sanitären Einrichtungen fehlen.

Menschliche Ausscheidungen sind manchmal allerdings nützlich für die Forschung. Der Medizinstudent aus Genf, Bruno Lunenfeld, wollte in den 50iger Jahren die Ursachen für Unfruchtbarkeit aufdecken. 1940 hatte der Schweizer Pierro Donini als erster das Follikel-Stimulierende-Hormone (FSH) isoliert. Es wird heute vor allem bei einer künstlichen Befruchtung benutzt, um die Eizellenproduktion zu steigern. FSH wird von der vorderen Hirnanhangsdrüse, oder dem Hypophysenvorderlappen produziert. Neben anderen Komponenten reguliert das Hormon die Pubertät und Reproduktion.

Bruno brauchte große Mengen von FSH für seine Experimente. Damals isolierte man das Hormon aus Urin von Frauen, die sich in den Wechseljahren befanden. Wie man sich vorstellen kann, wurde der junge Student von der Pharmafirma Serono zurückgewiesen. Doch dann traf er auf einen der Direktoren des Unternehmens. Giulio Pacelli, ein Neffe von Papst Pius XII., verhalf dem Anliegen des Studenten zum Erfolg. <Mein Onkel, Papst Pius hat entschieden uns zu helfen. Er erlaubt uns täglich den Urin von hunderten von alten, italienischen Ordensschwestern einzusammeln. Es diene einer heiligen Sache>, erklärte der Neffe seinen verdutzten Kollegen von Serono. Lunenfeld wollte mit seiner Forschung dazu beitragen, Unfruchtbarkeit einzudämmen. Lange ist es her, dass FSH aus Urin gewonnen wird. 2018 hat die israelische Bio-Technology General, die zum Pharmakonzern Ferring gehört, FSH genetisch hergestellt. Direktor Rel Levy erklärte: <Das erste Baby ist geboren worden. Wir sind in der Lage, Unfruchtbarkeit durch ein genetisch hergestelltes Hormon zu behandeln.[38]>

Zu vertraut sind wir mit den Recycling-Gewohnheiten Chinas. In ihrem jahrhundertalten Konzept der Kaskadennutzung dienten tierische und menschliche Fäkalien nicht nur als Dünger, sondern auch als Fischfutter, wobei der Endverbraucher sich oft nicht bewusst war, woher sein Seefood kommt. Acht Prozent der Shrimps und des Talapias, die von US-Bürgern verspeist werden, stammen aus den am meisten verunreinigten Fisch-Farmen, die man sich vorstellen kann.

Fischverarbeitendes Personal steht auf mit Schmutz bedeckten Böden. Sie können sich kaum der vielen Insekten verwehren, die sie bei ihrer Arbeit belästigen. In nicht klimatisierten Baracken verstauen sie warme Meeresfrüchte mit Eiswürfeln, welche aus Leitungswasser hergestellt wurden. Es ist der übliche Prozess der Lebensmittelverpackung, der in nichts denen anderer *Unternehmen* Asiens nachsteht.

Die nüchterne Aussage des lokalen Gesundheitsministers ist: <Man sollte die Lebensmittel unbedingt vor dem Verzehr kochen.>

Der für eine Wasserqualität Consulting Firma arbeitende Mikrobiologe Mansour Samadpour, ist entsetzt. <Die Bedingungen sind unakzeptabel. Aus Schmutzwasser hergestellte Eiswürfel sollten

niemals mit Meeresfrüchte verpackt werden, die noch dazu im Verbund mit Schweinemastbetrieben erzeugt wurden>.

Sehr oft füttern Chinas Talapia-Farmen ihre Tiere mit Schweine- oder Gänse-Kot. Michael Doyle, Direktor für Lebensmittelsicherheit der Universität von Georgia, gibt zu bedenken, dass Dung ein Reservoir von wasserverursachten Krankheiten wie Salmonellose, Cholera, Diarrhöe, alimentäre Hepatitis ... usw. ist.

Obwohl Chinas Behörden wegen *Food-borne-illness* (ernährungsbedingte Krankheiten) dringend darum bitten, (menschliche) Fäkalien zu eliminieren, ziehen Bauern diese mit Vorliebe zur Fütterung heran. Die Konkurrenz sei zu groß; diese Nahrung ist preiswerter, um nicht zu sagen, es gibt sie *umsonst*. 27 Prozent aller in USA verzehrten Meeresfrüchte werden von China eingeführt. Davon inspiziert die FDA etwa 2,7 Prozent. 2007 wurden, basierend auf dem Zustand der Frachten, 1.380 Ladungen aus Vietnam und 820 chinesische Importe zurückgewiesen.

Um Lebensmittelvergiftungen vorzubeugen, müsste man eigentlich mehr Einfuhrware verstoßen. Doch dann würde man sich fragen, wieso man überhaupt Meeresfrüchte aus China importiert?[39]

Die Meeresfrüchte müssen nicht mal aus China kommen. In New Jersey sind in den letzten zwei Jahren fünf Leute an fleischfresssenden Bakterien gestorben. Allen war gemeinsam, dass sie mit Streptokokken kontaminierte Meeresfrüchte gegessen hatten oder mit ihnen in Berührung gekommen waren. <Obwohl die Erkrankung selten auftritt, sieht man sie immer öfter in der Delaware Bay>, erklärt Dr. Katherine Doktor im *Journal of Internal Medicine* im Juni 2019. Alle Infizierten starben. <Seit 2010 wurden jährlich zwischen 700 bis 1.200 Erkrankungen verzeichnet. Dennoch sind es viel mehr>, behauptet das amerikanische Zentrum für Seuchenbekämpfung- und Prävention. Eine offene Wunde beziehungsweise ein schwaches Immunsystem sowie das Verzehren von Austern, die vornehmlich in Brackwasser leben, reicht aus, um zu erkranken.[40]

In diesem Zusammenhang sei der Fund im Frühjahr 2019 von über 300 tote Delfine an der Golfküste der USA erwähnt, deren Kadaver immer wieder an Amerikas Küsten angeschwemmt werden. Erst 2013 fand man 400 tote Tiere an der Ostküste. 1987/88 waren zwischen New Jersy und Florida 750 Delphine aufgefunden worden. Man gab damals einem Virus die Schuld.

Doch im Jahr 2019 wurde nach all den Überflutungen des Mittleren Westens viel Süßwasser in die Meere geleitet. Sie waren zudem mit Pestiziden aus den landwirtschaftlichen Auen des Mississippi angereichert. Brackwasser ist schädlich für die sehr intelligenten Tümmler. Die ungewöhnlich hohe Zahl der verendeten Tiere ist auch im Sommer 2019 ein Mysterium. Die Meeressäuger hatten offene Hautläsionen, die typisch dafür sind, wenn sie in Brackwasser schwimmen.

Einige Wissenschaftler sind allerdings davon überzeugt, dass einzig und allein *unsere* Landwirtschaft an dem Sterben der Tiere schuld ist.[41]

Im Reich der Mitte wird seit 771 vor Christus eine intensive Fischzucht betrieben. Die Produktion von tierischem Eiweiß nimmt rapide zu. Allein zwischen 1986 bis 1889 stellte China 5,161 Millionen Tonnen tierischer Lebensmittel her, was einem Anstieg von 24% entspricht. Chinas Landwirtschaft hat große Pläne, den Gaumengenuss seines Volkes zu befriedigen. Ausschlaggebend ist ihre Liebe zu Schweinefleisch. Sie wollen unabhängig von importiertem und nicht gerade billigem US-Fleisch werden.

Eine niederländische Architektenfirma MVRDV hatte 2001 die Idee einer Schweine-Stadt. Eine Massentierhaltung im Hochhaus wäre ein Weg, um die besonders mit Problemen belastete herkömmliche Tierhaltung zu harmonisieren. Die Rotterdamer Firma ist bekannt für ihre futuristischen Agrikulturbauten.

Holland produziert jährlich 16,5 Millionen Tonnen Schweinefleisch. Sie sind damit der Hauptschweine-Exporteur Europas. 1999 lebten in Holland 15,5 Millionen Einwohner und 15,2 Millionen Schweine. Ein Schwein braucht viel Platz und Futter, vor allem, wenn es organisch gefüttert werden soll. Deshalb geht die niederländische Landwirtschaft nun in die Vertikale.

Ihr Konzept: 76 Schweinetürme, jeder 622 Meter hoch. Auf 87 mal 87 Metern sollen die Tiere in sogenannten *Pig-flats* hausen. Selbst ein Balkon ist vorhanden, damit der Sonnenuntergang beobachtet werden kann. Jede Etage ist eine geschlossene Produktionseinheit. Die Tiere haben ihr eigenes Wasser und einen Lift, damit sie zum Schluss der Mast das Schlachtstockwerk erreichen können. Die Einhaltung der tierseuchenrechtlichen Vorschriften für das Recycling der Nebenprodukte sichert den Erfolg des Projektes *Pig-City*.[42]

China stand vor einem Scheideweg. Sie konnten entweder auf Schweinefleisch verzichten, oder Schweinemast grundlegend nach dem holländischen Modell modernisieren. Ihre *Pig-City* sollte bis Ende 2018 fertig sein. In Wolkenkratzern hausen Nutztiere. Eine *vertikale Landwirtschaft* wird als *Future Farming* angesehen.

Nicht nur Tiere, sondern auch Getreide oder Gemüse könnte man so platzsparend anbauen. Auf einem relativ engen Raum von 11 Hektar würden 30.000 Muttersäue untergebracht werden, die jährlich 840.000 Ferkel produzieren. Jetzt schon besitzt der Schweinelieferant Guangxi Yangxiang Hochhäuser, in denen 7.500 Tiere Platz haben. Jede Etage hat eine eigene Luftzufuhr. Die Klimaanlagen befinden sich im Keller des Gebäudes. Sie pumpen in jedes Stockwerk Luft, die sich unter dem Dach wieder zentralisiert und danach durch hochpotente Filter strömt, um in einen 15 Meter hohen Kamin entlassen zu werden.

China importiert etwa 1,2 Millionen Tonnen Schweinefleisch aus den USA, Spanien und Deutschland. Die Schweine-Stadt könnte einen nicht unbedeutenden Beitrag leisten, um unabhängig von Fleischimporten zu werden.[43]

Chinesen hatten schon lange mehrere Tierarten in ihrem sogenannten *Fisch-livestock integrierten System* übereinander gehalten. Schweine ernährten mit ihren Abfällen das Federvieh unter ihnen, wobei diese mit ihren Exkrementen wiederum Fische fütterten.

Fische in Reisfeldern zu züchten basiert auf Chinas tausendjähriger landwirtschaftlicher Praxis. [44] Sehr früh entwickelte man neben Farmhäusern Pfahlbauten, deren oberste Etage den Schweinen oder anderem Kleinvieh gehörte. Sie waren alle letztendlich geeignet, die Fische in der *untersten Etage* zu ernähren. Zwischengelagert waren meist Enten. Und was wäre China ohne ihre Duck? Ente gut -alles gut- ist eines der Sprichwörter, die jeder Tourist hört, der eine 45-Tage alte Pekingente verspeist.

Letztendlich profitierten die Krapfen als Untermieter. Die Integration mehrerer Tierarten verhalf Chinas Kleinbauern Anfang des 18. Jahrhunderts dazu, pro Hektar zehn Tonnen Fisch zu produzieren.

Und all das ohne Beifütterung. Bei einer reinen Karpfenzucht erwirtschaftete man nur vier Tonnen.[45]

<Nirgendwo wohnen Menschen, Schweine und Wasservögel enger zusammen als in China>, kann der Gießener Veterinärvirologe Prof. Dr. Christoph Scholtissek nicht oft genug erläutern. Doch nur selten wird bedacht, dass <dies ideale Bedingungen sind, um unbeabsichtigt Vieren, wie neue Grippeerreger, zu züchten. So ist es kein Zufall, dass die meisten Pandemien in China begonnen haben.[46]>

In China wird weltweit die Hälfte aller Schweine gehalten. Sie nun konzentriert in Hochhäusern unterzubringen, ist riskant. <Wir brauchen Zeit, um herauszufinden, ob ein Schweinehochhaus wirklich die beste Lösung ist. Ich würde eher davon abraten.

Es gibt so viele Ideen, wie man Chinas Schweine züchten sollte. Es wird bestimmt eine bessere darunter sein>, sagt Xue Shiwei, Chefberater von Pipestone Livestock Technology, einer US Firma, die sich auf Chinas Farm Management spezialisiert hat.

In Europa geben bereits zweistöckige *Schweine-Hotels* Anlass zur Sorge. Die Devise ist: Je mehr Tiere, umso weniger kann man sich um das Einzeltier kümmern und Krankheiten brechen schneller aus.[47]

Dr. Christoph Scholtissek bezeichnet Schweine als *mixing-vessels*, weil sie gerade in China die Übertragung von Vogelvieren begünstigen. Die im Schwein mutierten Vieren können Menschen infizieren.

Im August 2018 trat zum ersten Mal die Afrikanische Schweinepest nahe der Stadt Shenyang in der nordöstlichen Provinz Liaoning auf. 1000 Tiere wurden bisher gekeult. Wie das Virus dorthin gelangte, ist ein Rätsel, denn Nordkorea oder Russland sind weit weg.[48]

Für China entwickelt sich über kurz oder lang ein Alptraum. Die hochkontagiöse Krankheit geht oft tödlich für Haus- und Wildschweine aus. Am 21. August 2018 ist die afrikanische Schweinepest in vier Provinzen aufgetreten, obwohl sie viele Tausende Kilometer voneinander entfernt waren. China hat 430 Millionen

Schweine, die auf kleinen Farmen gehalten werden. Sie sind fast schutzlos der Verbreitung einer Krankheit ausgeliefert.

Ihr Ausbruch hätte fatalen Folgen auf Chinas Ökonomie und würde den ganzen Fleischmarkt beeinflussen. [49] Die getroffenen Vorsichtsmaßnahmen bestehen darin, dass Schweine seit August 2018 nicht mehr mit Lebensmittelabfällen gefüttert werden. Bei uns ist dies schon lange verboten.

Eine Alternative, organischen Müll besser als auf Mülldeponien zu entsorgen, wird in Küchenschaben-Farmen gesehen. Zudem sind Cockroaches in China eine Delikatesse. Sie werden sehr gerne wegen ihrem hohen Proteinanteil verspeist. Man findet sie auch in Schönheitsprodukten, bzw. werden sie Medikamenten zugemischt. In der traditionellen Chinesischen-Medizin verwendet man *cockroach* Extrakte mit Vorliebe zur Wundheilung. Während wir uns davor ekeln, dort zu arbeiten, wo sich Küchenschaben aufhalten, sind ihre Farmen in China zum *Big-Business* geworden. Das innovative Konzept besteht nicht nur darin, nützlich Abfall zu entsorgen, die Insekten dienen auch als Tierfutter. Weil Schaben Allesfresser sind und ihre Unterbringung keine großen Anforderungen stellt, entpuppt sich das System zu einer win-win Situation. In der sieben Millionenmetropole Jinan, der Hauptstadt der südlichen Provinz von Shandong, werden eine Milliarde Schaben mit mehr als 50 Millionen Tonnen Küchenabfällen gefüttert.

Shandong Qiaobin Agrikultur Technologie Co, wollen drei weitere Küchenschaben-Farmen etablieren. Der Direktor Li Yanrong erklärte 2017 gegenüber China Daily: <Wir haben sechs Jahre geforscht, bis wir uns ganz sicher waren, dass Schaben ideal sind. Sie können fünfmal mehr als ihr Körpergewicht fressen und erzeugen keine Abfälle. Sie sind Experten im Abfallmanagement. Noch dazu, weil es momentan verboten ist, Küchenabfälle an Schweine zu verfütterten.[50]>

Erst im März 2013 trieben mehr als 14.000 tote *Schweine* im Yangtze Fluss. Aus seinen Gewässern wird das Trinkwasser für die Metropole Shanghai bereitet. Die Behörden zensierten daraufhin

Blogeinträge, die zu Protesten gegen die Schweineflut aufriefen. <Das Trinkwasser sei sicher>, war die einzige Erklärung, die folgte.

Die Kadaver stammten aus der Provinz Zehjinag, die eine intensive Schweinezucht betreibt. Acht Schweine konnten anhand ihrer Ohrmarke ihren Besitzern zugeordnet werden, die daraufhin eine Buse von umgerechnet 374 Euro Strafe zahlen mussten.

Das überhaupt darüber berichtet wurde, haben wir dem Blogger Huang Beibei aus Shanghai zu verdanken. Seine grausamen Bilder sensibilisierten die Welt. Offiziell schwieg man über Gesundheitsrisiken von Seiten der Behörde. Es hat sich nichts an dieser Haltung geändert. Nur zu vertraut ist, was beim Ausbruch des SARS Virus, der Vogelgrippe und Chinas verseuchter Milch geschah. Auch damals schwiegen die Verantwortlichen. Im akuten Fall versicherte ein Amtstierarzt, dass keine Seuche ausgebrochen sei. So war man über die im Yangtse-Fluss treibenden toten Tiere im Unklaren. Hingegen florierten die Spekulationen. Es sei die Schuld der Polizei. Sie verbieten den Handel mit Fleisch, welches von erkrankten Tieren stammt. Wenn die Bauern ihr Fleisch nicht mehr auf dem Schwarzmarkt verkaufen können, bleibt ihnen nur noch die Möglichkeit, die Kadaver über den Fluss zu entsorgen. Andere meinten, die Bauern hätten Arsen ins Tierfutter gemischt, um die Haut zu veredeln. Umweltprobleme werden in Rot-China nicht adressiert. <Schanghai ist vielleicht das Opfer, aber das Problem liegt flussaufwärts in Jiaxing. Pekings Regierung ist für diesen Bereich nicht verantwortlich. Es existieren keine Gesetze, die Shanghais Trinkwasserqualität regeln>, erklärte der Rektor des sozialwissenschaftlichen Instituts der Fudan-Universität in Shanghai, Peng Xizhe.[51]

Auch in den USA bleibt eine Wasserverschmutzung durch die großen Tiermastbetrieben nicht aus. Doch oft zahlt das Agrarbusiness seinen Obolus an universitäre Einrichtungen und den Staat mit dem einzigen Ziel, mit unlauteren Tricks durchzukommen und um umweltschädliche Praktiken zu verschleiern.

Es gibt eine unausgesprochene Regel, dass, wenn Forscher die Industrie in ein ungünstiges Licht stellen, ihre Artikel weder toleriert noch veröffentlicht werden. Oft drückt die Regierung bei Umweltsündern ein Auge zu. Gesetzliche Schlupflöcher werden gebilligt, sodass die Verschmutzung der umliegenden Gewässer durch tierische Fäkalien, Antibiotika, Pestizide.. oder Tierquälerei, vor allen in den *Pig and Corn* Staaten Iowa und Illinois, nicht geahndet werden.[52]

Tatsächlich kommt unser Trinkwasser weltweit zu 40% aus Aquädukten, die tief unter der Erdoberfläche liegen. Einige enthalten Wasser, das Zehntausende von Jahren alt ist. NASA fand 37 riesige Wasserspeicher. Von ihnen werden in nicht allzu langer Zeit 21 austrocken. Das Versiegen der Quellen wird zu einem Problem, welches wir nur zu genau aus Asien und dem Mittleren Westen der USA kennen. Kleinbauern der Dritten Welt können es sich nicht leisten, tiefer zu bohren.

Letztendlich ist unsere Landwirtschaft an dem exzessiven Wasserverbrauch schuld. Sie nutzt 70 Prozent des Untergrund-Reservoirs auf. Ob uns das neulich gefundene Süßwasserreservoir, das sich unter dem Eis des Totten-Gletschers in der Antarktis befindet, helfen kann, länger mit dem Wasserhaushalt unseres Planeten zu wirtschaften, bleibt dahingestellt.[53] Bereits vor Jahren entdeckten Forscher den 12.500 Kubikkilometer großen *Lake Vostok*, in dem sogar Fische vorhanden sein sollen. Um sein Wasser zu erreichen, bohrten sich russische Wissenschaftler vier Kilometer durch das Eis.

Schon damals vermutete man noch mehr Süßwasserreservoire in der Antarktis zu finden.[54] Vielversprechend ist der 45.000 Kubikkilometer große Trinkwassersee, das Aquifer Guarani, welches im Süden Brasiliens unter Teilen von Paraguay und Argentinien gefunden wurde. Doch jetzt entdeckte man unter den Bundesstaaten Amazonas, Pará und Amapá fast doppelt so viele unterirdische Wasservorräte. Das Aquifer Alter do Chão könnte mit seinen 86.000 Kubikkilometern die ganze Weltbevölkerung über einhundert mal versorgen. Zu hoffen bleibt, dass diese Aquifere unerreichbar für eine durch den Menschen gemachte Verschmutzung und Verunreinigung bleiben. 2007 befürchtete bereits die Wasser-Aktivistin Maude Balow in ihrem Buch *"Blue Covenant"*, dass das Guarani-Aquifer privatisiert werden könnte.[55]

Seit einigen Dekaden registrieren wir einen Anstieg einer extrem intensiv betriebenen industriellen Landwirtschaft. Ihrem Raubbau haben wir die Entstehung riesiger Staubstürme zu verdanken, welche die Himmel Amerikas verdunkeln. Verglichen mit den Gesetzen, die für eine Wassernutzung aus Seen und Flüssen existieren, scheint tiefgelegenes Grundwasser keine Regulierungen zu kennen.

Immer öfter werden wir mit *water-mining* konfrontiert. Im Mittleren Westen der USA dauerte es keine 40 Jahre, bis 20.000 Jahre alte tiefliegende Grundwasserspeicher ausgepumpt waren. In Arizonas Sulphur Spring Valley wuchs die Bewässerung in 60 Jahren von 40- auf 100.000 Acres an, wobei drei Acres einem Hektar entsprechen. Angebaut wurden Nussbäume – wie z.B. Mandeln oder Walnüsse, die bekannt dafür sind, extrem viel Wasser zu verbrauchen. Farmer bohrten 239 Brunnen, die pro Minute 8.000 Liter Wasser ans Tageslicht befördern. Plötzlich konnte Grundbesitz, der von vielen Generationen für eine Landwirtschaft genutzt wurde, nicht mehr bebaut werden. Weil der Gebrauch von Wasser nicht limitiert wurde, ist das Land billig geworden. Einer Studie zufolge könnten 70 Prozent des von Amerikas High Plains Grundwassers, das sich über acht US-Staaten erstreckt, in 50 Jahren nicht mehr vorhanden sein.

Am meisten Wasser brauchen *concentrated animal feeding operations*. Sie halten bis zu 16.000 Kühe auf knappen, siebentausend Hektar Land.[56]

2.3 Inhumaner Profit

*D*ie Idee einer auf engstem Raum konzentrierten Tierhaltung hatte ihren Ursprung darin, Legehühner vor Wettereinflüssen oder ihren Prädatoren zu schützen. Doch bald schon sah man die Vorteile der Massentierhaltung, die mit einer schnellen Fleischproduktion und wenig Arbeit verbunden waren. Heute werden Mastbetriebe in den USA von Vertragslandwirten bewirtschaftet. Sie stehen unter der strengen Aufsicht großer Agrarkonzerne.

Die ersten großen Tierfarmen gab es in Amerika erst seit Anfang der 1970iger Jahre. In Europa, bzw. Osteuropa kannte man zu diesem Zeitpunkt schon lange Landwirtschaftsgenossenschaften. Bald ging das Konzept der ersten Legehuhn-Betriebe auf andere Tierarten wie Schweine oder Rinder über. *Factory Farming* entpuppte sich als profitorientierend und kostensparend. Bei einem gewinnorientierten Unternehmen haben wir jedoch oft Qualitätseinbußen zu verzeichnen.

Das meiste Fleisch in den USA wird in sogenannten *concentrated animal feeding operations* (CFOs) produziert. Der Bauer hat zu guter Letzt nicht mehr viel mit der Produktion von Lebensmitteln zu tun. Stattdessen handelt es sich um eine Agrartechnikindustrie, die eine intensive Landwirtschaft durch digitalisierte Massentierhaltungsanlagen managt. Damit wird der gesamte Prozess unserer Lebensmittelherstellung und Verarbeitung vereinheitlicht.[57]

Landwirtschaftliche Nutztiere werden heute fast nur noch nach ihrem Fleisch- und ihrer Milchqualität beurteilt. Wir sehen sie nicht mehr als Lebewesen, die Bedürfnisse haben.

Atemberaubend schnell digitalisiert sich unsere Landwirtschaft. Die Produktqualität profitiert von einer leistungsfähigen Sensorik, einer Fütterungs- und Melkrobotik sowie von dem Hygiene- und Gesundheitsmanagement. Ein Blick auf das Smartphone vermittelt dem Farmer umfangreiche Daten zu Gewicht, Melkzeiten, Milchmengen. Er weiß sofort, ob die Vitaldaten eines Tieres abweichen und kann somit Krankheiten schneller erkennen. <Digitalisierung macht es dem Landwirt leichter, der Tiergesundheit präzise, situationsbezogen und tierindividuell Rechnung zu tragen. Roboter und Sensoren liefern eine regelmäßige Auswertung der Daten und tragen zu einem guten Farm-Management bei>, bemerkt Hauptgeschäftsführer Bernhard Rohleder des Digitalverbandes Bitikom.[58]

Großkonzerne liefern den Bauern das Knowhow für: Kuherkennung & Pedometer, Milchmengen, Leitfähigkeitsmessung, Kraftfutterstationen, Tierverkehr, Kälberfütterung usw., womit nicht nur die Fleischproduktion, sondern auch die Weiterverarbeitung zentralisiert und vereinheitlicht wird. Die Zeiten, in denen der einzelne Farmer in die Verteilung und Verarbeitung seiner Produkte involviert war, sind lange vorbei.

Wie nicht anders zu erwarten, scheint die Lebensmittelherstellung nach wie vor von der Idee besessen, je größer desto besser und gewinnbringender. Viele identifizieren jedoch mit einer industriellen Landwirtschaft nicht nur einen Klimawandel, sondern auch horrende Umweltzerstörungen.

Es ist kein Geheimnis, dass eine industrielle Landwirtschaft in einer fast unverantwortlichen Art und Weise knapper werdenden Ressourcen ausbeutet. Unsere Sommer werden wärmer und allmählich kommen wir zu der Einsicht, dass unsere Luft- und Wasserverschmutzung, die Abholzung der Wälder, eine steigende CO_2-Emission, die Nährstoffverarmung, eine Erosion und die Vergiftung unserer Böden durch *Factory Farming* mitverursacht werden.

Viele sehen eine nachhaltige, chemiefreie, regenerative Landwirtschaft als eine Möglichkeit an, diesen Bestrebungen Einhalt zu gebieten. Andere wollen sogar ganz auf Fleisch verzichten.

Es ist allerdings naiv, zu meinen, die so oft als *Kuh-KZ* bezeichneten *Buletten Fabriken*, durch Lebensmittellabore ersetzen zu können. Eine Schlussfolgerung, unsere Lebensmittel im Labor herzustellen ist schon deshalb falsch, weil Pflanzenfresser für unser

Ökosystem sehr wichtig sind. Fleischersatzprodukte bieten nicht die oft angenommenen umweltfreundlichen Alternativen. Sie sind erst recht nicht in der Lage, unsere Welternährung zu sichern.

Lebensbedrohliche Umweltprobleme können nämlich nicht von einer Industrie abgewendet werden, die Tierprodukte gegen eine chemisch hergestellte Ware austauscht.

Wie eine Studie 2015 feststellte, brauchen im Labor hergestellte vegetarische *Fleischersatzprodukte* mehr Wasser und Energie.

Vegetarische-Burger der Firma *Impossible Foods* enthalten Weizen, Kokosnussöl, Kartoffeln und *hem*, ein Protein, welches gentechnisch aus Hefe erzeugt wurde.

Die Organisation *Friends of the Earth* sind nicht mit einem so hergestellten Nahrungsmittel einverstanden. Sie forderten eine Lebensmittelkontrolle. Ihre Bitte, Biohamburger und andere neue *Tierersatzprodukte* zu regulieren und/oder eine adäquate Kennzeichnung aufzubringen, wurde abgelehnt.

Für *Impossible Food* war jedoch die Prüfung der amerikanischen Lebensmittelbehörde nicht entscheidend, um ihre *Veganburger* auf dem Markt zu halten. FDA hatte bestimmt, dass die freiwillig aufgebrachte Kennzeichnung GRAS -die auf dem gentechnischen Verfahren (genetic engineered), einer GE yeast derived *heme* (aus Hefe hergestellte heme) beruht- zu ungenau sei.

Impossible Food brachte ihr Lebensmittel letztendlich ohne eine FDA Billigung heraus, was in den USA durchaus gestattet ist. Gleichwohl gehört der im Labor wachsende fleischlose Burger -der beim Anstechen in der Bratpfanne anfängt, eine rote Flüssigkeit abzusondern und dem Schmoreffekt eines echten Stückes genussvollen Fleisches in nichts nachsteht- zu den vielen Inventionen, die unserer Umwelt mehr schaden, als ihr zu helfen.

Impossible Food wurde 2011 von Pat Brown, einem Chemiker der Standford Universität, gegründet. Das genetisch hergestellte hem-ähnliche Protein gibt dem pflanzlichen Burger nicht nur seinen

Fleischgeschmack, sondern auch sein Aussehen. *Hemeiron* ist in Fleisch und Fisch enthalten. *Hemeeisen*, welches aus einem Hefepilz hergestellt wird, kann vom menschlichen Körper nicht so gut resorbiert werden. Das führt u.a. dazu, dass Vegetarier unter einem Eisenmangel leiden können. Wie *Impossible Food* auf ihrer Webseite beschreibt, benutzen sie *leghemoglobin-gene* aus der Wurzel der Sojabohne, um daraus einen Hefepilz zu fermentieren. Dann separieren sie *heme*. Diese Substanz mengen sie ihren Produkten bei und erhalten damit den gewünschten

Geschmack, das Aroma sowie die fleischähnlichen Eigenschaften. Während bereits 2018 fleischlose Burger in fast 2000 Restaurants in den USA verkauft wurden, bleibt die Frage nach der Sicherheit des Verzehrs ungeklärt.

Friends of the Earth und ähnlich orientierte Umweltaktivisten, zeigen sich äußerst besorgt. Sie betonen immer wieder: <dass wir nicht genug über die Gesundheitseffekte wissen, die auftreten könnten, wenn wir diese Art des gefälschten Fleisches konsumieren. Die schnelle Freigabe für den Markt war kurzsichtig, dumm und voreilig.> In dem Report vom *Labor zur Gabel* vom Juni 2018, rufen *Friends of the Earth* zu strikten Sicherheitsmaßnahmen und einer Kennzeichnung des Produktes auf.

Dana Perls, Mitglied der Organisation und Umweltaktivistin klagt den ehemaligen Bürgermeister von New York, Michael Bloomberg an: <Wir brauchen mehr Daten. Wir sind es den Verbrauchern schuldig, die organische Lebensmittel als Alternative zu GMO bevorzugen. Ihnen ein ungetestetes Chemiefleisch vorzusetzen, ist ein Irrweg.[59]> Ob sie recht hat? Neueste Untersuchungen zeigen, dass Impossible Burger u.a. krebserzeugendes Glyphosat enthalten.

Was will man auch anderes erwarten, wenn man GMO-Soya als Ausgangsmaterial benutzt?[60]

Doch auch der Konsum von rein grasgefüttertem Rindfleisch ist heute keine Selbstverständlichkeit mehr. In den Vereinigten Staaten ist es eher zu einer Seltenheit geworden, diese Handelsware beim Metzger zu finden. Im US-Bundestaat Wisconsin gibt es nur einen einzigen Betrieb, der sein eigenes organisches Schlachthaus hat und Tiere der Umgebung *verarbeitet*. Seit 2007 existiert das Geschäft, welches gut floriert. Fleisch wurde innerhalb der ganzen USA versendet. So kam es, dass immer mehr geschlachtet wurde, was die Anwohner in dem etwa 20 km von Wisconsins Hauptstadt Madison entfernten kleinen Dorf Black Earth ärgerte. Der Bürgermeister klagte gegen den Metzger. Dieser bot verschiedene Lösungen an, die das Gericht jedoch alle abwies. Einige Anwohner, die sich über den Viehverkehr und den Geruch beschwert hatten, wollten den Metzger aus dem Dorf vertreiben. Sein Geschäft stand vor dem Aus. Ende Juli 2014, musste er den Laden für immer dichtmachen. Die einzige Lösung wäre damals gewesen, dass der Bürgermeister die Klage zurückzieht.

Es war sicher kein Zufall, als unmittelbar vor dem Ereignis das *Wisconsin State Journal* einen Bericht über die Belastung unserer Umwelt von *BBC News* zitierte, welche durch die Produktion von Rindfleisch hervorgerufen wird. Mehrere Wissenschaftler verbinden mit dieser Tierhaltung den Treibhauseffekt, der durch Methangasausscheidung und einem hohen Nitratgehalt mitverursacht wird.

Doch jetzt fanden sie heraus, dass Mastrinder 28-mal mehr Landfläche und 11-mal mehr Wasser zur Fleischerzeugung benötigen als Schweine oder Geflügel. Die *National Academy of Science* schlägt deshalb schon seit einiger Zeit vor, weniger Hamburger zu essen. Vielleicht bestätigte sich die Ansicht des Bürgermeisters von Black Earth durch den Zeitungsbericht und er sah seine Klage gegen den Metzger seines kleinen Dorfes im Mittleren Westen der USA als gerechtfertigt an? Für Leute, die mit der modernen Massentierhaltung in den USA und dem Modell des *Factory Farming* nicht einverstanden sind, ist die Schließung der Metzgerei unbegreiflich. Mediziner weisen immer wieder auf die gesundheitlichen Vorzüge von grasgefüttertem Rindfleisch hin. Der Trend zu diesem Nahrungsmittel nimmt zu. Selbst der Zeitungskolumnist Mark Morford vom *San Francisco Chronicle,* ein ehemaliger Vegetarier, isst nun das Fleisch von grasgefütterten Rindern. Er will gar nicht an die Grausamkeiten der Tierhaltung denken, über die man so oft hört. Zum Beispiel an eine Mast von Tausenden von Rindern mitten in der Wüste von Arizona. Solche Einrichtungen werden auch als *Kuh-KZ* bezeichnet.

Sollte man Rindern wirklich Getreide statt Gras verfüttern? Rindermägen sind nun einmal in der Lage, Gras zu verwerten. Rinder in enge Buchten zusammenzupferchen und mit Mais, Soja oder Getreide zu füttern, entspricht überhaupt nicht ihrer Physiologie.

Das Sojamehl ist meist genmanipulierte Importware, die aus Argentinien oder Brasilien stammt. Um es herzustellen, werden Indianer von ihrem Land vertrieben und Unmengen an Wasser und chemischen Spritzmitteln verwendet.

Aber so weit muss man gar nicht gehen, wenn man herausfinden will, welche Tierhaltung artgerechter ist. Eine Studie aus der ehemaligen Sowjetunion zeigt, dass diese Art der Fleischproduktion ökonomische Probleme mit sich brachte, weil Rinder dreimal soviel Getreide konsumierten als Menschen. Rindermägen können Getreide schlecht verdauen. Bis zu 25% des Futters wird wieder ausgeschieden.

Frances Moore Lappé schrieb bereits 1971 in ihrem Buch: *"Diet for a small Planet",* dass in den USA 16 Pfund Soja und Getreide gefüttert werden müssen, um daraus ein Pfund Rindfleisch zu produzieren.[61]

Berechnungen zufolge würden die verfütterten Mengen an Getreide und Hülsenfrüchten reichen, um drei Milliarden Menschen zu ernähren. Rinder werden nicht ohne Grund als Nahrungskonkurrenten des Menschen angesehen. Eine intensive Tierhaltung birgt auch gesundheitliche Folgen in sich. Kühe verfügen mit ihren vier Mägen, dem Pansen, Netzmagen, Blättermagen und Labmagen über die optimale Kondition, Gras zu verdauen. Der Pansensack kann bis zu 60 Kilogramm Futter aufnehmen. Bakterien und Einzeller produzieren Säuren, die schwerverdauliche Pflanzenmassen aufschließen. Durch das Wiederkauen gelangt alkalischer Speichel in den Pansen, um einen pH-Wert von ca. 6,5 zu erreichen. Früher wurde eine Kuh mit einem Alter von vier bis fünf Jahren geschlachtet. Heute liegt in den USA das Schlachtalter bei 14 bis 15 Monaten. Es bleibt nichts anderes übrig, als die Ernährung der Tiere so zu gestalten, dass sie sehr schnell an Gewicht zunehmen. Das heißt: sie benötigen enorm viel Getreide, Soja-Eiweiß, Antibiotika und Wachstumshormone. Die Masttierhaltung macht nur unter ökonomischen Gesichtspunkt einen Sinn. An mögliche fatale Folgen wird dabei kaum gedacht. Tiere, die mit Getreide gefüttert werden, hören bald auf wiederzukäuen. Ihr Pansen übersäuert sich. Sie keuchen und geben viel Speichel ab.

Die Rinder können Durchfall bekommen. Geschwüre und Lebererkrankungen mehren sich. Ihr Immunsystem wird so geschwächt, dass ihnen ein qualvoller Tod bevorsteht. Der Verdauungsapparat der Tiere wird durch die vorhandene Übersäuerung empfänglicher für das Wachstum bestimmter pathogener Keime, wie z.B. den tödlichen Keim der Escherichia coli 0157:H7 Bakterien. Ein nicht vollständig erhitzter Hamburger könnte uns damit einen Krankenhausaufenthalt bescheren.

Zeitungen berichteten am 25. Juli 2014, dass Russland Hamburger in all seinen 356 McDonald's Restaurants wegen gesundheitsgefährdenden Qualitätsmängeln verbieten will. Methangase, die über das Wiederkäuen abgegeben werden, bleiben bei Getreide- und Sojabohnenfütterung im Pansen und schließlich gasen die Tiere auf.

Autor Michael Pollan warnt in seinem Buch den Endverbraucher davor, solch ein gesundheitsschädliches Fleisch zu essen. Der einzige Weg, um diese Mast zu betreiben, besteht in einer Beifütterung von

Antibiotika. Ohne sie geht es eigentlich gar nicht mehr. Dieses führt wiederum zu Antibiotika-Resistenzen, die zuletzt wir Menschen zu spüren bekommen. Heute redet fast jeder von *superbugs*, den Superbazillen, die durch die unbedachte, leichtfertige Anwendung in der Tiermast entstanden sind und die eine weitere medizinische Behandlung mit Antibiotika erschweren. Die Welt kann man mit grasgefütterten Rindern nicht ernähren. Selbst wenn das Fleisch mehr Omega-3-Fettsäuren erhält, reicher an Vitamin E ist und einen höheren Anteil an konjugierten Linolsäuren enthält -was die Krebserkrankungsrate mindert- und bei dieser Tierhaltung der Muskelanteil eindeutig den Fettgehalt im Fleisch übertrifft.

Viele Amerikaner lieben einfach die Marmorierung des Fleisch-Fettanteils, die durch eine Mast auf engem Raum entsteht. Sie sind es nicht mehr gewohnt, grasgefüttertes Fleisch zu konsumieren, weil es ihnen schlussendlich gar nicht mehr schmeckt. Die Annahme, dass grasgefüttertes Rindfleisch umweltfreundlicher erzeugt wird, wurde in Brasilien widerlegt, weil Weidetiere Methan erzeugen. Zudem wachsen die Tiere langsamer und somit hält die Methan-Emission länger an.

Aber was macht man mit dem Dung und der Gülle der Tiere, die beim *Factory Farming* in viel größeren Mengen auftreten? Die Umwelt leidet unter beiden Arten der Tierhaltung. Einen Ausweg sieht auch der Autor Robbins darin, ganz einfach weniger Rindfleisch zu essen. *Grassfed-Beef* scheint sowieso nur etwas für Konsumenten zu sein, die sich die teuren Preise des so erzeugten Fleisches leisten können.

Unverständlich bleibt, dass man die einzige Metzgerei in Wisconsin, die eine Nische in der Vermarktung von grasgefüttertem Rindfleisch und Fleisch aus lokalen Betrieben erschlossen hat, nun daran hindert, weiterhin zu schlachten.

Denn Schlachthäuser im herkömmlichen Sinn wie bei uns in Deutschland, zu denen die Bauern ihre Tiere bringen, gibt es in den USA schon lange nicht mehr.[62]

2.4. Betrug und Misswirtschaft

Superfood, Rohkost, Vegetarisch, Vegan, Brain Food, Gluten freie Diät, Figurbesorgte, Locavores, Low Carb und so viele andere neue Trends der gesunden Ernährung huldigen unserem Körper.[63] Erklärt man Ernährung zu einer neuen Religion, deren Mitglieder schlank, fit, schön sind? Man gilt schon fast als asozial, wenn man nicht in einen Fitnessclub eingeschrieben ist. In den Gesundheitstempeln werden die neuesten Hip-Hop Kurse und natürlich Yoga angeboten. Ein hochdotierter persönlicher Trainer steht den manchmal auch eingebildeten Übergewichtigen zur Verfügung, hässliche Pfunde loszuwerden. Sie seien nicht nur ungesund, sondern können auch krank machen. Im Internet liest man, wie man sich ernähren muss, um Alzheimer oder Krebs loszuwerden. Essen wird als ungesund deklariert. Ratgeber erregen mit ihrem wissenschaftlichen Anhauch die Gemüter. Es heißt, Wurst und Fleischwaren verursachen Darmkrebs; Zucker zerstört Darmbakterien. Auch Milch kann krank machen.

Auswege aus der Fehlernährung werden uns von selbsternannten Experten angeboten. Ihre Anweisungen schüchtern uns so ein, dass wir unüberlegt ihren Ratschlägen folgen und dafür tief in die Tasche greifen. Wir verzichten ungezwungen auf Nahrungsmittel, die wir eigentlich lieben. Veganer meiden sämtliche Lebensmittel tierischen Ursprungs, während es bei Vegetariern nur Fisch und Fleisch ist. Die Paläo-Diät verbietet, Getreide und Milch aufzunehmen und die Clean-Food-Anhänger verabscheuen industriell zubereitete Nahrung. Die Regale in den Geschäften sind vollgestopft mit Gluten- und Lactose freien Produkten, obwohl in Deutschland nur geschätzte 15 Prozent an einer Lactose-Intoleranz leiden und nur 1:500 kein Gluten vertragen.

Dr. Weil, dessen *Trufood* Restaurants von ernährungsbewussten Kunden überrannt werden, vermarktet sich, wie so viele andere, als *spiritueller Führer*. Kritik ist bei den Anhängern des US-Mediziners sowie des Wirtschaftsingenieurs Nico Richter oder der Physikerin Attila

Hildmann unerwünscht. Alle drei sind keine Köche. Sie bereichern sich persönlich mit ihren Gesundheitstipps, die sie leichtgläubigen Verbrauchern geben. Der vollendete Körper, ein Trainingsarmband, das jede Sünde registriert, vereint Fitnessbesessene in einer Art Glaubensgemeinschaft.

Fasten und sich im Trainingsraum zu geißeln, sind Forderungen, die man früher Mönchen zukommen ließ. Fast schon dogmatisch wird die inhaltstoffarme Nahrung verteidigt. Man dichtet ihr eine Heilwirkung an, obwohl sie bei näherer Betrachtung ungesund ist. Intoleranz trifft jeden, der seinen Körper nicht perfektioniert. Dennoch herrscht Unsicherheit darüber, wie man denn nun seinen Leib behandeln sollte, um ein ewiges Leben schon hier auf Erden zu erhalten.

Die Ernährung muss vor allem die benötigten Nährstoffe enthalten und satt machen. Fett, Zucker, Zusatzstoffe, aber auch Getreide und tierische Produkte sollen dennoch fehlen. Markenzeichen ist oft der Preis der Nahrung, ganz so, als ob dies eine Garantie für die Wirkung sei. Die Qualität lässt trotzdem zu wünschen übrig. Nur sehr selten berichtet man darüber, wie sehr z.B. Chiasamen und Quinola mit Umweltgiften belastet sind. [64] Auf Genuss und Freude am Essen, welches man früher in der Gemeinschaft aufnahm, wird in Amerika verzichtet. Familien kommen nur noch an Thanksgiving zum Essen zusammen.

Eigentlich erwarten wir etwas anderes von einem Land, in dem man sich selbst um die gesunde Nahrung der Haustiere Sorgen macht. Neben seinem Fressen sind wir zunehmend um sein physisches und psychisches Wohlergehen besorgt. Sonst würden Hunde - und Katzenpsychiater in den USA keine hochpotenten antidepressiven Psychopharmaka, wie *Prozac* (Fluoxetine) ihrem Klientel verordnen, dass Herrchen sich in der Apotheke abholen kann, wenn er es nicht sowieso zu Hause hat. Um dem Hund eine ernährungsbewusstes Futter zu ermöglichen, bieten kalifornischen Restaurants eine Speisekarte für

Fifi. Vornehme Leute, die sich ein Rendezvous mit ihrem Vierbeiner leisten können, sind darauf bedacht, ihrem Hund zu danken, wenn er das ihm auf einem Teller gereichte Fressen ganz herunterschlingt.

Vergessen sind die Menschen, die nichts zu essen haben; die versuchen, irgendetwas auf den Teller zu bekommen. Im übersättigten Kalifornien ist man um so mehr entsetzt, wenn in Süd-Korea Hunde auf der Speisekarte stehen. Wahrscheinlich ist es nicht das einzige Land, das pro Jahr 2,5 Millionen Hunde und Katzen als Nahrungsmittel verarbeitet.

Wir kennen Korea als den Produzenten von Samsung, Hyandai, Kia, LG, Sk und Daewoo. Wie kann so ein Land Hunde in verlausten, engen Käfigen halten? Von Geburt an erfahren diese Tiere nichts anderes als Schmerz. Vor ihren Augen werden ihre Leidensgenossen erhängt, geschlagen, sie bekommen ihre Kehlen durchgeschnitten und werden oft noch lebend verbrannt oder in heißes Wasser geworfen.

Der Mythos, je mehr der Hund leide, desto besser schmecke sein Fleisch, steigert die Phantasie der Schlächter, die Tiere zu quälen. Katzen müssen für ein Gesundheitselixier immer lebend gekocht werden. Jedes Tier kann so enden. Selbst Jindos, eine besondere und unter Artenschutz stehende Hunderasse, die als *Nationaler Schatz* gilt, werden nicht verschont. Viele Besitzer haben auf diese Weise schon ihren Hund verloren. Sie wissen nicht, wo ihr geliebter Begleiter gelandet ist. Der Endverbraucher hat keine Ahnung, welches Tier er konsumiert. Es war vielleicht der Hund des Nachbarn?

Ein anderes Problem besteht für die Leute, die in Korea neben einer sehr unsanierteren Hundefarm leben. Das Wasser ist verschmutzt und ein Gestank liegt in der Luft. Das Zitat von Mahatma Gandhi: <Die Größe einer Nation und sein moralischer Fortschritt wird danach beurteilt, wie sie ihre Tiere behandeln>, kommt den dagegen Protestierenden nicht zugute. Die Farmen überschatten das Leben aller Menschen. Kinder werden unbewusst zu Zeugen der Grausamkeiten, denn manchmal werden die Hunde gleich neben einer Schule gehalten.

Die Hauptfrage bleibt, wie gesund es ist, sich mit Fleisch von diesen Hunden zu ernähren, die mit meist verdorbenen, von Parasiten befallenen Essensabfällen gefüttert wurden und zahlreiche Medikamente und Antibiotika verabreicht bekamen.

Das hochtoxische Fleisch beeinträchtigt die Gesundheit der Menschen, was Diabetes und Krebs auslösen kann. Das Nahrungsmittel ist prädestiniert, Lebensmittelvergiftungen beim Endverbraucher hervorzurufen. Es ist zwar eine alte Tradition, Hundefleisch zu konsumieren, trotzdem sollte man damit brechen.

Normalerweise verbindet uns Stolz und Freude, Gebräuche aufrecht zu erhalten. Sie sollten genossen werden von den Menschen, die sich damit identifizieren. Hundefleisch zu essen, erfüllt keines dieser Ansprüche. Es passt nicht zu dem Bild, das wir von Korea haben. Das Gewerbe wird geduldet, unterliegt aber keinen offiziellen Regulierungen, man sollte es auch niemals legalisieren.

Tierschützer aus den USA prangern an, dass führende Mitglieder der Koreanischen-Gesellschaft damit angeben, Hundefleisch zu essen. Damit verharmlost man das Übel, was einen Rückschritt der Zivilisation bedeutet. In einer modernen, aufgeschlossenen Kultur sollte man keine Hunde oder Katzen verspeisen.

In den Philippinen und Thailand ist dies bereits verboten. Die Hoffnung ist es, auch China, Vietnam und Indonesien dazu zu bewegen, mit dem grausamen Töten der Tiere aufzuhören. Das würde nicht nur den Tieren im Land zugute kommen, sondern allen Tieren, die momentan irgendwo auf der Welt unter den inhumanen Bedingungen leiden.[65]

Die moderne Küche orientiert sich allerdings mehr, als uns lieb ist, an den alten Gebräuchen. Nicht dass es sich überall um Hundefleisch handelt. Nein, in der Stadt Mexico City können Touristen des *City's Ferstin de Insectos Comestibles* (des City-Festes der essbaren Insekten) lange schwarze Insekten, die in Schokolade gehüllt sind, verkosten. Die Würmer sind tot, und wenn man nicht so sehr darauf achtet, was man sich auf der Zunge zergehen lässt, kann man es fast genießen.

Zumindest haben die Lebensmittel der Ureinwohner sehr viele Proteine. Mexico hat die kulinarische Tradition seiner Vorfahren wiederentdeckt. <Wollen sie Fliegen mit ihrem Gericht?>, fragen sie ihre Kunden. Es gibt Honig-Ameisen, die auf einem Schokoladenstückchen liegen, Pizzas, verziert mit gegrillten Grashüpfern, Brötchen mit Fliegenlarven und Tocos mit *escamoles*. Die Ameiseneier sind eine Delikatesse, die man auch als mexikanischen Kaviar bezeichnet.

<Wir versuchen, unsere aztekisch-gastronomischen Wurzeln wiederzuentdecken>, sagt Laurencio Lopez Maya, der Besitzer des Restaurants *Tlacoyotitlán*. Als Delikatesse findet man auf seiner Speisekarte eine besondere Käfersuppe und chinicuile (Maguye Wurm). Früher aßen die Azteken 92 verschiedene Insekten. Viele von ihnen galten als Delikatesse. <Als Mexikaner zierten wir uns, sie zu essen, aber nun liegen wir im Trend, sie unseren Kunden anzubieten>, sagt Lopez.[66]

Auch in Deutschland läuft seit 2015 das Projekt der Insekten-Burger. Sie bestehen aus Grillen und Mehlwürmern, was nicht alle Geschmäcker erheitert. In einer Art Müesli Rigel hat die Firma *Instinct* zermahlene Grillen im Angebot, die man in der Variante *Apfel und Zimt* oder *Salzige Schokolade* kaufen kann. Allerdings ist das Produkt nur in größeren Städten zu bekommen. Auf dem Land lebende gesundheitsbewusste Mitbürger können das Pionierprodukt online bestellen. Das Echo der ersten Testpersonen ist durchaus positiv. <Es

schmeckt wie normales Mehl>, sagen einige, andere bezeichnen es als einen *schmackhaften Snack*. Doch viele lehnen diese Art der Ernährung ab. Sie finden es eklig, bzw. sie essen nur das, was sie kennen. Manche sind Vegan. Insekten gehören damit nicht auf ihren Speiseplan.

Rewe hat seit 2018 einen Insekten-Burger aus Buffalo-Würmern in seiner Kühlabteilung. Er besteht aus Insekten-Larven und kommt aus Kanada. Bisher ist die Nachfrage sehr gut. Der Geschmack soll denen von *Veganburgern* in nichts nachstehen, sagen die Kunden.

Die größte Herausforderung ist nach wie vor das Lebensmittel- und Veterinäramt. Jedoch sind diese eher wegen eines Allergie-Risikos besorgt, das bestimmte Insekten-Proteine hervorrufen können. Manche Insekten haben auch giftige Substanzen, wie Thiamiansen, welche die Aufnahme von Nährstoffen hemmen. Ganz zu schweigen von Pilzen, Bakterien und Viren, die sie unabsichtlich *verschleppen*. Auch wenn wir die *Nahrung* beim Herstellungsprozess erhitzen, muss noch viel Forschung in das *Projekt* gesteckt werden, um ein Allergie- und Krankheitsrisiko zu eliminieren.[67] Viele schauen bei der Nahrung, die als gesund deklariert wird, am besten nicht so sehr hinter die Kulissen. Nicht alles, was wir konsumieren, fördert unser Wohlbefinden. Die Unverträglichkeit kann auch schon bei Rohkost und Vollkornprodukten auftreten. Man muss dazu keinen kulinarischen Trip in ferne Länder unternehmen.

Insekten zu verzehren, ist weit entfernt von einer Konkurrenz um knappe Ressourcen, die zu einer Nahrungsmittelknappheit geführt haben. Auch wenn man geneigt ist, die Verantwortung einer solchen an die Politik abzuwälzen. Warteschlangen für Grundnahrung kannten wir eigentlich nur aus Ostblockländern. Eventuell dachten wir so etwas sei mit dem Fall der Mauer und dem Zusammenbruch in Ostdeutschland vorbei. Dennoch verbringen Venezolaner ihre Tage in der Warteschlange. [68] Ihre ökonomische Lage verschlechtert sich zunehmend. Leute stehen geduldig in größter Hitze vor einem Laden. Unfreiwillig wurden sie Zeugen, wie ein Mann mit einer Pistole einen

Jungen, Perez, bedroht, damit dieser sein Handy hergebe. Perez ergriff die Flucht. Doch bevor er den Eingang zur Drogerie erreicht hat, strecken ihn acht Schüsse nieder. Er fällt zu Boden. Blut tropft auf den Asphalt. Die Leute in der Schlange scheinen ungerührt und hoffen, ihre Drogerieartikel zu erhalten. <Um zu überleben, sind wir darauf angewiesen, zu warten. Alles andere ist zweitrangig. Du musst sicherstellen, dass Du das, was du brauchst, bekommst. Alles andere darf dich nicht irritieren. Mitleid ist hier fehl am Platz>, sagt der Drogist Heide Mendoza.

Die Warteschlangen vor den Läden sind in Venezuela nicht nur länger, sondern auch gefährlicher geworden. Es ist der einzige Lebensinhalt und immer öfter endet er tödlich. Mehr als zwei Dutzend Leute und ein kleines Mädchen sind allein 2015 vor den Geschäften umgekommen. Eine 80-jährige Frau wurde zu Tode getrampelt, als ihre Mitmenschen anfingen, den Laden vor ihr zu stürmen. Immer öfters kann so etwas nun passieren, weil in Venezuela die lebensnotwendigsten Dinge fehlen.

Die Ökonomie des Landes kann sich mittlerweile in der Länge der Warteschlangen vor den Läden des Landes messen. Im Durchschnitt steht man 35 Stunden in der Woche an. Das ist dreimal länger als noch vor zwei Jahren. Nachdem die Ökonomie zusammenbrach, schlagen sich die Leute regelrecht um die alltäglichen Dinge. Konflikte, Kämpfe und auf seinen eigenen Vorteil bedacht zu sein, sind da vorprogrammiert. Venezuelas Ölvorkommen sind schon lange verbraucht. Die Misswirtschaft der Sozialisten führte dazu, dass das Land selber nichts mehr produzierte und mehr importieren musste. Die Versorgung brach langsam zusammen. Bald war kein Geld für die einfachsten Dinge mehr da. Politiker sorgen sich heute mehr über die Lebensmittelknappheit als um die Sicherheit des Landes. Das erstaunt, weil Venezuela ein Land mit der größten Selbstmordrate ist. Verzweiflung facht die Gewalt auf den Straßen an. Die Medizinstudentin Maria Sanchez hat den gleichen gelangweilten Blick in ihren Augen wie alle anderen hier. Als sich jedoch eine Frau vordrängeln wollte, schlug sie auf diese ein, bis sie schließlich davonhumpelte. Den Rest der Wartezeit presste Sanchez ihre Lippen zusammen, während ihre Mutter leise neben ihr weinte: <Wenn Du auf die Straße gehst, musst du voller Energie sein, damit Du nicht von anderen hereingelegt oder betrogen wirst. Die Not hat ein schreckliches Gesicht>, sagt sie. Keiner ist von dem Engpass verschont. Selbst in den wohlhabendsten Vierteln von Caracas stehen die Einwohner mit ihren 20 Liter-Kanistern in einer langen Schlange und hoffen, dass der Wasserlaster vorbeikommt. Die ärmere Bevölkerung muss zum Fuß eines Berges gehen. Dort streiten sie sich um das Quellwasser.

An automatischen Geldmaschinen bekommt man unter der Woche umgerechnet acht Euros pro Tag. Die Warteschlangen werden besonders am Freitag sehr lange. In Venezuela vermeidet man es, bar zu zahlen. In den kleinen Läden kann man nur noch eine Kreditkarte benutzen. Jede Nacht stehen Kunden vor Autowerkstätten an, um eine der wertvollen Autobatterien zu ersteigern, die am anderen Morgen, kurz nach Eröffnung, nicht mehr zu bekommen sind.

Alle Einwohner des Landes, auch Kinder, wissen aufgrund ihrer Passnummer, wann und wo sie bestimmte Dinge kaufen dürfen. Schon lange bevor die Geschäfte öffnen, gehen Gerüchte herum, wo es die beste, stets zugeteilte Ware gibt. Einige fälschen ihre Pässe, um zusätzliche Güter zu erhalten. Schwangere und alte Leute werden beim Warten bevorzugt. Dennoch stehen jedem nur zwei Dinge zu. Am längsten steht man für das an, was am knappsten ist: Lebensmittel.

Eine Studie der Simon Bolivar Universität berichtet, dass neun von zehn Menschen nicht genug Nahrungsmittel kaufen können. Die Preise schossen in die Höhe. Schuld daran ist die Angst, leer auszugehen. Dass der Schwarzmarkt unter den Bedingungen floriert, erklärt sich von alleine. Denn es kommt trotzdem vor, dass einige Lebensmittel horten. Die Wartenden lassen sich nicht irritieren. Nie wissen sie, was sie bekommen werden, wenn sie endlich an der Reihe sind. Wenn die Lebensmittel-Transporter ankommen, öffnen die Läden sehr pathetisch ihre Türen, damit die Leute sehen, was es heute zu kaufen gibt. Manchmal kann man nur noch Hundefutter bekommen. Und wenn die Enttäuschung dann zu groß ist, um sie ertragen zu können, dann stürmen die Bürger Venezuelas einfach den Laden, so wie das Hunderte im Juni 2016 taten. <Wir verhungern>, rechtfertigte einer die Aktion.

Der Lebensmitteltransporter war schon lange wieder weg, und die Türen wurden einfach zu zögerlich geöffnet. Soldaten bewachen die Ausgabe der Lebensmittel. Sie zögern keinesfalls, Tränengas zu benutzen. So sind bereits viele Leute vom Militär erschossen und Hunderte verhaftet worden. Nicht weit von der Stelle, wo Perez erschossen wurde, verbrannte der aufgebrachte *Mob* einen Dieb. Nachdem der Verletzte fortgebracht wurde, gesellte sich derjenige, der das Feuer gelegt hatte, wieder seelenruhig zu den Wartenden.

Auch wenn Gewalt in der Luft liegt, passieren in so einer Schlange auch ganz gewöhnliche Dinge. So hat Merlis Moreno vor einem Hühnchenladen ihre Tochter geboren. Die 21-Jährige merkte, dass sie ihre Wehen bekam, als sie bei glühender Hitze in den Stadtbus von El Tigre einstieg. Sie hatte keine andere Wahl, als trotzdem einkaufen zu gehen, weil sie nichts mehr zu essen hatte. Der Hausmeister des Supermarktes half ihr, das Kind zu entbinden. Ein alter Lumpen, den sie fanden, diente als Windel. In der Schlange für Toilettenpapier sangen die Wartenden Kinderlieder, als sie Zeugen wurden, wie ein kleiner Junge laufen lernte. Kinder machen ihre Hausaufgaben, und junge Männer nutzen die langen Stunden, um junge Frauen kennen zu lernen, auch ohne Online-Dating. Sasha Ramos hat die Beziehung zu ihrem Freund in der Warteschlange für Rasierklingen abgebrochen. Es war ihr sehr peinlich, so viele Zeugen zu haben. Sie hatte sich bei ihm beschwert, dass sie die ganzen Einkäufe erledigen müsse. Er stürmte wutentbrannt davon, und sie stand alleine in der Schlange und stierte vor Scham in den Boden. <Er war so rücksichtslos. Ich hätte ihm ja fast vergeben. Dieses ewige Warten ist nicht gut für die Liebe>, sagt Ramos.

Für ältere Leute ist das tägliche Einkaufen eine große Qual. Irma Carrero mustert die Leute, die in dem gehobenen Viertel von Caracas vor ihr stehen. Dann wurde ihr Blick starr, und sie fiel nach hinten. Niemand versuchte, sie aufzufangen. Als sie wieder zu sich kam, musste sie sich übergeben. Keiner verließ seinen Platz. Nur ein junger Mann erbarmte sich, die alte Dame in die Notaufnahme zu bringen. Im Taxi beichtet sie ihrem Retter, dass sie seit gestern nichts mehr zu essen hatte. Die Schlangen bezeugen, wie arm die Bevölkerung geworden ist. Kaum einer hat mehr Zeit zum Arbeiten. Das Durchschnittsgehalt liegt sowieso nur bei 15 Euro, und die Inflation hat sich verdreifacht.

Es zahlt sich nicht aus, arbeiten zu gehen. Die Felder sind nicht bewirtschaftet und Lehrer verlassen das Klassenzimmer, um einkaufen zu gehen. Selbst Regierungsbeamte sind am Nachmittag nicht mehr in ihrem Büro, denn auch sie müssen ihren Lebensunterhalt bestreiten. <Die meisten Leute verdienen mehr Geld an der chaotischen Situation>, sagt David Smilde, der Venezuela Experte in Washington/USA. Man hat die Warteschlangen in ein Business verwandelt. Maria Luz Marcano verleiht Plastik-Stühle und aufgeladenen Handys. Man kann bei ihrem improvisierten Concierge Stand seine Tasche abgeben. Sie verdient mehr als in ihrem alten Job. <Ich liebe es, eine unabhängige Berufstätige zu sein>, sagt Marcano.[69]

3 Die Priorität der Proteine

3.1 Toxine im Essen

*U*nweigerlich werden sich die Bedürfnisse der stetig wachsenden Weltbevölkerung bis zum Jahr 2050 verdoppeln. Deswegen sprachen sich 107 Nobelpreisträger in der US-Amerikanischen Zeitung *Washington Post* für moderne Pflanzenzüchtung aus. Sie glauben, eine Verbesserung der globalen Nahrungs- und Futtermittelproduktion sei nur durch Gentechnik möglich.

Nichtsdestotrotz sehen mehr und mehr Menschen genetische Manipulationen als unnatürlich an. Unter ihnen findet man sogenannte *Ecowarrior,* die biotechnologischen Innovationen zweifelnd gegenüberstehen. Unbeachtet dieser *gesellschaftlichen* Entwicklungen fordern Nobelpreisträger die Skeptiker, wie z.B. Greenpeace auf, ihre Kampagne gegen Gentechnik einzustellen.

Schließlich berichten Forschungszentren aus aller Welt, dass von gentechnisch veränderten Pflanzen keine Gesundheits- oder Umweltschäden ausgehen:

<Die auf Emotionen und Dogmen basierenden und den Fakten widersprechenden Oppositionen sollten beendet werden. Wie viele arme Menschen in der Welt müssen sterben, bevor wir die Anti-GMO-Bewegungen als ein Verbrechen gegen die Menschheit ansehen? Greenpeace führt wissentlich Leute in die Irre. Ihr Anliegen ist es, ein Klima der Angst zu schüren, was dem alleinigen Zweck dient, Spendengelder zu bekommen >, hieß es in dem Aufruf der *Washington Post* vom 30. Juni 2016.[70]

Das Welternährungsprogramm der Vereinten Nationen teilt diese Einstellung. Sie bekunden: <Unsere Versorgung kann nur durch genetisch veränderte Lebensmittel gesichert werden.>

Weiterhin streiten auch sie jegliche Gefahren für Menschen, Tiere und unsere Umwelt ab, die von gentechnisch veränderten Organismen ausgehen.

2009 wurden Genpflanzen nicht nur in den USA, Brasilien, Argentinien, Kanada, sondern auch in vielen anderen Ländern angebaut. Seitdem lassen die Diskussionen nicht ab, ob transgene Sorten wirklich kostensparender, umweltschonender und ertragreicher sind. Im Mittelpunkt der Kritik steht der steigende Einsatz von Herbiziden und Pestiziden. Dies wird als besonders problematisch angesehen.

Allerdings unterliegt gentechnisch veränderter Mais in der Europäischen Union der Kennzeichnung. Das Sortenschutzgesetz regelt den Verkehr mit Saatgut. Es muss in der europäischen Sortenliste veröffentlicht werden. Deutschland importiert Saatgut hauptsächlich aus Frankreich und Ungarn.

In 64 Ländern der Welt müssen GMO-Produkte gekennzeichnet werden. 90 Prozent der Amerikaner würden dies auch befürworten. Die USA und Kanada sind jedoch die einzigen Länder, in denen eine Kennzeichnungspflicht nicht vorgeschrieben wird.

Die *US-Food and Drug Administration* (FDA) überlässt damit die Prüfung der Lebensmittelsicherheit den jeweiligen Nahrungsmittelproduzenten. Sie sollen entscheiden, wie sicher GMO-Lebensmittel für den menschlichen Verzehr sind.

Eigentlich sollte die US-Regierung ihre Bürger vor einem Lebensmittel-Missbrauch schützen. Stattdessen geben sie ihre Verantwortung an die Biotechnologiebranche ab. Wie man sich vorstellen kann, fallen die Ergebnisse von profitorientierten, freiwillig durchgeführten Sicherheitsstudien dementsprechend aus.[71]

Was macht also Gentechnik so speziell, dass es die Gemüter derart erhitzt? Handelt es sich um eine bewusste Panikmache, welche die Spendenkassen der Anti-GMO Organisationen füllen sollen?

Oder haben wir es hier eher mit einer mangelnden Aufklärung, beziehungsweise schlichtweg mit Unwissenheit zu tun? Zu guter Letzt ist es vielleicht doch nur ein Missverständnis, weil genetisch veränderte Lebensmittel im Grunde genommen etwas ganz Natürliches sind?

Jede Pflanze unseres Planeten enthält Gene. Eine Kartoffel enthält Kartoffel-Gene. Trotzdem ist das Wort *Gen* so negative behaftet, dass die meisten Menschen niemals Gen-Kartoffeln auf den Speiseplan ihrer Kinder setzen würden! Assoziieren wir mit dem Attribut *Gen* etwas Negatives? Ist Gentechnik folglich gut oder böses?

Der Gesetzgeber definiert laut §3 GenTG, genetisch Veränderungen wie folgt: <Ein Organismus, mit Ausnahme des Menschen, dessen genetisches Material in einer Weise verändert worden ist, wie er unter natürlichen Bedingungen durch Kreuzen oder anhand von natürlicher Rekombination nicht vorkommt.>

Eigentlich hat die moderne Biotechnologie nichts anderes getan, als die Selektion unserer Gene im Labor zu erledigen. Der einige Milliarden Jahre alte Vorgang einer natürlichen Auslese findet nun - durch menschliche Intervention- in einem sehr kurzen Zeitraum statt.

Durch genetische Veränderungen werden transgene Organismen geschaffen. Dies bedeutet nicht, dass wir ein Gen von einem Hund in das Genom einer Katze transferieren. Sondern, wir ziehen zum Beispiel die Eigenschaften von Bakterien heran, um die Züchtung und kontinuierliche Verbesserung von Nutzpflanzen zu ermöglichen. Dadurch können wir Pflanzen resistent gegen Fraßfeinde oder Herbizide machen und erzielen eine höhere Ernte. Wahrscheinlich existieren derart gebildete *künstliche* Organismen nicht in der Natur.[72]

Sind wir trotz unseres menschlich begrenzten Wissens in der Lage, den Stammbaum des Lebens in unseren GenTech-Laboren auszubooten? Ist eine natürliche Selektion nicht ausgeklügelter und vorteilhafter für Pflanzen und Menschen? Handelt es sich eventuell lediglich um unseren Optimierungsdrang, alles verbessern zu wollen?

Kann man durch moderne Biotechnologien der Menschheit einen besseren Dienst erweisen als ein allwissender Schöpfer?

Und ist dies nicht eine Ur-Frage, die bereits der heilige Erzengel St. Michael stellte, als er Adam und Eva aus dem Paradies vertrieb? *Quis ut Deus?* - Wer ist wie Gott? Der Mensch kann jedoch nichts erschaffen.

Er kann die von Gott erschaffene Materie nur manipulieren. Im Fachjargon würde man von einem *Re-Engineering* sprechen. Wobei unsere Inventionen schon immer den Anspruch erheben, unser Leben angenehmer zu machen. Eigentlich handelt sich um den Auftrag: <*macht Euch die Erde untertan*>, den Adam und Eva erhielten und der in Genesis 1,28 festgehalten wird.

Passender hätten es Peter Damandis und Steven Kotler in einem Interview am 7. 1. 2013 nicht formulieren können: <Der technische Fortschritt bietet uns die Möglichkeit, den Lebensstandard jedes Menschen zu verbessern.[73]> Es handelt sich nicht nur um eine Herausforderung, sondern auch um eine Verantwortung, die Ressourcen unseres Planten gerecht zu nutzen.

Für die Vereinten Nationen ist der *Umgang des Menschen mit der Schöpfung* allerdings schlichtweg fehlgeschlagen. Am 9. Mai 1992 veröffentlichte die Frankfurter Rundschau den Artikel: <*Täglich sterben mindestens 100 Tier-und Pflanzenarten aus.*>

Sie schrieben in ihrer Bilanz: <Der Erde droht die Vernichtung durch den Menschen. Das Tempo der Umweltzerstörung nimmt immer mehr zu.>

Drei Tage vor dem Zeitungsartikel legten die Vereinten Nationen (UNEP), ihr Umweltprogramm in Genf vor. Es gab Rechenschaft über die ökologische Entwicklung von 1972-1992 ab. In ihm wird beschrieben, dass alle Faktoren des Naturhaushaltes wie Boden, Luft und Wasser in Mitleidenschaft gezogen sind.

Wasser wird knapper und toxischer, der Artenreichtum der Wälder geht zurück und in den Großstädten ist die Luft zunehmend mit

Feinstaub belastet. Wüsten dehnen sich aus, die Ozonschicht wird dünner, der nutzbare Boden geringer, Tier- sowie Pflanzenarten werden immer mehr ausgerottet. In den letzten 20 Jahren sei kein einziges Umweltproblem gelöst worden. Wenn man dies liest, meint man, die Menschen hätten die Kontrolle über ihr Tun verloren.

Die Bilanz, die eher einer Schreckensmeldung gleicht, stammt aus der Zeit, in der GMO-Forschung noch ganz am Anfang war, bzw. kaum existierte. Trotzdem ist die Rede von einer: <massiven Einwirkung von Chemikalien, die selbst der fruchtbaren Erdkrumme keine Chance gibt und sie in Wüstenstaub umwandelt.[74]>

Selbst heute steck Genforschung eigentlich noch in den Kinderschuhen. Wir wissen nichts über langfristige Schäden. So kann nicht eingeschätzt werden, ob wir uns mit genetisch modifizierten Innovationen einen Gefallen tun. Konsequenzen eines Eingriffs in präzise voneinander abhängigen Naturkreisläufen kann keiner vorhersagen.

Wir vergessen zu oft, dass unsere *Werke* Folgen haben. Wenn die Natur zerstört ist, können wir sie nicht wieder in ihren Urzustand zurückbringen. Wir sind jedoch meistens von dem, was biotechnologisch möglich ist, fasziniert, und verlieren dabei unsere Nachkommen und unsere Umwelt aus dem Blickfeld. Allzu selten bedenken wir, dass sie wohl oder übel unsere *Experimente* ausbaden müssen. Unser Planet profitiert sogesehen von Umweltaktivisten, die das ihnen Mögliche daran setzten, Abhilfe zu schaffen.

Der Hollywood-Star Morgan Freeman konnte z.B. nicht länger einem Bienensterben zusehen. Er wandelte seine 50-Hektar große Farm am Mississippi in ein Paradies für Honigbienen um. Bienen, Schmetterlinge, Hummeln und Kolibri sind die Hauptbestäuber unserer Nutz- und Kulturpflanzen. Zwischen April 2015 und April 2016 haben die Vereinigten Staaten 44 Prozent ihrer Bienen verloren. Als Ursache wird der vermehrte Einsatz von Pestiziden und

Herbiziden, aber auch der Verlust des Bienen-Habitats durch modernen Feldfruchtanbau angesehen.

Man muss bedenken, dass Bienen zu einem Drittel für unser Essen verantwortlich sind. Morgan Freeman bemerkt dazu: <Es gibt konkrete Gründe, sie wieder zurück zu bringen. Ohne sie hätten wir keinen blühenden Planten.[75]>

Schon allein wegen unserer Konsumgüter sind wir auf Bienen angewiesen. Im September 2017 prophezeite das Science Magazin, dass wir bis zum Jahr 2050 mit einem 90% Rückgang der Kaffeeproduktion sowie mit erheblichen Gewinneinbußen zu rechnen haben.

Lateinamerika -der größte Kaffee-Produzent- geht von einem um 88% verringerten Anbau in Venezuela, Honduras und Nicaragua aus. Die Plantagen werden bald weniger Bienenpopulationen vorfinden. Was soll man also tun? Studien raten, weniger Pestizide zu gebrauchen und Bienenvölkern eine große Auswahl an Pflanzen anzubieten, anstatt wie bisher eine landwirtschaftliche Monokultur zu betreiben.[76]

Analysen über Bienenpopulationen werden oft als realitätsfremd kritisiert. Um den Vorwurf zu entkräften, untersuchten kanadische Wissenschaftler Neonicotinoide. Diese Substanz ist besonders verdächtig, unseren Bienen zu schaden. Zu den Neonicotinoidhaltigen-Pflanzenschutzmitteln zählt man Clothianidin, Imidacloprid und Thiamethoxam. Die Inhaltsstoffe binden an die Rezeptoren von Nervenzellen und beeinträchtigen eine Reizweiterleitung. Sie wirken viel intensiver an den Rezeptoren von Insekten als von Wirbeltieren.

Die Aufnahme einer noch so kleinen Dosis führt bei Bienen zur Desorientierung. Sie finden ihren Weg nicht mehr in ihre Kolonie zurück. Damit könnten Neonicotinoide ein Bienensterben herbeiführen. Bienen werden in Europa vor allem von Raps-Blüten und anderen Kulturpflanzen angezogen.[77]

Es handelt sich dabei also um eine synthetisch hergestellte Substanz-Gruppe von hochwirksamen Insektiziden.

Man griff auf sie zurück, weil Insekten gegenüber anderen Mitteln resistent geworden sind. Selbst wenn man in der Feldhygiene Pflanzenschutzmittel zu 60% im Boden anwendet, kommen dennoch Beizmittel zur Behandlung von Blattkrankheiten zum Einsatz. Als Beizen bezeichnet man einen Vorgang, bei dem Saat- und Pflanzengut mit Pflanzenschutzmitteln behandelt werden.

Zu den Stressfaktoren unserer Getreidesorten zählt man neben Insekten oder Trockenheit Virus- und Pilzinfektionen. Letzteren setzt man Fungizide bei. In Mais, Raps und Zuckerrüben kommen Insektizide zum Einsatz. Vor allem bei der frühen Aussaat von Weizen und einer pfluglosen Bodenbearbeitung benutzt man gebeizten Samen, um samenbürtigen Krankheiten entgegen zu wirken.

Man will damit Pflanzen vor Boden-Schädlingen schützen. Deshalb werden Beizmittel nur selten auf Blätter der Pflanzen gesprüht. Der Wirkstoff wird jedoch aus dem Samen -mit dem Saftstrom der Pflanze- in sich neu bildende Pflanzenteile transportiert.

Selbst wenn man die Substanz primär in der Saatgutbehandlung anwendet, ist sie dennoch in allen Pflanzenzellen vorhanden. Somit sind sie in den Pollen, wodurch sie für bestäubende Insekten zur Gefahr werden.[78]

Seit 2000 steht ferner die Saatgutbehandlung in Verdacht, mitverantwortlich am Bienensterben zu sein. In Deutschland wurde sie deshalb im Jahr 2008 bei Mais verboten. Zuckerrüben unterliegen nicht dem Verbot, weil die Ernte vor der Blüte erfolgt. Bei Weizen und Gerste sind Saatgut- und Bodenbehandlungen nur dann erlaubt, wenn zwischen Juli und Dezember ausgesät wird. Mittlerweile untersucht die Europäische Behörde für Lebensmittelsicherheit die Risiken, die für Bienen bestehen.

Seit dem 24. Mai 2013 ist die Verwendung von Neonicotinoiden in Pflanzenschutzmitteln verboten. Erst im Dezember 2013 wurde dann auch ein Inverkehrbringen von Neonicotinoid-Saatgut sowie eine Bodenbehandlung untersagt. Ausgenommen davon sind Gewächshäuser. Trotz allem kann man Beizmittel immer noch nach der Blüte einsetzen.

Imker- und Umweltverbände begrüßten das Verbot. Landwirtschaft, Pflanzenschutz- und Saatgutfirmen fanden die Auflage übertrieben und befürchten, das Auftreten von Schädlingen nicht mehr wirksam bekämpfen zu können. Der Deutsche Imkerverband bemerkte: <Nach langem Tauziehen konnte die EU-Kommission ihren Vorschlag durchsetzen und die Anwendungen von neonicotinoidhaltigen Insektiziden verbieten.>

Allerdings wollte die EU-Kommission 2017 nochmals über dieses Verbot verhandeln, was dann jedoch vertagt wurde.[79]

Kanadische Wissenschaftler sind dennoch der Frage nachgegangen, inwieweit Bienen, die neben Maisfeldern ihre Kolonien hatten, auf Neonicotinoide reagieren. Die Forscher beobachteten einen Rückgang der Arbeiterbienen, nachdem sie vier Monate lang unter dem Einfluss der Insektizide standen. Eine Exposition der Bienen mit zusätzlichen Pflanzenschutzmitteln erhöhte die Toxizität sogar noch. Wie unter den gegebenen Umständen zu erwarten war, reduzierten sich die Bestände der Honigbienen.[80]

Auch Europas größte Untersuchung über das Bienensterben bestätigte letztendlich die toxische Wirkung von neonicotinoidhaltigen Insektenschutzmitteln.

In der £2,8 Millionen teure Studie wurde untersucht, ob die gebräuchlichen Pestizide in Deutschland, Ungarn und Groß-

Britannien, neben domestizierten, auch wilden Bienen schaden. In Deutschland hatten Neonicotinoide keinen Einfluss auf die Population.

Vielleicht, weil die Insekten generell gesünder waren und ihnen ein großes Angebot an Wildblumen zur Verfügung standen. Trotzdem heizen die Ergebnisse die Debatte wieder an, ob diese Substanzen gebannt werden sollen oder nicht.[81]

Das *Science Magazin* berichtete am 5. Oktober 2017 von Honigproben aus aller Welt, die mit Neonicotinoiden belastet waren. Wenn Bienen verunreinigte Pollen sammeln, schaden die darin enthaltenden Pestizide nicht nur ihnen selber, sondern auch dem ganzen Bienenstock.

Die Insekten leiden unter Lern- und Gedächtnisdefiziten, womit sie nicht mehr in der Lage sind, Pollen zu sammeln oder *nach Hause* zu finden.

Um sich einen Eindruck über das Ausmaß der Verunreinigung zu verschaffen, forderten Wissenschaftler aus der Schweiz Honigproben aus aller Welt an. Sie fanden eine Neonicotinoidbelastung in 86% der Proben aus Nord-Amerika, gefolgt von 57 Prozent, welche sie im südamerikanischen Honig fanden.

Weltweit waren in einem Drittel des Honigs die Pestizidgehalte so hoch, dass man davon ausgehen kann vor allem den Bienen -jedoch nicht so sehr den Menschen- zu schaden.

Den Effekt, den die verschiedenen Pestizide haben, wenn sie im Honig vermischt werden, weiß man nicht. Die Forscher forderten daraufhin die Landwirtschaftsbehörden auf, den Einsatz von Pestiziden transparent zu machen. Nur so könne man ermitteln, wieviel von der Substanz schließlich im Honig landet.[82]

Schon länger verzeichnen die Lebensmittelbehörden einen erschreckenden Anstieg von Neonicotinoiden -und anderen Pestiziden- in unseren Lebensmitteln. So kommt es nicht von ungefähr, immer wieder Hiobsbotschaften ausgesetzt zu sein. Eine davon betrifft Millionen von Hühnereiern, die in Deutschland Anfang August 2017 zurückgerufen werden mussten. Belgische und niederländische Landwirte versendeten Eier, die mit einem Insektizid -dem Läusebekämpfungsmittel Fipronil- belastet waren.

Verdächtigte Eier wurden in deutschen Verpackungseinrichtungen entdeckt. Das Landwirtschaftsministerium in Nordrein-Westfahlen rief die in den Handel gelangten 875.000 Eier zurück.

Wie das niedersächsische Agrarministerium berichtete, waren auch über 1,3 Millionen Eier nach Niedersachsen gesendet worden. <Wir haben ein entsprechendes Monitoring-Programm aufgesetzt. Nach den Rückrufen aus Belgien und den Niederlanden ist davon auszugehen, weitere verunreinigte Chargen in den Supermärkten zu finden>, erklärte der Sprecher des Ministeriums.

Kinder sollten am besten keine Eier essen, obwohl nur ein sehr geringer Anteil von 0,11 mg/kg nachgewiesen wurde und das Bundesinstitut für Risikobewertung davon ausgeht, erst von einer Gesundheitsgefahr zu sprechen, wenn Gehalte über 0,72 mg/kg liegen.

<Fipronil hatten wir noch nie. Es ist für unsere Fachleute etwas Neues. Die Anwendung ist bei tierischen Produkten verboten. Es wird nun untersucht, warum es trotzdem zum Einsatz kam>, betonte die Ministeriumsprecherin.

Das Insektizid wird neben der Bekämpfung von Läusen, Flöhen Schaben, Zecken und Milben auch für die Saatgutbehandlung von Mais verwendet. Fipronil wurde 1980 in Frankreich entwickelt. Allerdings schadet es Honigbienen. 2013 hat die Europäische Union beschlossen, es nur noch in geringen Mengen einzusetzen.

<Beim Menschen reizt es Haut und Augen. Er verursacht Übelkeit, Erbrechen und Kopfschmerzen. Hochdosiert greift es Leber, Nieren und die Schilddrüse an>, bestätigte das Agrarministerium.

Das Insektizid war in sieben Geflügelbetrieben gefunden worden. Die Staatsanwaltschaft überprüfte nun alle 180 Kunden des Unternehmens, welche Fipronil herstellen.[83]

3.2 Was macht Gentechnik so speziell?

Im Laufe der Erdgeschichte kam es immer wieder zu Mutationen und Selektionen. Ein unangenehmer Nebeneffekt von Genveränderungen ist, dass unnatürliche, plötzlich auftretende *Produkte* entstehen. Diese sind unserer Physiologie fremd und führen zu vermehrten Allergien. Ähnlich, wie Zusatz- oder Konservierungsstoffe ihren Anteil an Unverträglichkeiten beisteuern.

In den letzten 25 Jahren hat sich unsere Nahrung verändert. Die Frage bleibt, wie gesund es ist, GMO-Lebensmittel zu verzehren. <Die breite Masse unserer Mitmenschen interessiert sich nicht, was für einen *Impact* GMO hat. Beziehungsweise sind sie *besorgniserregend* unterinformiert>, bemerkt John Robbins in seinem Buch *"Food Revolution"*.[84] Robbins möchte mit seinem Netzwerk: GMO: OMG! *What everyone needs to know!* einem Wissensdefizit entgegenwirken:

<In genetisch modifizierten Organismen wurde das Erbgut so manipuliert, dass es Gene enthält, die normalerweise nicht darin enthalten sind. Hinzu kommt die Behandlung von giftigen Pflanzenschutz- und Insektenschutzmittel, mit denen sie heftig besprüht werden. Im Laufe der Zeit bildet sogar das Unkraut -welches eigentlich vernichtet werden sollte- Resistenzen aus.>

Robinson klagt weiterhin: <Agrarkonzerne versprachen, dass der Anbau von GMO-Pflanzen den Einsatz von Herbiziden und Pestiziden reduziert. Sie würden weniger Wasser verbrauchen. Das Essen wäre nicht nur wohlschmeckender, sondern auch nahrhafter.

Seitdem GMO-Pflanzen angebaut werden, kam es weltweit zu einer extremen Zunahme von Chemikalien, mit denen wir unser Essen und unsere Umwelt verseuchen. Alle anderen Versprechungen über eventuelle Vorteile haben sich auch nicht erfüllt. Im Gegenteil, viele Menschen wurden oft krank, nachdem sie GMO-Produkte verzehrten. Wir haben einen Anstieg von Allergien, Parkinson, Alzheimer usw. Darmkrebs wird immer häufiger diagnostiziert.

Zunehmend leiden nicht nur Frauen, sondern auch Männer unter Unfruchtbarkeit. Es kommt zu bisher noch nie gesehenen Missbildungen von Ungeborenen, die denen im Tierreich ähneln, wenn die Muttertiere mit GMO-Futter ernährt wurden. Einige bringen Autismus mit dem Verzehr von GMO-Lebensmitteln in Zusammenhang.>

Robinson verzichtete auf das Erbe eines Eiscreme-Imperiums. Er widmete sich stattdessen ganz seiner Lebensideologie, die weit entfernt von genetisch veränderten, ungesunden Nahrungsmitteln ist. Er nimmt kein Blatt vor den Mund, wenn er über Themen wie: Hormone, Antibiotika, Salmonellen, E-Coli und kontaminierte Lebensmittel usw. redet.

Der US-Amerikaner berichtet über eine grausame Tierhaltung in seinem Land, deren Leiden noch lange nicht beim Schlachthof endet. 90% aller Tiere befänden sich noch einige Zeit nach dem Schlachtvorgang bei Bewusstsein. Er brandmarkt eine unprofessionelle, profitorientierte und unethische Fleischproduktion, dem nicht nur das Wohl der Tiere, sondern auch der Schutz der Verbraucher abhanden gekommen ist. Die Liste der Defizite führt unter anderem die enorme Wasserverschwendung an. Denn, um ein Pfund Rindfleisch zu erzeugen, bräuchte man 5.214 Gallen Wasser (ca. 4 Liter).[85]

Immer mehr Pflanzen werden genetisch verändert. In Deutschland koexistiert Gentechnik mit einer gentechnikfreien Landwirtschaft. Ein Vorhaben, das trotz Transparenz und Offenheit kontrovers diskutiert wird.

Die Unterteilung in eine Rote, Grüne und Weiße Gentechnik dient der Orientierung. Die *Rote Gentechnik* findet in der medizinischen Grundlagenforschung Verwendung. Man erhofft durch sie neue Therapien und Arzneimittel zu erhalten.

Nahrungs- und Futtermittel, mit den dazugehörigen landwirtschaftlich produzierten Rohstoffen, stehen im Fokus der *Grünen Gentechnik*. Die Thematik ist nicht nur auf Pflanzen begrenzt, auch lebensmittelproduzierende Nutztiere -wie z.B. Fische- fallen unter ihre Rubrik.

Der *Weißen Gentechniken* ordnet man gentechnisch veränderte Mikroorganismen, Enzymen oder Feinchemikalien, die für industrielle Zwecke genutzt werden, zu. Die Innovationsfelder des 21. Jahrhunderts haben in der Human-, Veterinärmedizin, der Agrar- und den Ernährungswissenschaften, aber auch in der Pharmazie und im Umweltbereich sowie in weiten Teilen der Textil-, Chemie-, Papier-und Ölindustrie ihr Zuhause. Sie dient dem Wachstum, des Wohlstandes und der Wettbewerbsfähigkeit. Dazu gehört eine weltweite Ertragssteigerung – und Sicherung der Lebens- und Futtermittel. Hinzu kommen globale Herausforderungen, wie das Klima und das Bevölkerungswachstum, die bewältigt werden müssen.

Ganz zu schwiegen von den rapid abnehmenden Anbauflächen, die nicht nur durch eine Infrastruktur bedingte Versiegelung des Bodens zustande kommen. Selbst wenn wir Ackerland durch eine Abholzung des Regenwaldes hinzugewinnen, beeinflussen GMO-Monokulturen durch ihren einseitigen Nährstoffentzug die Bodenqualität.

Wissenschaftler sorgen sich nicht nur um eine zunehmende Versalzung der Böden, sondern auch die Verwüstung desselben, wie z.B. durch Winderosionen usw. Außerdem nutzen wir zunehmend landwirtschaftliche Flächen für den Anbau von nachwachsenden Rohstoffen.

Ziel der Gentechnik ist es, Erbinformationen zu unserem Vorteil zu verändern. Man kann nicht nur Gene innerhalb einer Art, sondern auch zwischen verschiedenen Organismen austauschen, bzw. synthetisch hergestellte Erbinformation einfügen.

Je dominierender der Nutzen ist, desto mehr werden wir in diese Technik investieren. Die potentiellen Risiken einer vermehrten Anwendung lösen dennoch bei vielen ein Unbehagen aus.

Eine *Grüne Gentechnik* als den Heilsbringer für Hunger, Armut und Unterernährung zu sehen, lehnen Anti-GMO-Organisationen kategorisch ab. Letztendlich scheitert dies schon an einer fehlenden und gerechten Verteilung der Nahrungsmittel.

In Deutschland sind Sicherheitsmaßnahmen für das Inverkehrbringen von gentechnisch veränderten Nahrungsmitteln hoch. Eine Zulassung derselben ist auf maximal zehn Jahre begrenzt und bedarf danach einer weiteren Genehmigung. Sobald Bedenken auftreten, wird die Zulassung widerrufen.

Die Zentrale Kommission für Biologische Sicherheit (ZKBS) ist erste Anlaufstelle für sicherheitsrelevante Fragen, die wir im Zusammenhang mit Gentechnik haben. Darunter fällt auch die Sorge des Verlustes der genetischen Vielfalt, die unweigerlich erfolgt, wenn eine Hochleistungssorte den Anbau alter Sorten verdrängt.

Agrarkonzerne argumentieren zwar, dass unser deutsches Klima keine verwandten Wildpflanzen des Maises oder der Kartoffel gedeihen lässt. Deshalb könnten gentechnisch veränderten Pflanzen keinen Schaden anrichten.

Allerdings stehen Wildformen nicht im Visier von Greenpeace, sondern die Verunreinigung von herkömmlichen Sorten. Eine weitere unerwünschte Wirkung betrifft die Anwendung von Herbiziden.[86]

Unser deutsches Lebensmittel- und Bedarfsgegenständegesetz, das penibel durch Amtstierärzte, amtliche Tierärzte und Lebensmittelkontrolleure in der Schlachttier- und Fleischuntersuchung wahrgenommen wird, schützt uns nicht nur vor Gesundheitsgefährdungen, sondern wird auch vorbildlich eingehalten.

Gaststätten, Metzgereien, Bäckereien oder Eisdielen zahlen in den USA ihren Obolus an den Staat. Nach einer Prüfung können sie ihr Geschäft eröffnen. Die in den USA vorhandene Food and Drug Administration (FDA) kennt z.B. nicht unsere Gesetze, welche ein separates Lagern von Waschmitteln und Lebensmitteln in Supermärkten vorschreiben.

Auch wenn man in Europas Geschäften selten Glyphosat-Produkte finden kann, gibt es für Landwirte, die GMO Produkte anbauen, scheinbar kaum Alternativen. Und wenn ein Landwirt nach dem Gebrauch an Blasenkrebs oder Parkinson erkrankt, wird ihm vorgeworfen, er hätte das Produkt nicht sachgemäß angewendet.

Parkinson ist eine sehr langsam fortschreitende Nervenkrankheit, welche Dopamin produzierende Nervenzellen im Mittelhirn absterben lässt. Wenn der Transmitter fehlt, kommt es u.a. zu motorischen Störungen.

In Deutschland kämpfen Landwirte darum, dass Parkinson als Berufskrankheit anerkannt wird, sobald eine längere Exposition mit Pflanzenschutzmitteln stattgefunden hat, während französische Bauern bereits seit 2012 mit einer Entschädigung rechnen können. Frankreichs Landwirte müssen jedoch einen mindestens zehnjährigen Umgang mit den entsprechenden Herbiziden nachweisen.

Unser Bundesministerium für Risikobewertung konnte 2006 keine klare Aussage treffen, ob ein Zusammenhang zwischen einer Pestizidexposition und Parkinson besteht.

Einige Jahre später sprach das Bundesamt für Lebensmittelsicherheit und Veterinärwesen dennoch von signifikanten Zusammenhängen zwischen Parkinson und einer Exposition mit Pestiziden. Amerikanische Studien berichten hingegen von einem dreifach höheren Erkrankungsrisiko an Morbus Parkinson, wenn Pflanzenschutzmittel im Spiel waren.[87]

Unsere Nahrungs- und Futtermittel sind kontaminiert. Besonders in GMO-Nahrungsmitteln sind nicht nur Bt-Toxine, sondern auch Herbizide bzw. Pestizide zu finden. Wenn wir diese Substanzen nicht direkt als Lebensmittel zu uns nehmen, dann durch die Produkte der mit GMO gefütterten Tieren, wie: Fische, Fleisch, Eier, Milch, Butter, Quark, Käse usw. In Nordamerika werden Herbizide oft im Herzen von Lebensmittelmärkten aufbewahrt.

Man hat den ätzenden Geruch buchstäblich in der Nase, wenn

man die Schwelle des Gebäudes betritt.

Das Breitbandherbizid *Roundup-Ready* -dessen wesentlicher Wirkstoff Glyphosat ist- führte schon vor 20 Jahren in einer GMO-Soja-Pflanze zur Bildung von Unkrautresistenzen.

Um den weiteren Anstieg einzudämmen, erhöhte man die Dosis der Chemikalien.

Paracelsus (1493-1541), den man als den Vater der Toxikologie bezeichnete, sagte 1537: <sola dosis facit venenum> (Allein die Menge macht das Gift).

Obwohl schon die Hl. Benediktinerin Hildegard von Bingen (1098-1179) dies so ähnlich formulierte: <In allen Dingen das rechte Maß an den Tag legen>, braucht es keine große prophetische Gabe, um vorherzusagen, dass ein vermehrter Einsatz von Glyphosat nicht weiter hilft, Unkräuter zu bekämpfen. Momentan scheint fast überhaupt kein Herbizid mehr zu wirken.

Ohne Unkrautvernichtung wären jedoch die Ernteerträge weltweit bedeutend geringer und die Getreidepreise wesentlich höher. Genveränderte Pflanzen können tierische Schädlinge vergiften und sind resistent gegen das Anti-Unkraut-Spray Glyphosat. Es galt lange Zeit als Wundermittel zur Vernichtung der Wildkrautflora auf großen Flächen. Genveränderte Nutzpflanzen werden durch Glyphosat nicht beschädigt. Inzwischen ist jedoch auch Unkraut resistent geworden, sodass immer höhere Glyphosat-Mengen gespritzt werden müssen.

Glyphosat ist das am häufigsten eingesetzte und wohl umstrittenste Unkrautvernichtungsmittel.

Nicht zuletzt sind es Hobbygärtner, die lieber spritzen, um sich ein Unkrautjäten zu ersparen.[88]

Die weltweite massenhafte Anwendung dieses Herbizides schadet unseren Pollinatoren. Bisher dachte man immer, dass einzig und allein Pestizide für ein Bienensterben verantwortlich sind, d. h. eigentlich handelte es sich mehr um ein Rätselraten, statt eine konkrete Verbindung zwischen den möglichen Ursachen herzustellen.

Neue Studien von Prof. Nancy Moran aus der Universität von Texas zeigen nun einen Zusammenhang zwischen dem Bienensterben und dem Herbizid Glyphosat auf. Wenn die Insekten mit Roundup in Berührung kommen, werden einige ihrer nützlichen Darmbakterien zerstört. Dadurch wird ihr Immunsystem geschwächt. Krankheiten haben jetzt ein leichtes Spiel. Viele Wissenschaftler teilen die Meinung von Dr. Moran:

<Studien an Menschen, Bienen und anderen Tieren haben gezeigt, dass Darm-Mikrobiome wichtig sind, um einer Infektion durch Krankheitserreger zu widerstehen. Wenn man also die gewöhnlich stabilen Bakteriengemeinschaften zerstört, wird der Organismus anfälliger für den Angriff von Krankheitserregern.

Unsere Forschungsergebnisse zeigen, dass wir bessere Richtlinien für den Einsatz von Glyphosat brauchen – besonders, wenn es um die Frage geht, wie stark Bienen dem Wirkstoff ausgesetzt werden. Bislang gingen sämtliche Richtlinien davon aus, dass Bienen nicht negativ durch Herbizide beeinflusst werden>, erklärt die Wissenschaftlerin. Moran's Empfehlung für alle, die das Herbizid einsetzen, ist es, dieses zu reduzieren, wenn sie nicht ganz darauf verzichten können.

Auch wenn Glyphosat nicht alleinig für ein Bienensterben verantwortlich ist, macht sein omnipotenter Einsatz den Insekten zu schaffen. Bisher ging man davon aus, Glyphosat würde nur ein wichtiges Enzym in Pflanzen und Mikroorganismen zerstören. Es wurde immer wieder versichert, dass auftretende Rückstande die Gesundheit von Menschen und Tieren nicht beeinträchtigen können.

Morans Studie gibt Aufschluss darüber, diese Ansicht zu revidieren.[89]

Unabhängig davon ist bekannt, dass bereits geringe Mengen an Glyphosat, Embryonalzellen und Plazentazellen sowie die DNA von Menschen und Tieren schädigen. In Säugern kann Roundup innerhalb von 24 Stunden zu einem vollständigen Zelltod führen. Nachweislich lebensgefährlich ist das Mittel vor allem für Amphibien.

Zudem bestehen Zusammenhänge zwischen Glyphosat und Fehlbildungen bzw. Fehlgeburten. Darüber hinaus weist eine neuere Studie darauf hin, dass Glyphosat Krankheiten wie: Alzheimer, Diabetes, Parkinson und Krebs den Weg ebnen. Es kann zu Depressionen, Herzinfarkt und Unfruchtbarkeit führen.

Nicht zuletzt hat Glyphosat hohe negative Auswirkungen auf die Bodenfruchtbarkeit und das Bodenleben. Es fördert das Wachstum von krankheitserregenden Pilzen wie Fusarien (parasitäre Schimmelpilze, die ihren Wirt töten). Es stört die Aufnahme von Mikronährstoffen und unterdrückt damit die Krankheitsabwehr von Pflanzen. Regenwürmer, die unverzichtbare Dienste für Durchlüftung von Böden leisten, meiden Glyphosat belastete Böden.[90]

2010 untersuchte Cook, wie sich die Untersagung von Agrochemikalien, insbesondere Glyphosat, auswirken würde. Den Landwirten bliebe nichts anderes übrig, als häufiger zu pflügen, womit sie 50 Prozent mehr Zeit in ihre Felder investieren müssten. Dadurch würden die Lebensmittelpreise unausweichlich steigen.

Um ein Produktionsdefizit auszugleichen, müssen die Anbauflächen erweitert und Getreide importiert werden. Die Umwandlung von Gras- in Ackerland führt wiederum zu Treibhausgasemissionen, was viele mit dem Anstieg der Erderwärmung in Verbindung bringen.

Hinzu kommt, dass ein Verbot von Glyphosat wahrscheinlich dazu führen würde, andere giftige Herbizide zu benutzen.

Wenn überhaupt, wird heute sehr selten gepflügt. In den USA findet die Bodenbearbeitung fast nur noch durch ein leichtes Ackern statt. Falls Böden nicht durch eine Vegetationsdecke geschützt werden, kann Wasser und Wind erhebliche Schäden anrichten. Die pfluglose Bodenbearbeitung soll Bodenerosionen verhindern sowie einem Vernässen und dem Verlust von organischer Substanz bzw. der biologischen Vielfalt (Biodiversität) entgegenwirken.[91]

Allerdings führt eine pfluglose Bearbeitung des Bodens nur zum Erfolg, wenn wiederum Chemikalien im Spiel sind. So haben wir zuletzt einen perfekten *circulus vitiosus*.

In den letzten Jahren proklamierte die Gesellschaft für konservative Bodenbearbeitung, bzw. ihre Dachorganisation auf europäischer Ebene, die European Conservation Agriculture Federation, die pfluglose Bodenbearbeitung. Sie argumentierten: <wenn Erntereste die Oberfläche bedecken, können Wind oder regenbedingte Erosion nicht mehr den Boden abtragen.>

Zwischenfrüchte könnten den gleichen Zweck wie eine Pflugbearbeitung erfüllen. Ihre Wurzeln lockern die Bodenstruktur. Die bodenbedeckenden Pflanzen verhindern sowohl ein Erodieren als auch ein vermehrtes Wachstum von Unkraut, welches sich unweigerlich bei einem brachliegenden Feld ausbreitet.

Weder Monsanto noch die dem Konzern nahestehende Behörde erwähnt diese Option, denn GMO-Sorten werden in Monokultur angebaut und diese basiert nicht auf einer Fruchtfolge. Die pfluglose Bearbeitung eines derartig bewirtschafteten Ackerlandes erhöht zudem auch einen Schädlingsbefall.

Die Behauptung, die immer wieder in Diskussionen auftaucht, um Glyphosat zu rechtfertigen, ist, dass man ohne das Totalherbizid keine klima- und bodenschonende Bewirtschaftung bzw. dessen Erosionsschutz ermöglichen kann. Der Einsatz von Glyphosat helfe den Landwirten und ist die einzige und effektivste Art der arbeitssparenden Unkrautbekämpfung.

<Dabei beachtet man jedoch nicht, dass mehr Energie, bzw. Kraftsoff verwendet werden muss, um Unkraut-, Insektizide, und Pflanzenvernichtungsmittel auf die Felder zu bringen>, gibt der aus Hessen stammende EU-Abgeordnete und agrarpolitische Sprecher der Grünen/EFA, Martin Häusling, zu bedenken.[92]

Die Hälfte des Einkommens, das Monsanto (seit dem 7. Juni 2018 Bayer) weltweit erwirtschaftet, beruht auf dem Umsatz des Spritzmittels Roundup und dem dazugehörigen genetisch modifiziertem Saatgut. Das Geschäft sei: <*too big to fail*>. Wenn Glyphosat verboten würde, wäre diese wohl das Ende des Chemiegiganten.

Frau Dr. med. vet. Krüger, von der Veterinärmedizinischen Universitätsklinik in Leipzig, betonte in einem Vortrag: <Ein Glück für

die Industrie ist es, dass sie sich bisher auf die Willfährigkeit der Regulierungsbehörden und Gesetzgeber verlassen konnte. Diese hätten für die Freigabe von Glyphosat größtenteils von den Herstellern selbst erstellte und verifizierte Prüfergebnisse als Grundlage verwendet. Dabei würden unabhängige Studien, wenn überhaupt, eher kaum berücksichtigt.> Selbst Papst Franziskus erwähnte: <Diese Technologie ist mit der Finanzwelt verbunden.>

Die Tiermedizinerin warnt vor einem allzu leichtfertigen Umgang mit Roundup. Sie untersuchte, welche Auswirkungen Roundup auf kleine Haustiere und Nutztiere (vor allem Rinder) hat, und beobachtete nicht nur einen Rückgang der Fortpflanzung, sondern auch eine Beeinträchtigung der Embryonalentwicklung.

Mittlerweile wird in Dänemark und Deutschland eine Missbildung der Ferkel -nach im Futter aufgenommenen Glyphosat- offiziell anerkannt, währenddessen die Industrie und Politik weiterhin sehr vehement die Ungefährlichkeit des Mittels betonen. Außerdem ist moderne Tierhaltung auf genetisch veränderte Futtermittel angewiesen, die meistens aus Nord- und Südamerika eingeführt werden.

Krüger fand Glyphosat Rückstande im Blut und Urin von Menschen, Tieren und Lebensmitteln.

Selbst wenn Glyphosat in EU-Staaten verboten wird, würde uns das Freihandelsabkommen weiterhin zwingen, Futtermittel einzuführen, die diesen Stoff enthalten. Zudem erwerben Amerikaner durch ein Verbot einen Wettbewerbsvorteil. In Europa könnte damit die Sperre dieses Mittels nicht lange aufrechterhalten werden.

Der Sprecher des Agrarbündnis Berchtesgadener Land/Traunstein, Leonhard Strasser, zeigte sich besorgt: <... nun müssen sich Menschen den Lebensmitteln anpassen, die durch Chemikalien verseucht sind>. Er fragte, <ob es auch weiterhin Lebensmittel gebe, die von Natur aus dem Menschen angeglichen sind.[93]>

Die Weltgesundheitsorganisation kategorisiert Glyphosat als ein: <wahrscheinlich krebserregendes Mittel>, welches auch Parkinson und Alzheimer hervorrufen kann.

Finnische Studien verbinden mit dem Herbizid eine augenschädigende Wirkung. Frankreich und Holland haben mittlerweile chemische Unkrautvernichtungsmittel für den Privatgebrauch verboten. Ungeachtet der vielen Warnungen hat Europa Ende 2017 den Einsatz von Glyphosat für weitere fünf Jahre verlängert. Menschen, Natur und Pollinatoren werden künftig schutzlos seinen Einwirkungen ausgeliefert sein.[94]

3.3 Das GMO-Mandat

Während der Erdgeschichte hat sich das Erbgut der einzelnen Lebewesen kaum verändert. Alles Leben basiert auf vier Basen. Sie bilden die genetischen Bausteine der Basenpaarkombinationen. Diese wiederum enthalten die Informationen der Aminosäuren, die für den Aufbau der erwünschten Proteine benötigt werden.

Proteine sind biologische Makromoleküle, die je nach Struktur unterschiedliche Aufgaben erfüllen. Der genetische Code, d.h. nach welcher Reihenfolge die Aminosäuresequenzen Proteine aufbauen, wird in der Desoxyribonukleinsäure (DNA) oder dem Erbstrang gespeichert. Die Basenkombinationen des Erbgutes sind der Bauplan. Sie legen fest, welche Proteine gebildet werden.

Einen Vergleich über die Möglichkeiten der Erbinformation könnte man in unseren 30 Buchstaben sehen, die uns zur Verfügung stehen, komplizierte oder einfache Texte in Milliarden von Büchern, Briefen und Zeitungen zu verfassen.

Die Genom-Editierung bietet die Gelegenheit einer zielgerechten Veränderung der DNA (oder RNA) der Lebewesen. Ein so hergestelltes Konstrukt ist unweigerlich den herkömmlichen, d.h. in der Natur vorkommenden Produkten überlegen. Krankheiten könnten durch diese Technik nicht nur eliminiert werden, sie würden gar nicht mehr entstehen.

Das Erbgut von Bakterien wird seit Anfang 1970 manipuliert. Seitdem werden Chancen und Risiken der Anwendungen, die unser Leben beeinflussen, strengstens geprüft.

Ende Juni 2018 wurde das erste Patent auf CRISPR-Cas9 vergeben. Emanuelle Charpentier, Mitbegründer der *ERS-Genomics* die ihren Sitz an der Universität von Kalifornien und Wien haben, beantragten es in 2014. <Bevor diese Methode die Welt verändern kann, muss es erst einmal aus den Gerichtssälen kommen>, bemerkt die Fachzeitschrift *Futurism*.

Es gibt viele Patentanträge. Sie bestätigen uns, wie fortgeschritten Erbgut-Forschung ist. Es brach eine regelrechte Schlacht aus, wer das Patent bekommt. Das U.S. Patent and Trademark Office entschied sich, es an Jennifer Doudna zu vergeben. Sie wird als Entdeckerin der CRISPR-Cas9 Technik betrachtet.

Ein Patent macht sie zur legalen Besitzerin einer herausragenden und spezifischen Erfindung. Keiner darf die Methode ohne ihr Einverständnis oder einer zu zahlenden Gebühr benutzten. Die Anwendungsgebiete von CRISPR gehen ins Unendliche. Das macht ein Patent umso wertvoller.[95]

CRISPR ist die Abkürzung für: *Clustered Regularly Interspaced Short Palindromic Repeats*. Ursprünglich wendeten Bakterien den Mechanismus an, um Vieren entgegenzutreten. Das Enzym Cas9 kann spezifische Gene aus dem Erbgut, d.h. DNA oder RNA herausschneiden, wobei CRISPR die Schnittstelle identifiziert. Weltweit wird die Methode bereits in klinischen Versuchsstudien angewendet.

Immer mehr Forschungseinrichtungen arbeiten daran, unser Erbgut zu modifizieren. Es ist deshalb nicht verwunderlich, dass sich Patentanträge häufen. Doch keine Methode gleicht der anderen. So ist die Flut von Patentanträgen nichts Außergewöhnliches. Viele sind der Meinung, dass CRISPR unser Gesundheitssystem mit Hilfe der Gentherapie revolutionieren wird.

Das Doudna und Charpentier Team der Universität von Berkeley, welchem am 19. Juni 2018 das Patent gegeben wurde, arbeitete an der einstrangigen Ribonukleinsäure, welche das Erbgut in verschiedenen Virentypen darstellt und nicht mit der Doppelhelix bildenden DNA, die allen anderen Lebewesen zu eigen ist.[96]

Viele haben die hohe Erwartung, dass die von uns geschaffenen *Elite-Organismen* rundum perfekt sein sollten. Obwohl wir noch lange nicht verstehen, welche Auswirkungen genetische Veränderungen haben. Zudem schreiten die neuen Technologien schnell voran. Jegliche Rechtsordnung oder Ethik hinken hinterher. Es existiert keine weltliche Autorität, die bestimmt, welche biotechnologischen Methoden angewendet werden sollten.[97]

Papst Benedikt XVI. legte uns diesbezüglich nahe, dass wir Menschen es sind, die der Schöpfung schaden. Vor allem, weil wir den Respekt vor der Umwelt verloren haben. <Das Buch der Natur ist eines und unteilbar. Es schließt unter anderem die Umwelt, das Leben, die Sexualität, die Familie und die sozialen Beziehungen ein. Die Beschädigung der Natur hängt auch von der Kultur ab. Wenn wir keine Instanz mehr über uns anerkennen, gebrauchen wir die Dinge zu unserem eigenen Vorteil.

Die natürliche, aber auch die soziale Umwelt ist voller Wunden, die durch unser unverantwortliches Verhalten hervorgerufen werden. Wenn es keinen Schöpfer gibt -Papst Benedikt redet von der unbestreitbaren Wahrheit- die unser Leben lenkt, dann werden der menschlichen Freiheit keine Grenzen gesetzt.

Aber, *Der Mensch macht sich nicht selbst.* Der Verbrauch der Schöpfung setzt dort ein, wo wir keine Instanz mehr über uns haben, sondern nur noch uns selber wollen.[98]>

Bereits Papst Johannes Paul II. bemerkte in seiner ersten Enzyklika: <Der Mensch scheint oft keine andere Bedeutung seiner natürlichen Umwelt wahrzunehmen als jene, die den Zwecken eines unmittelbaren Gebrauchs und Verbrauchs dienen.> Der Papst rief zu einer weltweiten ökologischen Umkehr auf.

Doch unser Engagement: <für die Wahrung der moralischen Bedingungen einer glaubwürdigen Humanökologie>, könnte besser sein. Wir müssen <der Natur eines jeden Wesens und seiner Wechselbeziehung in einem geordneten System Rechnung tragen.>

Es ist nicht das erste Mal, dass Päpste über unsere moralische Verantwortung sprechen, die wir für die Umwelt haben. 1971 warnte Papst Paul VI. vor den dramatischen Folgen, die entstehen, wenn der Mensch die Natur rücksichtslos ausbeutet. Die Auswirkungen der Industriegesellschaft enden in einer ökologischen Katastrophe.

Der Mensch läuft Gefahr, bei seinem Handeln selbst Opfer dieser Zerstörung zu werden.

Denn: <die außerordentlichsten wissenschaftlichen Fortschritte, die erstaunlichsten technischen Meisterleistungen, das wunderbarste Wirtschaftswachstum wenden sich, wenn sie nicht von einem echten sozialen und moralischen Fortschritt begleitet sind, letztlich gegen den Menschen.[99]>

Wenn wir in die jüngste Geschichte schauen, obliegt es scheinbar einzig und alleine den großen mächtigen Agrarkonzernen, was endlich auf unseren Tellern landet. Kurz nachdem auch die Europäische Union zugestimmt hatte, bestätigte am 29. Mai 2018 das amerikanische Justizministerium die Fusion von Monsanto und Bayer.

Weil sich der Agrarkonzern Dow bereits mit DyPont zusammen getan hatte, und ChemChina's mit Syngenta kooptiert, haben wir nur noch drei große Agrarkonzerne, die weltweit unser Saatgut und die von ihnen abhängigen Pflanzenschutzmittel verkaufen. Ab Juni 2018 gab es offiziell den Namen Monsanto nicht mehr. Ihre Erzeugnisse werden nun unter der Regie von Bayer vermarktet.

Wir haben dem Chemiekonzern Bayer zwar Aspirin und Phenobarbital zu verdanken. Trotz allem muss man sich mit dem Gedanken erst anfreunden. Nicht nur, weil sie Heroin entwickelten, sondern, weil ihre fragwürdige Zeit noch aus dem Zweiten-Weltkrieg herrührt, als sie mit IG-Farben zusammen ihre Medikamente an Gefangenen der Konzentrationslager testeten und sie als Arbeitskräfte einstellten.[100]

Allein schon die Vereinigung von Monsanto unter Bayer's Federführung wird schwierig. Hinzu kommt noch die Belastung aus der Vergangenheit. Die Leverkusener Bayer-Konzern wird zwar den amerikanischen Saatgut- und Pestizidhersteller Monsanto einverleiben, dies bedeutet noch lange nicht, dass man ihre Produkte plötzlich anerkennt und unerwünschte GMO-Pflanzen usw. vergessen hätte.

Wahrscheinlich werden ehemalige Monsanto-Mitarbeiter ihre Skrupellosigkeit nicht ablegen, wenn es darum geht, ihre Ziele durchzusetzen. Sofern Bayer nicht aufpasst, könnten sie bald dieselbe globale Ablehnung erfahren wie Monsanto. Viele fürchten nun, dass eine fehlende Konkurrenz unsere Lebensmittelpreise ansteigen lässt. Letztendlich wird sich deshalb auch die Qualität der Lebensmittel mindern.

Veterinäre gehen sogar soweit, Tiernahrung, die mit gentechnisch veränderten Organismen angereichert ist, die Schuld daran zu geben, dass ihre *Patienten* häufiger an Depressionen leiden und Krebserkrankungen zunehmen.[101]

Doch welche *Art* der landwirtschaftlichen Nutzung ist erstrebenswert? Die Giganten der Agrarindustrie sind der Auffassung, die Einzigen zu sein, die eine Welt vor dem Verhungern retten könnten! Obwohl wir erst seit relativ kurzer Zeit GMO-Pflanzen anbauen, sehen wir schon jetzt die verehrenden Folgen einer Monokultur sowie die besorgniserregende Reduzierung der Sortenvielfalt. Es handelt sich nicht nur um den Verlust der Diversität, auch unsere Umwelt leidet darunter. Es wird zunehmend schwieriger, ein nahrhaftes und gesundes Essen herzustellen.

Bei allen Bemühungen, GMO salonfähig zu machen, werden leicht diejenigen übersehen, die postulieren, dass die Manipulation des Erbgutes gar nicht nötige ist, um die Welt zu ernähren. Ein Herumzuexperimentieren im Pflanzen- und Tierreich trägt kaum etwas zu einer größeren Ernte bei.

Wir brauchen weder Gifte oder dergleichen, die noch dazu meist mit einer unmenschlichen Tierhaltung einhergehen. Um morgen unser Essen auf dem Teller zu haben, sollten wir mit der Natur arbeiten und sie nicht verändern. Wir brauchen keine Verbesserung oder *Neugestaltung der Schöpfung*, denn es ist bereits alles perfekt.

Schon die ersten Seiten des Buches *"Genesis"* sprechen davon: <Gott sah alles an, was er gemacht hatte: Es war sehr gut (Gen 1,31).> Die Schöpfung ist von Gott gewollt.

Wobei die christlichen Kirchen lehren, Gott habe das Universum aus Liebe und aus dem *Nichts* geschaffen (*Creatio Ex Nihilo*). Vor allem der Heilige Thomas Aquinas befasst sich in allen seinen Büchern mit der Schöpfung. Es ist nicht ein einmaliger Akt, sondern Gott schafft jede Sekunde aufs Neue. Sonst wären wir nicht lebensfähig.

Das Einmalige und Unmögliche daran ist, dass vor der Schöpfung *Nichts* vorhanden war. Während man heute auf Substanzen zurückgreifen muss, um etwas zu schaffen. Selbst große Geister, wie z.B. Stephen Hawkins, brauchen eine bereits erschaffene Materie, um zu experimentieren.

Die Heilige Hildegard von Bingen, die neben dem Heiligen Albert dem Großen die einzige Kirchenlehrerin Deutschlands ist, bezieht sich in ihren Schriften darauf, dass Gott den Menschen nach seinem Ebenbild erschuf (Gen 1,26). Damals war ihre Ansicht einer *Creatio EX AMORE* außerordentlich. Gott hat demnach: <schon von Anfang an, also noch vor dem Sündenfall, aus Liebe die Menschwerdung in Jesus Christus beschlossen.>

<Diese Liebe zum Menschen geht soweit, dass Gott den Menschen in seine Freiheit entlässt, sodass er sogar gegen IHN rebellieren kann.>, erklärt die Benediktinerin Dr. phil. Sr. Maura. <Wenn der Mensch in seiner Egozentrik vergisst, dass es Gott gibt, entwickelt er die Ansicht, die Welt selber *retten* zu müssen.[102]>

Bewundern wir denn nicht GMO, Hybride, Klonen, Stammzellforschung usw., als neue Technologien? Wir sehen sie als Zeichen des Fortschrittes, auf die wir stolz sein können.

Wir fragen nicht mehr nach einer Verantwortung, die wir für das Wohlergehen unserer menschlichen Nachkommen und der Umwelt, in der wir leben, haben.[103] Dabei ist es die Aufgabe des Menschen, die Welt zu gestalten und die Schöpfung zu bewahren. Zudem tragen

GMO Pflanzen erheblich zum Verlust der Biodiversität der
ursprünglichen Bestände bei. Doch heute scheint es mehr denn je um
die Überlebensfrage des Planeten selber zu gehen.

Die Erde wird dominierend durch eine Abholzung der
Regenwälder, die Massentierhaltung sowie eine Energieverschwendung
usw. bedroht. All das steht im krassen Widerspruch zur
Schöpfungsverantwortung.[104]

Ideal wäre ein gesundes, globales Ökosystem, in dem regenerative
Landwirtschaft und Landnutzungspraktiken einer globalen Erwärmung
entgegenwirken und dessen Ziel es ist, die Welt zu ernähren.

Dies würde der öffentlichen Gesundheit dienen, den Wohlstand
fördern und den Frieden bewahren. Wissenschaftler versuchen, diese

Wünsche ernst zu nehmen.

Die Regenerative Agrikultur ist eine internationale Bewegung, die
der Umweltgesundheit dient. Sie wollen mit ihrer Arbeit unser Essen,
den Boden und das Klima verbessern. Führende Forscher unterstützen
eine organische Landwirtschaft. Mit ihrer Hilfe und einer
entsprechenden Weidewirtschaft, hoffen sie, organisches Material im

Boden aufbauen zu können und damit die Biodiversität des Bodens wieder herzustellen. Monokulturen, die von chemischer Düngung abhängen, ruinieren nicht nur den Humusgehalt, sondern sind wahrscheinlich mitschuldig, einen Klimawandel herbeizuführen. Zumindest *wandern* die meist toxischen Abbauprodukte aus dem Boden ins Grundwasser, wo sie Mikroorganismen vernichten.

Nicht nur GMO-Pflanzen, die als Tierfutter dienen, sondern auch eine Massentierhaltung beeinträchtigen unseren Boden. Durch die momentanen Anbaupraktiken erhalten wir ein nährstoffarmes Grünfutter. Unser Wasser wird durch den Einsatz von Antibiotika in der Tierhaltung verschmutzt.

Zuletzt haben wir mit den Resistenzen zu leben, die wir durch den unkontrollierten Einsatz von Antibiotika heraufbeschwören. CO_2 und Methanemissionen fördern weiterhin die Zerstörung der Ökosysteme.

Dennoch könnte eine regenerative Agrikultur einen Anstieg der Lebensmittelproduktion bewirken.

Der Grundgedanke einer sogenannten *Humusrevolution* beruht darauf, die Bodenfruchtbarkeit mit Zwischen- und Wechselfruchtbau sowie anderen Maßnahmen herzustellen. Damit erhofft man sich den CO_2 Gehalt der Atmosphäre zu senken und die Beschaffenheit des Grundwassers und damit den Wasserhaushalt selber zu regulieren.

Die Idee ist es, sich den Eigenrhythmus der Natur -mithilfe einer dementsprechenden angewandten Technologie- zunutze zu machen, um die Humusschicht *aufzufrischen* und damit auch in der Zukunft eine wachsende Bevölkerung ernähren zu können.[105]

Eine Explosion der Pflanzensorten -die den jeweiligen Standorten angepasst sind- sichern unsere Versorgung viel besser, als unsere Produktion auf wenige GMO-Patente, die ubiquitär angebaut werden, umzustellen.

Ein Sack Reissaatgut hatte vor noch nicht allzu langer Zeit 80 Dollars gekostet. Einige Jahre später stieg der Preis auf 300 Dollars an, weil wir fast nur noch GMO Saatgut kaufen können. Zehn Millionen arme Farmer wollen dies nicht mehr hinnehmen. Indonesische Kleinbauern bewirtschaften ihre Felder mit der in Fachkreisen dennoch umstrittenen SRI-Anbaumethoden und erzielten damit Rekordernten.[106]

Auch die Bauern im Nordosten Indiens, dem Bundesstaat Bihar, investieren in die *System of Rice Intensification.* Die 1983 in Madagaskar entdeckte Methode des Jesuitenpaters Henri de Laulaine wurde bisher von vielen Drittländern übernommen. Professor Norman Uphoff, Leiter des International Institutes für *Food, Agriculture and Development* der Cornell Universität, verhalf SRI weiterhin zum Erfolg.

Zwischen den Pflanzen werden breitere Abstände gelassen, womit auch weniger Saat anfällt. Es wird weniger Wasser für den Reisanbau benötigt, dafür kommt es zu einem erhöhten Einsatze von organischem Dünger. Die daraus resultierende bessere Pflanzentwicklung beruht auf einem gefestigten und stärkeren Wurzelbestand, was wiederum zu einer besseren Durchlüftung des Bodens beiträgt.

Dr. Surendra Chaurassa ist begeistert. Es ist ein Lichtblick für alle Entwicklungsländer. Kleinbauern brauchen weniger Pestizide und erzielen trotzdem Rekordernten. Das bedeutet, der Herausforderung im Kampf gegen einen weltweiten Hunger, mit herkömmlichen Methoden zu begegnen.

Selbst der Ökonom und Nobelpreisträger Joseph Stieglitz ist beeindruckt von dem enormen Ernteertrag. Er besuchte die Bauern von Bihar in Indien und bezeichnete sie als die besseren Wissenschaftler.

Ungeachtet dessen streben Agrargiganten weiterhin eine weltweite Saatgut-Vorherrschaft an. [107] GMO-Pflanzen werden so eng aufeinander gepflanzt, dass Pollinatoren, wie z.B. Bienen, keine Chance haben sich im Feld selber zu *etablieren.*

Die üblicherweise am Rand der Felder stehenden Blumen, welche den Insekten ein weiteres Refugium bieten könnten, sind durch den Gebrauch der vielen Pestizide nicht mehr vorhanden.

Doch ein auf SRI-beruhender Anbau lässt viele wieder aufatmen. Gerade in Indien haben 200.000 Bauern Selbstmord begangen, nachdem sie durch Monsanto's Produkte in den Ruin getrieben wurden. Das teure Saatgut mitsamt den Pestiziden wurde als Wundermittel beschrieben.

Die von Monsanto versprochenen guten Ernten blieben mit dem Regen aus. Eine hinzukommende Dürre verkrafteten die Monsanto-Sorten nicht. Zuletzt brauchten sie mehr Wasser.

Auch wenn es für viele Bauern zu spät ist[108], die sich in ihrer Verzweiflung über die mit Chemikalien verwilderten verdorrten Felder und aus lauter Hoffnungslosigkeit selber vergifteten, profitieren Madagaskars Bauern von SRI. Ihre Reisernte ist pro Hektar von 2,5 Tonnen Reis auf 8 Tonnen gestiegen. Als Professor Uphoff die Bauern vor Ort besuchte, war er begeistert. Er schrieb:

<Die Landwirtschaft im 21. Jahrhundert muss sich ändern. Land und Wasser werden immer knapper. Die klimatischen Bedingungen sind vielerorts ungünstig. Das SRI (*System of Rice Intensification*) bietet vielen Millionen benachteiligten Haushalten bessere Chancen. Niemand anders, außer den Bauern, profitiert davon. Es gibt keine Patente, Abgaben oder Lizenzgebühren.>

Die Böden der Bauern im Nordosten von Indien, im Bundesstaat Bihar, sind fruchtbar. Dennoch verfügen die Familien nicht über genug Land, um ihre Familien zu ernähren. Als der Agraringenieur Anil Kumar Verma kam, um für SRI zu werben, hielten ihn alle für verrückt und zeigten kein Interesse.

<Dieser Mann ist gekommen, um uns zum Narren zu halten. Wir bauen seit Generationen Reis an - wir wissen wie das geht!>, war die abweisende Haltung der Bäuerin Kunti Devi. Sie und ihr Mann verfügten über 0,6 Hektar Land. Um es zu bebauen, brauchten sie 40

Kg. Saatgut. Und nun wurde ihr gesagt, es ginge auch mit zwei Kilogramm. <Meine Nachbarn lachten mich aus. Doch als ich neun Tonnen Reis erntete, war die Überraschung groß.>

Sie sollten ihre Setzlinge mit größter Vorsicht und mit einem Abstand von 25 cm voneinander pflanzen, damit die Wurzelhaare nicht beschädigt werden. Sie brachten die Reispflanzen bereits nach 8-12 Tagen aus und nicht erst nach einem Monat. Der Boden wurde mit viel organischem Material (u.a. Tiermist) versehen; die Pflanzen standen nicht mehr in Wasserparzellen und bekamen genauso viel, wie sie benötigten.

Mit der Verabschiedung vom Nassreisanbau konnten pro Kilo Reis 3.000 bis 5.000 Liter Wasser eingespart werden. [109] Der arbeitsintensive Anbau, bei dem das Unkraut in den Boden eingearbeitet wird, sichert die zusätzliche Belüftung und regte das Wurzelwachstum an.[110]

Weil in Entwicklungsländer 60-90% der Bevölkerung in der Landwirtschaft arbeiten, ist diese Art der Bewirtschaftung möglich. Außerdem haben die Bauern höchstens zwei Hektar Land zur Verfügung. Wobei ein Hektar etwa 10.000 Quadratkilometer oder eineinhalb Fußballfeldern entspricht.

Bei uns besitzen Bauern im Durchschnitt 59 Hektar. Sie bearbeiten ihre Betriebe als Nebengewerbe. Ein landwirtschaftlicher Anbau, der auf den bestmöglichen Ertrag bedacht sein muss, kann bei uns nur durch *Hightech* funktionieren. Oft lässt man dabei außer Acht, dass hohe Erträge nicht unbedingt von Chemie und Gentechnik abhängen. Die Anbaumethoden der großen Agrarkonzerne haben das Ziel, eine gute Ernte zu sichern. Ohne Zweifel belasten chemische Schädlingsbekämpfungsmittel unsere Böden, Gewässer und die menschliche Gesundheit. Die Aussage der Webseite des Chemie-Konzerns BASF vom 13. Oktober 2015: <Wir glauben, dass Chemie dabei helfen kann, Menschen mit nahrhaften, sicheren und bezahlbaren Lebensmitteln zu versorgen und Ressourcen zu sparen>, erweist sich in Entwicklungsländern immer mehr als unpassend.

Arme Bauern haben kein Geld für Pestizide. Doch die geschickte Anpflanzung von Mais oder Hirse, kombiniert mit Elefantengras und Desmodium, vertreibt Schädlinge ganz von alleine.

Desmodium ist eine Pflanze, deren Duft alle Insekten weichen lässt. Es ist eine Hülsenfrucht, deren Wurzeln über Knöllchenbakterien verfügen, die Luftstickstoff im Boden speichern. So muss man Stickstoff nicht über teuren Kunstdünger in den Boden einbringen. Zusätzlich baut man Elefantengras neben den Feldern an, um Fraßfeinde anzulocken. Wenn sie ihre Eier in das hohe Gras ablegen, sterben die frischgeschlüpften Larven in dem klebrigen Schleim der Pflanze. Der Kreislauf ist perfekt, zumal man beide Pflanzen verfüttern kann und die Tiere mehr Milch geben; so steht wiederum reichlich Dung zur Verfügung.

Diese sogenannte *push-pull* Technologie wurde in Kenia entwickelt. Damit existiert eine Landwirtschaft, die ganz ohne Kunstdünger, Chemie, Wasser, teurem Hybridsaatgut oder Gentechnik auskommt.

Sie macht sich das fein aufeinander abgestimmte Zusammenspiel der Natur zunutze. Das Gleichgewicht zwischen Luft, Wasser, Boden, deren Mikroorganismen und den davon abhängigen Lebewesen, begünstigen ein natürliches, gesundes Wachstum der Pflanzen - fernab von Schädlingen oder Krankheiten. Die genetische Vielfalt der Arten machen sie widerstandsfähig gegen Dürre, Hitze, Trockenheit, Feuchte, Frost und Krankheiten. Sie gibt ihnen die Möglichkeit, sich den sich verändernden klimatischen Bedingungen und Lebensräumen anzupassen. Diese Art der Landwirtschaft sichert bereits jetzt schon die Zukunft unserer Nahrungsmittel.[111]" Damit beendet Prof. Anderson die Pressekonferenz.

4 Das Gesicht einer Technologie

Niemand weiß, wer der Junge ist, der mit dem Maisproben von USA nach Deutschland kam. Lange sitzt Leonhard schon am Krankenbett. Endlich öffnet der Patient seine Augen. Es dauert, bis er sich nach dem ersten Schreck sicher genug fühlt, Leonhard seinen Namen zu sagen.

„Ein komischer Name", denkt sich Leonhard. „Geni".

„Gennadiy", verbessert sich sein Gegenüber. „Viele nennen mich jedoch Geni." Leonhard ist noch mehr erstaunt, weil Geni so gut deutsch spricht. „Meine Großmutter redete nur Deutsch. Sie konnte keine andere Sprache."

„Aber Gennadiy, das klingt so Slawisch." Geni lächelt! „Ja, eigentlich müsste man mich hier Heinrich nennen. Das ist eine lange Geschichte. Ich bin momentan so froh, endlich hier angekommen zu sein." „Wo begann Deine Reise?" Geni schaut Leonhard verwirrt an. "Ist denn mein Pass nicht in meinem Rucksack gewesen?" Zu einer Antwort kommt Leonhard nicht. Stattdessen betritt eine resolute Krankenschwester den Raum. Sie bemerkt sofort, dass ihr Schützling sehr beunruhigt ist.

"Das geht nicht. Sie können den Patienten nicht so aufregen. Sie gehen jetzt besser", herrscht sie Leonhard an. Ein Protest scheint aussichtslos. „Wer will schon freiwillig länger als nötige in der Gegenwart eines Hausdrachens sein", flüstert Leonhard Geni ins Ohr und verschwindet.

Kurz darauf vernehmen Leonhards Ohren das Bellen eines Hundes. Der Klingelton seines Handys, den er so unauffällig wie möglich haben will, irritiert ihn selbst am meisten. Sobald sein mobiles Telefon klingelt, schaut er sich immer noch um, ob wirklich kein Hund in der Nähe ist. Ohne auf die Nummer zu sehen hebt er ab: „Ein Treffen im Labor von Prof. Anderson", wiederholt er. „Ich komme sofort."

4.1 Korruptionsdelikte

Wenige Minuten später betritt er das Institut des Professors. Seine Schritte führen an Labortischen vorbei, auf denen Versuche aufgebaut sind. Unter einer UV-Lampe lassen junge Setzlinge ihre Köpfchen hängen. Unzählige Reagenzgläser lagern in vollgestopften Regalen. Die Behälter tragen allerlei Beschriftungen.

Leonhard geht zur kleinen Bibliothek, die sich in der Mitte des Labors befindet. Fast alle Mitarbeiter sind bereits versammelt. Professor Anderson nickt dem Ankommendem zu. „Gibt es etwas Neues?", fragt er.

„Nicht viel, Gennadiy spricht sehr gut Deutsch. Mehr weiß ich noch nicht", flüstert Leonhard.

„Danke, dass Sie alle so schnell zu unserer Krisensitzung gekommen sind", eröffnet der Professor das Treffen. Viele von Ihnen sind mit dem *Science-Artikel* über die Spionage der Chinesen vertraut. Auch kennen Sie die Berichte der Presse. Ich habe es als meine Pflicht empfunden, meinen Kollegen von der US-Amerikanischen Perdu-Universität sofort von den Maisproben zu berichten. Sie waren überhaupt nicht begeistert." Anderson ist ganz aufgeregt. „Unser *Findelkind* habe ich nicht erwähnt."

„Das müssen Sie auch nicht. Die Amerikaner erfahren so etwas wahrscheinlich schneller, als uns lieb ist. Und wenn nicht von uns, dann vielleicht von den Russen", unterbricht ihn der Doktorrand Kurt. Alle lachen. Selbst Prof. Anderson nimmt Kurt den Einwand nicht übel.

"Es gibt allerdings Neuigkeiten. Unsere amerikanischen Freunde wollen ein neues Gesetz mit dem Namen, *The Right-to-Farm* einführen. Der Begriff ist schwer zu übersetzten. Wir würden sagen, *das Recht dem Bauerngewerbe nachzugehen*. Man will es sogar zu einem Staatsrecht machen. Man hofft, dass es eines Tages mit dem *Recht auf Religionsfreiheit* und dem *Recht der freien Rede* assoziiert wird", erklärt der Wissenschaftler.

„Große Agrarkonzerne hegen die Erwartung, damit nicht nur Opponenten der Genforschung, sondern auch die ihnen lästigen Tierschützer los zu werden. Eigentlich weiß keiner so genau, welche Bedeutung dem neuen Gesetz zukommen würde. Einige meinen, es hätte nur einen symbolischen Stellenwert. Andere befürchten, es könnte neben der eigenen Lebensmittelversorgung Auswirkungen auf die weltweite Lebensmittelproduktion haben. Seit längerem weisen Tierschützer nicht nur Verbraucher, sondern obendrein Restaurants und Lebensmittel-Konzerne darauf hin, geschmacksunabhängig auf die Herstellung der Lebensmittel zu achten.

US-Tierschützer reden von grausamen Haltungsbedingungen. Ein neues Gesetz, das Agrarkonzerne schützt, könnte verhindern, dass Verbraucher in die Lebensmittelproduktion eingreifen. Es würde eine profitable Produktion und Methode der Lebensmittelherstellung sicherstellen. Tierquälerei, beziehungsweise unhygienische oder umweltzerstörerische Faktoren, können dann nicht mehr geahndet werden.

Bei uns in Deutschland wird es so ein Gesetz nie geben. Dies verhindert das Bundesamt für Verbraucherschutz, Lebensmittelsicherheit und Lebensmittelüberwachung durch unser Lebensmittel-, Bedarfsgegenstände- und Futtermittelgesetzbuch. Außerdem haben wir Tierhaltungsgesetze. Selbst das Schlachten von Tieren ist strengstens geregelt.

In den USA machen eigentlich nur Tierschützer Beanstandungen. Sie versuchen zu regeln, wie groß z.B. Hühnerställe sein müssten oder wie die Schweinebuchten für trächtige Muttertiere beschaffen sein sollten. Sie könnte man durch ein *Right-to-Farm-Gesetz* mundtot machen.

Viele wünschen des Weiteren, dass genetisch modifizierte Lebensmittel ihre volle Anerkennung erhalten und nicht mehr verbannt werden. Deshalb begrüßen einige Bauern ein *Recht auf Farming* Gesetz, behauptet Carolyn Orr, die amerikanische Geschäftsführerin der staatlichen Landwirtschafts- und Bauerngesellschaft.[112]

Es ist allgemein bekannt, dass akademische Forschungseinrichtungen von der Lebensmittelindustrie, Agrarkonzernen und Pestizidherstellern nicht nur finanziert, sondern auch manipuliert werden. Jedes Mittel scheint um des Profites-Willen recht, und oft werden Forscher, die umweltschädliche Praktiken anprangern, eingeschüchtert.

Ein ähnliches Gesetz wie das vorgeschlagene *Right-to-Farm* ist zum Beispiel das Informationsfreiheitsgesetz, welches in den USA als *Freedom of Information Act* (FOIA) bekannt ist. Als der Schweineverband von North Carolina über Untersuchungen eines Forschers bezüglich der Umweltverschmutzung ihrer Massentierhaltungsanlagen erfuhr, verlangten er Einsicht in die Studien.

Der inzwischen verstorbene Forscher Steve Wing von der Universität in North Carolina, untersuchte 2015, inwieweit Fäkalienabfälle von den vielen Schweinemastbetrieben seines Staates - welcher der zweitgrößten Schweinefleischproduzenten in den USA ist- in die Oberflächengewässer abgeleitet werden. Wie zu erwarten war, stellte er fest, dass die Qualität des Oberflächengewässer in der Nähe und stromabwärts der Betriebe durch eine hohe Anzahl von Fäkalienbakterien beeinflusst wurde.

Als die Verantwortlichen der Schweinemastbetriebe davon hörten, machten sie vom *Freedom of Information Act* Gebrauch und beantragten einen Einblick in die Studie. Der Forscher zögerte, denn er wollte die Identität seiner *Mitarbeiter* schützen und hatte Sorge, dass sie ihre Stellen verlieren könnten. Die Universität zwang den Forscher zur Herausgabe und drohte, ihn andernfalls zu verhaften. Wing gelang es trotz allem, die Aufzeichnungen vor der Übergabe zu *überarbeiten*, was ihm die Industrie sehr übel nahm. Ähnliche Vorfälle wie die von Wing werden immer häufiger verzeichnet. Es ist nur eines von vielen Beispielen, wie eine Industrie die Wissenschaft unter Druck setzt, damit ihre eigene Agenda nicht zu Schaden kommt. Die Zeitung, *The Guardian,* interviewte viele US-Wissenschaftler. Fast alle berichteten von Repressalien, welche die Industrie auf Einzelpersonen, das Dekanat einer Universität oder sogar staatliche Behörden ausübt, wenn ihr *Business* durch wissenschaftliche Berichte beeinträchtigt wird.

Die erste Priorität liegt auf der Verbesserung der Wettbewerbsfähigkeit. Für Umweltschutz ist kein Platz, weil er keinen Profit erbringt. So stehen Forscher, die um die Sicherheit unseres Planeten besorgt sind, der *Monetisierung* im Weg.

Die jeweiligen Landesregierungen in den USA ermutigte Universitäten, mit dem privaten Sektor zusammenzuarbeiten. Das Iowa Farm Büro und die Iowa Betriebsverwaltung für Schweinemastbetriebe unterstützen Forschungseinrichtungen und die Universitäten ihres Bundesstaates. Auch wenn über die genaue Zahl der Summen nicht gesprochen wird, sind es meistens Stipendien bzw. direkte Beiträge, mit denen das Agribusiness ihre Universität in Iowa fördert.

Daneben gibt es einflussreiche Politiker und Millionäre wie die Geschäftsleute Charles und David Koch, die ihr enormes Vermögen zum Teil der Herstellung von Düngemitteln verdanken. 2017 spendete die Koch Stiftung 1,7 Millionen Dollars für ein Wirtschaftsprogramm der Iowa State Universität. Eigentlich erwartet man, dass ihre Beiträge nicht die Forschungsarbeiten der Universität beeinflussen. Doch genau das ist der Fall. Sie gebieten der Forschung Einhalt, wenn diese nicht in ihrem Interesse liegt oder zu ihren *Gunsten* ausgeht.

So verlor das Aldo Leopold Zentrum für Agrarwissenschaften in Iowa, welches sich für alternative Methoden der Landwirtschaft einsetzt, nach 30 Jahren seine Forschungsgelder. Aldo Leopold, ein ehemaliger Professor der Universität von Madison, Wisconsin war dafür bekannt, Bäume auf den Auenböden des Wisconsin-Flusses anzubauen. Der vormalige Gouverneur des Staates Iowa, Terry Branstad nahm dem Zentrum die Gelder. Im Gegenzug erhielt er von der *Iowa Farm Bureau Federation*, der wichtigsten Landwirtschaftslobby Amerikas, Gelder für seinen Wahlkampf.

Jim Merchant, Gründungsdirektor des *US-Colleges of Public-Health* der Iowa State Universität, untersuchte den Zusammenhang zwischen Schweinemastbetrieben und dem Auftreten von Asthma.

Er durfte seine Forschung nicht weiterführen. Merchants nüchterner Kommentar gegenüber *The Guardian* war: <Die Administratoren der Universitäten werden strak von landwirtschaftlichen Interessen beeinflusst.>

Alle diese Beispiele entsprechen dem Bild, das die Journalisten sich machen konnten, als sie Forscher aus ganz USA interviewten. <Es war eine unausgesprochene Regel, dass, wenn die Forschung die Industrie in ein ungünstiges Licht stellt, ihre Artikel oft nicht veröffentlicht wurden. Im besten Fall werden die Forscher entmutigt, ihre Studien fortzusetzen. Es kommt auch vor, dass Wissenschaftler veranlasst werden, für immer ihre Forschung aufzugeben[113]>," erklärt Professor Anderson.

Leonhard atmete tief ein. Er ist froh, hier sein zu können und in *seinem* Professor einen Mentor gefunden zu haben, der es ihm ermöglicht, Hintergrundinformationen über die wichtigsten Nachrichten auf höchstem journalistischen Niveau zu aktualisieren.

Man spürt die lockere, fast familiäre Atmosphäre, die am Institut herrscht. An so einem Ort fernab von Neid, Missgunst und Mobbing machte Forschung spaß.

Der für seine kritischen Kommentare bekannte amerikanische Komödiant George Carlin konnte es nicht treffender formulieren, als er sagte: <Politische Korrektheit ist Amerikas neueste Form der Intoleranz. Sie ist deshalb besonders schädlich, weil sie sich den Deckmantel der Toleranz umhängt. Sie erweckt den Eindruck der Fairness. In Wirklichkeit unterjocht, kontrolliert, beschränkt und unterwirft sie unsere Äußerungen einem allgemeinen Diktat.

Die *Politischen Korrektheit* legt der Sprache einen strengen Code auf, den man besser einhält, wenn man seinen Job behalten will.>

Dem Diktat der Politischen Korrektheit, (*Political correctness*, oder des kulturellen Marxismus), -welches seinen Anfang in den 20iger Jahren mit der Frankfurter Schule nahm, d.h. mit Max Horkheimer, T. Adorno, Herbert Marcuse, Leo Löwenthal und Erich Fromm,- unterwirft sich im Labor von Professor Anderson keiner.

Vielleicht gerade, weil *political correctness* der Feind von freier Meinungsäußerung ist. Im Institut muss sich keiner Sorgen machen, seine Stelle oder Reputation zu verlieren. Hier würde keiner einem Schicksal des sogenannten Whistleblowers, dessen Anti-GMO Haltung in Existenznöten endet, unterliegen.

Es gibt nicht viele Wissenschaftler, die wie Prof. Pusztai und Prof. Seralinie für ihre Überzeugung einstehen. Wobei zu bedenken ist, dass sich auch die wissenschaftliche Kultur geändert hat. Allzu oft werden Leute, die etwas *unpassendes* sagen, ausgeschaltet. Viele Forschungseinrichtungen unterliegen fast schon einem kulturellen Kommunismus, in welchem die Gesellschaft -man könnte auch sagen die Pharmakonzerne- nicht nur unsere Forschungsergebnisse diktieren, sondern auch die knappen Ressourcen unseres Planten beschlagnehmen.

Dem Ungleichgewicht der ökologischen Belange der Weltgemeinschaft halten moralische Appelle, welche die unvorstellbaren Ausformungen von Ausbeutung und Ungerechtigkeit anprangern, selten stand. Nur wenige Akademiker haben den Mut, gegen Pharmakonzerne anzugehen um Fakten, Daten und Hintergründe aufzeigen. Häufig werden Anregungen der Forscher, wie Änderungen und Lösungen herbeigeführt werden könnten, kontrovers angesehen, um nicht zu sagen, ins Lächerliche gezogen. Allerdings können wir einen Unterschied machen.[114]

Doch leider benutzen wir das Wort *unmöglich* zu oft, um uns mit Problemen abzufinden, die wir scheinbar nicht ändern können. Unmöglich ist ein Wort, das verzagte und kleinherzige Leute häufig gebrauchen. Sie finden es einfacher, sich mit den Zuständen der Welt abzufinden.

Dennoch kann es uns gelingen, die Gegebenheiten, in denen wir uns befinden, zu ändern. <Nichts ist unmöglich. Dies ist nur ein belangloses Wort, aber nicht ein in Stein gemeißeltes Manifest>, bemerkte der wohl größte Boxer der Geschichte, Muhammad Ali (1942-2016), der im Alter von 42 Jahren mit Parkinson diagnostiziert wurde.

<Wir haben genug Ressourcen, um jeden Menschen auf dieser Welt zu ernähren>, erklärt die 28-jährige Komal Ahmad. Die Tochter eines asiatischen US-Einwanderers wird von vielen belächelt, die ihre Behauptung schlichtweg als naiv abtun. Doch Komal hat sich nicht abbringen lassen und ein erfolgreiches Unternehmen gegründet, das Hunger zur Geschichte werden lässt. Zumindest adoptierten viele Städte der USA und Länder in Europa ihre Idee.

Alles begann damit, als die Studentin eines Tages einen Bettler zum Essen einlud. Er saß an einer Kreuzung, die zu ihrer Universität Berkeley führte. Zwischen den Bissen, die John hinunterwürgte, erzählte er seine Geschichte: <Ich bin vor zwei Wochen von meinem zweiten Soldateneinsatz aus dem Irak zurückgekommen. Seit dem warte ich vergeblich, dass mir meine Sozialleistungen erstattet werden. So ist dies das erste Essen, das ich seit drei Tagen habe.>

<Diese Aussage hat mich schwer getroffen>, sagt Komal. <Der Mann hat sein Leben für uns aufs Spiel gesetzt. Nun kommt er nach

Hause und muss einen Bürokratenkampf gegen Hunger und Armut ausfechten.

Was mich besonders berührte, war die Tatsache, dass gegenüber der Straße viele unbenutzte Nahrungsmittel der Studenten weggeschmissen werden müssen. Es handelt sich nicht um eine Lebensmittelknappheit, sondern nur um seine ungleiche Verteilung.

Es existiert ein derartiger Überfluss an gesundem, hochqualifiziertem, unangerührtem Essen, welches wir am Ende des Tages entsorgen müssen. Gleichzeitig jedoch hungern Menschen und zwischen all dem befindet sich nur eine Straße.> Dieses Erlebnis spornte Ahmad an. Sie wollte etwas gegen <das dümmste Problem der Welt tun.> Sie suchte die Köche der Mensa auf und fragte, was mit dem nicht verzehrten Essen getan wird. <Es bleibt nichts übrig>, bekam sie zu hören. Damit gab sich die junge Studentin nicht zufrieden. Nach weiteren Fragen wurde ihr erklärt, viel Nahrung aus lebensmittelrechtlichen Gründen entsorgen zu müssen.

Ein paar Tage später stand Ahamd wieder dem Manager der Mensa gegenüber. Sie zeigte ihm das 1996 vom amerikanischen Kongress verabschiedete *Bill Emerson Gesetz des Guten Samariters* (Good Samaritan Food Donation Act). Es handelt sich um ein weltweit bekanntes Hilfssystem, welches eine Sonderordnung zur Stiftung von Essenswahren, Lebensmitteln und Lebensmittelhandlungswaren erlaubt. Nachdem Ahmad den obersten Manager überzeugt hatte, fingen Studenten an, nicht verbrauchte Lebensmittel der Universität an die Notdürftigen der kalifornischen Stadt San Francisco zu verteilen. Die Anfänge waren alles andere als effizient.

Eines Tages erhielt Komal einen Anruf. Sie saß gerade in einer Vorlesung. Die Mensa hätte 500 Sandwiche übrig, die sie innerhalb zwei Stunden abholen sollte. <Ich rannte zur Mensa. Als ich die Lebensmittel hatte, fing ich an, Hilfsorganisationen in Berkeley, Oakland und Richmond zu kontaktieren. Ich konnte viele nicht erreichen und wenn, dann brauchten sie kein Essen.

Endlich hatte ich jemand an der Leitung, der mir sagte, er würde mir 15 belegte Brötchen abnehmen. Prima, folgerte ich, jetzt sind es nur noch 485 Sandwiche, die ich loswerden sollte. Frustriete dachte ich mir, es sollte doch wirklich nicht so schwer sein, eine gute Tat zu tun.>

Lange hielt dieser desparate Zustand nicht an. Ahmad hatte eine zündende Idee. Sie wollte die Menschen, die Lebensmittel hatten, mit denen in Verbindung setzen, die es brauchten. Sie entwickelte einen virtuellen Marktplatz, um die Probleme beider Parteien zu lösen. So entstand *Match.com* für ihre Sandwiche. Heute ist ihre Organisation als COPIA bekannt. Cafeteria's, Krankenhäuser, Universitäten, Hotels und andere Unternehmen, die überschüssiges Essen zur Verfügung haben, können es über ihre Webseite direkt gemeinnützigen Einrichtungen spenden.

Ein Fahrunternehmen holt das Essen ab und liefert es zum gewünschten Ort. Als Dankeschön erhalten die Spender nicht nur eine Quittung für das Finanzamt, sondern oft auch Karten und Bilder von denen, die von dem Essen profitieren. Das Feedback zeigt den Wohltätern nicht nur, welche Auswirkungen ihre Spende hat, sondern hilft ihnen auch in Zukunft besser mit den Ressourcen umzugehen und Speisen in einem nicht allzugroßen Überfluss herzustellen.

Copia hat 1 Millionen Pfund Nahrungsmittel verwertet. Ihr Ziel ist es, zwei Millionen Menschen allein in 2018 zu sättigen. Ihr Einfluss geht weit über den Großraum von San Francisco hinaus. Copia existiert in Dalls, Denver und North Carolina. Deutschland und Österreich kontaktierten Copia, um die vielen Migranten zu ernähren. Während des schlimmsten Feuers der Geschichte, das in Kalifornien ausbrach, konnten die Opfer durch die Hilfe der Feuerwehr mit Lebensmitteln versorgt werden. Auch wenn viele Ahmad als *Wonder Woman* bezeichnen, besteht sie darauf, dass sie all das nicht alleine auf die Beine gestellt hat, sondern viele Experte ihr eine großartige Hilfe leisten. Ahmad hat bewiesen, dass es nicht unmöglich ist, Hunger zu bekämpfen.[115]

4.2 Was ist Wahrheit?

*L*eider scheinen Werte wie Ehrlichkeit, Wahrheit und Seriosität nicht mehr viel mit Forschung zu tun zu haben. Nicht zufällig erklärte das Oxford Wörterbuch *post-truth* zum Schlagwort von 2016.

Als Papst Johannes Paul II am 22. Oktober 1996 die Päpstlichen Akademie der Wissenschaften mit seiner Rede: <*Truth cannot contradict Truth*> adressierte, war er dankbar für ein Gremium von Wissenschaftlern, die bereits Papst Pius XI. als sein <senatus scientificus> bezeichnete. Der Dialog zwischen Forschern verschiedener Disziplinen und der Kirche sollte der Wahrheitsfindung dienen.

Der Ursprung des Lebens im Zusammenhang mit der Evolutionstheorie interessiert die Kirche. Jeder Mensch fragt nach dem Ursprung der Dinge. <Wer bin ich? Woher komme ich und wohin gehe ich? Warum gibt es das Böse? Was wird nach meinem Leben sein?>

Diese Grundsatzfragen, welche in der Natur des Menschen liegen, werden unabhängig von unserer religiösen Überzeugung gestellt. Man findet sie bei Konfuzius, Lao-Tse, in Israels heiliger Schrift, in der Awesta, aber auch in der Tirthankara und Buddha stellen sie. Selbst altphilosophische Dichter wie Homer, Platon und Aristoteles suchen nach der Wahrheit, den Sinn des Lebens zu erkennen. Fragte nicht auch Pontius Pilatus, als er Christus richtete: <Was ist Wahrheit?>

Es ist eine Frage, die mit dem Ostertag beantworte wurde. Christus ist <*der Weg, die Wahrheit und das Leben*>, schreibt Papst Johannes Paul II in seiner Enzyklika *Fides et Ratio* (Glaube und Vernunft), in der er hervorhebt, dass die menschliche Vernunft die Wahrheit kennen lernen möchte: <Das Streben nach Wahrheit gehört zur Natur des Menschen. Er besitzt vielfältige Möglichkeiten, um den Fortschritt in der Wahrheitserkennung voranzutreiben und so sein Dasein immer menschlicher zu machen.

Der Mensch versucht die universalen Kenntnisse zu erwerben, die es ihm erlauben, sich selber besser zu begreifen und in seiner Selbstverwirklichung voranzukommen. All dem liegt ein Staunen über die Betrachtung der Schöpfung zugrunde. Es spornt ihn an, die letzte Wahrheit über das Dasein zu entdecken.

Der Mensch ist dazu berufen, sich einer Wahrheit zuzuwenden, die ihn übersteigt. An die Möglichkeit des Erkennens einer allgemeingültigen Wahrheit zu glauben, ist keineswegs eine Quelle der Intoleranz; im Gegenteil, es ist die notwendige Voraussetzung für einen ehrlichen und glaubwürdigen Dialog der Menschen untereinander.

Ohne Beziehung zu dieser Wahrheit bleibt jeder vom eigenen Gutdünken abhängig, und seine Verfasstheit als Person wird schließlich nach pragmatischen, im Wesentlichen auf empirischen Angaben beruhenden Kriterien beurteilt in der irrigen Überzeugung, alles müsse von der Technik beherrscht werden.[116]>

1998 erläuterte Kardinal Ratzinger bei der Vorstellung der neuen Enzyklika: <Wenn die wissenschaftliche Vernunft dem Glauben feindselig gegenüber gestellt ist, interessiert sie sich nicht für die endgültige Wahrheit der Existenz. Sie beschränkt sich vielmehr auf

experimentell erfahrbare Teilkenntnisse. Auf diese Weise wird alles, was sich nicht von der wissenschaftlichen Vernunft kontrollieren lässt, aus dem Bereich des Rationalität ausgeschlossen. Folglich wird objektiv der Weg zu einer neuen Form des Fideismus eröffnet. Wenn die einzige Art der *Vernunft* die wissenschaftliche ist, wird der Glaube jeder Form der Rationalität und der Intelligibilität beraubt und dazu bestimmt, sich in einen nicht definierbaren Symbolismus oder in ein irrationales Gefühl zu flüchten[117].>

Unabhängig davon leben wir in einem Zeitalter der *Post-Truth-Wissenschaft*. Doch nicht nur auf diesem Gebiet wurden moralische Aspekte über Bord geworfen. Beispiele dafür gibt es genügend. Es scheint jedoch, dass sich die gegenseitigen Fronten immer mehr verhärten.

So waren viele entsetzt, als der US-Senat die Anhörung über den zum Bundesrichter vorgeschlagenen Brett Kavanaugh durchführte. Bisher galt man so lange als unschuldig, bis das Gegenteil erwiesen wurde. Doch Ende September 2018 schien dies keine Rolle mehr zu spielen. Im Gegenteil, der Kandidat galt als schuldig und sollte seine Unschuld beweisen. Man verlangte von ihm, das zu tun, was eigentlich die Aufgabe des Anklägers war.

Amerikaner fragten sich insofern, ob sie Ende September ihre Verfassung verloren haben und nun eine bloße Anschuldigung reicht, um hochgebildete Experten und ihr Familie zu denunzieren. Selbst der Präsident vermerkte dazu: <Es ist eine beängstigende Zeit für junge Männer in Amerika. Man kann angeklagt werden, bevor man seine Unschuld beweisen konnte.[118]>

Viele Amerikaner waren sehr entrüstet darüber, dass der Vorwurf einer sexuellen Nötigung als Waffe missbraucht wurde. Man fällte bereits ein Urteil vor dem Prozess und ruinierte die ganze Karriere und das Ansehen eines bisher unbescholtenen Juristen.

Schließlich interessierten nur noch Emotionen und nicht der Befund der herbeigerufenen Staatsanwältin Mitchell, die erklärte, dass sie die Vorwürfe der Anklägerin für nicht als hinreichend belastbar hält, um sie weiter zu verfolgen.

Der nominierte Richter Kavanaugh ist konservativ und wird einer Mehrheit im Obersten Gerichtshof in Schlüsselfragen wie z.B. hinsichtlich der Abtreibung oder einer Einführung der Todesstrafe zum Erfolg verhelfen. Fachlich war er bestens für die Stelle geeignet.

Doch seine Anschauung war jenen, die seine Ansichten nicht teilen, ein Dorn im Auge. Deshalb versuchten Aktivisten, Kavanaughs Benennung mit einer Schmutzkampagne zu stoppen.

Man vergisst allzuleicht, dass ein Richter nicht nach seinen eigenen Ansichten handeln darf, sondern das zu tun hat, was die Verfassung verlangt - und bisher konnte niemand als schuldig angesehen werden, ohne dass ein eindeutiger Beweis vorliegt. Das, was man dem Kandidaten vorwarf, war außerdem kein fahndungswürdiges Verbrechen, das erfordern würde, dass die US-Bundespolizei FBI ermittelt. Ganz zu schweigen davon, dass der Beschuldigte damals 17 Jahre alt war. Eine Untersuchung des FBI ist auch nicht dazu da, ein Urteil zu fällen. Das muss letztendlich der Senat tun und sollte dazu normalerweise nicht allzu lange benötigen.

Langwierige Prozesse hinsichtlich des vom Präsidenten gewünschten Kandidaten gibt es erst, seitdem Präsident Trump das Land regiert. Viele missbrauchten die geplante Ernennung zum Obersten Richter auf Lebenszeit als ein Politikum für die anstehenden *Midterm Elections*, die im November 2018 das Repräsentantenhaus und ein Drittel der Senatoren wählte.

Zudem wurden nachweisliche sexuelle Verfehlungen, die einen Demokraten aus dem Bundestaat Minnesota betreffen, und die keine 36 Jahre zurückliegen, unter den Teppich gekehrt. Diese Doppelmoral verärgerte viele Amerikaner. Denn wenn es sich um einen Republikaner handelt, bleiben all die Zeugnisse der vielen Frauen, die Kavanaughs Versicherung der Unschuld bestätigen, unberücksichtigt.

Stattdessen macht es Schule, Politiker, die sich für Kavanaugh aussprachen, notfalls mit Gewalt einzuschüchtern. Senatoren erhielten Todesdrohungen und wurden auf öffentlichen Plätzen niedergeschrien.

Das FBI hatte keine Anhaltspunkte, dass die Anschuldigungen gerechtfertigt waren. Im Gegenteil, die Anklägerin konnte keine Beweise liefern.

Einige Politiker forderten Konsequenzen. In einem Rechtsstaat sollte es nicht möglich sein, ungestraft in einen Prozess einzugreifen, ohne auch nur die geringsten Beweise für eine Anschuldigung zu haben. Letztendlich gestanden sich die Senatoren ein, dass man von der Unschuld des Angeklagten ausgehen musste.

Oder anders gesagt, eine Behauptung darf nicht jemanden zum Schuldigen machen. Sie gibt keinem das Recht, die Familie und Karriere des Andersdenkenden zu zerstören.[119]

Leider erfahren wir auf vielen Gebieten, dass eine inopportune Haltung, die nicht mit der gängigen Meinung übereinstimmt, manchem Menschen sein ganzes Ansehen kosten kann.[120]

Vielleicht kümmert es uns nicht, wenn wir im Namen der *Politischen Korrektheit* oder auch nur der Toleranz diejenigen am meisten treffen, die sowieso schon auf der untersten Stufe der Gesellschaft stehen. Den verschiedenen Denk- und Glaubenseinrichtungen, die sich zu den Grundwerten Freiheit, Gerechtigkeit und Solidarität bekennen und die sich nach ihrer religiösen Überzeugung verpflichtet fühlen zu handeln, um denjenigen zu helfen, die am meisten auf unsere Zuwendung angewiesen sind, drohte in Alaska ein Rechtsverfahren.

Wie oft sehen wir Frauen, die kein Zuhause haben und denen nichts anderes bleibt, als in einer Obdachlosenunterkunft eine Herberge zu finden? Selbst in den staatlichen Heimen können sich Frauen nicht sicher fühlen.

Es gibt allerdings einige christliche Einrichtungen, die Frauen einen besseren Schutz bieten. So fanden fünf misshandelte Frauen in der Innenstadt von Anchorage/Alaska im *Hope Center* Schutz.

Zumindest solange, bis eine heiter angetrunkene und verletzte Person Einlass wollte. Die Verantwortlichen bestellten und bezahlten dem Hilfesuchenden ein Taxi, der ihn in das nächste Krankenhaus brachte, wo er versorgt wurde.

Dennoch muss das *Hope Center* nun mit einem Strafverfahren rechnen, welches sein Ende bedeuten kann. Die Anchorage *Equal Rights Commission* hatte Anzeige gegen das *Hope Center* eröffnet, weil sie sich weigerten, in ihr Frauenhaus einen Mann aufzunehmen, der angab, eine Frau zu sein.

Hope Center wollte die von Männern misshandelten Frauen, die bei ihnen Schutz suchten, nicht zusammen mit einem Betrunkenen schlafen lassen. Anscheinend ist diese Einstellung nicht mehr opportun, unabhängig davon, dass der Frauen-Schelter den Mann gar nicht medizinisch versorgen konnte.[121]

Dass wir schnell bei der Hand sind zu urteilen, sehen wir am Fall von Nick Sandman, dem Schüler der katholischen Cavington Schule, der mit seiner Klasse am 18. Januar 2019 am Marsch für das Leben, teilgenommen hatten. Ein 30 Sekunden dauernder Ausschnitt aus einem längeren Video war Anlass für hasserfüllte Medienkommentare. Das Politmagazin Spiegel schrieb: <Jugendliche Trump-Fans provozieren Ureinwohner in Washington D.C.>

Selbst die katholische Kirche und Bistumsleitung des Schülers bat zerknirscht um Entschuldigung, ohne sich überhaupt der Mühe zu unterziehen, sich genauer über den Vorgang zu informieren.

Die Schüler aus Kentucky waren in der Nähe des Lincoln-Memorial, als sie von einer Gruppe der indigen <Black Hebrew Israelites> mit Beleidigungen und rassistischen Ausdrücken beschimpft wurden.

Die ultralinke Gruppe *Hebrew* ist für ihren anti-weißen Rassismus und Antisemitismus bekannt. Sie versuchten, die Teenager, die rote Baseballkappen mit der Aufschrift -*Make America Great Again*- trugen, zu provozieren, was sie in einem längeren Video festhielten. Als ein amerikanischer Indianer, eine Trommel schlagend, singend auf einen der Jungen zukommt, weicht dieser nicht von der Stelle und lächelt den Mann an, der ihn bedrängt. Diese aus dem Zusammenhang gerissene Szene des Kurzvideos zeigt nicht die andauernden Beschimpfungen der *Black Hebrew Israelites*, welche das Kurzvideo aufs Netz stellten.

Die als Pädophile Inzest Babies, die Schwuchteln ihre Rechte geben, Beschimpften ließen sich nicht aus der Ruhe bringen.

Dennoch waren viele empört und vorschnell mit ihrem Urteil zur Hand, ohne zu beachten, dass sie mit ihrer Reaktion die Zukunft der Teenager ruinieren. Sie waren katholisch und trugen pro Trump-Kappen. Es waren demnach *weiße, privilegierte* Jungen. Dass sie noch dazu auf einer Demonstration gegen Abtreibung teilnahmen, machte sie automatisch *verdächtig.*

Nachdem sich der Präsident hinter die Kinder stellte und das völlig aus dem Kontext gerissen Videoschnipsel der Nahaufnahme des Jungen und des 64-jährigen Trommlers Nathan Phillips als *Fake Story* bezeichnete, entschuldigen sich einige der Ankläger.

Nicht der Indianer wurde von den Jugendlichen verhöhnt und bedrängt, so wie es die Anti-Trump-Medien berichteten, sondern genau andersherum verhielt sich der Sachverhalt. Der Schaden, welche die Presse und linke Prominenz anrichtete, als sie zu einer brutalen Kampagne gegen die Jungen aufriefen, bleibt bestehen.

Der linke Komödiant Kathy Griffin, der schon zuvor mit seiner Fotomontage -auf der er den Präsidenten ohne Kopf zeigte- Aufsehen erregte, verlangte die Namen aller beteiligten Jugendlichen. Die Telefonnummern der Schule wurden öffentlich erwähnt und viele Prominente riefen dazu auf, dort anzurufen. Die Eltern bekamen Morddrohungen und die Schule blieb vorerst geschlossen.

<In der fiebernden Welt der *Trump-Hasser* ist jede Meldung erst mal wahr, denn jedes Mittel ist recht, um Trump und Konservativen negative Schlagzeilen zu bescheren>, schrieb ein fair denkender Kommentator.[122]

Senatoren forderten, dass die beteiligten Prominenten und Journalisten zur Verantwortung gezogen werden und ihre Verleumdungskampagne gegen die Jugendlichen, die nichts anderes taten, als sich für das Leben einzusetzen und trotz vehementer Provokation friedlich blieben, zur Rechenschaft gezogen werden.

Ihre Verteidiger sammeln all die Angriffe und Drohungen der linksorientierten Fanatiker, die Stimmung gegen den Präsidenten, Konservative und die katholische Kirche entfachten.

Anwälte wollten den Teenagern helfen, eine Klage wegen Drohung und Verleumdung anzustreben. Die Frage war, ob es nicht zu spät war, denn der Ruf der Jungen ist dahin. Es ist fraglich, ob sie jemals studieren dürfen oder eine Stelle bekommen. Mitleid hatte keiner mit ihnen.

Spärlich übernahm die Presse zwei Tage nach dem Geschehen eine Verantwortung für ihr vorschnelles Urteil. Entschuldigungen waren zu hören. Sie sahen Nick plötzlich mit anderen Augen und bezeichneten ihn sogar als Helden, der von den Medien auf schlimmste Weise verunglimpft wurde.

Währenddessen beharrte Bischof Roger Josef Foys von Kentucky am 22. Januar in einem Statement darauf, Maßnahmen gegen den Jungen einzuleiten und ihn zur Rechenschaft zu ziehen. Ungeachtet der Tatsache, dass die Jugendlichen nicht die Täter, sondern die Opfer waren, rief der Bischof zum Gebet auf, um die Untersuchung schnell abzuwickeln und den Indianer Phillips zu rehabilitieren.

Man fragte sich, ob die linke Presse nicht schon genug angerichtet hatte. Auf der Diözesen-Webseite von Covington in Kentucky entschuldigte sich der Bischof für das Verhalten der Schüler gegenüber Phillips. Es sei das eines Katholiken unwürdig. Der Bischof trug sich mit dem Gedanken, Nick von der Schule zu suspendieren.

So ähnlich äußerte sich ein dem Vatikan nahestehender Jesuit P. James Martin. Innerhalb von Sekunden, nachdem das Video zu sehen war, schreibt er auf Twitter: <Katholische Schüler, welche am *March for Life* teilnahmen, beschämten und verunglimpften einen Indianer. Unsere Kirche lehrt, dass wir unseren Mitmenschen respekt- und würdevoll behandeln.>

Der Jesuit verurteilte das Verhalten von Nick aufs Schärfste, obwohl er eigentlich dafür bekannt ist, vom vorschnellen Urteil z.B. gegenüber Homosexuellen Abstand zu nehmen.

Die Jungen der katholischen Schule sind mittlerweile weltberühmt und selbst Präsident Trump tweetete, dass sie die ihnen geschenkte Aufmerksamkeit für eine gute Sache nutzen sollen. <Nick Sandmann ist ein Symbol dafür, wie übel eine falsche Presse ist. Doch hoffen wir, dass dieser Vorfall die Menschen zusammen bringt. Auch wenn es unschön anfing, kann das Ende traumhaft sein.[123]>

Kurz darauf kamen die Mitarbeiter der Diözese von Covington mit einem Schrecken davon. Am Mittwochabend, dem 23. Januar 2019, wurde das gesamte Gebäude und die Kathedrale in Windeseile geräumt. Schuld daran war ein verdächtiges Paket, das ohne Absender auf dem Gelände gefunden wurde.

Einsatzkräfte leiteten die Evakuierung der Reporter, die sich zum Zeitpunkt der Ereignisse im Diözesangebäude, aufhielten, um Einzelheiten über das Skandal-Video zu evaluieren. Es handelte sich im Endeffekt wirklich nur um ein Vorurteil, weil sich keiner die Mühe machte, die zusätzlichen längeren Videos heranzuziehen.[124]

Die katholischen Kinder hatten sich nichts zuschulden kommen lassen. Aber selbst ihre Diözese und die Heimatstadt standen nicht zu ihnen. Und das, wo sie doch gerade in solch einer Situation die christliche Anteilnahme ihrer Gemeinde am meisten brauchten.

Stattdessen wurden die Jungen beschuldigt, unchristlich gehandelt zu haben. Obwohl sie sich schützend vor einen Priester stellten, der sich in der Gruppe der Jugendlichen befand - und der eigentlich schuldige Nathan Phillips sich bereits zuvor gewaltsam Zutritt in die Kathedrale verschaffen wollte, um die Hl. Messe zu stören. (Ein Sachverhalt, der in Amerika immer öfters vorkommt: dass Leute in den Gottesdienst kommen und die Zeremonie mit lautem Geschrei unterbrechen).

Erst, als ein Anwalt am 23. Januar 2019 den verleumderischen Medien und Prominenten mit eine millionenschweren Klage drohte, falls diese ihre Falschmeldung nicht richtigstellen, entschuldigte sich endlich auch der Bischof. Dennoch blieb bei vielen, die kein Gerichtsverfahren am Hals haben wollten, eine Grundanklage im Unterton, auf der man weiterhin beharrt. <Die Schüler hätten nicht das Recht gehabt, an einer Anti-Abtreibungs-Demonstration teilzunehmen.> Beanstandet wurde überdies, dass sie Kappen mit Trumps Wahlspruch *Make Amerika Great Again* aufhatten.

Damit hätten sie die Konfrontation mit Nathan Phillips angeblich heraufbeschworen. Die kath. Schüler hätten die Situation nicht von der Perspektive des Indianers gesehen, der trommelnd auf Nick Sandmann zuging.

<Niemand ist so intolerant wie diejenigen, die Toleranz predigen>, sagte dazu der Gouverneur von Kentucky. Die Empörung über das Verhalten der Medien erreichte daraufhin in konservativen Kreisen ihren Zenit. Die Jungen dienten für einige nur als ein Vorwand. Im Grunde geht es in der linksliberalen Öffentlichkeit darum, dass man sich über Andersdenkende empört. Am schlimmsten scheint es zu sein, sich gegen Abtreibung zu positionieren.

<Die Kinder haben ein *Face-crime* begangen. Ein Begriff, den schon George Orwell prägte. Sie hatten einfach nur das falsche Gesicht,

sind katholisch und hatten die *falschen Kappen* auf>, prangert ein Fox-News Journalist an. Hätten denn sonst Abtreibungsbefürworter gejubelt, als am Dienstag-Abend, dem 22. Januar 2019, eines der provokativsten Abtreibungsgesetze in New York beschlossen wurde?[125]

Ein Buchhändler weigerte sich daher, seinen Laden Tags darauf zu öffnen. Steuergelder wollte er für seine Verkäufe an diesem Tag nicht entrichten, an dem man um all die Kinder Mitleid haben sollte, die im Mutterlieb bis zur Geburt getötet werden dürfen. Jon Speed wollte damit seinen Protest ausdrücken. <Ich kann nicht ändern, was passiert ist, dennoch will ich mein Missfall bekunden.>

Das Thema des Pro-Life Marsches, an dem auch die Jugendlichen der Covington-Schule Jungen teilnahmen, lautete: *Pro-Life is Pro-Science* (Für das Leben sein bedeutet die Wissenschaft anzuerkennen). Das heißt doch, dass die Wissenschaft die Einmaligkeit eines Manschens vom Zeitpunkt seiner Zeugung bestätigt. Speed erklärt weiter: <Ich bin davon überzeugt, dass ein Baby im Mutterleib ein Mensch ist. Politiker müssen sich vor Gott verantworten, wenn sie Abtreibung unterstützen.>

Seitdem die Republikaner im Senate von New York nicht mehr die Mehrheit haben, ist es für Demokraten ein leichtes Spiel geworden, Abtreibungsgesetze durchzuwinken. Mit 38 gegen 24 Stimmen wurde dem sogenannten *Reproduktive Health Act* (Reproduktiven Gesundheit Akt) zugestimmt.

Die Gesetzgeber waren begeistert. Sie applaudierten, jubelten und gratulierten sich selber. Gouverneur Como unterzeichnete das Gesetzt und ordnete an, zur *Feier des Tages* das World Trade Center und alle Wahrzeichen der Stadt in ein rosarotes Licht zu kleiden.

Nun können Babys im Mutterlieb bis zur Geburt im Namen der *reproduktiven Gesundheit* getötet werden. Jene, die den Vorgang vornehmen, müssen nicht mal Ärzte sein. Es ist jedem medizinischen Personal erlaubt. Frauen, die ein Kind abtreiben lassen, müssen nun nicht mehr fürchten, strafrechtlich dafür belangt zu werden.[126]

Am 20. Februar 2019 klagten prominente Anwälte schließlich die *Washington Post* Zeitung an. Präsident Trump begrüßte den Schritt in einem Tweet: <Die Washington Post ignorierte grundlegende journalistische Standards, weil sie ihre bekannte und leicht dokumentierte, voreingenommene Agenda gegen Präsident Donald J. Trump vorantreiben wollten.>

Es geht um 250 Millionen. Die Zeitung hat in Bezug auf den katholischen Covington Schüler Nick Sandmann sämtliche journalistische Fairness und eine vorurteilsfreie Berichterstattung außer Acht gelassen. Sie haben in Nick ein akzeptables Opfer in -*ihrem Krieg gegen den Präsidenten*- gefunden.

Die Zeitung war nicht nur federführend, den Charakter des unbescholtenen 16-Jährigen zu diffamieren, sondern haben ihn auch unglaublich schikaniert. Sie fachten die Mainstream-Medien an, ungehemmt falsche Angriffe und Drohungen gegen Nick auszusprechen. Der Junge hat erhebliche Reputations- und emotionale Schäden davongetragen. <Die Presse war noch nie so unehrlich wie heute>, schrieb Präsident Trump über den Vorfall. <Sie berichten über Dinge als Fakten, die jeglicher Grundlage entbehren und reine Verdächtigungen und Spekulationen sind. Die Zeitungsautoren halten es nicht einmal mehr für Notwendig, die Hintergründe zu überprüfen. Sie sind völlig außer Kontrolle>, erläuterte der Präsident am 20. Februar 2019. Weiterhin bot er Nick seine moralische Unterstützung an. <Go get them Nick. Fake News![127]>

Dies ist nicht der einzige Fauxpas der Presse. Sie war entsetzt, als der 36-jährige Schauspieler Jussie Smollett angab, von homophoben Männern, die MEGA Kappen trugen, mitten in einer Winternacht angegriffen worden zu sein. Sie attackierten ihn, legten einen Strick um seinen Hals, und gossen Bleichmittel über ihn. Suspekt war einigen, dass in dieser Nacht eine arktische Kälte herrschte und jeder innerhalb kürzester Zeit die schlimmsten Erfrierungen davon trug, der auf der Straße war - ungeachtet dessen, dass Bleichmittel nach minimalen

Minusgraden aufhört zu frieren. <Dies ist ein MAGA-Land>, brüllten angeblich die Angreifer. Es sollte ein Hinweis auf Präsident Donald Trumps Motto <*Make America Great Again*> liefern, obwohl in Chicago von jeher mehr Demokraten als Republikaner leben.

Zahlreiche Demokraten, liberale Medienvertreter und Smollett selbst proklamierten, dass der Vorfall ein Teil einer vom Präsidenten selbst inspirierten Hasswelle sei. Man war zutiefst entrüstet, wie weit der Präsident das Land spaltet.

Nach polizeilichen Untersuchungen fand man dann doch zwei Täter. Wie sich herausstellte, waren es Smollett's Fitnesstrainer, die er bezahlte und die den ganzen Angriff inszeniert hatten. Er wollte damit Aufmerksamkeit auf sich lenken und dachte, in eine Opferrolle zu schlüpfen, würde seiner Karriere helfen.

Zuletzt schadete ihm dieser Auftritt. Am 2. Juli 2019 konnte bewiesen werden, dass die angebliche Attacke niemals passiert war. Diejenigen, die in Chicago wirklich an diesem Abend Hilfe brauchten, warteten damals wegen des *Hoax* von Jussie Smollett umsonst. Eine zuvor so aufgebrachte Presse schwieg. Schon früher entschuldigte sie sich nicht. Im Gegenteil, sie fühlte sich im Recht.

Es ging ihnen um die Stimmung, die in der Luft lag, und daran sei nach wie vor der Präsident schuld. Ihre sofortige Parteinahme für den Schauspieler, ohne auch nur die geringsten Beweise oder Nachforschungen zu haben, sei nicht entscheidend gewesen. Viele lassen ihrem Ärger offen Luft. Das alles passierte nur, weil jede Story recht ist, den Präsidenten in ein schlechtes Licht zu rücken. Die Medien wollen wieder einmal -unabhängig von der Sachlage- ihre Agenda durchdrücken.

Im Pool der extremen Forms des Fundamentalismus befinden sich laut des Verhaltensforschers Fernbach diejenigen: <die nichts wissen, aber denken, sie wüssten alles. Je extremer die Opposition, desto mehr Aktivismus wird betrieben. Dennoch sind diejenigen, die eine solche Haltung einnehmen, hochgradig inkompetent>, behaupten Philip M.

Fernbach und seine Kollegen in der Studie: *Extreme Opponents of genetically modified good know the least but think they know the most.*[128]

Sie befasst sich mit den Gegnern von gentechnisch-veränderten Nahrungsmitteln. Die aus USA, Deutschland und Frankreich stammenden Leute wiesen alle das gleiche Verhaltensmuster auf, welches die Forscher anhand quantitativer Forschungsmethoden bestimmten. Der sogenannten *Dunning-Kruger-Effekt* besagt: <Je grösser die Ablehnung, desto mehr glauben die Gegner von gentechnisch veränderten Nahrungsmitteln zu wissen, aber im Grunde genommen wissen sie kaum etwas über das Thema.

Wer in einem Feld nicht kompetent genug ist, kann auch seine Überzeugung nicht revidieren, denn er bemerkt nicht, dass er inkompetent ist. Um seine Beschränkungen zu überwinden, müsste man sie kennen. Würde man dies aber tun, wäre man nicht mehr inkompetent. [129] Stattdessen vermeiden 100 Prozent überzeugte Aktivisten, ihre Ansichten zu revidieren und missionieren diejenigen, die ihre Meinung nicht teilen. Sie diskriminieren Andersgläubige, ziehen sie ins Lächerliche und grenzen sie aus. Um ihre eigene falsche Überzeugung aufrecht zu erhalten, werden ihr widersprechende Informationen verunglimpft. Sie betrachten ihre *Lehre* als die einzige unverrückbare Wahrheit. Gegenüber Andersdenkenden wird ein Feindbild aufgebaut. Man diskreditiert sie als: Ungläubige, Genderkritiker, Umweltvergifter oder auch Unmenschen.[130]>

Wenn man die Umstände betrachtet, welche nicht nur die wissenschaftliche Gemeinschaft spaltet, kann man Leonhard nachfühlen, wie sehr er das Forschungsteam um Prof. Anderson schätzt. Sie bemühen sich alle ehrlich darum, unsere Grenzen zu erkennen und unsere Umwelt oder unsere Mitmenschen nicht rücksichtslos auszubeuten.

Gerade als Wissenschaftler muss man sich mit seiner eigenen Arbeitsethik auseinandersetzen! Das Labor von Professor Anderson zeichnet sich vor allem durch eine hohe Arbeitsmoral aus.

Oft jedoch stehen wir in der medizinischen, pharmazeutischen und biotechnologischen Forschung vor einem Dilemma.

Vor allem, wenn es um den Schutz, bzw. die Verbesserung der Gesundheit geht. Nicht selten stehen dann ethische Aspekte im Widerspruch zu Ökonomie und Benefizien. Hinzu kommen dramatische medizinische Grenzfälle, bei denen uns der sittliche Grundsatz: *Niemals einen unschuldigen Menschen direkt zu töten,* eine Richtschnur ist. Allerdings kennen wir Situationen, in denen ein physischer direkter Eingriff nötig ist, der dennoch nicht im moralischen Sinn direkt ist.[131]

In den USA wurde z.B. ein Chirurg mit der Situation konfrontiert, das Leben eines Kindes zu opfern, um sein Geschwisterchen zu retten. Beide hätten keine Chance gehabt. Ohne medizinischen Eingriff hätte der sterbende siamesische Zwilling seine Schwester mit in den Tod gerissen. Der gesündere Zwilling besaß gute Chancen zu überleben, wenn er von seiner Schwester, die schwere Missbildungen an Herz und Lunge hatte, getrennt wurde.

Es bleibt zu hoffen, dass wir niemals in so eine Situation kommen, denn selbst Dr. Alan Goldstein hatte sich die Angelegenheit wirklich nicht leicht gemacht. Er entschied sich -nach einer intensiven ethischen Beratung- die für das eine Kind lebensrettende und für das andere Kind totbringende Operation, durchzuführen. Er stellte seinen Mitarbeiten frei, ob sie daran teilnehmen wollten die siamesischen Kinder zu trennen. Wie zu erwarten war starb das kränkere Mädchen.

Am Abend fragte die 14-jährige Tochter des Chirurgen ihren Vater, ob er den hippokratischen Eid verletzt hat, als er ein Kind sterben ließ? Vielleicht erinnert all das an die Verfilmung von J.R.R. Tolkien: "*Herr der Ringe*".

Obwohl unklar ist, ob das Zitat von dem berühmten Schriftsteller kommt, oder einfach nur vom Szenenschreiber hinzugefügt wurde. Jedenfalls kommt der Satz auf: <Großmütig ist derjenige, der nach der Erkenntnis handelt, Leben zu bewahren und nicht zu vernichten.>

Man könnte die Situation auch mit einer Seilschaft an der steilen Felswand vergleichen, bei der ein Bergsteiger den Halt verloren hat und alle in die Tiefe stürzen würden, wenn man das Bindeglied nicht durchschneidet. Um das Leben aller anderen zu retten, muss man den fallenden Bergsteiger *opfern*. Moralisch gesehen ist das vertretbar und doch ist es eine sehr schwere Entscheidung, die uns physisch lange quält.[132]

Ähnlich kontrovers diskutiert werden Entscheidungen, die wir uns im Umgang mit modernen Biotechnologien stellen müssen. Die Öffentlichkeit ist sehr verunsichert, denn wie will man den Vorteil von moderner Biotechnologie plausibel machen, wenn keine klaren Ergebnisse auf dem Tisch liegen?

Neben Grundlagenforschung zur Datensammlung über Sicherheit und Risiken einer neuen Methode, wird im Labor von Professor Anderson jeder aufgefordert, seine Arbeit moralisch zu bedenken. Doch leider vertragen wir die Wahrheit oft nicht mehr und tun uns damit ab, nur das als richtig anzuerkennen, was wir oder die Mehrheit ganz einfach bestimmen.

Zweifelsohne nach dem Motto: *Perception is reality*. Viele Geisteswissenschaftler bezeichnen dieses Verhalten als eine Art Relativismus, der eigenständiges Arbeiten im Keim erstickt und stumm die Gepflogenheiten der allgemeinen Ansicht nachvollzieht.

Leonhard teilt nicht die Auffassung, dass unsere Moral relativ sei. An einer Universität in einer demokratischen Rechtsordnung, kann man nicht auf eine Moral verzichten.[133]

In Prof. Anderson's Lab unterliegt keiner dem Diktat eines moralischen Relativismus. Eine gute Intention bzw. Umstände rechtfertigen es nicht, eine Forschung zu Lasten unserer Mitmenschen zu betreiben. Moderne Biotechnologien sind auch nicht ein Mittel zum Zweck, die uns erlauben, alles tun zu dürfen, um uns Leid, Hunger, Not, Krankheiten usw. zu ersparen.

4.3 Einstein Babys

*E*in altes indianisches Sprichwort lautet, dass man bei einer Entscheidung 14 Generationen mit einbeziehen muss. Sieben die vor einem kamen und sieben die nach einem kommen. Auf diesem Hintergrund basierend rückt man die Dinge in die richtige Perspektive und handelt zum Wohle der Nachkommen.

Die Schlüsselelemente fast aller biotechnologischen Errungenschaften bilden unsere Gene. Doch wie weit dürfen wir sie uns zunutze machen? Wo liegt die Grenze zwischen Fiktion, Fortschritt und Wissenschaft, bzw. der Unantastbarkeit menschlichen Lebens und der Achtung der Menschenwürde.

In Ethan Hawak und Uma Thurman's Film *Gattaca*, geht es darum, perfekte Kinder im Labor mithilfe von Genengineering zu erzeugen. Leute, die auf die herkömmliche Weise das Licht der Welt erblickten, werden als de-gen-eriert und invalide bezeichnet. Kurz gesagt sind sie *deplorable* (bedauernswert). Die Prominenz, und jeder der etwas auf sich hält, bekommt nur noch Designer-Baby's, welche von vornherein die *Auserwählten* sind. Auf dieser Idee baut auch das Buch "*Redesigning Humans*" auf.

Der bekannte Biotech-Unternehmer, Gregory Stock prophezeite nach der Neuerscheinung: <Für die kommende Generation wird die künstliche Befruchtung die einzige Möglichkeit sein, Kinder zu bekommen. Alles, was wir dafür tun müssen, ist es, ein bisschen Werbung für In-Vitro-Fertilisationskliniken zu betreiben.

Die herkömmliche Art der Reproduktion wird als obsolet, wenn nicht sogar als unverantwortlich angesehen. Denn hier erhalten wir Kinder mit einem schlechten Genmaterial. Eines Tages werden wir Sex nur noch als Erholung ansehen. Wenn es um unsere Kinder geht, lassen wir das lieber ein Labor machen.> Mark Huges, Direktor von *Genesis Genetics,* besitzt neben seinen zwei Laboren in England noch zehn andere Institute. Er behauptet: <Die Idee von Gregory Stock ist

nicht durchführbar. Er kann in einem Jahr höchstens 100 Kinder mithilfe einer Genetischen Pre-Implantations-Diagnose *herstellen.*>

Die pre-genetic diagnosis (PGD) ist eigentlich ein *Relikt* aus der Tiermedizin so wie alle reproduktiven Technologien. PGD wurde erstmals bei landwirtschaftlichen Nutztieren angewendet, um das Geschlecht des Tieres zu bestimmen. In den späten 60iger Jahren konnte Edward das Geschlecht von sich im Blastozystenstadium befindenden Kaninchen ermitteln – also wenige Tage nach der Befruchtung.

In den 70iger Jahren war der (posthumen) Nobelpreisträger Edwards noch enttäuscht, weil seine Methode der In-Vitro-Fertilisation nicht die gleiche Erfolgsrate wie bei Kühen aufwies. Sein erstes In-Vitro Kind war Louise Joy Brown. Das Mädchen wurde am 25. Juli 1978 geboren. Das war auf den Tag genau zehn Jahre nach der Enzyklika *Humanae Vitae* von Papst Paul VI, die sich mit der Weitergabe menschlichen Lebens befasst.[134]

Heutzutage erlauben Reproduktions-Kliniken den Eltern, das Geschlecht ihres Kindes festzulegen. Es ist vor allem von Nutzen, wenn Eltern Träger von Erbkrankheiten sind, welche man eliminieren will. Diese Möglichkeiten werden in den USA besonders angepriesen, um eine Art Reproduktions-Tourismus in Länder wie Mexiko, einzudämmen. Eine amerikanische Studie von 2006 verdeutlicht, dass 40 Prozent der Eltern das Geschlecht ihres Kindes bestimmen wollen, und dies ganz unabhängig davon, ob eine geschlechtsbezogene Erbkrankheit vorliegt oder nicht.[135]

Rabbi Kasdan ist Berater des Jüdisch-Gentischen-Krankheits-Konsortiums in Livingston, New Jersey. Er leitet Mediziner an, sich mit Frauenärzten in Verbindung zu setzen, um Frauen und Männer über Erbkrankheiten zu informieren und zwar noch vor dem Wunsch eines gemeinsamen Kindes. Er selber geht das Thema rigoros an. Wenn junge Paare bei ihm heiraten wollen, verlangt er, dass sie sich zuvor testen lassen. Sie müssen über ihr Erbgut Bescheid wissen. Zwei

Hochzeiten lehnte er ab, weil die Brautleute keinen solchen Test machen wollten. <Wenn Verlobte herausfinden, dass sie beide eine Erbkrankheit haben, aber ungeachtet dessen heiraten wollen, brauchen sie einen Genetiker, der ihnen zur Seite steht. Ich bin lediglich ihr Ansprechpartner für geistige Dinge.

In so einer Situation bestehen nicht sehr viele Möglichkeiten. Entweder sie verzichten auf eigene Kinder, oder sie entscheiden sich für eine Adoption. Wenn trotzdem ein Kind unterwegs ist, bleibt nicht mehr viel übrig als das, was die moderne Reproduktionsmedizin anbietet. Ich kenne ein paar Familien, die während der Schwangerschaft herausfanden, ein Kind mit einer Erbkrankheit -wie z.B. Tay-Sachs- zu erwarten. Sie beteuerten zu guter Letzt, dies sei der Wille Gottes. Ich glaube aber, Gott hat uns einen freien Willen gegeben. Dennoch würde ich nie Menschen verurteilen, die um ihre Erbanlagen wissen und trotzdem ein eigenes Kind wollen. Meine Aufgabe ist es, immer für meine Leute da zu sein.>

Rabbi Kasdan empfiehlt uns, über unsere Erbanlagen Bescheid zu wissen. Für den Rabbi ist es zu spät, erst dann einen Test durchzuführen, wenn wir bereits ein Kind erwarten. <Wir müssen Leute aufklären ein *Screening* vor der Zeugung eines Kindes zu haben>, erklärte auch der Genetiker Arthur Baudet auf der *Future of Genomic Medizin* Tagung in La Jolla 2014.

Die Frage ist, warum unser Gesundheitssystem bis jetzt nicht Vorschwangerschaftstests anbietet. Die Antwort ist abzusehen. Solche Tests sind viel zu kostspielig und zuletzt ist das breite Publikum darüber gar nicht informiert. Hinzu kommt, dass viele Frauen ihre Schwangerschaft nicht geplant haben, womit ein *pre-pregnancy* Screening zu spät kommt. Aber selbst diejenigen, die bewusst eine Schwangerschaft anstreben, gehen erst zum Arzt, wenn sich ihr Ungeborenes bereits in der Gebärmutter *etabliert* hat. Sobald ein Gendefekt vorliegt, muss das Kind nicht dazu prädestiniert sein, unweigerlich diese Krankheit zu bekommen. Es ist keine *one way rode*.

Und viele der bereits 2012 angebotenen 128 Gentests können auch schlichtweg falsche Ergebnisse liefern. Davon abgesehen existieren genügend Beispiele, dass Eltern trotz den Vorhersagen der Experten ein gesundes Kind erhielten. Von den angebotenen Hunderten von Tests könnte natürlich die eine seltene Krankheit nicht dabei sein. Getestet werden die üblichen Gendefekte. Wenn wir mehr Kategorien einbeziehen würden, wäre keines der Embryos frei von einem bestimmten Merkmal. Wir müssten demnach alle von ihnen entsorgen. Nur, wer ist dann dafür verantwortlich? <Je mehr Tests wir haben, desto grösser ist unsere Sorge ein krankes Kind zu bekommen. Ob das für eine Schwangere von Vorteil ist, bleibt dahingestellt>, erläutert die Genetikberaterin Dr. Jennifer Malone Hoskovec: <Du musst jedoch selber entscheiden, inwieweit ein Genscreening für Dich Sinn macht. Die Technologien entwickeln sich rasant schnell. Aber nur, weil wir die Möglichkeit für etwas haben, bedeutet das noch lange nicht, die Techniken unbedingt anwenden zu müssen.>

Können wir es uns anmaßen in die Schöpferrolle zu schlüpfen? Und wie fühlt es sich an, wenn wir Gott spielen? Eine Anlage für Brustkrebs heißt, dass man zu 65% genetisch prädisponiert ist, wobei die Krankheit in 35% nie auftritt. <In den meisten Fällen handelt es sich um individuelle Entscheidungen, eine Erbkrankheit aus dem Familien-Stammbaum zu eliminieren>, erklärt der führende Reproduktionsexperte aus dem US-Bundestaat Colorado, Dr. William Schoolcraft. Jennifer Davis, Professorin der Georgetown Universität, dachte hingegen sehr lange über die Frage nach, die ihre Studenten stellten: <Falls sie die Möglichkeit hätte, ihr eigenes Kind im Embryonenstadium zu selektieren, würde sie sich dann für einen Embryo entscheiden, der keine Anzeichen für eine Erbkrankheit hat?> Schließlich erkundigte sie sich, wie ihre Mutter darüber dachte: <Ich würde das niemals tun>, erwiderte die alte Frau. Sie schlug erbost mit der Faust auf den Tisch. Jetzt erst wurde Jennifer bewusst, dass sie nicht existieren würde, wenn ihre Mutter die Gelegenheit und die Einstellung gehabt hätte, moderne Technologien in Anspruch zu nehmen. Dennoch geht es Jennifer vorerst darum, ihren Kindern und den kommenden Generationen unnützes Leid zu ersparen. Sie ist nach wie vor davon überzeugt, Leuten eine Möglichkeit einzuräumen, eine Familienkrankheit auszurotten.

Deen Kobell wurde 2001 mit Brustkrebs diagnostiziert und erfolgreich behandelt. Trotzdem wollte sie die Krankheit ihren Kindern ersparen. Die Mutter kontaktierte den bekannten Genetiker Prof. Mark Huges aus der Michigan Universität in Ann Arbor, der ihr helfen sollte, gesunde Kinder zu bekommen. Ihre Familienmitglieder waren nicht begeistert. Sie bemerkten: <Du spielst Gott!>

Eva ist das erste Kind, welches ohne Brustkrebsgen geboren wurde. Als sie sieben Jahre alt war, wollte sie wissen, woran ihre Oma gestorben war und ob sie die gleiche Krankheit bekommen würde. Deen war erleichtert ihr antworten zu können: <Nein, bei Dir sind wir uns ganz sicher. Du hast nicht das krankmachende Gen in Deinem Erbgut. Als Du ganz, ganz klein warst, wurdest Du getestet.>

Die Mutter simplifizierte ihre Ausführungen, sie machte sie kindgerecht für ihre Siebenjährige. Obwohl sich im Erbgut ihrer Tochter dieses Gen nicht befindet, kann sie trotzdem an einer nichthereditären Form von Brustkrebs erkranken. Ein Schicksal, das in den USA jede achte Frau ereilt. Eva ist die Enkelin eines Holocaustüberlebenden. Ihr Leben begann mit 15 *Geschwistern.* Zehn Embryonen überlebten bis zum Tag ihrer *Selektion.* Vier von ihnen besaßen kein Brustkrebsgen. Am fünften Tag der Prozedur waren nur noch drei Blastozysten vital. Sie wurden der Mutter eingepflanzt. Von ihnen überlebte nur Eva. <Jetzt bin ich glücklich, einen Punkt mehr von meiner Liste zu streichen, über den ich mir Sorgen machte.>, bemerkte Deen. Eva hat ihr Leben einem Brustkrebstest zu verdanken. Unterscheidet sie sich damit von einem Designerbaby? Abgesehen von ihrer Erzeugung ist sie wie alle Kinder in ihrem Alter. Sie spielt Klavier und liebt Mathematik.

Jedoch hat nicht jeder das nötige Kleingeld, um eine Pränataldiagnose machen zu lassen. Viele kritisieren die Technik. Sie schimpften: <nur, weil jemand vielleicht in vielen Jahren eine Krankheit bekommen kann, darf man ihm doch nicht seine Existenz absprechen.> Nachdem Eva geboren wurde, haben Genetiker vielen Ehepaaren verholfen, brustkrebsfreie Kinder zu bekommen.

Bisher unterliegt eine Forschung, die darauf ausgerichtet, ist Erbkrankheiten zu eliminieren, keinerlei Gesetzen. Das bedeutet, der einzelne Wissenschaftler -oder das Labor- haben nicht nur die Kontrolle, sondern entscheiden, welcher Mensch in den Frühstadien seines Lebens weiterleben darf und wer nicht. Sie ziehen dadurch eine sehr feine Linie der Diskrepanz.

Eltern, die ein Kind mit einer Erbkrankheit auf die Welt bringen, empfinden sowieso schon Schuldgefühle. <Sie wussten, dass ihr Kind krank ist. Ihr Sprössling wird nicht das gleiche Leben führen können wie andere. Wie kann eine Mutter es ertragen, wenn ihr bewusst wird, dass sie, wenn auch unfreiwillig, ihrer Tochter eine tickende Zeitbombe in die Wiege gelegt hat oder den Samen eines frühen Tods mitgab?>, schreibt Susan Gubar in ihrem Buch: *"Memoir of a debulked woman"*.[136] Allerdings bieten Innovationen im Bereich der Gen-Schnitt-Technik neue Behandlungsmöglichkeiten, um einen sehr aggressiven Krebs zu behandeln. Wie bei jeder Gentherapie, bedeutet dieser Schritt einen Eingriff in das menschliche Genom.

Nachdem eine herkömmliche Behandlung mit Chemotherapie und einer Knochenmarktransplantation nicht funktioniert hat, wurden einem Mädchen spezielle Designer-Zellen injiziert. Ein paar Wochen danach verschwand ihre Leukämie.[137] <Wir werden erst über eine Heilung in ein oder zwei Jahren reden, sofern der Krebs nicht zurückkommt>, sagte ihr Arzt Paul Veys, der die Behandlung am Kinderkrankenhaus des *Great Ormond Street Hospitals* in London durchgeführt hat.

Es gibt andere Gründe, vorsichtig zu sein. Die Behandlung wurde bisher nur bei einem Patienten durchgeführt. Während einige der Daten auf einem wissenschaftlichen Treffen in Florida im Dezember 2015 vorlagen, wurde das Verfahren zuvor nicht begutachtet oder in einer Fachzeitschrift veröffentlicht. Bei der Gen-Bearbeitung werden fehlerhafte DNA-Stücke mit einer winzigen Schere herausgeschnitten.

Der Ansatz um eine genetische Erkrankung zu beheben ist jedoch umstritten. Er könnte eines Tages verwendet werden, um Merkmale wie Augen- oder Haarfarbe in den Keimzellen zu verändern, die nichts mit einem medizinischen Nutzen zu tun haben.

Inzwischen haben nicht nur große Unternehmen wie Pfizer Inc., AstraZeneca SPS und Novartis AG begonnen, mit Gen-Editing-Tools zu arbeiten, auch viele Biotechnologieunternehmen und akademische Forscher experimentieren mit der als CRISPR-Cas9 benannten Technik. Die US Firma *Sangamo BioSciences Inc.* testete an HIV-Patienten eine rivalisierende *Zinkfinger-Nukleasen-Genschnitt-Technik.*

Der Säugling Layla, der in London behandelt wurde, litt an einer rezidivierenden akuten lymphatischen Leukämie. Es ist eine Form von Blutkrebs, die sich sehr schnell ausbreiten kann. Nachdem eine konventionelle Therapie gescheitert war, hatten die Ärzte fast keine Optionen mehr. Einige Leukämie-Patienten können jedoch mit einer experimentellen CAR-Technik, die einige Erfolge bei US-Studien gezeigt hat, behandelt werden. Sie beinhaltet die Entnahme von Immunzellen des Patienten, die gentechnisch verändert werden, damit sie effizienter Leukämiezellen aufspüren und töten. Anschließend werden die Zellen wieder eingesetzt.

Das Problem war, dass Layla nicht genug von ihren eigenen gesunden Immunzellen hatte, weil diese durch die Chemotherapie zerstört wurden. Ein normales CAR-Verfahren musste somit ausgeschlossen werden. Um T-Zellen eines gesunden Spenders zu verwenden, wendeten sich die *Great Ormond Street Ärzte* an Cellectis, eine französische Biotech-Firma, in der Pfizer 8% der Anteile besitzt.

Ein paar Wochen, nachdem die Spenderzellen entwickelt und Layla gegeben wurden, bildete sich ihre Leukämie zurück. Dann erhielt sie eine Knochenmarktransplantation, die ihrem Immunsystem, welches durch die Behandlung ausgelöscht worden war, Auftrieb geben sollte. <Es ist sehr aufregend, aber dennoch zu früh von Erfolgen zu sprechen>, sagte Matt Kaiser, der Leiter der Blutkrebs-Forschung bei *UK Charity Bloodwise.* Jetzt ist es notwendig die Behandlung von Layla zu validieren. Dazu müssen mehr Patienten in klinische Langzeitstudien integriert werden. <Wir müssen wissen, wer reagiert und wer nicht, damit wir die Ergebnisse besser verstehen und bewerten können.> Cellectis erleichterte es Patienten in 2016, einen Zugang zu ihrer Therapie zu bekommen. Wenn die Ergebnisse von Layla repliziert werden können, könnte ein Gen-Bearbeitungsansatz eine neue Möglichkeit bieten, Leukämie und möglicherweise andere Krebsarten zu bekämpfen.[138]

Sich vorzustellen, eine Erbkrankheit zu haben, die wir unweigerlich an unsere biologischen Kinder weitergeben, ist alles andere, als ein erfreulicher Gedanke. So wäre eine moderne Technologie, die uns verhelfen könnte unser Erbgut zu revidieren, eine gute Sache! Der Ethiker, John DiCamillo vom Nationalen katholischen biotischen Zentrum in Philadelphia ist überzeugt, dass moderne Technologien, wie z.B. die Anwendung von CRISPR -die präzise einen Gendefekt reparieren könnte- gerechtfertigt sein kann, um Krankheiten im adulten Organismus zu heilen.

Sobald wir jedoch Keimzellen manipulieren, verändern wir nicht nur das Erbgut der Embryos, sondern auch das seiner Kinder und

Kindeskinder. Solange wir nicht wissen, wie wir genetische Defekte mithilfe von CRISPR beheben können, dienen Embryos als Testobjekte, deren Bestimmung es ist, nur ein paar Tage am Leben zu bleiben. Wobei wir in unseren bisherigen biotechnologischen Verfahren nur die Embryos zerstörten, welche die unerwünschte Anlage einer genetischen Krankheit aufweisen. <Die Tötung eines menschlichen Wesens aufgrund gewisser Anomalitäten, ist aus ethischen Gründen untragbar. Sie wird niemals den moralischen Vorstellungen gerecht, die wir der Menschheit schuldig sind. Zudem können wir nicht den perfekten Menschen schaffen, egal wie sehr wir uns bemühen>, bemerkte DiCamillio.

Es sind ja nicht nur Gene, die unser Erbe ausmachen. Auch Epigene und Umwelteinflüsse, wie Xenohormone, BPA, GMO, Pestizide, Insektizide, UV-Strahlung... haben einen entscheidenden Einfluss auf unser Leben und unsere Gesundheit.

Wie man weiß, tragen diese Faktoren viel öfter zur Entstehung von Krebs, Parkinson, Alzheimers, aber auch Bluthochdruck, Unfruchtbarkeit und Geburtsdefekten usw. bei.

Dennoch wird In-Vitro-Fertilisation, ohne die ein Genscreening nicht möglich ist, für moderne reproduktive Technologien kommerzialisiert. Obwohl es bereits jetzt schon ein unlösbares Problem darstellt, weil wir die vorhandenen *man-made* tiefgefrorenen Embryos wohl oder übel *entsorgen* müssen. Hinzu kommt, dass eine künstliche Befruchtung selbst zu Geburtsdefekten beiträgt.

Geraten wir nicht allzuoft wir in eine Sackgasse und stehen vor unlösbaren Aufgaben, wenn wir versuchen, in Gottes Schöpfung und seinen Auftrag <*Seid fruchtbar und mehret euch*> einzugreifen.[139]

Mit Entsetzen beobachtet man seit einigen Jahren die abnehmende Fruchtbarkeitsrate von Männern.[140] Nicht nur der israelische Major der Armee, Hagai Levine, war zutiefst besorgt. Zudem nimmt seit 1980 die Rate von Gonaden-Tumoren rapide zu. Das Schlimme daran ist, dass bisher keiner die Ursache dafür enthüllen konnte.

Wenn unfruchtbare Paare eine Reproduktionsklinik aufsuchten, sah man vor einigen Jahren noch sehr selten die Ursache beim Mann. Heute sind in Israel -eine der wohlhabendsten Nation der Welt- die Hälfte der Männer unfruchtbar. Mehr als woanders vertrauen hier kinderlose Paare in die In-Vitro-Fertilisation. Und öfter als in anderen Ländern sind mehrere IVF-Behandlungen notwendig, um die Zahl der Geburten zu steigern.

Major Levine, führender Epidemiologie der israelischen Verteidigungsarmee, ist sich bewusst, dass eine Abnahme der sexuellen und reproduktiven Gesundheit und die damit verbundene drastische Zunahme der Sterilität bei Männern nicht nur in seiner Heimat vorkommen. Seine 2017 publizierte Studie über den *Stand menschlicher Samenzellen* erweckte weltweites Aufsehen - obwohl die Franzosen bereits über ähnliche Beobachtungen in dem Zeitraum von 1989 bis 2005 berichteten. Die Zeitschrift *LeMonde* redete zwar nicht von einem totalen Kollaps, aber immerhin von einer ernstzunehmenden Kriese.

2008 bemerkte China, dass mit der Samenqualität etwas nicht mehr stimmt - und 2012 warnte Indiens Gesundheitsminister vor einem Anstieg der Unfruchtbarkeit bei Männern. Malaysia schrieb den 43%igen Verlust einer durchschnittlich vorhandenen Spermienanzahl dem zunehmenden Arbeitsstress und andere Faktoren der Lebensführung zu.

Erst im September 2018 fragte sich die US-Zeitung *Newsweek*, wer für den Tod von Amerikas Spermien verantwortlich sei. Vox publizierte sieben Fragen, die wir uns wohl aus Angst bisher nicht klarzumachen getrauten. Professor Shanna Swan von der Icahn School of Medicine des Mount Sinai Hospitals in New York, schrieb: <In den letzten 40 Jahren wurde die Spermienzahlen um die Hälfte reduziert.>

Die Gefahr, dass wir deshalb nicht mehr auf natürlichem Wege Kinder bekommen könnten, liegt zwar nach wie vor in weiter Ferne, trotzdem liefert die männliche Fruchtbarkeit ein Indiz für seine Gesundheit: <Jene mit der geringsten Spermienqualität hatten die

höchste Wahrscheinlichkeit, bald zu sterben.> Was auch immer die Fruchtbarkeit des Mannes eindämmt, ist damit auch für einen zu frühen Tod desselben verantwortlich. Levine sagte: <Männer werden wahrscheinlich über kurz oder lang vom Aussterben bedroht sein. Zwar sind wir noch nicht so weit, aber wir hätten die Zeichen erkennen sollen. Stattdessen blieben sie unbeachtet. Die Welt, die wir kennen, wird sich total verändern. Wir wissen zwar nichts Genaueres, trotzdem steht fest, die Männlichkeit wird existentiell bedroht.>

Der bekannte Youtube Blogger Joe Biggs scheint darüber nicht erstaunt: <Das ist nichts Neues, ebenso berichtete Alex Jones und *InfoWars* schon sehr lange davon.>

Levine schlussfolgerte: <eine Feminisierung schreitet seit den letzten zehn Jahren fort. *Alpha-Männchen* gibt es nicht mehr. Stattdessen tragen sie enganliegende Jeans, einen Haarknoten und benehmen sich zunehmend wie kleine Mädchen. Echte Männer existieren kaum noch und Frauen wollen sich nicht mit weibischen Männern abgeben.>

Genaugenommen heißt das: Unsere westliche Zivilisation stirbt aus, weil sie an der Erfüllung des Schöpfungsauftrages schlichtweg scheitert. Eigentlich beobachtet man den Schwund der Spermienanzahl bereits Anfang der 1990. Ob es ein Zufall ist, dass wir in diesen Jahren damit anfingen, unsere Feldfrüchte genetisch zu manipulieren, sei dahingestellt. In den 70iger und 80iger Jahren lagen Atom- und andere krebserzeugende Umweltgifte im Fokus der Forschung.

Der Zoologe Theo Colborn interessierte sich als erster für die gesundheitlichen Auswirkungen von Umwelthormon-Stoffen, die in den Hormonhaushalt von Menschen und Tieren eingreifen. Im Verdacht stehen Pestizide und Abwässer aus Industrie, Landwirtschaft und Städten, welche genotoxische oder östrogene Wirkungen hervorrufen können. Plötzlich fand man Fische und Amphibien, denen man nicht eindeutig ein Geschlecht zuweisen konnte.

Die Fruchtbarkeit in Vögeln, Fischen, Säugetieren ging zurück. Nicht nur Colborn stellte sich die Frage, was passieren könnte, wenn menschengemachte Umweltgifte eine geschlechtsverändernde Wirkung aufweisen.

Das 1996 erschienene Buch *"Silent Spring"* -mit einem Vorwort von AlGore- postuliert, dass wir Menschen unsere eigene Fruchtbarkeit durch chemische Umweltgifte bedrohen. Colborn ruft auf, etwas zu unternehmen. Spermien werden weiterhin degenerieren, während die Flut von Östrogenen steigt. Colborn hatte mit 20 anderen Wissenschaftlern das Wort *Endokrine Disruptoren* geprägt, wobei Östrogen an erster Stelle steht. Richard Sharpe von der Universität Edinburgh untersucht seit Jahren den Anstieg der Unfruchtbarkeit bei Männern. Seit über 50 Jahren (seitdem es die Pille gibt) werden männliche Ungeborene steigendenden Hormonkonzentrationen ausgesetzt. Synthetische Östrogene stammen aus der Tierhaltung. Phytoöstrogene kommen vor allen in Soja, aber auch in Hopfen (Bier) vor. Östrogenähnliche Chemikalien finden wir in Pestiziden und Plastikprodukten usw. Zudem kann man östrogenhaltige Verhütungsmittel nicht aus den Kläranlagen herausfiltern, womit wir es mit unserem Trinkwasser konsumieren. Wir leben in einem *See voller Östrogene*, sagen Wissenschaftler. Allen voran Colborn, der als erster von genitalen Missbildungen sprach, die bereits vorgeburtlich entstehen und in einer lebenslangen Verminderung der Spermienqualität resultieren.

<Das bedrohende, schnell voranschreitende Übel besteht in einer Überflutung von Östrogenen, welche die darin ertrinkenden Männer schließlich feminisieren.> Wem man auch immer die Schuld zuschreibt, seien es unsere Handys, die ansteigenden Temperaturen, die Landwirtschaft, Pille oder Petrochemie: Fest steht, in 2017 sind in Amerika 3,85 Millionen Babys

geboren worden. Der Kindersegen ist mit sechs Geburten bei 100 gebärfähigen Frauen so niedrig wie schon lange nicht mehr. Automatisch denkt man, dass dies den zunehmend gebildeten Frauen zur Last gelegt wird, die den Kindersegen auf später Jahre vertagen oder die einfach nicht mehr heiraten wollen. Selten kommt uns in den Sinn, dass das Problem auch auf Seiten der Männer liegen könnte.[141]

Wobei der Trend dahin geht, im Alter von über 40 Jahren schwanger zu werden. Viele Karrierefrauen lassen ihre Eizellen einfrieren. Sie bedenken nicht, dass ein höheres Lebensalter mit Risiken behaftet ist, die ihnen und ihrem Ungeborenen erheblichen Schaden zufügen könnten. Man denke an die im Alter auftretenden metabolischen Krankheiten, sowie deren kardiovaskulären Komplikationen. Eine Senkung des Cholesterinspiegels, um vor allem einer Arteriosklerose vorzubeugen und den damit verbundenen *Maladen* wie Hypertonie, Schlaganfall, Thrombosegefahr aber auch Altersdiabetes usw. fordert so manchen Arzt heraus, der eine ältere Schwangere betreut.

Cholesterinsenkende Medikamente, die mit einem Muskelschwund einhergehen, sind toxisch für das sich entwickelnde Kind und seine *Umgebung.* Gerade die glatte Muskulatur der Gebärmutter leistet während einer Schwangerschaft Höchstarbeit. Doch auch die Beckenknochen haben längst ihre Plastizität verloren, sodass von vornherein ein Kaiserschnitt indiziert ist.

Normale diagnostische Hilfsmittel und blutdrucksenkende Arzneimittel gestalten sich bei einer älteren Schwangeren problematisch. Sie muss anders behandelt werden und erfordert oft einen Spezialisten, der seiner Patientin vorsichtshalber eine persönliche Telefonnummer gibt, um sie rund um die Uhr überwachen zu können.[142] Viele ältere Frauen, die sich einer In-Vitro-Fertilisation unterziehen, wissen, dass sie von vornherein unter die Gruppe der Risikoschwangerschaften fallen. Das eventuelle Chaos eines massiven hormonellen Eingriffs -zu einem Zeitpunkt, in dem der Körper anfängt, sich von der Gebärfähigkeit zu verabschieden- ist bisher noch gar nicht adressiert worden. Man weiß nichts über möglicherweise auftretende physische oder psychische Komplikationen.

Zunehmend beobachtet man, dass ältere Frauen, deren eigenes Kind ihr Enkel sein könnte, ein sehr schweres emotionales Verhältnis zu ihrem Nachwuchs aufbauen. Ein Benehmen, welches einer postpartum Depression ähnelt, scheint länger als gewöhnlich anzuhalten. So drängt sich der Gedanke auf, ob sich Mütter wie die so oft im Tierreich beschriebenen *Rabenmütter*, verhalten können? So mancher Tierarzt, der bei seinem Patienten eine Trächtigkeit verkannte und sie als eine Scheinträchtigkeit auslegte -die er mit dementsprechenden Hormonen behandelt- kann bezeugen, wie ein Muttertier ihre Jungen verstößt.[143] Immer noch ist zu wenig darüber bekannt, wie Botenstoffe miteinander interagieren. Hinzu kommen Umwelthormone und Gifte, die nicht nur in unserer Physe- und Psyche ihre Spuren hinterlassen. Wissenschaftler raten zum Beispiel Schwangeren, keine Sojaprodukte zu konsumieren, weil Untersuchungen zeigen, dass sie -neben gefährlich hohen Dosen an Pflanzenschutzmitteln- auch Phytate enthalten, welche die Mineralabsorption hindern.

Gerade in der Schwangerschaft brauchen Frauen Eisen. Wenn es fehlt, kommt es zu Blutarmut, was die Sauerstoffsättigung beeinträchtigt. Es führt meist zu Frühgeburten, geringem Geburtsgewicht, einem niedrigen Kaliumspiegel und eher zu postpartum Depressionen.

Wenn man schon Soja zu sich nimmt, dann in Maßen und fermentiert. Neugeborene sollten zumindest nicht mit Soja gefüttert werden. Die Konzentration an Soja-Isoflavonen, die in ihrem Aufbau menschlichen Östrogenen ähneln, ist in Säuglingsmilchnahrung sehr hoch.[144] Das Kinderkrankenhaus in Philadelphia beobachtete, dass Babys, die Sojamilch konsumierten, anomale Veränderungen in den Zellen ihrer Fortpflanzungsorgane aufwiesen.[145]

4.4 Respekt und Toleranz

Dr. Cat Shanahan schrieb in ihrem Buch, *"Deep Nutrition: Why your Genes Need Traditional Food"*, über die unbeachteten Auswirkungen auf unsere Gesundheit, die entstehen, wenn wir mit billigen transfettfreien pflanzlichen Ölen kochen, die noch dazu aus genetisch hergestellten Soja-, Mais- oder Rapspflanzen gewonnen werden. Während teilweise hydrierte Pflanzenöle aufgrund ihres Transfettgehalts inzwischen als schädlich erkannt und weitgehend eliminiert werden, besteht bei transfettfreien Pflanzenölen immer noch das Problem, dass sie sich beim Erhitzen zu toxischen Oxidationsprodukten abbauen.

Unserer Gesundheit wird so doppelt geschadet, wenn wir zudem GMO-Ausgangsprodukte benutzen, um unser Essen zu bereiten. Selbst wenn wir z.B. zu Olivenöl greifen, wissen wir noch lange nicht, inwieweit es mit billigen Ölen vermischt wurde (damit sich seine Herstellung wirtschaftlich lohnt). Es muss sich nicht unbedingt gleich um einen Etikettenschwindel handeln, sondern wir könnten auch einfach nur das Kleingedruckte übersehen.

Die Grundfrage bleibt, ob wir es uns leisten können in die Natur und Umwelt einzugreifen. Nur weil wir die Kompetenz und eine entsprechende Technologie besitzen, rechtfertigt es noch lange nicht, die Ressourcen unserer Erde blindlings auszubeuten.[146] Vermutlich argumentieren wir noch, es sei zum Wohle der Humanität?

Im Namen des Profites vergisst die Industrie leicht die Sorgfaltspflicht, welche sie der Menschheit schuldig ist. Prof. Engdahl warnt in seinen Büchern vor den Risiken, die wir mit dem Anbau von GMO-Pflanzen und deren Produkten, die GMO enthalten, in Kauf nehmen müssen. <Solange eine fundierte Information fehlt>, sagte er, <benutzen uns große Agrarkonzerne als Versuchskaninchen.>

Wie oft hören wir, es sei nur durch genetisch veränderte Pflanzen und den daraus hergestellten Futter- und Lebensmitteln möglich, die

Welt zu ernähren. Das Argument, dass sie eventuell fehlernährt oder eine konventionelle Methode auch dazu fähig ist, wird ignoriert.

Doch wenn ethische Entscheidungen auf Emotionen aufbauen, wird jede Handlung entschuldbar. Dann bekommt Forschung einen ichbezogenen Touch, der nur noch dem Wohl einiger wenigen dient. Und so werden im Zeitalter der Designerbabys behinderte Menschen als zunehmend unerwünscht betrachtet.[147]

Das ist nicht so abwegig. Sheila Elson und ihre Tochter suchen seit 25 Jahren dieselbe Klinik in Neufundland/Kanada auf. Im November 2016 hatten sie ein Erlebnis, welches sie sehr betroffen machte. Die Tochter leidet unter vielen Erkrankungen. Ihr gespaltenes Rückenmark, die epileptischen Anfälle und eine zerebrale Kinderlähmung sind noch die wenigsten Gebrechen, die sie beeinträchtigen.

Einer der Ärzte, wollte gegenüber der Mutter sein Mitgefühl zum Ausdruck bringen. Er sagte: <Sterbehilfe ist in Kanada legal.> Sein Vorschlag, dass die Möglichkeit bestehe, das Leben ihrer Tochter zu beenden, entsetzte nicht nur die Mutter, sondern auch das Mädchen, das alles mitbekommen konnte. Als die schockierte Mutter ihr Desinteresse kundtat, rügte sie der Arzt als egoistisch.

Die Tochter hatte diese Bemerkung sehr mitgenommen. Sie ist seitdem traumatisiert. Frau Elson verlangte nun eine offizielle Entschuldigung des Krankenhauses.

<Ich möchte nicht, dass eine andere Familie das gleiche durchmachen muss. Menschen wie meine Tochter werden falsch behandelt und irgendwann muss Schluss sein. Ich lasse es nicht zu, dass so etwas nochmal passiert!>

Die kanadische Abgeordnete Sherry Gambin-Walsh zeigte sich betroffen. <Dieses Verhalten der Regierung ist nicht akzeptabel gegenüber einem kanadischen Staatsbürger, seiner Familie oder einer Gesellschaft. Eine Behinderung sollte nicht mit Leid verwechselt

werden.> Und ganz davon abgesehen muss laut dem kanadischen Sterbehilfegesetz der Betroffene selber anfragen.[148]

<Wir dürfen nicht die leidfreie Gesellschaft propagieren - und wir dürfen auch nicht Menschen nur nach ihrem Nutzen beurteilen>, sagte der Diözesan's Caritas Direktor Prälat Wolfgang Trippe beim 125. Jubiläum einer Behinderteneinrichtung, die von Franziskanerinnen in Reute betreut wird.[149]

Eigentlich handelt es sich um eine Geisteshaltung. Sie beginnt mit dem nötigen Respekt und einer gewissen Toleranz, die wir gegenüber der Einstellung unsere Mitmenschen aufbringen müssen. Dazu gesellt sich die Frage, inwieweit wir verständnisvoll gegenüber Andersdenkenden sind.

Erst vor einigen Jahren geriet eine US-Fast Food Company wegen des Themas Homosexualität ins Kreuzfeuer der Kritik. Konservative wollten helfen und riefen zur Unterstützung auf. Die Restaurantkette *Chick-Fil-A* eröffnete 1967 ihr erstes Restaurant in Atlanta. Ihre lustigen Werbeplakate, die Kühe zeigen mit dem Slogan <EAT MORE CHICKEN> sind inzwischen in vielen Städten zu finden. Seit 1995 gibt es jedes Jahr ein neues Motiv für die *Cow Campaign*.

Dem Vize-Präsidenten des Familienunternehmens, Donald Perry, und seinen erfolgreichen Werbeideen war es zu verdanken, dass ein kleines Familienunternehmen expandierte und mittlerweile USA-weit vier Milliarden US-Dollar Jahresumsatz macht. Chick-Fil-A ist die zweitgrößte Hühnchen Fast-Food-Restaurant Kette des Staates und eines der größten Privatunternehmen der USA.

Die Firma besaß 2012 bereits 1.600 Restaurants in 39 US-Bundesstaaten und es sollten in diesem Jahr 92 neue Lokale eröffnet werden. Sie servieren Hühnchenbrust. Eine Kost, die in jede Diät passt. Auch stehen auf der Speisenkarte zehn Menüs, die weniger als 10g Fett enthalten. Es wird nur 100 Prozent reines Erdnussöl benutzt, das keine Transfette oder Cholesterin beinhaltet. Das Geheimnis des Unternehmens, so Präsident S. Turett Cathy, lautet:

<Wir hören auf unsere Gäste und versuchen besser zu werden, bevor wir expandieren. Und wir schauen auf die Qualität.>

Herr Cathy vergibt *Leadership-Scholarship*-Stipendien an junge Mitarbeiter, damit sie die Universität ihrer Wahl besuchen können. Seit 1973 sind mehr als 30 Millionen US-Dollars in das Leadership Programm geflossen. Chick-Fil-A hatte sich das Ziel gesetzt, die besten *Schnellservice-Restaurants* Amerikas zu etablieren. Seine Gaststätten erhielten bereits viele der renommiertesten Preise. Das Unternehmen ist ausdrücklich auf christlichen Werten aufgebaut.

An Sonntagen sind die Lokale geschlossen. Diese Praxis ist einzigartig in den USA, wo sonntags alle Geschäfte geöffnet sind.

Cathy erklärt auf seiner Firmen-Webpage *www.chick-fil-a.com*, dass dies eine seiner besten Entscheidungen war, die er je getroffen hat. Er will damit Zeugnis geben für seinen Glauben: <Wenn wir am Sonntag geschlossen haben, geben wir unseren Angestellten die Möglichkeit, mit der Familie zusammen sein zu können und die Kirche zu besuchen. Wir respektieren das religiöse Leben unserer Angestellten und unsere Kunden erkennen, dass wir in unseren Mitarbeitern etwas Besonders sehen.

Unsere Bediensteten sind das Wichtigste in unserem Restaurant. Wir achten auf die Ausgewogenheit zwischen Arbeit und Familie. Damit sind wir attraktiv für die Menschen, die ein werteorientiertes Unternehmen schätzen.

Das fehlende Sonntagsgeschäft scheint ein Verlust zu sein, aber wie Statistiken zeigen, macht Chick-Fil-A an sechs Tagen mehr Geld als andere Fast-Food-Ketten.>

Cathy bezeichnet seinen finanziellen Erfolg als einen besonderen *Segen Gottes.* <Die spezielle Unterstützung, die Chick-Fil-A der Familie als Institution zukommen lässt, basiert auf der Definition der Bibel>, erklärt Dan Cathy, der Sohn des Gründers, gegenüber der Los Angeles Times. <Wir sind ein Familienunternehmen und jeder von uns ist immer noch mit seiner *ersten* Frau verheiratet. Wir sind ein Unternehmen, das auf biblischen Prinzipien aufbaut.>

Zwischen 2003 und 2009 ist die Kette jedoch angeklagt worden, drei Millionen US-Dollars an christliche Gruppen gespendet zu haben, die Homosexualität ablehnen und Therapien für Gleichgeschlechtliche anbieten. Unter den Empfängern sei auch die Gruppe Exodus International, die den Slogan *pray the gay away* (betet die Homosexuellen weg) aufbrachte. Dan Cathy sagt in einem Radiointerview, dass die Anklagen zutreffen und er sich für schuldig erklärt, gegen die gleichgeschlechtliche *Ehe* zu sein.

Seitdem tobte ein Kampf. Teenager boykottierten Chick-Fil-A Restaurants und fordern Kunden auf, anderswohin zu gehen. Der Bürgermeister von Boston, Thomas Menino, sagte dem *Boston Herald*, dass er diese Restaurantkette nicht länger in seiner Stadt haben wolle. Der Bürgermeister von Chicago, Rahm Emanuel, verkündete, dass die Fast-Food-Kette in keiner Weise die Werte seiner Stadt vertritt.

Mehrere Universitäten, darunter die University of Illinois, die University of Kansas, die Indiana University-Purdue, die University Indianapolis, die Ball State University, das College of Charleston, die Wichita State University und die Minnesota State University haben die

Restaurants der Kette von ihrem Campus entfernt. Vor einem neu eröffneten Restaurant in Laguna Hills blockierten Protestierende die Eingänge.

Konservative Prominente hingegen wie Mike Huckabee, Sarah Palin, Rev. Billy Graham oder Rick Santorum riefen dazu auf, am 1. August 2012 demonstrativ Chick-Fil-A-Restaurants aufzusuchen. Die konservative Kommentatorin Michelle Malkin schrieb in ihrem Blog: <Es ist erschreckend, wenn staatliche Behörden gegen eine christliche Einrichtung im Namen der Toleranz Furore machen>.

Daraufhin veröffentlichte Chick-Fil-A ein Statement, wonach die politische Debatte über die gleichgeschlechtliche Ehe der Regierung und der politischen Arena überlassen bliebe. Chick-Fil-A habe immer versucht, jede Person zu ehren und mit Würde und Respekt zu behandeln, unabhängig von ihrem Glauben oder ihrer sexuellen Orientierung. Über all die Aufregung ist am 27. Juli 2012 der Vize-Präsident von Chick-Fil-A, Don Perry, unerwartet verstorben.[150]

Bischof John Noonan von Orlando schrieb kürzlich: <Wir müssen die Würde des Menschen unter allen Umständen beschützen.> Anlass zu dieser Aussage war eine Schießerei in Orlando am 12. Juni 2016. Sie wurde als die schlimmste in der Geschichte der USA bezeichnet. In den frühen Morgenstunden eröffnete der 29-jährige Omar Mateen das Feuer in einem homosexuellen Nachtclub. 49 Menschen wurden getötet, 53 zum Teil schwer verletzt.

Der Präsident von Amerika redete von einer Terrorattacke. Wenn man den Opfern, die das Massaker überlebt haben, zuhört, danken sie zu allererst Gott, nicht erschossen worden zu sein und schätzen es, dass man überall auf der Welt für sie betet.

Chase Strangio, Anwalt der Civil-Liberties-Union der USA (ACLU /amerikanische zivile Freiheit's Union) kritisierte hingegen den Aufruf vieler Amerikaner, für die Opfer zu beten. So mehren sich auch Slogans wie *don't pray*. Die ACLU sah zudem nicht den sich zur ISIS bekennenden Täter als Hauptschuldigen an, sondern macht die

Christen dafür verantwortlich. Er bezeichnete die Solidarität mit den Opfern als Islamophobie.

Aus seiner Sicht haben gerade Christen dieses Klima geschaffen; sie beeinflussen seiner Meinung nach den Gesetzgeber, auf die Gewissensfreiheit zu achten, wenn es z.B. darum geht, homosexuelle Hochzeiten auszutragen. <Im letzten halben Jahr gehen 200 anti-homosexuelle Anzeigen auf christliche Organisation zurück. So stimmt die Behauptung nicht, dass der Islam die Schuld an dem Massaker trägt.>

Auch für Eunice Rho klingt der Aufruf, für die Opfer zu beten und sich solidarisch ihnen gegenüber zu zeigen, wie Hohn, seien es doch gerade die Gesetzesmacher, die am schärfsten gegen die Homolobby voranschreitet.

Christliche Organisationen in Amerika widersprechen diesem Ansinnen. Ihre Intention ist nach wie vor, jedes menschliche Leben zu schützen, unabhängig von seinen sexuellen Neigungen. Christliche Führer sagen: Jeder hat das Recht, nicht an einer Homohochzeit teilzunehmen. Das heißt aber noch lange nicht, dass dies in Verbindung mit dem Massaker in Orlando steht.

Der Direktor des religiösen Witherspoon Institutes, Matthew Franck, erklärte gegenüber dem Nachrichtensender CNA: Das Festhalten an der christlichen Lehre über die Ehe ist nicht mit Gewalt gleichzusetzen. Christen, welche die Ehe nicht neudefinieren und die ihren Glaubensgrundsätzen treu bleiben, hassen keinen Menschen. Gesetze, die geschaffen werden, um ihre Freiheit zu schützen, sind nicht gegen die Homolobby gerichtet. Man kann seine politischen Gegner nicht einfach als das Übel selber dämonisieren und damit mundtot machen.

Der Jurist Robert George von der Princeton-Universität sagt, man könne in der gegenwärtigen Situation die Aussagen, die nach so einem Horrorakt gemacht wurden, nicht auf die Waagschale legen. Es handele sich um ein traumatisierendes Ereignis, und wenn wir böse oder traurig sind, sagen wir oft viel Unüberlegtes. Wir sollten deshalb nicht mit dem Finger aufeinander zeigen, sondern miteinander trauern.

Kommentare wie z.B. aus dem Römerbrief, 12:15: <Wir weinen mit denen, die ihre Lieben verloren haben – und mit denen, die über die Gewalttätigkeiten dieser Welt trauern…>, fand man danach in den Tweets der Medienseiten.[151]

In diesem Zusammenhang sah sich neulich der Facebook Ingenieur Brian Amerige veranlasst, auf seiner vielbenutzten Medienseite Ende August 2018 auf folgendes hinzuweisen: <Wir haben eine politische Monokultur, welch intolerant gegenüber Andersdenkenden ist. Wir behaupten zwar, alle Meinungen willkommen zu heißen, wenn sich aber jemand anders ortet und eine Sichtweise präsentiert, die nicht unserer eigenen Ideologie entspricht, sind wir schnell dabei, in mundtot zu machen, zu mobben oder zu attackieren.>

Obwohl dieses Memo nicht lange auf der Webseite von Facebook stand, hatten sich 100 Gleichgesinnte gefunden, deren Initiative es ist, Andersdenkenden eine Plattform zu geben. Sie bezeichnen sich als FBI'ers und setzten sich für eine ideologische Vielfalt innerhalb des Unternehmens ein.

Andere Facebook Mitarbeiter, es gibt 25.000 von ihnen, zeigten sich über die Onlineverlautbarungen von Brian verärgert und beschwerten sich. Man konnte jedoch offiziell nichts machen, denn die FBI'ers haben gegen keine Regeln des Unternehmens verstoßen.

Facebook macht kein Geheimnis aus seiner anti-konservativen Ausrichtung. Der Streit über die politische Ausrichtung der Mitarbeiter entfachte eine Woche, bevor die Facebook Co-Direktorin Sheryl Sandberg vor dem Senat Stellung nehmen musste, ob Medien die US-Wahlen 2016 manipuliert hätten.[152]

Früher waren die Medien nicht so in eine öffentliche Meinungsmache involviert. Lieder schadet dies sogar dem Patienten-Arzt-Verhältnis. [153] 2016 wurde in den USA heftig diskutiert, ob

Sterbehilfe in der gesamten USA legalisiert werden sollte. Anstoß dazu gab die Legalisierung im Bundestaat Kalifornien.

Viele Organisationen, unter ihnen die Gesellschaf für Behinderte, Pro-Life und andere Glaubensgemeinschaften, sprechen sich gegen das sogenannte *Recht zu Sterben* aus.

Am einflussreichsten ist die *Amerikanische Medizinische Gesellschaft (AMA),* die strikt gegen Abtreibung und Sterbehilfe ist. Ein derartiges Handeln hat schwerwiegende Folgen für die Gesellschaft und widerspricht der Rolle des Arztes als Heiler.

Vom 7. bis 9. Januar 2016 veranstaltete die AMA in Tucson, Bundesstaat Arizona, eine Tagung, in der die Gesetzgeber mit führenden Ärzten der USA über Strategien und Innovationen in der Medizin debattierten. Das Thema war: die heutigen Interessen in die Realität von Morgen umzusetzen. Die *Amerikanische Medizinische Gesellschaft* betont den Schutz des Arzt-Patienten-Verhältnisses.

Hauptsprecher war der Standford-Bestsellerautor und Infektiologe Prof. Dr. Abraham Verghese. Er hob die längst vergessene Rolle des Arztes als Heiler hervor. Im Zeitalter der *Bigdata* verliert man den Blick auf den Patienten.

Während sich früher der Arzt, seine Kollegen und Studenten am Krankenbett versammelten und *Smalldata* registrierten, trifft man sich heute im Konferenzraum.

Ein Kinderarzt, der in die *Amerikanische Gesellschaft für Pädiater* aufgenommen werden will, muss acht kleine Patienten in der Stunde sehen. Im Durchschnitt darf der Kranke nur 14 Sekunden über seine Beschwerden reden, bis er vom Arzt unterbrochen wird. Für eine richtige Anamnese fehlt also die Zeit.

Patienten müssen sofort allerlei Tests, inklusive CT, Röntgen durchlaufen, bevor man sie manuell untersucht. Vielleicht leidet der Kranke nur an Windpocken, aber das sieht man erst, nachdem die Testresultate vorliegen, wobei man dies eigentlich mit einem Blick diagnostizieren kann.

Viele Mediziner sind sich nicht mehr bewusst, dass der Patient auch einen Rücken hat. Einfache Anamnese-Geräte, wie z.B. ein Reflexhammer, hat heute kein Arzt mehr in der Kitteltasche. In der Abrechnung erscheint jedoch, dass alle Reflexe geprüft wurden.

In einem hyperdigitalen computerisierten Zeitalter vergisst man, dem Patienten seine Aufmerksamkeit zu schenken. Der Durchschnittsarzt verbringt seinen Tag mit 4000 Computerklicks. Er kämpft sich durch elektronische Daten und sieht den Patienten fast überhaupt nicht mehr. Ein Computerscreen lenkt ihn ab und ist nicht selten schuld an einer Fehldiagnose.

Für einen Patienten ist es nicht wichtig, wie viele Titel der Arzt erworben hat, sondern wie mitfühlend und geübt er mit ihm interagiert. Das Geheimnis, welches einen guten Arzt ausmacht, besteht darin, wie sehr er sich seiner Patienten annimmt.

Früher, als die Medizin längst noch nicht so fortgeschritten war, sah man Ärzte als Helden der Menschheit an. Obwohl man kaum Krankheiten heilen konnte, gaben sie dem Patienten Hoffnung. Man war nicht mehr machtlos gegenüber einem Gebrechen, weil der Arzt als Heiler auftrat. Man fühlte sich dem Arzt verbunden und hatte eine besondere Beziehung zu ihm.

Seine Tätigkeit wurde zu einem Ritual, die einen transformierte und zur Heilung beitrug. Der Patient wurde akzeptiert und ernstgenommen. Auch wenn der Arzt nicht viel mehr machte, als eine ordentliche Anamnese durchzuführen, und dem Patienten zuzuhören. Gerade Geschichten geben uns oft Anleitungen für das Leben.

Das 1887 entstandene Gemälde „*The Doctor*" *(The Tate, Britain)* von Sir Luke Fildes zeigt uns recht beeindruckend den idealen hingebungsvollen Arzt der damaligen Zeit.

Die zentrale Figur ist der sich konzentrierende Arzt, der seine Blicke auf den kleinen Patienten richtet, der sein Krankenlager auf zwei Stühlen errichtet hat. Im Hintergrund steht der hilflose Vater, der seine Hand auf die Schulter seiner betenden Frau legt.

Das *Britische Medizinische Journal* schreibt 1892 über das Gemälde: <Das Bild zeigt den typischen Arzt.

Einen ehrlichen Gentleman, der sein Bestes tut, um unser Leiden zu erleichtern. Eine ganze Bibliothek voller Bücher würde nicht reichen, den Berufsethos des Arztes besser zu beschreiben. Durch Mr. Fildes sehen wir den Arzt als einen hingebungsvollen, vertrauensvollen Mann, der sich voller Zuneigung seiner Patienten annimmt.

Auch wenn er im prae-antibiotischen Zeitalter selber hilflos war, Infektionen zu heilen, leistete er doch Beistand.

Im Grunde ist er fast genauso hilflos wie die Eltern, die nur drei Meter von ihm weg und vier Gesellschaftsklassen unter ihm sind. Die Standesunterschiede verschwimmen in dem Bild, in dem sehr viel Mitgefühl und eine humanitäre Bindung dargestellt werden.[154]>

Offen bleibt die Frage, wann ein Arzt heute noch am Bett des Patienten sitzt? Man hat nicht mal mehr die Zeit, den Kranken zu berühren. Für den Bestsellerautor der *New York Times* und Arzt Professor Abraham Verghese ist es ein großes Anliegen, eine Balance zwischen Tradition und Technologie in der Medizin zu finden.

Die Arzt-Patienten-Beziehung muss beschützt werden. Weder die Klinik-Verwaltung noch der Gesetzgeber sollten dem Arzt vorschreiben, wie er mit dem Patienten interagieren muss.

Das trifft besonders zu, wenn man dem Arzt den Auftrag erteilt, mit seinem Patienten eine Sterbe- und Palliativ-Diskussion zu führen und dies per Unterschrift nachweisen muss.

Gesetzgeber sollten nicht ultimativ in Fragen wie Abtreibung oder *Sterbehilfe* das letzte Wort haben.

Die *Amerikanische Medizinische Gesellschaft* ist davon überzeugt, dass man es dem Arzt überlassen muss, die optimale und angebrachte Behandlung anzuwenden. Er muss weiterhin fähig sein, diese Dinge mit seinem Patienten ehrlich zu diskutieren. Alles andere gefährdet das Arzt-Patienten-Verhältnis.[155]

4.5 Massenmenschen

Letztendlich geht es darum, wie ich mit meinem Mitmenschen, bzw. den Mitgeschöpfen umgehe. Als Chinesen den Anspruch erhoben, im Besitzt von geklonten Affen zu sein, waren viele entsetzt. Chinas Wissenschaftler verbrauchten dazu 301 geklonte Embryos, von denen sie jeweils 63 in eine Affenleihmutter einpflanzten. Am Ende der Prozedur überlebten zwei Tiere.

Trotz der offensichtlichen Tierquälerei sprach man von einem großen Erfolg. Man sah nicht die Strapazen, die sich für die Leihmuttertiere ergaben und verdrängte, wie viele Embryos starben. Schien es irrelevant zu sein, wie wir das Klonen eines Affen ethisch und moralisch rechtfertigen? Wurde die Technologie nur angewendet, weil man über sie verfügte?

Der Schluss liegt nahe, dass es gar nicht um einen Affen ging, sondern darum, Erfahrungen zu sammeln, die man für den Prozess brauchte, um einen Menschen zu klonen. Dass ein Klonen von Menschen menschenunwürdig ist und im Widerspruch zur Einzigartigkeit des Menschen steht, hob bereits das Europaparlament hervor. Unnütze Tierversuche, die das Tierschutzgesetz missachten, scheinen auch nur in China möglich zu sein.

<Wenn man einen Menschen klont, würde der Mensch zu viel Macht auf seinen Mitmenschen ausüben können. Bereits der Philosoph Haberman sprach von einer großen Asymmetrie, die zwischen den Menschen herrsche. Ein Klonforscher könnte demnach über geklonte Menschen verfügen, bzw. über ein Individuum der gleichen Spezies herrschen>, erklärt Prof Rosenberger, Moraltheologe der Universität Linz zu diesem Thema.[156]

Diese Szenarien kennen wir aus den vielen Science-Fiction-Filmen. Dennoch, absolut nichts rechtfertigt es, dass wir Menschen klonen. Zu gegenwärtig sind die Ungeheuerlichkeiten der Verbrechen an unseren Mitmenschen während der Nazizeit.

Die Grauen des Zweiten Weltkrieges ließ aber auch den Entschluss fassen, dass so etwas nie wieder passieren dürfe. Damals war es die Ideologie einer erhabenen Rasse, über sogenannte Untermenschen zu herrschen, welche als Arbeitskraft fungierten und die man für weniger Wert hielt. Würden viele einen geklonten Menschen nicht genauso ansehen?

Man darf jedoch nicht all die vergessen, die versuchten, den vom Nazistaat Verfolgten zu helfen. Es waren oft die kleinen, unscheinbaren, die ihr eigenes Leben aufs Spiel setzten. Man denke an die Tierärztin, Maria Gräfin von Maltzan, die noch bis in die 90iger Jahre hinein von ihren Erlebnissen berichtete, wie sie Juden half über den Bodensee zu schwimmen, um in die Schweiz zu entkommen. Dann wiederholte sie das nasse Vergnügen, nur um die Koffer zu holen.

Neben ihr trieb eine mit Kopfbedeckung versehene Wassermelone, welche sie mit einer Leine festgehaftet hatte. Wenn eine Patrouille kam, tauchte sie unter. Man schoss auf die Frucht und ein rotes Gewebe barste über das Gewässer. Die *Husarenstücke*, den Nazis die Stirn zu bieten, beschreibt sie in ihrem Buch: *"Schlag die Trommel und fürchte Dich nicht"*.[157]

Weiter berichtet der Dokumentarfilm: *Die Unsichtbaren - Wir wollen leben*, über das Undenkbare.[158]

Berlin wurde 1943 offiziell für *judenrein* erklärt. Dennoch gelang es jungen Juden, dem Zugriff der Gestapo zu entkommen.

Sie alle kämpften für ein Leben in Freiheit und waren doch verunsichert, ob sie sich über die Bombenangriffe der Alliierten auf Berlin freuen oder fürchten sollten. Ihr Überleben war abhängig von all den Menschen, die trotz des Terrors des Naziregimes den Mut fanden, ihre Würde und Nächstenliebe zu bewahren und Wildfremden zu helfen.

Das bisher kaum beachtete Kapitel der Nazizeit stellt den Zuschauer vor die Frage, ob es auch heute noch solche Menschen gibt, die sich für andere einsetzen, obwohl sie wissen, dass sie jeder Zeit verraten werden könnten und sie so selber das Schicksal der von ihnen Geretteten ereilen würde.

Pater Josef Kentenich (1985-1968), der Gründer der katholischen Schönstattbewegung, deren Schwestern in alle Welt verstreut sind, wurde nach dem Krieg, den er teilweise im Konzentrationslager in Dachau verbrachte, von der katholischen Kirche nach Milwaukee in die USA *verbannt*.

Von seiner Zeit im *Exil* existieren seine Predigten, die er den Deutschen -meist Kriegsflüchtlingen- in Wisconsin hielt. Interessant ist, dass er damals über den Massenmenschen sprach. Er vergleicht ihn mit einer Schraube in einer Maschine. Er besitzt keine Persönlichkeit. Im Konzentrationslager erlebte er und seine Bekannten, was es bedeutet, nur noch eine Nummer zu sein, die man ersetzen kann, wenn sie keinen Profit mehr bringt.

<Man raubt dem Massenmenschen seine Persönlichkeit. Es ist nichts Originelles oder Einmaliges an ihm. Man sieht ihn als ein ersetzbares Teilchen, das entsorgt wird, wenn man es nicht mehr braucht. Der Massenmensch hat nur noch einen Nutzwert. Es ist ein entmenschter Mensch>, sagt P. Kentenich.

<Wenn seine Arbeitskraft schwindet, wird er als Last angesehen. Als jemanden, den wir durchfüttern müssen. Massenmenschen werden um das Kernstück ihres Menschseins beraubt. Ihm werden seine Würde und Persönlichkeit genommen. So unterscheiden sie sich in nichts mehr von den Tieren, den Pflanzen oder den Mineralien.

Das Elementare unseres Menschseins besteht doch gerade darin, dass wir eine Persönlichkeit haben; ein Original sind, und unsere Umwelt kultivieren. Ein entmenschter Mensch ist ein entpersönlichter Mensch.

Er hat weder einen eigenen Verstand noch ein Herz oder einen Willen. Nicht ich denke, es denkt in mir. Nicht ich will etwas -es will etwas in mir. Nicht ich liebe, nicht mein Herz spricht- das ist reine Suggestion, denn ich unterliege nur dem, was die Masse bestimmt.

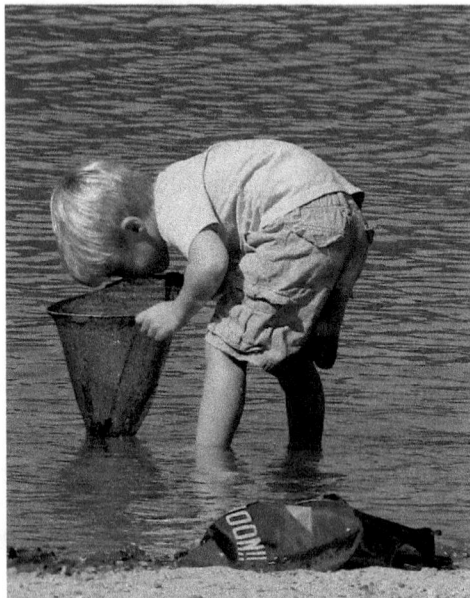

Und wenn doch etwas Unbestimmtes in mir tätig ist, kann es nicht Ausdruck meiner Persönlichkeit sein, weil es die nicht mehr gibt, erst recht nicht, wenn es nicht mit der allgemeinen Meinung übereinstimmt.

In einer Gesellschaft haben wir immer das getan, was alle getan haben und sei es nur, dass wir jeden Sonntag in die Kirche gingen, weil es so Sitte in dem Dorf war, in dem wir aufwuchsen. Selten taten wir es aus innerer Überzeugung oder weil wir uns dafür entschieden haben.>

Das Ideal des Massenmenschen -heraufbeschworen durch den Kommunismus, ja eigentlich schon durch die Französische Revolution- hat P. Kentenich, und viele seiner Bekannten und deren Verwandten, zu denen er in den Nachkriegsjahren in Milwaukee predigte, am eigenen Leib im Konzentrationslager erlebt.

Es war das Ideal hinter dem Eisernen Vorhang. P. Kentenich nannte diese Orte: *Fabriken des Massenmenschen.* <Ein neuer Mensch sollte dort entstehen. Dieser durfte keine eigene Meinung haben, nicht selbstständig denken und keinen eigenen Willen besitzen.

Der Massenmensch hat verlernt, selbstständig zu denken, selbstständig Entscheidungen zu treffen. Er weiß nicht mehr, was richtig oder falsch ist. Er hat keinen Mut, für die Wahrheit einzustehen.

Denn es ist schwer, eine neutrale Ansicht zu behalten und offiziell keine Meinung zu haben. Man muss sich dazu *innerlich verbiegen-* alles nur aus dem einzigen Grund, nicht *unangenehm* aufzufallen. Wir hören oft, dass es einem zuwider ist, ein Produkt der Masse zu sein.

Es kommt zudem die Frage auf, wer die notwendigen Entscheidungen trifft, wenn es keine Persönlichkeiten mehr gibt und das Gewissen nur noch vorschreiben darf, was dem Denken der Masse entspricht? Man könnte eine Person bestimmen, die absolute Entscheidungen trifft. Doch so ein Mensch ist wankelmütig. Sein Urteil unterliegt seinem psychischen Zustand und baut nicht auf Werten auf.>

Dieser Text stammt aus einer Predigt, die P. Kentenich am 19. Oktober 1962 in Milwaukee gehalten hatte. Er war wegen seiner nicht in die damalige Zeit passenden Ansichten dreieinhalb Jahre im Konzentrationslager in Dachau.[159]

Freunde, die P. Kentenich nach dem Krieg in Milwaukee aufsuchten, dachten sie würden einen verbitterten, gebrochenen alten Mann auffinden. Sie waren erstaunt, dass sie einen fröhlichen Priester antrafen.

1912 wurde P. Kentenich zum Präfekten eines Seminars berufen. Die vorherigen Priester waren alle an dieser Aufgabe gescheitert. Die damalige Pädagogik bestand in einem haargenauen Befolgen der Regeln. P. Kentenich räumte seinen Studenten die Freiheit ein, Selbstverantwortung zu übernehmen. Er wollte ihnen ihre Handlungen nicht vorschreiben. Er zeichnete ihnen das Ideal auf, und gab ihnen Richtschnur ein selbstbestimmtes, freies Leben zu führen. Sie sollten konkret gesagt ihr Handeln nach ihrem Gewissen ausrichten.

Die Gewissensfreiheit ist eigentlich ein Grundrecht, dass in einer Gesellschaft, in welcher der Massenmensch propagiert wird, schwer zu finden ist, um nicht zu sagen mit Füssen getrampelt wird.

Unter dem Begriff Massenmensch würde man heute wohl eher den Ameisenmenschen sehen, dem eine Konformität auferlegt ist. Sich dagegen aufzulehnen ist von vornherein zum Scheitern verurteilt.

Automatisch erinnert uns das an kommunistische Regime, wie z.B. China. Obwohl China momentan eine ganz andere Art von Ameisenmenschen kennt. Peking spricht von seinen Hunderttausenden Menschen, die in den Kellern der chinesischen Hauptstadt leben, weil sie sich eine Bleibe über dem Souterrain nicht leisten können. Es sind Wanderarbeiter, die in den primitiven Unterkünften leben. Peking nennt sie offiziell *Ameisenmenschen.*

Vereinheitlicht zu werden entspricht nicht unserem Menschsein. Unser Handeln wird normalerweise von dem bestimmt, was wir als richtig anerkennen. Die moderne Philosophie sagt, dass moralische Wahrheit auf unserer Vernunft aufbaut. Unsere moralische Überzeugung motiviert unsere Handlungen.

So sind auch wissenschaftliche Wahrheiten wie moralische Wahrheiten auf unsere Vernunft bezogen. Erkenntnisse, die auf Naturgesetzen beruhen und denen bestimmte Vorgänge in der Natur zugrunde liegen, hängen von Beobachtungen und Fakten ab und nicht von Meinungen.

Selbst wenn die empirischen Methoden der Errungenschaften weitgehend auf Versuch und Irrtum beruhen, handelt es sich im Enddefekt um wissensbasierte medizinische Verfahren, mit denen wir operieren. Eine Wissenschafts-Ethik kann somit nicht ein Produkt von gesellschaftlichen Mehrheitsüberzeugungen sein. Und nebenbei gesagt, Ethikkommissionen achten darauf, dass Wissenschaftler nicht betrügen. Zu oft scheint es ein zu verlockendes Motiv zu sein, wissenschaftlichen Ruhm zu erlangen.

Datenmanipulationen bei Wissenschaftlern, deren ethisches Bewusstsein nicht existiert oder die eine moralische Blindheit entwickelt haben, gibt es immer wieder.

Ende Juli 2017 berichtete das *U.S.-Science Magazin* über eine massive Fälschung wissenschaftlicher Artikel, die zum Druck akzeptiert wurden.

Mehr als 400 Autoren, die über 100 Fachbeiträge in wissenschaftlichen Zeitungen publizieren wollten, erwartete stattdessen ein Disziplinarverfahren.

Die chinesische Regierung griff hart ein, um die Veröffentlichung von manipulierten Studien zu verhindern. Strafen wurden individuell angepasst verhängt. Viele Wissenschaftler durften ihrer Forschung nicht mehr nachkommen, zumindest nicht solange, bis geklärt wurde, inwieweit sie ihre Artikel fälschten.[160]

Im Oktober 2018 musste selbst die Harvard Medical School in Boston feststellen, dass einer ihrer führenden Wissenschaftler massiv Daten gefälscht hat.

Die Universität beschloss daraufhin, die biomedizinische Forschung auf dem Sektor der Stammellenforschung einzustellen, ungeachtet eines kompetitiven Wettbewerbes, der oft von der medizinischen und pharmazeutischen Industrie gefördert wird.

Dennoch waren die Studien soweit gediegen, dass bereits Versuche am Menschen stattfanden. Die Universität konnte es nun nicht mehr verantworten, kranken Menschen Hoffnungen zu vermitteln, die auf Täuschungen aufbauten.

Nicht ganz unschuldig sind die Forscher, die von der medizinischen Machbarkeit ihrer Experimente überzeugt waren, nachdem einige Vorversuche mit Knochenmarkszellen in Tierversuchen Erfolge zeigten. Die Zellen verwandelten sich in Herzmuskelzellen, sobald man sie in ein geschädigtes Tierherz spritzte.

Prof. Piero Anversa, Direktor des Medical Colleges in New York, bezog sich auf seine 17 Jahre alte Studie. Mithilfe seiner aus Knochenmark hergestellten Herzstammzellen gab er Patienten Zuversicht auf Heilung. Bisher gab es kaum therapeutische Möglichkeiten nach einer Herzattacke.

Anversa's Entdeckung wurde sehr schnell für klinische Versuche freigegeben. Ein früher Mitarbeiter hatte jedoch 2013 Bilder manipuliert, auf denen man sehen konnte, wie sich Anversa's Zellen mit den geschädigten Herzen vereinen. 31 Artikel nahmen auf diese Befunde Bezug. Alle Veröffentlichungen sind zurückgezogen worden, weil sie auf falschen Daten basierten.

Anversa's Labor einigte sich mit dem Justizdepartment auf einen Vergleich von 10 Millionen Dollars, um den Schaden der mit Steuergeldern finanzierten Studie auszugleichen.

Eine weiter Studie -in der 63 Millionen Dollars an US-Bundesmittel steckten- ist daraufhin auf Eis gelegt worden. Zu viele unbeantwortete Fragen beschäftigen die Wissenschaftler, die Anversa's Versuche nicht replizieren konnten. Ihre Knochenmarkszellen wandelten sich nicht in Herzmuskelzellen um, nachdem man sie appliziert hatte.

Prof. Charles Murry, Direktor des Stammzelleninstitutes für Regenerative Medizin der Universität in Washington, erklärte:

<Die Versprechungen der Wissenschaftler sind nicht valide. Ein potentieller Vorteil ist damit keineswegs vorhanden, um die Risiken einer solchen Behandlung zu rechtfertigen.>

Ancersa's Anwälte geben jedoch nicht so schnell auf. Ihr Klient ist überzeugt, Images zu haben, die seine These stützen. Man müsse sie nur gegen die manipulierten Bilder austauschen. So einfach ist für ihn der Fall.[161]>

Dr. Chunyn Han von der Science und Technology Universität in Shijiazhuang in China zog hingegen selber seine wissenschaftliche Veröffentlichung zurück. Dennoch will er nicht von seiner Forschung ablassen. Er hatte ein Verfahren entwickelt, um den Einsatz von CRISPR-Cas9 rechtfertigen zu können.

Zu viele Ungereimtheiten treten auf, wenn man Gendefekte präzise kitten will. Die Technik sollte schon den Anspruch erheben, perfekt zu sein.

Vor allem wenn man mithilfe von CRISP das Erbgut in Keimbahn-Zellen korrigieren will.

Ein derartiger Eingriff in das Erbgut wird unweigerlich weitervererbt. Bereits 2017 hatte Chunyn Han einen Artikel in Nature Biotechnology veröffentlicht, was ihn nobelpreisverdächtig machte.

Er benutzt das Enzym Argonaute Nuclease für eine Genomeditierung. Der Autor wurde über Nacht berühmt, und zum Vizepräsidenten der Hebei Gesellschaft für Wissenschaften und Technologie ernannt. Damit erhielt er den Ehrentitel: <Most beautiful teacher in Hebei>.

Im August 2016 wollte die Regierung von Hebei ein neues Genetisches Institut für 32 Millionen US-Dollars errichten, welches sich einzig und allein auf die Editierung von menschlichem Genom spezialisieren sollte.

Der Ruhm des Wissenschaftlers hielt solange an, bis andere: chinesische, deutsche, amerikanische und südkoreanische wissenschaftliche Einrichtungen versuchten, die Experimente von Han nachzumachen. Am dritten August 2017 gesteht Han's Forschungsteam, dass es bisher keine anderen Berichte über den erfolgreichen Einsatz seiner Methode gibt.

Der Wissenschaftler beharrt nach wie vor auf der Richtigkeit seiner Entdeckung. Man müsste nur die für den Erfolg notwendigen Grundvoraussetzungen einhalten.

Dennoch wurden bereits im Januar 2015 die Applikation auf ein Patent von Dr. Han zurückgezogen. Welches diese sind, sagte der Wissenschaftler nicht.

<Dr. Han begibt sich auf sehr dünnes Eis, wenn wir nicht fähig sind, seine Methode zu replizieren. Vielleicht hat er Recht, und seine Technology ist wirklich erfolgversprechend.

Die Chancen sind jedoch minimal>, bemerkt der Molekularbiologe Dr. Bo Tang von der Landwirtschaftlichen Fakultät in Peking.[162]

5. Der Heilige Gral der Gentechnik

5.1 GMO-Sapiens

Wenn man es sich genau überlegt, unterliegen wir nicht mehr vollkommen den Folgen, welche uns Umweltkatastrophen, Tierseuchen, und Pflanzenkrankheiten bescheren. Mithilfe der Gentechnik sind wir fähig, gewisse Korrekturen durchzuführen.

Wir träumen davon, mit unserem *know-how* den Menschen ein ewiges Leben zu bescheren, in dem es kein Alzheimer, keine Demenz und Parkinson usw. gibt. Fast könnte man sagen, das Paradies auf Erden läge uns dann zu Füßen. Wir müssen nur den Mut haben, danach zu greifen. Dann nimmt Science-Fiction endlich reale Züge an.

Haben wir den Wendepunkt erreicht, brauchen wir keinen Schöpfer mehr? Können wir nicht eine viel bessere Arbeit leisten? Diesen Eindruck vermitteln uns oft moderne Biotechnologien.

Um es mit den Worten des bekannten Moraltheologen und Bioethiker, Professor Dr. William E. May zu sagen, der in seinem Vorwort des Buches: *"Promises of New Biotechnologies"* auf zeitgenössische

Bioethiker verweist, zu denen Philosophen, Theologen, Juristen und andere Nichtwissenschaftler zählen:

<Von diesen sind die einflussreichsten jene, die meinen, der Menschheit einen besseren Dienst zu erweisen als irgendwelche *Urknall-Anhänger.* Sie sehen keine Notwendigkeit, **Gott** als den Schöpfer anzuerkennen. Die Natur ist für sie ein rein menschliches Konstrukt. Zeitgenössische Bioethiker messen selbst der Zugehörigkeit zur menschlichen Spezies keine moralische Bedeutung zu. Sie meinen neue Biotechnologien können viel besser Pflanzen, Tiere und Menschen *erschaffen.*[163] >

Das Genie der Physik, Stephan Hawking und Leonard Mlodinow, der Statistik und Wahrscheinlichkeit in Kalifornien lehrt, publizierten zusammen das Buch: *"Der große Entwurf".* In ihm widerlegen sie die Existenz Gottes anhand ihrer *Theory of Everything.* In dem 2010 erschienenen Buch schreiben sie: <Für die Entstehung des Universums sei kein Schöpfergott notwendig.>

In dem Buch *"Eine kurze Geschichte der Zeit"* philosophierte Hawkins: <...Sollte eines Tages die Zusammenführung aller Gleichungen über das Universum gelingen, dann würden wir Gottes Plan kennen. Dies wird uns die *Weltformel* liefern, sodass wir keinen Schöpfer mehr brauchen.> – Falls es ihn doch geben sollte?

Leider konnte Hawking uns diese Weltformel nicht mehr eruieren, denn er starb am 14. März 2018. Zumindest gibt er unserer Welt nicht mehr lange Zeit, als er postulierte: <Das Leben auf der Erde ist in immer größerer Gefahr durch eine Katastrophe wie einen Atomkrieg oder ein genetisch erzeugtes Virus ausgelöscht zu werden>. Er sagte 2017 voraus, dass wir noch höchstens 100 Jahre auf unserem blauen Planeten haben werden.

Wir könnten nicht immer auf Erden bleiben. Er warnte vor Außerirdischen, die, wenn sie auf uns aufmerksam werden, die Erde plündern. Den Menschen bliebe dann keine andere Wahl, als sich ihnen zu unterwerfen.

<Howkins populärwissenschaftlichen Bücher seien die am meistverkauften, aber zugleich die am wenigsten gelesenen Werke der vergangenen Jahrzehnte.> Zyniker vermuten, es läge daran, weil Leser, die über keine Physikkenntnisse verfügen, seine Werke nicht verstehen.[164]

Jedenfalls existiert die Idee, die Welt nach unserem Bilde bzw. Vorstellungen umzugestalten schon länger, denn die Suche nach der *Weltformel* hatte ihren Ursprung bereits 1820 in Kopenhagen gehabt.[165]

So kommt es nicht von ungefähr, was der Humananatom Paul Knopfler von der Medical School der Universität in Kalifornien/Davis postulierte: <Wir schaffen unseren eigenen GMO-Sapiens>.[166]

Innovationen verwandeln schon jetzt das Angesicht unseres Planeten. Wir haben das *Know-how* und die Tools, das menschliche Genom und fast alles nach unseren Vorstellungen zu verändern, was nur die Spur einer Erbsubstanz in sich trägt. Designer-Babys sind schon längst keine Science-Fiction mehr. Wir können den Menschen oder unsere Umwelt nach unseren Vorstellungen umgestalten. Biotechnologien, genetische Manipulation, CRISPR, Genetik, Reproduktion im Reagenzglas, Stammzellforschung, Klonen usw. sind die Mittel der modernen Technologien, die den Menschen sich neu erfinden lassen.

Die alte gebrechliche Gattung des -mit allen seinen Krankheiten behafteten- *Homo-Sapiens*, ist im wahrsten Sinne des Wortes überholt.

Selbst die Länge der Telomere ist nicht mehr ausschlaggebend, unserem Lebensalter Grenzen zu setzten. Die amerikanische Nobelpreisträgerin Carol Greider fand bereits 1984 ein Enzym, das nicht nur Krebs abtötet, sondern weiterhin eine Vermehrung schnell teilender Krebszellen verhindert.

Diese besondere Telomerase verzögert weiterhin die Verkürzung von Chromosomen-Enden, womit sie das Altern selber hinauszögert. Ihr Konzept entwickelte sie in Mäusen. Es ist also nur eine Frage der

Zeit, wann wir Menschen davon profitieren. Dann können wir theoretisch 150 Jahre alt werden.[167]

Auch wenn es momentan so aussieht, als ob unsere Kinder eher sterben, weil sie durch *Fastfood* und vor allem durch verarbeitete Nahrungsmittel immer dicker werden, und damit Folgekrankheiten wie Diabetes prädestiniert sind. Heute schon ist *Diabesity* zu einem Problem der Wohlstands-Länder geworden. Sonst wäre es nicht eines der Hauptforschungsprojekte der EU: neue Grenzen für Obesitätsbehandlung und -prävention zu finanzieren.

Abgesehen davon, sollten wir den Menschen nicht lieber so annehmen, wie er von Gott erschaffen wurde? Und ihm überlassen, aus welchem Grund er mit all den ihm eigenen Talenten, aber auch Gebrechen, ausgestattet wurde?

Papst Johanns Paul II. schrieb in seiner Enzyklika *Donum Vitae*: <Die absolute Einmaligkeit eines Menschen basiert nicht nur auf dem Geist, sondern auch auf dem Körper. Denn durch seinen Körper verwirklicht sich der Mensch. Um seiner Würde gerecht zu werden, muss man auch seinen Körper beschützen, ganz nach dem Motto, - *corpore et anima unus*-, der Körper und die Seele sind verbunden.>

Wissenschaft besteht aus einem ständigen Wandel, die sich dem neuesten Stand anpasst. Würde sie auf Erkenntnissen beharren, wäre dies gleichbedeutend mit einem Stillstand des Fortschrittes. Wenn wir eine entsprechende Technologie besitzen, um einen besseren, gesünderen, klügeren, sportlicheren usw. Menschen zu erschaffen, ist es dann nicht reine Dummheit, diese Erkenntnisse brach liegen zu lassen? Im Gegenteil, wir sollten Wissenschaftlern eher dankbar sein, die uns den Zugang zu den Dingern ermöglichen.

Gotthold Ephraim Lessing, der bedeutendste Dichter der Aufklärung, befasste sich 1778 in seinem Buch *'Die Duplik'*, mit den Menschen, die sich aufrichtig mühen, hinter die Wahrheit zu kommen. Unverzeihlich sind ihm dogmatische Positionen, die als einzig gültige Wahrheit eingehalten werden müssen. Der Mediziner, Theologe und

Philosoph Lessing, redet von einer Flexibilität des Denkens, die eine gewisse Toleranz und ein Verständnis einem Andersdenkenden zugesteht, weil auch er sich um die Wahrheit bemüht. <Wenn Gott in seiner Rechten alle Wahrheit, und in seiner Linken den einzigen immer regen Trieb nach Wahrheit, obschon mit dem Zusatze, mich immer und ewig zu irren, verschlossen hielte, und spräche zu mir: wähle! Ich fiele ihm mit Demut in seine Linke, und sagte: Vater gib! Die reine Wahrheit ist ja doch nur für dich allein!>

Auch Johan Wolfgang von Goethe befasst sich eindringlich mit der Wahrheit, als er schrieb: <Man muss das Wahre immer wiederholen, weil auch der Irrtum um uns herum immer wieder gepredigt wird, und zwar nicht von Einzelnen, sondern von der Masse. In Zeitungen und Enzyklopädien, auf Schulen und Universitäten, überall ist der Irrtum obenauf, und es ist ihm wohl und behaglich im Gefühl der Majorität, die auf seiner Seite ist. Oft lehrt man auch Wahrheit und Irrtum zugleich und hält sich an letzteren.>

Heute leben wir im Zeitalter der Political Correctness. Fast meint man, in dieser Epoche biegen wir uns unsere Moral so zurecht, dass sie auf Emotionen und kaum noch auf die Wahrheit Bezug nimmt. Zudem schreitet eine moderne Biotechnologie sehr schnell voran, während die Bioethik nicht mit diesem Tempo mithalten kann. Wir tun uns bei dem Gedanken eines allwissenden Schöpfers schwer, von dem wir abhängig sind und der uns nach seinem Bilde geschaffen hat. Doch wem geben wir dann die Schuld, wenn unser einseitiges Eingreifen in die Natur fehlschlägt beziehungsweise, wenn wir erkennen müssen, nicht die Weisheit zu besitzen, um die komplizierten, perfekt aufeinander abgestimmten Zyklen unserer Umwelt zu kontrollieren?

Was spricht demnach für oder gegen eine genetische Manipulation am Menschen selber? Biotechnologische Hightech-Verfahren aus Agrarwissenschaft und Tiermedizin wurden bisher immer auf die Humanmedizin übertragen. So behaupten viele, es würde nur noch eine Frage der Zeit sein, bis Forscher menschliche Keimbahnzellen verändern. Julian Savulescu, Ethiker der Oxford Universität, bemerkte in diesem Zusammenhang gegenüber *Science News*: <Eltern haben die moralische Verpflichtung, mithilfe einer genetischen Editierung, gesunde Kinder zu erhalten. Genauso, wie sie es ihnen schulden, für eine gute Ausbildung oder Ernährung aufzukommen.> Außerdem sollten Designer-Babys, die unweigerlich im Labor *erzeugt* werden, allen Paaren mit Kinderwunsch und nicht nur Leuten mit dem nötigen Kleingeld zugänglich gemacht werden.

Die Frage des 21. Jahrhunderts scheint nicht zu sein, ob es ethisch ist, am Erbgut unserer Kinder zu experimentieren. Es wird eher als unmoralisch angesehen, dies nicht zu tun. Der Mannheimer Jurist Professor Jochen Taupitz lehnt einen gezielten Eingriff in das Genom von Embryonen ab, jedoch nur, wenn es um die Verbesserung von bestimmten Eigenschaften geht. Das Unterfangen, eine schwere Erbkrankheit zu verhindern, lassen seine Gründe schwinden.

In Deutschland ist seit 1990 jeglicher Eingriff in die Gene von menschlichen Embryonen verboten. Damals fehlten Studien über die Sicherheit und Präzision der Techniken, was die Risiken nicht einschätzbar machten. Die Frage, ob die mit den neuen Methoden manipulierten Embryonen sich zu schwerbeschädigten Kindern entwickeln, kann keiner beantworten.

Viele stehen einem Eingriff in unser Erbgut skeptisch gegenüber. Dennoch sprach die Welt von nichts anderem, als im Jahr 2015 Forscher der Sun-Yat-Sen-Universität verkündeten, dass sie mithilfe von CRISPR Techniken gezielt das menschliche Genom von Embryonen verändern könnten.

Die anfängliche Euphorie einer kontrollierten Editierung des Genoms ließ dennoch bald nach. Selbst Experten zögerten, eine direkte Umwandlung der Erbinformation vorzunehmen. <Momentan glauben wir zwar, dass ein gezielter Eingriff in die Keimbahn -und damit in das Erbgut des Embryos- gute Erfolge erzielen könnte; dennoch sind wir noch nicht mental auf so einen Schritt vorbereitet>, erklärt der Mannheimer Juraprofessor und Medizinethiker Jochen Taupitz. Er gibt zu bedenken, dass man Erbkrankheiten nicht unbedingt im Embryo selbst *behandeln* muss. Um ein Experimentierverbot oder eine etwaig moralische Hürde zu umgehen, könnte man auch Ei- und Samenzelle manipulieren.

Taupitz will zusammen mit 11 anderen Mitgliedern der Nationalen Akademie der Wissenschaften darauf aufmerksam machen, dass wir durchaus in der Lage sind, menschliches Erbgut durch Genom-Editing zu *verbessern*. Der Juraprofessor verweist auf Chinas CRISPR-Cas9 Methode, die letztendlich 2017, nach zwei Jahren Forschung, lebensfähige Embryonen hervorbrachte. Ungewollte Nebenwirkungen, die man auch als *Off-Target-Effekte* bezeichnet und die Änderungen an anderen Stellen des Erbgutes auslösen, werden angeblich zunehmend eliminiert.

<Die Sicherheit der Methode schreitet voran. Es ist nur eine Frage der Zeit, bis wir das wirklich beherrschen>, erklärt der Professor. Er plädiert deshalb: <an überzähligen Embryonen, die aus einer Präimplantationsdiagnostik stammen, zu arbeiten. Gendefekte Embryonen sind für die Wissenschaft wertvoll, weil sie uns Aufschluss über Krankheitsursachen geben. Deshalb sollte man ein kategorisches Verbot der Embryonenforschung in Deutschland aufheben.[168]>

Abgesehen von der Euphorie einiger Forscher, sprach sich bei dem im Dezember 2015 stattfindenden internationalen *Summit on Human Gene Editing*, welches von den Wissenschaftsakademien der USA, Großbritannien und China organisiert wurde, fast jeder Redner gegen den Gebrauch von CRISPR aus.

Die gezielte Geninsertion wird das Genom in jeder Zelle der daraus hervorgehenden Kinder und ihrer Nachkommen irreversibel verändern. Es handelt sich um eine viel zu riskante Methode. Letztendlich wandelt man einen solchen Eingriff in nichts anderes als in ein humanes Experiment um. Unabhängig davon, wie viel Forschung über eine Gen-Editierung betrieben wurde, unvorhergesehene und unbeabsichtigte *off-target-Mutationen* konnten nicht eliminieren werden. Wir wissen nicht, inwieweit bestimmte Gene die Entwicklung und Gesundheit unserer Kinder beeinflussen.

Weitere Kritiken sind, dass wir es mit bisher unbekannten Konsequenzen und Langzeiteffekten zu tun haben. Somit ist es undenklich, Gen-Editing-Techniken in unseren Fruchtbarkeitskliniken anzubieten. Schon allein die Definition verbietet uns das. Denn ein Eingriff in die Keimbahn ist nicht legitim, um eine Krankheit zu behandeln.

Wir lindern damit nicht die medizinischen Bedürfnisse unserer Patienten. Im besten Fall bringen wir das Erbgut zukünftiger Menschen und deren Nachkommen durcheinander. Die unbekannten Mechanismen einer Interaktion von CRISPR mit der menschlichen Physiologie machen die Resultate nicht nur unvorhersehbar, sondern auch irreversibel.[169]

Am 11. Juni 2018 beseitigten zwei Studien die Euphorie, die immer noch viele bezüglich CRISPR hatten. Anstatt Krankheiten zu heilen, zeigte sich, dass das Mittel der Wahl ein krebserzeugendes Potential hat. In *Nature Medicine* beschreiben Forscher des Karolinska Institutes aus Schweden Zellen, die sie erfolgreich mit CRISPR-Cas9 behandelt hatten. Doch genau diese Zellen bilden Tumore innerhalb des so behandelten Patienten, was sie zu einer tickenden Zeitbombe macht. Separat davon kamen Wissenschaftler der Pharmafirma Norvatis zur gleichen Erkenntnis.[170]

Keiner würde es hingegen abwegig finden, wenn Floristen aus markttechnischen Gründen eine Blume in einer anderen Farbe als die natürliche anbieten wollen. [171] Auch wenn Europa genetisch modifizierten Organismen skeptisch gegenüber steht, ermöglicht uns die Gentechnik ein Produkt auf den Markt zu bringen, das sich nicht reproduzieren kann und somit keinen Schaden anrichtet, falls es in die freie Natur entweichen sollte.

Wissenschaftler ließen im Juli 2017 die erste blaue transgene Chrysantheme erblühen. Wirklich blau blühende Blumen kommen sehr selten in der Natur vor.

Botaniker haben durch das Einfügen zweier Gene ein Novum geschaffen. <Das ist ein großer Erfolg>, sagt Toru Nakayama, ein Pflanzen-Biochemiker von der Tohoku-Universität in Sendai, Japan. <Es gibt sehr populäre Blumen, sie haben nur ein Manko, sie existieren nicht in der blauen Farbe. Jetzt müssen wir die Blumen nicht mehr künstlich verfärben.>

Die königliche Horticultural-Gesellschaft bestätigt die Seltenheit der Farbe. Oft denken wir, eine Blume ist blau, aber in Wirklichkeit ist sie violett. Viele Gärtner und Floristen verlangen nach einer blauen Blume: <Eine blaue Rose gibt es bis jetzt noch nicht. Seit langem haben wir versucht, sie zu erschaffen, aber wir waren erfolglos>, sagt Dr. Thomas Colquhoun von der Universität Florida in Gainsville. Um diese Farbe zu erzeugen, muss man viele chemische Schritte unternehmen. Man erzielte keinen Erfolg indem man einfach nur Pigmentgene aus anderen Pflanzen inserierte.

Dr. Nanobu Noda, Pflanzenbiologe der Nationalen Agrikultur und Food Research Organisation in Tsukuba, Japan, hatte dennoch Erfolg. Er inserierte ein Gen der bläulichen *Canterbury Bell* Blume in das Genom der Chrysantheme, was sie violett erscheinen ließ. Um die Zucker-Moleküle der Anthocyanin-Derivate, die bei einer Blume für die Farbe verantwortlich sind, weiterhin zu manipulieren, nahm man eine blaublühende Erbse aus der Gattung der Schmetterlingsblütler. Diese zwei Gene reichten aus, den besten Blauton zu erreichen.

<Es war mehr Glück>, erklärt Dr. Colquhoun, gegenüber dem *Science Magazin*. <Zumindest haben wir nun den Bauplan, um diese Farbe herzustellen - und das ist ein Erfolg.[172]>

Geht es nicht immer um den Bauplan? Besonders dann, wenn wir erbkranken Eltern zu einem gesunden Kind verhelfen wollen? Im Jahr 2015 erfuhren wir von chinesischen Wissenschaftlern, dass sie zum ersten Mal einen menschlichen Embryo genetisch manipuliert haben. Seitdem warten viele auf amerikanische Verlautbarungen, ebenfalls dazu in der Lage zu sein.

Die US-Fachzeitung *MIT Technology Review* verkündete in der Nacht vom 26. Juli 2017, einen Schritt weiter gekommen zu sein, eine Genom-Editierung im menschlichen Embryo durchzuführen.

Der Embryologe Dr. Shoukhart Mitalipov von der Health und Science Universität in Portland, hüllte sich jedoch über die Probleme, welche eine Geninsertion mit sich bringen, in Schweigen.

Bei allen vorhergehenden Versuchen wurde das Gen nicht vollständig vom menschlichen Genom aufgenommen und zudem fand man es an einer Stelle, wo man es eigentlich gar nicht haben wollte. Ob Mitalipov diese Hürden überwinden konnte, ist nicht klar. Es handelte sich damals um einen Artikel, der noch nicht veröffentlicht war. Deshalb gab der Forscher dazu keinen Kommentar ab.

<Wenn es ein zum Druck akzeptierter Artikel in die Schlagzeilen der Medien schafft, ist das ein gewaltiger Schritt in die Richtung, dass diese Methode recht bald klinisch eingesetzt werden kann>, sagt Jeffrey Kahn von der Hopkins-Universität in Baltimore, Maryland. Der Professor ist ein Mitglied der US-Nationalen-Akademie der Wissenschaften und der Nationalen-Medizin-Akademie in Washington, D.C./USA.

<In ganz wenigen Fällen ist eine Genomeditierung am menschlichen Embryo ethisch erlaubt>, hieß es in einer Verlautbarung Anfang 2017.

Für die im Jahr 2015 stattgefundenen Versuche wurden Embryos benutzt, die nicht lebensfähig waren. Man tauschte ein Gen, welches für die seltene Blutkrankheit beta-Thalassemia verantwortlich ist, gegen ein gesundes aus. Allerdings waren die Ergebnisse alles andere als das, was sich die Wissenschaftler vorstellten. Anstatt des neuen Gens fand man an der Stelle, wo man es inserierte hatte, ein Gemisch aus gesunden und kranken Genen. Aber nicht nur dort war es vorhanden. Manchmal trat es ganz woanders im menschlichen Genom auf.[173]

Wissenschaftler der Universität in Guangzhou berichteten Anfang März 2017, diese *Nebeneffekte* der Geninserierung beseitigt zu haben. Trotzdem zeigten einige das gehabte Bild, was man auch Mosaicism nennt. Sie benutzten lebensfähige humane Embryonen, wobei keines der so *geheilten* Embryos in den Uterus einer Frau eingepflanzt wurde.

US-Forscher, die mit der Arbeit von Mitalipov vertraut waren, gaben an, zehn Embryos ohne Mosaicism *hergestellt* zu haben. Sie manipulierten das Genom gleich nach seiner künstlichen Befruchtung, solange sich der Embryo noch im Einzellstadium befand. Ob Mitalipov die gleiche Methode benutzte, ist nicht bekannt. Zumindest bekamen diese Forscher keine Regierungsgelder. Der US-amerikanische Kongress verbietet es, Steuergelder für Forschungszwecke zu benutzen, bei denen menschliche Embryos zerstört werden.

Chinesische Forscher zweifeln wegen der Bildung von *Mosaicism* mittlerweile daran, ob die CRISPR Methode für die Gen-Inserierung die richtige ist, um *gesunde* Babys zu erzeugen. <Es ist trotzdem bemerkenswert, dass wir nun wissen, wie wir vorgehen müssen und Embryos im Einzellenstadium für bestmögliche Erfolge *manipulieren* sollten.

Zum Einsatz kommt die Methode wahrscheinlich nicht so schnell>, erklärte Dr. Michael Werner, Direktor der Alliance für Regenerative Medizin. 2015 behauptete er noch: <Abstand von einer Editierung des Erbgutes zu nehmen, weil immer noch Ethische- und Sicherheitsgründe gegen diese Art der Forschung bestehen. Doch auch jetzt haben wir noch lange nicht die Sicherheitshürden überwunden>, fügt er nun hinzu.

Die US-Nationale-Akademie der Wissenschaften versicherte: <Viele Erbkrankheiten sind von vornherein ausgeschaltet, weil der Mutter nur erbgesunde Embryos eingepflanzt werden. Eine

Genomeditierung sei zudem nur dann ethisch gerechtfertigt, wenn es der einzige Weg für ein Ehepaar ist, ihr eigenes Kind zu bekommen.>

Die Versuche mit humanen Embryos wurden demnach zu dem alleinigen Zweck unternommen, eine Methode der Geneditierung in menschlichen Keimbahnzellen zu evaluieren. Es handelt sich um einen irreversiblen Schritt. Alle Nachkommen eines so entstandenen Kindes werden das inserierte Gen weitervererben. Man ist sich dessen bewusst. Deshalb pocht man -wie Dr. Michael Werner- so sehr auf die *Sicherheit der Methode*. China, wo die ersten Versuche 2015 stattfanden, unterliegt allerdings dem Diktat eines moralischen Relativismus.

Diese Geisteshaltung teilen mittlerweile viele Universitäten einer Demokratischen Rechtsordnung. Sie sehen Moral als relativ an. Nur die Intention oder die Umstände rechtfertigen das jeweilige Handeln.

Um erbkranken Eltern durch moderne Reproduktionsmedizin zu helfen, nimmt man dafür in Kauf, Hunderte von Embryos zu töten. Doch wenn ethische Entscheidungen alleine auf Emotionen aufbauen, gibt es keine Tabus mehr.

Stattdessen öffnen wir Tür und Tor für eine Forschung, die zu Kosten der Umwelt und unserer Mitmenschen betrieben wird und rechtfertigen dies mit Wettbewerbsfähigkeit und Innovation. Allerdings hatte es der US-Kongress der Amerikanischen Food und Drug Administration -was unserer Arzneimittelbehörde entspricht- verboten, klinische Studien über Genomeditierten an humanen Embryos auch nur zu begutachten.[174]

Umso mehr wir jedoch in diese Richtung forschen, desto mehr schwinden die Aussichten, Embryonen anhand von CRISPR zu verändern. Gen-Editing ist längst nicht so vielversprechend, wie es einst schien, um Designer Babys zu kreieren oder sämtliche Krankheiten zu eliminieren. Im Juni 2018 wurden zwei CRISPR Studien veröffentlicht, welche Krebs erzeugten. Das Cas9 Enzym macht oft Fehler. Es lagert sich an anderen Stellen des Genoms ein und erzeugt dadurch Krebs.

Im August 2017 experimentierte die Oregon Health & Science Universität mit der neuen CRISPR Technologie. In 112 menschlichen Embryonen wurde ein herzkrankes Gen gegen ein gesundes ausgetauscht.

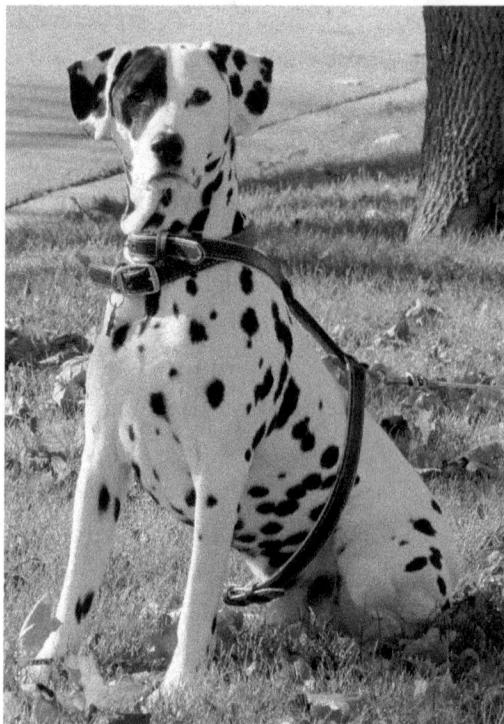

Daraufhin wurde das neue Gen vom Organismus ignoriert. Es konnte nicht beobachtet werden, dass es sich replizierte. Stattdessen übernahm das natürlich vorhandene, von der Mutter kommende Gen, diese Aufgabe. Letztendlich hat dieses gesunde Gen der Mutter das kranke Gen des Vaters ersetzt.

Die Anstrengungen der Forscher, einen Gendefekt mit einer punktgenauen Insertion eines gesunden Genes zu reparieren, schlugen fehl. Erfolglos hatten Wissenschaftler versucht, Erbkrankheiten durch CRISPR zu heilen.[175]

Wie so oft haben wir eine übersteigerte Erwartung im Hinblick auf die Studien gehabt. Ethiker diskutierten heftig über den Missbrauch von 112 humanen Embryonen. Waren sie wieder einmal nicht mehr als Versuchsobjekte? Warum nahm man überhaupt menschliche Embryonen, um das herauszufinden?

Schließlich kam man zu dem Schluss, nicht vorhersagen zu können, wie sich CRISPR im Genom verhält.

<CRISPR jagt durch das menschliche Genom wie ein Tornado durch Kansas, der nichts zurück lässt als nutzlose Überreste>, bemerkte das Wissenschaftsmagazine *STAT* (ein Schwesterzeitung von *Boston Globe*). Die Ergebnisse der Studie zeigen, dass sich CRISPR nicht dazu eignet, Erbkrankheiten im menschlichen Embryo zu reparieren. <Als CRISPR das kranke väterliche Gen ausschaltete, reagierte der Embryo, nicht, wie erhofft damit, das reparierte Gen anzunehmen, sondern es griff auf das gesunde Gen des mütterlichen Chromosoms zurück. Ein externes Gen hat keine Chance gegen die eigenen väterlichen oder mütterlichen Gene>, gesteht der Studienleiter Shoukharat Mitalipov von der Oregon Health & Science Universität ein. CRISPR Experten sind sich einig. Das Ergebnis dieser Methode ist unvorhersehbar; in naher Zukunft wird sie sicherlich nicht in Fruchtbarkeitskliniken angewendet werden.[176]

Im Sommer 2018 sind die CRISPR-Cas9 Aktien der Pharmafirmen gefallen. Zum Teil lag es daran, weil immer mehr Nebenwirkungen über die Genom Editierung veröffentlicht werden. Insgesamt verloren führende CRISPR-Cas9 Konzerne 300 Millionen US-Dollars an Börsenwert.

Nature Biotechnology spricht über extensive Mutationen und darauf resultierenden genetischen Defekten, wobei diese durch die üblichen DNA-Testes nicht aufgedeckt werden können. Wissenschaftler warnen vor der Anwendung des Verfahrens, denn normalerweise wird der Erfolg einer Behandlung durch ein Genscreening überprüft. Es ist ein absolutes Muss und eine Standard- bzw. Sicherheitsmaßnahme.[177] Tausende der DNA Basen waren nach Anwendung von CRISPR-Cas9 auf mysteriöse Weise verschwunden. Einige von ihnen fand man schließlich ganz woanders, als dort, wo man das Gen inserierte.

Alle Gene sind wichtig. Sie haben Aufgaben wie z.B. andere Gene zu aktivieren oder auszuschalten. Wenn sie nun komplett zerstört wurden, hat das verheerende Folgen auf die Erbinformation. Vor allem, wenn man die Methode in Keimbahnzellen anwenden will, kann es passieren, dass neue Krankheiten verursacht werden, die zudem an alle Nachkommen vererbt werden. Selbst wenn das ganze Unterfangen glimpflich ausgeht, wird der Patient dennoch Krebs entwickeln.

<In allen vorhergegangenen Studien ist uns dieser Sachverhalt nicht aufgefallen. Wir haben unterschätzt, dass Cas9, welches das defekte Gene rausschneiden und reparieren soll, solche Schäden anrichtet, die nun eine potentielle Gefahr darstellen. Es waren mehrere Versuche an Mäusen -und menschlichen Zellen notwendig- bis wir entdeckten, dass CRISPR-Cas9 regelmäßig umfangreiche Mutationen bewirken>, sagt Allan Bradley Koautor der Studie.

Kurz vor der *Natur Biotechnology* Studie kamen zwei ähnliche Artikel heraus, welche auf einen unmittelbaren Zusammenhang von CRISPR und Krebs hinwiesen. 20 Minuten nach der Publikation der neuen Studie gingen führende CRISPR Aktion herunter.

Pharmakonzerne versuchten die Investoren zu besänftigen. <Geneditieren in Mäusen verlief bisher korrekt. Ähnliche Studien, die unerwartet Mutationen hervorbrachten, wurden später zurückgezogen, weil es sich doch um eine Fehlinterpretation handelte>, verteidigen sie ihre Forschung. Wissenschaftler lassen sich nicht so schnell von ihrer Methode abbringen. Sie sind nach wie vor überzeugt, das Risiko zu managen und im Laufe der Zeit doch noch Krankheiten mit der Hilfe von CRISPR heilen zu können.[178]

So gesehen missachtete auch He Jianku von der chinesischen Southern Universität für Science und Technology in Shenzhen alle Vorsichtsgebote bei seinem Eingriff in die Keimbahn mittels CRISPR-Cas9.[179] Er nahm völlig unbekannte Folgen in Kauf, als er am 25. November 2018 über die Medien bekannt machte, dass soeben die Zwillingsmädchen Lulu und Nana geboren wurden, dessen befruchtete Eizellen genetisch verändert waren. Der Vater der Kinder hatte HIV/Aids. Der Wissenschaftler entfernte den CCR5 Rezeptor, der die *molekulare Eintrittspforte* für die Krankheit ist. Dr. He hofft, dass die Kinder einst so berühmt werden wie Louise Brown, das erste Kind, das durch In-Vitro-Fertilisation geboren wurde.

Die Wiener Ethikerin Susanne Kummer redet hingegen von einem: <Schlag ins Gesicht für alle, die einen verantwortungsvollen Umgang mit der Gentechnik beim Menschen befürworten.

Der chinesische Wissenschaftler hat sich über alle Maßstäbe der klinischen Forschung hinweggesetzt und in Wahrheit einen Menschenversuch mit nicht vorhersehbaren Folgen durchgeführt.>

Die Eintragung des Versuches im chinesischen Register für klinische Studien erfolgte zwar, dennoch wendete sich Jianku an die Medien statt einer sonst üblichen wissenschaftlichen Veröffentlichung. Damit bekam der Forscher maximale Aufmerksamkeit.

Der Genetiker Markus Hengstschläger warnt vor *fatalen Auswirkungen.* <Diese stehen stark im Gegensatz zur über Millionen Jahre verlaufenden Entwicklung des Homo-Sapiens und erlaube weder ein Zurückdrehen noch eine Folgenabschätzung. Die CRISPR-Cas9-Methode sei zwar ziemlich genau, funktioniere jedoch nicht immer exakt, wodurch es zu *Effekten abseits des eigentlichen Ziels* kommen könne. Darüber hinaus ist es ein Eingriff in die Evolution. Wir verändern den Menschen. Das holen wir nicht mehr zurück.>

Der Mediziner und Moraltheologe Matthias Beck gibt zu bedenken, dass die Chinesen beim Weltkongress der Ethikkommissionen im Frühjahr 2016 <händeringend darum baten, dass Europa in Sachen CRISPR-Cas9 den Chinesen Einhalt gebietet, weil die *Genschere* in China bereits bei Embryonen angewendet werde.[180]>

Der Bioethik Experte der Oxford Universität, Julian Savulescu, erklärt gegenüber BBC: <Nehmen wir an, dass die Behauptung stimmt, dann handelt es sich um erschreckende Experimente. Es waren gesunde Embryonen, an denen man ohne jeden Grund herumexperimentierte.

Wir wissen eigentlich nicht viel über den Einsatz von Geneditierung. Aber es verursacht off-target Mutationen, die erst viel später im Leben Krankheiten und auch Krebs verursachen.>

Sein Kollege Feng Zhang stimmt der Aussage zu. <Der Eingriff war nicht notwendig und es kann passieren, dass die Zwillinge nun ein höheres Erkrankungsrisiko haben. HIV ist eine Bedrohung. Doch CCR5 anhand von CRISPR-Cas9 auszuschalten, ist sehr riskant, denn nun haben die Kinder eine große Wahrscheinlichkeit, am West-Nile-Virus zu erkranken.[181]

He Jiankui machte hingegen mit seinen Versuchen weiter. Beim zweiten Internationalen Kongress für Genom-Editierung, der an der Universität in Hong-Kong stattfand, verkündete er am 28.11.2018, dass von den insgesamt sieben Paaren, deren *Kinder* er mithilfe von CRISPR-Cas9 manipulierte, eine weitere Frau schwanger geworden ist.

Michael Deems von der Rice-University in Huston/Texas half He Jiankui. Deems ist Mitbesitzer der kleinen genetischen Firma, die He in China aufgemacht hat.

Die Technologie kam während einer künstlichen Befruchtung zur Anwendung. Man inserierte eine Samenzelle in die Eizelle, um die Embryonen zu *erschaffen*. Nach drei Tagen -im Achtzellstadium, wo jede Zelle omnipotent ist und einen eigenen Embryo hervorbringen kann- wurden einige der Zellen genetisch alteriert.

Die Eltern konnten sich entscheiden, ob sie mit einem der genetisch veränderten Embryonen *weitermachen* wollten. Insgesamt sind 16 von den ursprünglich 22 Embryonen manipuliert worden. Aus ihnen pflanzte man 11 Embryos in sechs Versuchen ein, von denen nur die Zwillinge überlebten. Die beiden Universitäten der Forscher - Rice- und Southern University- wie auch die chinesische Regierung fingen sofort an, den Sachverhalt zu Untersuchen.

Jennifer Doudna, die ein Patent auf CRISPR besitzt, erklärte gegenüber *ABC News*: <Es handelt sich wirklich um eine unakzeptable Entwicklung.

He ist zwar auf dem Kongress erschienen; er hat jedoch keine Auskunft darüber erteilt, was ihn motivierte, diese Forschung am Menschen durchzuführen.> Seine Methoden wurde immer noch nicht in einem von Experten begutachteten Fachjournal veröffentlicht oder unabhängig bestätigt. Weiterhin weigerte er sich zu beantworten, wer ihn bezahlte und warum er seine Forschung geheim gehalten hatte. Vor allem aber, ob die Eltern über Risiken und Nutzen des Projektes vollends aufgeklärt wurden und ob sie das Verfahren verstanden haben, in das sie freiwillig einstimmten.

David Liu vom Harvard MIT's Institut, der auch ein Patent auf eine andere Version von CRISPR besitzt, ist am Boden zerstört. <Es ist ein erschreckendes Beispiel dafür, wofür wir eine vielversprechende Technologie, die ein großes Potential für die Gesellschaft hat, nicht nutzen sollten. Ich hoffe es kommt nie wieder vor.>

Qui Renzong von der Chinesischen Akademie für Sozialwissenschaften klagt die Organisatoren der Konferenz in Hong-Kong an, die es Dr. He erlaubten, seine Arbeit vorzustellen, obwohl sie noch nicht von unabhängigen Experten überprüft worden ist. Für Prof. Qui hat Dr. He gegen die Gesetzte der chinesischen Reproduktionsmedizin verstoßen.

He Jianqui behauptet dennoch, er hätte vor seinen Versuchen vier Experten konsultiert, davon einen Professor aus den USA. Der Forscher der Southern Universität in China ist seit Februar 2018 auf einem dreijährigen unbezahlten Urlaub. Seine Arbeitssteller waren sich nicht bewusst, dass er seine Forschungsgelder für die Finanzierung dieser HIV-CRISPR-Studie verwendete.

Prof. William Hurblut, Ethiker der Standford Universität, sprach lange mit Dr. He. <Ich kannte seine frühen Arbeiten. Ich wusste nicht, dass er versucht hatte, eine Schwangerschaft mit geneditierten Embryonen zu erzielen. Dennoch hegte ich diesen Verdacht. Dr. He hätte niemals aus der wissenschaftlichen Gemeinschaft herausgehen dürfen. Wenn Forscher der Meinung sind, dass eine Methode nicht

sicher genug ist, um angewendet zu werden, entstehen Missverständnisse, Misstrauen und es schafft Diskrepanzen, wenn ein Kollege plötzlich seine eigenen Versuche auf diesem Gebiet durchführt.

Aufgrund der jetzigen Lage hat ein Gerichtsverfahren eine Fortsetzung der Studien von He Jianqui untersagt.[182]

Die seit einiger Zeit in den USA, Europa und China stattfindenden Versuche mit CRISPR, rückten mit den Studien von Jianqui im November 2018 in ein anderes Licht. Die Alterierung der DNA wurde international scharf verurteilt.

Vielen Forschern war die Methode von Anfang an suspekt. Wenn die Technik so einfach ist, spezifische Gene aus dem Erbgut herauszuschneiden, wer garantiert dann, dass das Enzym nicht unbeabsichtigt an anderen Stellen des Erbstranges aktiv wird?

Genau das passierte in zwei neuen Studien, die mit Mäusen und Reis im März 2019 vorgestellt wurden. Schon länger vermuteten Wissenschaftler diesen Sachverhalt. Die Forscher mussten jedoch ihren 2017 erschienen Artikel in der Fachzeitschrift *Nature* zurückziehen, weil sie technische Fehler in ihren Untersuchungen machten.[183] Trotzdem änderte es, wie sich nun herausstellte, nichts an der Hypothese.

Forscher beobachteten in ihren Versuchen mit Mäusen und auch in den Reispflanzen unvorhergesehene Mutationen, die an anderen Stellen als den vorhergesehenen auftraten. Das Erbgut unterliegt zwar auch natürlich vorkommender Mutationen. Unser Körper kann sie jedoch reparieren, sodass sie keine größeren Effekte haben.

Doch wenn eine Korrektur fehlschlägt, treten Krankheiten wie Krebs auf. Trotzdem ist CRISPR eine noch zu unsichere Methode, um sie bereits mit Erfolg therapeutisch einzusetzen. Dennoch entwickeln wir immer neuere CRISPR Verfahren, sodass eine Hoffnung auf den Erfolg -wenn auch in ferner Zukunft- besteht, argumentieren die Wissenschaftler.[184]

5.2 Die in die Nähe des Machbaren gerückten Visionen

Bereits 1999 konnte man im *Time Magazin* einen Artikel des Biologen Lee Silver lesen, der von der Möglichkeit sprach, Designer Babys auch den Menschen zugänglich zu machen, die keinerlei Schwierigkeiten hatten, Nachwuchs zu bekommen. Er sagte: <denke daran, Du musst handeln, bevor Du schwanger wirst. Es macht keinen Sinn, es bei der Geburt Deines Kindes zu bereuen, dass es nicht die von dir gewünschten Eigenschaften hat. Wir bieten Dir die Chance Deines Lebens, Deine zukünftigen Kinder selber zu gestalten.>

Müssen sich Eltern in unserem Jahrhundert nicht mehr die Sorge machen, dass sie ihren Kindern ihre Krankheiten vererben, sondern bieten neue Technologien zudem die Möglichkeit, die Eigenschaften ihrer Kinder zu bestimmen? Wird ein Editieren des menschlichen Genoms nur noch eine Frage der Zeit sein? Im Februar 2017 schlug die amerikanische *Nationale Akademie für Science und Medizin* vor, endgültig mit dem Tabu der Keimbahnbehandlungen zu brechen. Die Heilung von genetischen Krankheiten sollte vorrangiges Ziel der Mediziner sein.

Doch wer entscheidet, welche Krankheiten unter die Rubrik einer solchen *Behandlung* fallen? Beziehungsweise, welche Eigenschaften entsprechen dem Bild, das wir von einem normalen, gesunden Menschen haben? Was rechtfertigt die Insertion von manipulierten Genen bzw. wo sind die Schranken? Haben wir eines Tages die Wahl, unsere Kinder mit einem höheren Intelligenzquotienten zu versehen?

Sollten sie alle nur ein bestimmtes Gewicht oder eine bestimmte Größe besitzen? Dürften ihre Augen mit einem Tapetum Lucidum ausgestattet sein, damit sie auch bei Nacht sehen könnten? Würden genetisch überlegene Kinder intolerant gegenüber den Mitmenschen werden, die nicht ihre Eigenschaften besitzen?

In Island gibt es z.B. kaum noch Kinder mit Trisomie 21. Was nicht bedeutet, man hätte dort herausgefunden, wie man das Dritte, scheinbar überflüssige 21. Chromosom eliminiert, sondern Island hat fast allen seinen Ungeborenen, welche diese Bedingungen in ihrem Erbgut aufzeigen, ein Recht auf ein Weiterleben abgesprochen. 85% isländischer Mütter erhalten eine vorgeburtliche Untersuchung auf Chromosomen-Abnormalien.

Fast 100 Prozent von ihnen wollen nicht, dass ihr Kind unter diesen Bedingungen weiterlebt, berichtete *CBS News*. Bedingt durch eine straffe genetische Beratung, erblicken in Island pro Jahr nur noch zwei bis drei *Down-Syndrom Kinder* das Licht der Welt.

Wie es ein Mitarbeiter formuliert: <wir sehen eine Abtreibung nicht als Mord an, sondern wir bezeichnen es als die Beendung eines wahrscheinlich sehr komplizierten und leidensvollen Lebens.[185]>

In einigen Staaten von Amerika, wie: North Dakota, Ohio, Indiana und Louisiana gibt es Gesetze, die eine Abtreibung aufgrund der Diagnose Down-Syndrome verbieten. Dennoch sehen es viele als ein Recht des Grundgesetztes an, ihr Kind mit dieser Diagnose an einem Weiterleben zu hindern.

<Ich will das hier mal sehr deutlich sagen, es ist nicht das Kind, welches ich haben wollte>, schrieb eine Frau, die nicht die Möglichkeit eines vorgeburlichen Gentests hatte.

<Sie können mich nun egoistisch nennen. Allerdings stehe ich mit dieser Meinung nicht alleine da, sondern befinde mich in guter Gesellschaft>, erläuterte sie weiterhin.

Die Annahme, Down-Syndrom *Überlebende* hätten nicht die gleichen Gefühle, Träume, Erwartungen und Hoffnungen, wie alle anderen Menschen auf diesem Planeten, ist falsch. Sie selber beschreiben ihr Leben als erfüllend und glücklich. Wie rechtfertigen wir dann einen eventuellen genetischen Eingriff an Embryonen? Oder was nehmen wir als Maßstab?[186]

Prof. Dr. Peter Dabrock adressierte die Jahrestagung des Deutschen Ethikrates in Berlin 2016 mit den leicht veränderteren Worten des Manifestes der kommunistischen Partei, das von Karl Marx und Friedrich Engels stammte. Sie sagten Anfang 1848: <Ein Gespenst geht um in Europa>. Der Vorsitzende des Ethikrates transformierte diesen Satz in das 21. Jahrhundert. Nun heißt er: <Ein Gespenst geht in der wissenschaftlicher Welt, Gesellschaft und Bioethik um. Das Gespenst CRISPR-Cas9.

Viele vergöttern unsere biotechnologischen Wunder. Für andere kommen sie gespenstisch vor, weil wir die medizinischen Risiken nicht abschätzen können und kaum ethische Rückfragen gestellt werden.

Dennoch jubeln wir Forschern zu, die Visionen in die Nähe des Machbaren gerückt haben. Das scheinbar Unwirkliche, das alle etablierten Ordnungen durcheinander wirft und zu guter Letzt über Leben und nicht mehr lebenswert entscheidet, ist uns durch moderne Techniken erschließbar. Moderne Verfahren machen gezielte Änderungen im Erbgut durch Einfügen, Ausschalten usw. hoch effektiv und effizient. Doch wenn wir euphorisch herumexperimentieren, könnten wir aus Versehen ganzen Spezies bestimmte Eigenschaften nehmen.

Theoretisch sind wir imstande, moderne biotechnologische Verfahren auf den Menschen selbst zu übertragen. Nur vergessen wir oft dabei, dass wir dafür Embryos benötigen, die aus einer In-Vitro-Fertilisation stammen. Somit werden unweigerlich all jene, die nicht unserem Standard entsprechen, als Biomüll entsorgt. Chinesische und englische Forschungsgruppen haben damit keine Probleme. Unsere deutschen rechtlichen Restriktionen interessieren sie nicht. Angesichts dessen ist es ein ethischer Imperativ, dass menschlich Embryos einen moralischen Status erhalten. Wir haben eine Verantwortung für unser Tun und für das, was wir unterlassen>, erklärte Prof. Dabrock in seinem Vortrag.[187]

Bereits der deutscher Arzt, Theologe, Philosoph und Nobelpreisträger Albert Schweitzer sagte: <Ohne Ehrfurcht vor dem Leben hat die Menschheit keine Zukunft.> Auch ein anderer Ausspruch verlor keineswegs an Aktualität, als er bemerkte: <Keiner von uns darf ein Weh, für das die Verantwortung nicht zu tragen ist, geschehen lassen, soweit er es nur hindern kann. Keiner darf sich dabei beruhigen, dass er sich damit in Sachen einmischen würde, die ihn nichts angehen. Keiner darf die Augen schließen und das Leiden, dessen Anblick er sich erspart, als nicht geschehen ansehen.>

Oft sind wir jedoch von neuen biotechnologischen Errungenschaften fasziniert und sind so außerstande, potentielle Nebenwirkungen einzukalkulieren. Eigentlich ist der Fortschritt für den Menschen da und nicht der Mensch für den Fortschritt. Oder anders gesagt, wir können nicht den Menschen im Anfangsstadium seines Daseins opfern, um damit angeblich etwas Gutes zu tun, wie z.B. Krankheiten alter Menschen zu heilen.

Technik kann gut oder böse sein. Das sahen wir an Hiroshima. Es kommt also darauf an, wie wir sie einsetzten. Wir können sie aber nicht anwenden, um damit den Menschen selber zu töten. Und wir sollten schon besser wissen, was wir tun. Ganz nach dem Motto: Quidquid agis, pudenter agas et respice finem. (Was immer du tust, tue es mit Bedacht und bedenke das Ende.)

So haben auch Umweltfaktoren und Epigene ihre Rolle an der Krankheitsentstehung. Man ist nicht in der Lage, sie mithilfe von genetischen Manipulationen am Embryo zu eliminieren.

Seit einiger Zeit weiß man, dass nicht nur Viren oder Bakterien ansteckende Krankheiten übertragen. Es werden anscheinend auch posttraumatische Erlebnisse von Mensch zu Mensch weitergegeben, bzw. vererbt.

Die Arbeit: *Traces of Trauma in Sperm RNA* aus *Nature Neuroscience* vom 13. April 2014 gibt Aufschluss darüber, dass traumatische Erlebnisse über die microRNAs der Spermien weitervererbt werden können. [188] Mittlerweile gibt es viele Untersuchungen über posttraumatische Belastungsstörungen. Massive psychische Entgleisungen, die nach schockhaften Erlebnissen auftreten, werden höchstwahrscheinlich weitervererbt.

Unspezifische Beschwerden wie Aufmerksamkeitsstörungen, Reizbarkeit, Schlafstörungen usw. werden durch Erinnerungsflashbacks hervorgerufen. Das Trauma kann Jahre oder auch Generationen zurückliegen. Selbst nichtverwandet Ehefrauen von Soldaten mit posttraumatischen Störungen, können diese Symptome aufweisen.

Jaideep Brains vom Hotchkiss Brain Institute (HBI) der Cumming School of Medicine berichtet über Stress, der über das Gehirn auf andere Lebewesen übertragen wird. Seine Versuchstiere, in diesem Fall weibliche Nagetiere, die nicht am Stress teilhatten, wiesen identische Gehirnveränderungen auf wie die dem Stress ausgesetzten männlichen Mäuse. Für die Übertragung wäre ein Alarmpeheromon verantwortlich gewesen. Natürlich bleibt die Frage, ob die Ergebnisse für uns Menschen reproduzierbar sind?

Soweit bietet uns die *Dutch Hunger Families Study* Anhaltspunkte, dass Epigene für die Entstehung von Diabetes und einem erhöhten BMI (Body Mass Index) von Kinder verantwortlich sind, deren Eltern 1944 in den Niederlande hungerten. Kann demnach Stress übertragen werden? Oder anders gesagt, beeinflussen Epigene die Ausschüttung der akuten Stresshormone Adrenalin und Noradrenalin, was damit zu einer langanhaltenden Cortisolproduktion führt? Es sind bereits weitere Studien beauftragt worden, die diese These unterstützen und den genauen Mechanismus der Stressübertragung nachgehen.[189]

Die Zukunftsbranche der Biotechnologien wächst wie kaum ein anderer Wirtschaftszweig. Die Spitze der Forschung bildet die synthetische Biologie, in der man biologische Systeme künstlich herstellt. Sie besitzen Eigenschaften, die so in der Natur nicht vorkommen. Schon lange wird synthetische Biologie als der Heilige Gral genetischer Innovationen bezeichnet.

Halbsynthetische Organismen könnten eines Tages entwickelt werden, welche in ihrer Funktion den herkömmlich gebildeten weitaus überlegen wären, weil sie durch zusätzliche eingefügte Erbinformation ein größeres Potential besitzen. <Sie würden uns helfen, Arzneimittel an die richtige Stelle zu bringen oder sind effizienter, Insulin zu produzieren. Vielleicht kann man so auch gezielt Krebszellen vernichten, bzw. umweltbelastende Ölteppiche abbauen?>, erläutert Prof. Floyd Romesberg vom Scripps Research Institute in Kalifornien gegenüber der *Washington Post.*

Der Forscher kommt ins Schwärmen. Er hat 2014 einen Semi-Synthetik-Organismus in seinem Labor erschaffen, der genetisches Material des Bakteriums E. Coli herstellt. Wenngleich sein Konstrukt nicht stabil war, wurde mittlerweile ein dauerhafter Organismus hergestellt, der in der Lage ist, eigene Proteine zu bilden. Sie üben die gleiche Funktion aus, wie ihr in der Natur vorkommende Counterpart, obwohl ihr Erbstrang im Labor *zusammengebastelt* wurde.

Der ehemalige Direktor des Zentrums für internationale Intelligenz, James Clapper, hat Genomeditierungen unter der Rubrik: *Waffen und Massenvernichtungsmittel* gelistet. Dies verdeutlicht uns nicht nur, was passieren kann, wenn diese Technik in die falschen Hände gerät, sondern, wenn wir aus Versehen eine Katastrophe heraufbeschwören, weil wir nicht über das Wissen verfügen, was ein Eingriff in den Naturkreislauf bewirken kann.[190]

Schließlich lernen wir nicht erst aus den vielen nervenkitzelnden Science-Fiction Romanen, was vorfallen könnte. Die Zeiten in denen wir den Forscher als eine Art Erlöser ansehen, sind vorbei. Dies ist ein Relikt aus dem Antibiotika- oder Insulin-Zeitalter. Wissenschaftler selber vergleichen ihre Forschung mit einer *Atombombe im Reagenzglas.*

Es kann unser ganzes Dasein und unsere Zukunft radikal verändern und in einer Katastrophe für die Menschheit ausarten.

Das Bild, das wir von Wissenschaftlern haben, hat sich im Laufe der Zeit verändert. Der Deutschen Mediziners Paul Ehrlich (1854-1915), der 1910 mit *Salvarsan* in der Lage war, die Geschlechtskrankheit Syphilis zu heilen, wurde als Erlöser angesehen. Er hatte eine magische Waffe gefunden, die das Bakterium (Treponema pallidum ssp. pallidum) vernichtete, wobei der Mensch selber nicht zu Schaden kam. Der Schüler von Paul Ehrlich, Alexander Fleming (1881-1955), hatte 1928 das erste Antibiotikum Penicillin entwickelt. Diese Entdeckung brachte ihm 1945 den Nobelpries.

Flemming selber wusste nicht, wie großartig die Isolierung des ersten und bekanntesten bakteriziden Antibiotikums war. Erst seine Kollegen Howard Florey und Ernst Chain fanden heraus, dass es ein kompetentes Mittel ist, bakterielle Krankheiten zu eliminieren. Die Gruppe der penicillinhaltigen Antibiotika werden seitdem vorzugsweise für die Behandlung von gram-positiven Bakterien bei Tieren und Menschen eingesetzt. Allerdings dauerte es nur drei Jahre, bis die ersten penicillinresistenten Bakterien gefunden wurden. Behringer, der an der Berliner Charité arbeitete, gab Diphteriekranken Hoffnung, wobei ihm Paul Ehrlich hilfreich zur Seite stand. Der Ausbruch von Syphilis konnte zurückgedrängt werden. Leider häuft sich in Europa seit 1990 die Anzahl der Neuinfizierten wieder.

Syphilis wurde 1530 nach der Geschichte des Arztes Girolamo Fracastoro benannt. Der Schafhirte Syphilus wurde wegen Gotteslästerung mit der neuen Krankheit Syphilis bestraft.[191] Es dauerte nicht lange, bis sich das Bild, welches wir von Wissenschaftlern haben, änderte. Plötzlich sahen wir eine bedrohliche Komponente, die ihrer Forschung anlastet. Denken wir an die Produktion von chemischen Waffen. Schon lange sehen wir Forscher nicht mehr als die *Götter in Weiß* an. Heute kann sich jeder relativ billig ein Kit kaufen, mit dem er imstande sein könnte, in seinem Garten das Genom allen

Lebens zu verändern. Bedrohlich wird es, wenn unser Eingreifen in die Natur unvorhergesehene Konsequenzen hat. Techniken, welche die Reproduktion von Zikavirus tragenden Moskitos eindämmen, könnten durchaus auf Pollinatoren überspringen. Wenn diese den Mechanismus adaptieren, wäre unsere ganze Agrarproduktion in Gefahr.

Das Verlangen, die Ernährung der Menschen zu sichern, hatte schon der bedeutende Gießener Chemiker Justus Liebig. 1840 erschien sein Buch "Agrikulturchemie" (die organische Chemie in Anwendung auf Agrikultur und Physiologie). Liebig hatte den chemischen Dünger erfunden und damit die Basis geschaffen, die Ernteerträge des Bodens enorm zu steigern. Wie jeder Wissenschaftler trieb ihn Versuch und Irrtum an. Denn auch er wusste nicht, was passiert, wenn man in einen Naturkreislauf eingreift, ohne das Konzept zu verstehen. Er schrieb: <Ich hatte mich an der Weisheit des Schöpfers versündigt und dafür meine gerechte Strafe empfangen. Ich wollte sein Werk verbessern und in meiner Blindheit glaubte ich, dass in der wundervollen Kette von Gesetzen ein Glied vergessen worden sei, was ich, der schwache

ohnmächtige Wurm, ersetzen müsse. Die Alkalien, bildete ich mir ein, müsse man unlöslich machen, weil sie der Regen sonst entführe. Doch der große Baumeister verlieh den Trümmern dieser Kruste das Vermögen, alle diejenigen Elemente, welche zur Ernährung der Pflanzen und damit der Tiere dienen, anzuziehen und festzuhalten...>. Liebigs Erfolg stand nichts mehr im Wege, als er lösliche Nährstoffe dem Boden zufügt.

5.3 Kapitale Re-Engineering

*D*as Werk Gottes will auch der italienische Neurochirurg Sergio Canavero verbessern. In einem Skyp-Telefoninterview mit Business Insider berichtete er im Juni 2017 darüber, der erste Arzt zu sein, der einen Körper bzw. einen Kopf transplantieren will. <Es kommt bei diesem Eingriff auf die Perspektive an. Eigentlich geht es um beides>, behauptet der Wissenschaftler.

Bevor der Mediziner ins Detail ging, schwärmte er über seine Methode. Er sei in der Lage, den Menschen unsterblich werden zu lassen. Und dies ganz ohne irgendwelche Gentechniken, sondern mit fast schon archaisch chirurgischen Methoden.

Sein Vorhaben ist bitterernst. Es handelt sich nicht um einen verzweifelten nostalgischen Wissenschaftler, der zu viel in Mary Shelley's *'Frankenstein Roman"* von 1818 gelesen hat.

Sergio Canavero hält triumphierend das hundert Jahre alte Buch vor die Computer-Kamera, damit es sein Gegenüber auf der anderen Seite des Atlantiks, sehen kann. <Darin> sagt er, <ist der Schlüssel für die nächste Operation auf meiner Agenda. Dieses Jahr noch werde ich einen Kopf transplantieren und damit tote Materie wiedererwecken.

Ich möchte eine Nah-Tot Erfahrung kreieren. Genau genommen eine volle Todeserfahrung. Ich will die Mauer zwischen Tod und Leben durchbrechen. Eines Tages wird es nichts besonders mehr sein, einen Kopf auf einen anderen gesunden Körper zu transplantieren. In meiner Operation, die ich HEAVEN bezeichne, werde ich den Kopf eines chinesischen Bürgers auf den Körper eines Hirntoten transplantieren.>

Die Abkürzung steht für, *head anastomosis venture*. Es ist eine Verbindung zwischen zwei anatomischen Strukturen. In diesem Fall handelt es sich eigentlich um das Rückenmark zweier Personen, das *verknüpft* werden soll. Erstmalig verpflanzte Dr. Robert White 1970 einen Affenkopf auf einen anderen Affenkörper. Das Tier überlebte acht Tage. Eine Prozedur, das Rückenmark zu verbinden, existierte damals noch nicht.

Die größte Hürde besteht darin, das Rückenmark eines gesunden Hirntoten Donor's mit dem Kopf eines gelähmten Empfängers zu verbinden. Der Satz von Tsiolkovsky (1857-1935), Gründungsvater der Raumfahrt: <Das unmögliche von heute wird morgen möglich> inspiriert Dr. Canavero.[192] Nach seiner Überzeugung haben wir es nur seiner Forschung zu verdanken, Rückenmarkes-Patienten helfen zu können, wieder ein normales Leben zu führen.

Auch uns kämen seine Experimente zugute, wenn wir durch sie ein *ewiges Leben* schon hier auf Erden erlangen. <In der Zukunft können wir dann unseren Kopf auf einen jungen, gesunden Körper transplantieren. Vielleicht werden wir auch unseren eigenen geklonten Körper dafür verwenden!> Canavero hätte bereits viele Experimente publiziert, die als Grundlage für seine erste Kopftransplantation dienen. <Es kommt darauf an: man kann die Prozedur entweder als Gesamtkörper-Transplantat oder Kopftransplantat bezeichnen. Je nachdem von welchem Ausgangspunkt die Operation gehandhabt wird>, betont er.

Dr. Canavero war im September 2016 in aller Munde, als er ein Video auf *Sky-News* publizierte, auf dem man einen stolpernden Hund sah. Drei Wochen zuvor hatte der Arzt das Rückenmark des Tieres wieder zusammengenäht, welches durchtrennt war.

Der Neurochirurg Robert Brownstone der Brain Research Neurosurgery der Universität in London erklärte: <Viele wissenschaftliche Ideen hörten sich am Anfang total verrückt an, dann zeigte sich jedoch, dass sie umsetzbar waren. Wir sollten ein Kopftransplantat nicht abtun. Allerdings hat das Vorhaben von Dr. Canavero wirklich nichts mit der Realität zu tun.>

Prof. Pickard von der Universität von Cambridge ist skeptisch. <Ich glaube, er hat einfach seine Wissenschaft nicht ernst genommen. Die Zeitschrift, die einen Bericht über das Vorhaben schreibt, ist alles

andere als seriös. Sie denken nur an den Absatz ihrer Reportage, verunglimpfen dabei jedoch moderne Wissenschaft.[193]>

Nichtsdestotrotz publizierte der Neurologe Dr. Canavero seine Technik.[194] Er versprach, sie 2017 am Menschen anzuwenden. Andere Experten wie der Neurowissenschaftler Jerry Silver stehen den Veröffentlichungen auch skeptisch gegenüber. <Der Artikel bringt uns nicht weiter, ein humanes Kopf-Transplantat durchführen. Wie aus dem Video zu ersehen ist, hatte der Hund gerade mal eine Rückenmarkverletzung überstanden. Er ist dennoch nicht in der Lage, richtig zu stehen.>

Dr. Canavero ist nicht der einzige Arzt, der davon träumt, einen *Kopf zu versetzten*. Der chinesische Orthopäde Dr. Ren Xiaoping von der Harbin Medical Universität erklärte der *New York Times* Zeitung gegenüber, dass auch er ein Team zusammenstellt, um diese Operation durchführen zu können. Die Idee einer Kopftransplantation wird schon lange eruiert. Man könnte damit Querschnittsgelähmten, oder Patienten mit einer Muskeldystrophie helfen. Es handelt sich dennoch um ein sehr gewagtes Unterfangen. Die wenigen Versuchstiere, die solch eine Operation überstanden hatten, lebten nur ein paar Stunden bzw. Tage nach dem Eingriff.

Zuerst einmal gibt es fünf Hürden zu überwinden. Sobald auch nur ein Organ aus dem Körper entnommen wird, fängt es an zu sterben. Herz, Leber und Nierentransplantate werden gekühlt, damit sich ihre Lebensdauer verlängert. Man versetzt die Zellen in eine Art Winterstarre. Nieren können in kaltem Salzwasser 48 Stunden, Leber 24 Stunden und Herzen fünf bis zehn Stunden überleben.

Doch wie hält man ein so komplexes Gebilde wie einen Kopf intakt? Es handelt sich nicht nur um das Gehirn, sondern auch um Augen, Ohren, Nase, Mund, Haut,- die Speicheldrüse und die Hirnanhangsdrüse, die für die Hormonbildung zuständig ist. Ganz abgesehen vom sogenannten Waldeyer-Rachenring mit seinem lymphatischen Gewebe wie den Mandeln. Was mit der Schilddrüse passiert, die das Immunsystem reguliert, wird gar nicht angesprochen. Ein Kopf kommt doch eigentlich immer mit dem Hals? Aber das ist in diesem Fall wohl nicht so relevant! Aus jahrelangen Tierexperimenten weiß man, dass, sobald jemand seinen Kopf verloren hat, der Blutdruck und mit ihm der Sauerstoffgehalt fällt, was unweigerlich ein Gehirnkoma auslöst.

Die zweite Hürde bildet das Immunsystem. Es stößt jedes artfremde Organ ab und reagiert nicht spezifisch auf einen *Kopf*, den der Körper als *fremd* ansieht. Das Immunsystem entdeckt ganz allgemein Antigene in den Zellen des neuen Organs. Wenn sie nicht übereinstimmen, stößt es das Transplantat ab. Deswegen verabreicht man Organ-Empfängern immunsuppressive Medikamente.

Berücksichtigt man die genannten Punkte, müsste die Dauer der Operation unter einer Stunde liegen. Das Experiment von Robert White, in dem er einen Affenkopf verpflanzte, würde heute schlicht als Tierquälerei bezeichnet werden. Er hatte den Kopf des Tieres auf 10°C herunter gekühlt. Der Affe überlebte so lange, bis der Kopf vom Immunsystem abgestoßen wurde.

<Der Eingriff ist innerhalb einer Stunde durchführbar>, schreibt Canavero in seinem Paper. Zwei Teams arbeiten gleichzeitig, während in beiden Körpern ein künstlicher Herzstillstand eingeleitet wird, bleibt nur das Zirkulationssystem im Spenderkörper aufrechterhalten.

Viele Wissenschaftler sind sich einig: <Es handelt sich im besten Sinne des Wortes um ein theoretisches Experiment, das in der Praxis nicht durchführbar ist. Zudem ist es unmöglich, das Rückenmark zweier Personen zu fusionieren.> Damit der neue Kopf den Körper kontrollieren kann, muss das Rückenmark nahtlos verbunden sein.

In den Affenversuchen schlug dies fehl. Das Tier war nach der Operation vom Kopf abwärts gelähmt. Canavero hat für seinen Zweck einen Rückenmarkes-Kleber entwickelt, der ihm helfen wird, seine ehrgeizigen Ziele zu verwirklichen. Es ist eine ganz neue Technik. Eine Art Plastik, mit dem er das Rückenmark in seinen Tierversuchen kitten konnte. Allerdings hat er in seinen bisherigen Mäuseversuchen einfach nur einen zweiten Kopf angenäht, deren Rückenmark mit dem Kleber verbunden wurde. Niemals hat er einen Kopf durch einen anderen ersetzt. Canavero will seine Patientin in ein künstliches Koma legen, um sicherzugehen, dass sein Kleber wirkt und sich das Rückenmark nicht in sich selbst verdreht.

<So ein langes Koma ist an sich schon fraglich>, erklärt der Neurochirurg Prof. Harry Goldsmith von der Universität in Kalifornien in Davis. <Es kann dadurch zu Infektionen, Thrombosen und einer verminderten Aktivität des Gehrins kommen. Diese Operation muss erst einmal an Tieren erfolgreich durchgeführt werden, bevor wir sie am Menschen ausprobieren. Und dann müssen wir noch mit all den Tierschützern rechnen, die solche Versuche nie genehmigen würden. Ganz zu schweigen von den ethischen Komitees. Wir sind also noch sehr weit von einem Kopftransplantat entfernt. Es wird wohl nie dazu kommen, weil es schlicht gesagt der falsche Ansatzpunkt ist, um ein ewiges Leben auf Erden zu ermöglichen?[195]>

James FitzGerald, Neurochirurg von Oxford, zeigt sich gegenüber *Business Insider* skeptisch. <Die Daten von Canavero können nicht stimmen. Er blufft damit, Rückenmark von Mäusen, Ratten und Hunden erfolgreich fusioniert zu haben.>

Canavero gibt letztendlich doch zu, dass seine Prozedur nicht so wörtlich genommen werden sollte. Er möchte nur einen Weg finden, das Leben zu verlängern. <Seine Aussagen sind schwer zu verstehen, denn auf der einen Seite möchte er Rückenmarkverletzungen kurieren, auf der andern sagt er: es ginge ihm nicht um diese Verletzungen. Er sieht dennoch ein, dass es niemals genügend Spender-Körper geben wird. Damit hat er eine bequeme Ausrede gefunden, warum seine *so gute Methode* nicht umsetzbar ist. Man müsste unweigerlich selektieren oder wirklich den Menschen klonen, um einen Köper zur Verfügung zu haben. Das alles klingt sehr verwirrend. Dr. Conavero hat den falschen Ansatz gewählt>, erklärt James FitzGerald.

Dr. James gehört zu den Ärzten, die auch von der Idee begeistert sind, menschliches Leben verlängern zu können. <Doch, um das zu verwirklichen, müssten wir eher an Computer denken. Wie müssten eine Art Chip inserieren, welches die Fähigkeit hat, künstlichen Gelenke und Extremitäten zu bewegen. Ein Chip sollte die Arbeit des Gehirns übernehmen.> Dr. FitzGerald ist überzeugt, dass wir bald in der Lage sind, Querschnittsgelähmten auf diese Art zu helfen. Die Ziele von Dr. Conavero sind für ihn hingegen utopisch.[196]

Die Frage, ob es sich bei einer Kopftransplantation eines gelähmten Patienten auf einen neuen Körper um medizinische Heilkunst oder um hochrangige Wissenschaft handelt, bleibt bestehen. Vielleicht hat zu guter Letzt alles nicht mehr auf sich als die Wichtigtuerei eines arroganten Mediziners. Zumindest zweifelt die Redaktion des hochrangingen Wissenschaftsmagazin *Surgery* die Rechtschaffenheit des Professors an.

Prof. Harry Goldsmith von der Universität Kalifornien sagt: <Es gibt zu viele Probleme. Ich glaube nicht, dass so etwas jemals gelingen wird>. Der Neurochirurg kennt sich aus. Ihm gelang es als einem der Ersten, eine schwere Rückenmarkverletzung zu kurieren. Jetzt kann sein Patient wieder gehen.

Bisher neigte man bei allen Inventionen dazu, die Prozedur als nicht erfolgsversprechend abzutun. Man denke an die 50iger Jahre, in denen die ersten Nieren- oder Herztransplantationen stattfanden. Heute ist es fast zu einer Routine geworden, Kniegelenke, Handgelenke, Hauttransplantate usw. (auch von Toten) zu verpflanzen. Nicht zuletzt arbeitet nicht nur die Unfallchirurgie schon lange an Knochenersatzmaterialien und deren Integration in dieselben.[197]

In der Mitte des letzten Jahrhunderts existierte das medizinische Wunder eines Hundes mit zwei Köpfen. Er konnte fressen und bellen…, bis der neu transplantierte Kopf abgestoßen wurde und er damit das Zeitliche segnete. Der Turiner Neurochirurg Canavero zeigt trotz allem Zuversicht. Wenn es nach ihm ginge und man ihn operieren lassen würde, könnten seine Patienten gleich nach dem Aufwachen sprechen und die Gesichtsmuskulatur bewegen. Ob sie das als Querschnittsgelähmte eventuell schon vor so einer Operation konnten, steht für den Arzt nicht zur Debatte.

Die Frage an die Ethik-Kommission bleibt, ob sie so einer Prozedur überhaupt zustimmen würden? Zusätzlich zu technischen, medizinischen, aber auch ethischen Problemen, die so einer Operation vorausgehen, müssen leider viele Tiere dafür sterben.

Dennoch erklärt sich Russ Valeri Spiridonov, der an der Werdnig-Hoffmann-Krankheit leidet, dazu bereit, sich operieren zu lassen. Es handelt sich bei seiner Krankheit um eine spinale Muskelatrophie. Er träumt davon, seinen 33 Jahre alten Körper gegen einen neuen einzutauschen. Man will in China operieren. Dadurch würde man die Ethikauflagen umgehen. In diesem Land wird keine informierte Einwilligung für eine Operation benötigt, unabhängig davon, wie utopisch der Vorgang in der medizinischen Welt betrachtet wird. Jeder, der nur etwas von Medizin versteht, weiß um das Scheitern einer solchen Operation.[198]

Wie gesagt, es ist der falsche Ansatz, um Querschnittsgelähmten zu helfen. Heute schon sind Wissenschaftler in der Lage, Schlaganfall-Patienten auf eigenen Beinen gehen zu lassen, obwohl neun von zehn halbseitig gelähmtem Menschen nur schwer ihre Muskeln koordinieren können und ihr Gang stolpernd und hilflos ist.

Forscher entwickelten ein Roboter-Exoskeleton. Es ist zwar nur halb so schön wie die Roboter, die wir aus Science-Fiction-Action Filmen kennen, dennoch erfüllt es seinen Zweck. Das *Exosuit* zieht an Leinen, die an den Schuhen des Patienten befestigt wurden. Die Fußgelenke werden daraufhin veranlasst, gleichmäßige Bewegungen auszuführen. Die Patienten sind in der Lage, ihre Balance zu halten und können genauso sicher auftreten wie vor der Paralyse. Eigentlich wurde das Exosuit für das Militär entworfen. Genau genommen handelt es sich um eine Entwicklung des *Defense Advanced Research Project Agency Warrior Web Programmes* des amerikanischen Verteidigungsministeriums. Ähnliche Roboter gibt es schon lange. Allerdings fehlte ihnen die Stabilität. Zudem hatten sie eine unhandliche Batterie, welche das Skelett unnötig schwerer machte.

Jetzt gibt es ein leichteres Modell mit einer kleineren *Power Quelle*. Patienten können damit fast überall herumlaufen und sind nicht einseitig auf das Laufband beschränkt. Es müssen zwar noch mehr Langzeittests durchgeführt werden, trotzdem hilft es bereits Patienten und verkürzt die Rehabilitierung.[199]

5.4 Menschlicher Exzeptionalismus

*D*er Gedanke, eine Missbildung zu heilen, ist nichts Neues. Sonst hätte ein in den letzten Jahren rapide zunehmendes Genscreening nicht so viel Aufmerksamkeit gewonnen. Wenn wir jedoch wissen, dass unser Kind missgebildet ist, wie gehen wir dann damit um?

Die Medizin macht so viele Fortschritte, dass man sich mittlerweile nicht mehr sicher ist, ob man einem Embryo oder Ungeborenen ein Recht auf Leben absprechen sollte nur, weil es eventuell missgebildet ist. Mittlerweile gibt es viele Eltern, die ihr Kind mit Down-Syndrom um nichts in der Welt missen wollen. Sie verwahren sich, Down-Syndrom als eine Krankheit anzusehen.

Noch in den 60iger Jahren redete man z.B. von Mongolismus, wenn man einen Menschen beschrieb, dessen 21. Chromosom dreimal vorhanden war. Daraufhin kam es zu einer Beschwerde der Regierung der Mongolei. In ihrem Erbgut sei nicht öfter Trisomie vorhanden als in allen anderen Völkern.

1958 hatte der französische Genetiker Lejeune als erster die Chromosomenanomalität beschrieben. 1961 beantragte die Fachzeitung *Lancett*, den Namen nach dem englischen Arzt John Langdon Down zu bezeichnen, der die Konditionen von Trisomie 21 anhand von Fotos, Messungen der Länge von Armen und Beinen und Gesichtsmerkmalen klassifiziert hatte.

Einige Bioethiker sind über Testsysteme besorgt, die Down-Syndrom in einem sehr frühen Zeitraum der Schwangerschaft feststellen. Als Folge käme unweigerlich eine Abtreibung in Frage.

Anstatt diese Kinder zu diskriminieren, sollte die Öffentlichkeit besser über Down-Syndrom aufklärt werden. Fernsehreklamen wie *Your Next Star*, achten bereits darauf. Wenn es gelingt, dass sich Eltern weniger Sorgen um die Zukunft ihrer Kinder machen, werden sie diese eventuell willkommen heißen.

Es gibt bereits vielversprechende Forschungsprojekte, welche eine Heilung von Trisomie herbeiführen könnten. Jeanne Lawrence arbeitet an der Elimination des dritten Chromosoms in Mäusen. Soweit hat sie Erfolg. Es ist dennoch ein langer Weg, bis ihre Experimente soweit sind, dem Menschen einen Nutzen zu erbringen.

Dr. Jeanne ist sich sicher, dass man ihre Methode entweder nach der Geburt bzw. schon Intrauterin anwenden kann. Das bedeutet, anstatt ein Kind abzutreiben, kann man es heilen. Schließlich wird es gesund zur Welt kommen. Bereits Dr. Jerome Lejeune war von der Idee vereinnahmt, eine Behandlung zu finden. Er sagte: <Es ist unvorstellbar, dies nicht zu vollbringen, denn es war eine größere Errungenschaft, Menschen auf den Mond zu senden.>

Diana Bianchi versucht dem Wunsch des verstorbenen Forschers gerecht zu werden. Der Katholik Dr. Lejeune war im Grunde genommen entsetzt, weil seine Entdeckung dazu führte, Down-Syndrom vorgeburtlich zu diagnostizieren, was letztendlich Abtreibungen begünstigte.

Dr. Bianchi, Direktorin des National Institutes of Child Health and Human Development des Tufts Medical Centers in Boston/Massachusetts, wird von vielen missverstanden.

Denn der einzige Weg, Down Syndrom zu heilen, ist es, die Krankheit so früh wie möglich zu diagnostizieren. Eine ähnliche Situation besteht bei einer Spina bifida (offene Wirbelsäule), deren intra-uterine Operation dem Ungeborenen zugute kommt. Letztendlich entscheidet eine vorgeburtliche Diagnose darüber, ob das Kind gesund auf die Welt kommt oder sein Leben im Rollstuhl verbringen muss. Selbst Herzoperationen werden mittlerweile vorgeburtlich durchgeführt. Wenn ein vorgeburtlicher Test zur Heilung beitragen würde, wären Eltern vielleicht nicht mehr daran interessiert, ihr Kind abzutreiben. Bianchis Ziel ist es, den Schwangeren eine Hoffnung zu geben. Wie sich die Betroffenen entscheiden, und was sie mit der Information tun, unterliegt nicht der Verantwortung der Forscherin.

Der Münchner Kardinal Reinhard Marx [200] erklärte am 12. November 2013: <...dass jeder Mensch ein einmaliger, ewiger Gedanke Gottes ist, der zu Ende gedacht werden muss und nicht ins Nichts zerfallen kann.> Er fügte hinzu: < Wenn Gott jeden Menschen von Ewigkeit her gewollt hat und liebt, dann kann mit dem Tod nicht alles vorbei sein.>

Leider tendiert man in unserer Gesellschaft dazu, Tier mehr zu lieben als unsere Mitmenschen, und so kann es passieren, dass das Leben eines vom Aussterben betroffenen Gorillas mehr zählt als jenes eines Jungen.[201] Schließlich geben wir unseren Tieren fast den gleichen Status wie unseren Kindern. Wir lieben sie abgöttisch. Die Nachricht, dass ein Gorilla im Zoo von Cincinnati erschossen wurde und eine Frau wegen ihres Hundes starb, erregte die Gemüter.

Als der Engländer Eric Blair, der unter dem Synonym George Orwell bekannt wurde, als Polizist in der Kolonie Burma tätig war, musste er einen Elefanten erschießen, weil dieser einen Tagelöhner getötet hatte.

Orwell gibt uns in seinem Bericht *Shooting an Elephant* einen Einblick in die Gepflogenheiten des Imperialismus. Seine Kollegen waren damals sehr entrüstet; ihr Kommentar: <Es ist eine Schande, einen wertvollen Elephanten wegen eines einfachen Mannes zu töten>, beschreibt die damalige Gefühlsleere gegenüber den Mitmenschen.

Diese Art der Kosten-Nutzen-Rechnung ist leider nicht ein Relikt aus der Kolonialzeit. Sonst würden Tierpfleger nicht angeklagt werden, weil sie einen 17-jährigen Gorilla töteten, um einem vierjährigen Jungen zu helfen. Seitdem häufen sich die Beschwerden, dass das falsche Leben gerettet wurde. <Es leben sieben Milliarden Menschen auf der Erde. Wieso müssen wir deshalb einen vom Aussterben bedrohter Gorilla töten, um einen Jungen zu befreien?>, schrieb ein US-Bürger auf einer Medienseite.

Wesley J. Smith, ein US-amerikanischer Anwalt und Autor, erläutert in der Onlinezeitung First Things: <Derartige Reaktionen verwischen die sozialen und rechtlichen Unterschiede zwischen Menschen und Tier und deuten auf das Ende des humanen Exzeptionalismus hin. Die dreiste Behauptung, das Leben eines Affen sei wertvoller als das eines Kindes, ist schon weiter in der Gesellschaft verbreitet als wir annehmen.

Dieser Sinneswandel ist in einer Welt, die nicht mehr christlich geprägt ist und die einen Schöpfergott -der uns Menschen nach seinem Ebenbild geschaffen hat- zunehmend verleugnet, vorhersehbar. Somit wird die Empörung vieler Tierfreunde plausibel, wenn ein vom Aussterben bedrohter westlicher Tiefland-Gorilla erschossen wird. Wir denken nur noch daran, bestimmte Quoten einzuhalten, deshalb sorgen wir uns um unsere Menschenaffen.>

Papst Johannes Paul II. schreibt bereits in seiner Enzyklika: *Evangelium-Vitae* von einer <neuen Form von Anschlägen auf die Würde des Menschen.> In der Öffentlichkeit herrscht zunehmend die Meinung, sogar Verbrechen gegen das Leben und im Namen der Rechte und der individuellen Freiheit zu genehmigen. Der Pontifex warnt vor einer Tyrannei der Starken über die Schwachen, wenn wir menschliches Leben nur nach seinen Leistungen bewerten.

Am 30. März 1995 erläuterte der hl. Johannes Paul II, dass wir in der modernen Gesellschaft eine Kultur des Todes haben, in der ein Feindbild gegenüber Behinderten aufgebaut wird. Aber nicht nur ihnen gegenüber, sondern jedem, der durch seine Existenz den Wohlstand und Lebensstil des begünstigteren Mitmenschen beeinträchtigt.

Das Paradoxe ist, dass sich Tierschützer eigentlich immer als Gegner einer derartigen Kultur sahen. Sie setzten sich für die Rechte der Armen und Ausgebeuteten ein und verliehen denen eine Stimme, die keine haben. Plötzlich wird nun dem Leben eines Gorillas im Namen der Gerechtigkeit Vorrang gegeben. Die Frage kommt auf, wie viel ein Menschenleben wert ist?

Der irische Nobelpreisträger für Literatur von 1925, George Bernhard Shaw, erstellte ein Zukunft-Szenario, in dem wir uns vor einer Kommission rechtfertigen müssen, ob wir überhaupt weiterleben dürfen. Denjenigen, die nicht fähig sind, sich selbst zu erhalten, sollte man sagen: <Ihr Leben ist für uns nicht profitabel und damit auch für sie selbst nutzlos.[202]>

Dass wir den Respekt voreinander verlieren, sieht man in vielen US-Schulen. Kinder dürfen nicht mehr diszipliniert werden. Lehrer haben sich daran gewöhnt, von ihren Schülern angeschrien, bedroht und geschlagen zu werden. Es gibt Berichte, dass sie sich nicht einmal mehr trauen, die Polizei zu holen, und wenn sie es doch tun, storniert der Direktor der Schule den Notruf. Zu groß ist die Sorge, so etwas könnte dem Ruf seiner Institution schaden. Auch Lehrer müssen mittlerweile Angst um ihre Stelle haben, wenn sie Kindern schlechte Noten geben.[203]

Vielleicht haben wir heute mehr Respekt vor Tieren. Wenn man in den USA einen Hund aus dem Tierheim *adoptieren* will, ist das eine lange Prozedur. Bei den leisesten Anzeichen einer Misshandlung von Tieren droht dem Besitzer eine Gefängnisstrafe, zumindest verliert er sofort seine Stelle. Tierbesitzer werden heute ganz selbstverständlich als Hundeeltern bezeichnet. Sie selber reden von ihren *Babys*.

Der 43-jährigen Liz Krenzke aus Yorkville ging es nicht anders. Am ersten Juni besuchte sie ihre Freundin. Gegen drei Uhr früh wollte sie ihren Hund Jax aus dem Auto holen, doch dieser entwischte und rannte davon. Als sie ihn auf der Straße gefunden hatte und ihn holen wollte, wurde sie von einem Lastwagen erfasst, der sie tötete.

<Sie liebte ihren Hund so sehr, dass sie für ihn starb>, sagte Liz Freundin Haney. <Ich hörte den Unfall und dachte, Jax sei überfahren worden. Aber er saß auf der Veranda, als ich heimkam. Jax hatte den Unfall überstanden. Er war nur sehr schmutzig.> Krenzek war seit 20 Jahren Gefängnisaufseherin. <Sie erhellte uns stets die dunkelsten Stunden. Dein Tag wurde sofort besser, wenn sie mit Dir sprach.[204]>

Gefühle sind meist auch vorrangig, um ethische Entscheidungen zu rechtfertigen. Die noch vor einigen Jahren in der Wissenschaft vorhandenen Werte wie Wahrhaftigkeit oder Menschenwürde, schwinden immer mehr. Inzwischen verfügen wir über eine Technik, die uns die Möglichkeit bietet, krankhafte Gene in Menschen, Tieren und Pflanzen gegen gesunde *einzutauschen*.

Mit der sogenannten CRISPR-Cas9 werden lebende Zellen und Organismen editiert, was uns theoretisch ermöglicht, Krankheiten zu heilen oder neue Pflanzen auf den Markt zu bringen. Es ist ein Verfahren, welches DNA-Bausteine im Erbgut einfach und präzise verändern kann. Trotzdem bleibt die Frage bestehen, ob wir alles tun dürfen, wozu wir in der Lage sind? Wo sind die Grenzen, bzw. wer überwacht die Anwendung moderner Biotechnologien?

6. Ambiente der genetischen Möglichkeiten

6.1 Fruchtbare oder Furchtbare Forschung

*E*izellen sind das Wichtigste für reproduktive Technologien, denn ohne sie gibt es kein Leben. Der Jurist Henry Greely schreibt in seinem Buch: *"The End of Sex and the Future of Human Reproduction"*, dass es in 20-40 Jahren nicht mehr nötige sein wird, Kinder zu zeugen. <Es wird als unanständig gelten, ja sogar als verantwortungslos. Möchte ein Paar Kinder, gibt die Frau ein Stück Haut ab, aus dem die Eizellen entwickelt werden, der Mann liefert die Spermien.

Die Befruchtung erfolgt im Reagenzglas. Dort könnte dann eine rigide Qualitätskontrolle nach den Kriterien erfolgen: schwere genetische Defekte, Disposition zu anderen Krankheiten, Aussehen sowie -mit geringer Prognosekraft- Intelligenz.[205]>

Nach wie vor sind Eizellen knapp. Durch Eizellen von Spenderinnen kann nur das Erbgut des Partners vererbt werden - ganz davon abgesehen, dass die Gewinnung solcher Eizellen als unethisch angesehen wird. Ei- und Samenzellen außerhalb eines Menschen im Labor zu *erzeugen*, ist nur eine der vielen Visionen, welche Forscher verwirklichen wollen. Die Frage bleibt bestehen, wo die Grenze zwischen einer Therapie und einfach nur der Inanspruchnahme einer neuen Technik für persönliche Zwecke zu sehen ist. Schon lange wollen wir z.B. Autismus heilen, obwohl wir noch nicht einmal verstanden haben, wie es überhaupt entsteht.

Im August 2018 berichtete *Science* über eine Studie, die über ein fragiles Gen auf dem X-Chromosom Aufschluss gibt. Weil viele neurodegenerative Krankheiten vererbte werden, ist es hilfreich zu wissen, wo das diesbezügliche Gen lokalisiert ist.

Eine Mutation oder ein Fehlen des sogenannten fragilen X-Genes der mentalen Retardierung 1, (FMR1, fragil X mental retardiation1) führt zu einer Insuffizienz der Eizelle und damit neben einer geistigen Beeinträchtigung auch zu Fruchtbarkeitsstörungen des Trägers.

Gelagerte Eizellen besitzen kein FMR1 oder es ist bei aus den daraus hervorgegangenen Embryonen nur am Anfang der Embryonalentwicklung ausreichend vorhanden. Nachdem sich der Embryo für einige Zeit normal entwickelt, kann FMR1 seiner Aufgabe, Proteine für Nervensynapsen zu produzieren, nicht mehr nachkommen. Wenn die Transmitter fehlen, kann Autismus entstehen, postulieren die Autoren der Studie.[206]

An diesem Beispiel sehen wir, dass die beste Intention, Erbkrankheiten anhand von modernen Biotechnologien zu heilen und dafür bei einer In-Vitro-Befruchtung Keimzellen zu manipulieren, nicht automatisch den Zweck erfüllt, den wir erhoffen. Unser Eingriff kann auch erbgutschädigende Folgen haben.

Das Bewusstsein, Eizellen für die Forschung zu spenden, wurde erst durch Dr. Hwang geweckt. Weil der Klonforscher aus Südkorea einen Teil der verwendeten Eizellen, die er für seine Forschung brauchte, seinen Mitarbeiterinnen entnommen hatte, wurde dies als Verstoß gegen die Ethikrichtlinien angesehen.

Der in Verruf geratene Dr. Hwang schien aber nur deshalb erfolgreich gewesen zu sein, weil die verwendeten menschlichen Eizellen besonders *frisch* waren.

Es ist in US-Befruchtungskliniken nicht üblich, Eizellen an die Forschung zu spenden. Die dennoch verwendeten Eizellen und Embryos sind entweder ausgemustert oder wurden wegen zu hoher Lagerungskosten entsorgt. Meistens werden Embryos (und Eizellen) benutzt, um mit ihnen Stammzelllinien aufzubauen.

Als Stammzellen bezeichnet man Zellen, die noch nicht differenziert und damit spezialisiert sind.

Wobei die Stammzellen aus dem Blastozystenstadium entnommen werden, in welchem sich der Embryo frühestens am fünften Tag nach seiner Befruchtung befindet. Er besitzt 150 Zellen und besteht aus einem Trophoblasten, dem äußeren Ring von Zellen, einer Zellhöhle, dem Blastocoel und einer Anhäufung von etwa 30 Zellen, die man *inner cell mass* nennt oder auch Embryoblast.

Die Zellen des Embryoblasten werden pluripotent genannt, weil sie sich in mehr als 220 Körperzellen differenzieren können.

Aus pluripotenten Zellen kann sich keine Plazenta mehr bilden, weil diese keinen Trophoblast besitzen. Die Eigenschaft der Omnipotenz besitzt der Embryo nur bis zum 8-Zellstadium am dritten Tag nach der Befruchtung. Theoretisch könnten bis zum dritten Tag nach der Befruchtung *eineiige Achtlinge* entstehen.

Im Gegensatz zu humanen embryonalen Stammzellen sind adulte Stammzellen multipotente Vorläuferzellen. Sie entwickeln sich hauptsächlich zu dem Gewebe, in dem sie sich befinden, bzw. von dem sie abstammen. Begrenzt können sie sich auch in andere Zellen differenzieren, so wie z.B. aus einer Fettzelle eine Nervenzelle werden kann. Adulte Stammzellen sind in jedem Organ vorhanden.

Shinya Yamanaka von der Kyoto Universität in Japan und James Thomson von der Universität von Wisconsin-Madison, USA hatten im November 2007 eine gentechnische Reprogrammierungs-Methode gefunden, um erfolgreich menschliche Hautzellen in pluripotente Stammzellen zurückzuverwandeln.

Ausdifferenzierte Hautzellen wurden reprogrammiert (zurückentwickelt), damit sie die gleichen undifferenzierten Eigenschaften wie embryonale Stammzellen erhalten, d.h. wieder pluripotent werden. Ganz so, als ob man eine Zeituhr zurückdrehen würde und ein alter Mensch wieder zum Baby wird. Dieser Vorgang geschieht auf zellulärer Ebene.

Man schleust vier Gene -mit Hilfe von veränderten Viren- in die Hautzellen ein. Diese Gene integrieren sich in die entsprechenden Chromosomen und führten auf diese Weise zur Bildung der *induced pluripotent stem cells* (iPS).

Beide Forscher warnten sofort vor einer zu großen Euphorie und baten um Vorsicht. Die neue Technik sei für den Einsatz am Menschen noch zu gefährlich, weil die verwendeten Retroviren Krebs erzeugen. Parallel dazu muss die Methode erst überprüft werden.

Nach wie vor ist die wichtigste Frage, ob die neuen Zellen humanen embryonalen Stammzellen gleichzusetzen sind. Ganz auf humane embryonale Stammzellenforschung zu verzichten, könne man sich unter keinen Umständen leisten, denn es müsse festgestellt werden, ob die Zellen das sind, was sie versprechen.[207]

Interessanter weise ähneln die damaligen wesentlichen Argumente denen, die wir heute anwenden, um die neue CRISPR-Cas9 Methode zu rechtfertigen. Wir sollten jedoch nicht vergessen, dass nicht nur die von den Eltern vererbte DNA-Sequenz, sondern auch Epigene das Risiko der Nachkommen -z.B. für kardiovaskuläre Erkrankungen und Diabetes- beeinflussen.

Der epigenetische Status ist zudem auch von den Umweltbedingungen oder den Ernährungsgewohnheiten der Eltern abhängig. Die Epigenetik, d.h. der Aufbau der Chromosomen mit den gewünschten Genen sowie die Prägung der Gene, wird durch Molekül-Methylgruppen gesteuert. Dieser Methylierungsmechanismus kontrolliert die Expression der Gene.

Das Genom in Körperzellen ist kompakt und durch angelagerte Methylgruppen schwer zugänglich, weil so eine Zelle ja schon differenziert ist und der Differenzierungsvorgang nicht mehr gebraucht wird. Das epigenetische Gedächtnis, geblockt durch Methylgruppen, ist verschlossen.

Frische Eizellen besitzen noch die Fähigkeit der Demethylierung und so haben humane embryonale Stammzellen einen Vorteil gegenüber iPS-Zellen.

Wenn man eine differenzierte Körperzelle in eine undifferenzierte iPS-Zelle zurückverwandeln will, nimmt diese Methylierung zu, berichteten amerikanische Forscher. Man müsste den Code der Demethylierung haben, um die Ausbeute der Rückzüchtung einer Körperzelle zu einer embryoartigen pluripotenten Zelle zu erhöhen.

Dieser Schritt ist die entschiedenste Hürde, die zuerst zu nehmen ist, denn vor allem frische Eizellen weisen eine geringere Methylierung auf und somit ist die Chance, die von ihnen gesammelten Stammzellen zu manipulieren, um 30% höher.

Davor Solter, Entwicklungsbiologe in Singapur, erwartet nun, dass trotz der geringen Ausbeute von induzierten pluripotenten Stammzellen und obgleich einer Methylierung, als nächstes aus iPS Zellen Ei- und Samenzellen hergestellt werden sollten.

Es würde die knappen Ressourcen, die man für die Forschung zur Verfügung hat, aufbessern. Nur so könnte es gelingen, über genügend Embryos zu verfügen.

Was für einen Status, welche moralischen Rechte oder welchen Schutz diese Embryos haben, ist nach wie vor vollkommen ungewiss.[208]

Ist die Biotechnologie bereits soweit, Körperzellen zu Eizellen umzuwandeln, woraus sich letztendlich lebensfähige Babys entwickeln? Eine derartige Technik würde die biologische Uhr der Frau hinfällig machen. Sie wäre wie der Mann *zeitlebens* fruchtbar.

Auf einer sehr populären Unfruchtbarkeits-Internetseite konnte man am 11. August 2014 den folgenden anonymen Eintrag finden: <Ich bin 47 Jahre alt und lese die Webseite der Pharmafirma OvaScience. Dort wird über neue Behandlungsmethoden berichtet, die für In-Vitro-Fertilisationen benutzt werden können. Hat jemand darüber näherer Informationen?>

In den kommenden 14 Monaten kamen 3500 Antworten. Viele von ihnen sind voll des Lobes über die Versprechungen von OvaScience. In einer Zuschrift heißt es, eine Frau habe bereits 300.000 US-Dollars für Fruchtbarkeitsbehandlungen ausgegeben.

Trotzdem will sie nochmals Geld aufnehmen, um mit OvaScience schwanger zu werden. Die Institution verspricht, primitive Zellen in Eizellen umwandeln zu können.

<Ich wette bei meinem Leben, dass ich dank dieser Methode bald ein Baby haben werde>, behauptet eine andere Frau, die ihre Renten-Ersparnisse bereits in OvaScience steckte.

Wenn Kunden so viel Vertrauen in ein Biotechnologie-Unternehmen setzen und Spender bereits 2011 und 2012 zweihundertvierzig Millionen US-Dollars für Forschungsvorhaben aufgebracht haben, muss man sich fragen, was diese Firma von anderen In-Vitro-Kliniken unterscheidet?

OvaScience-Forscher wollten es einfach nicht hinnehmen, dass die Zahl der Eizellen, die einer Frau zur Verfügung stehen, bereits bei der Geburt festgelegt ist. Sie wollten die Biologie der Frau verändern.

<Die Möglichkeit, mehr Eizellen herzustellen, kommt einer Revolution in der Frauengesundheit gleich>, sagte der Reproduktionsbiologe Roger Gosden der New York Times bereits 2004. Anlass war ein Artikel von Jonathan Tilly, der am 12. März 2004 in der Fachzeitschrift Science erschien.

Dr. Tilly gründete OvaScience. Obwohl viele Wissenschaftler überzeugt sind, dass es keine Stammzellen in den Eierstöcken gibt, die noch nach der Geburt Eizellen produzieren, behauptet Tilly, einen Weg gefunden zu haben, genau solche Eizellen entwickeln zu können. Er hatte lange genug mit Mäusen experimentiert.

Die zuständige US-Behörde verlangte von OvaScience, mehr Daten zu sammeln, bevor eine derartige Therapie für Menschen zugelassen wird.

Jonathan Tilly ist über die vielen Zweifler an seinen Studien frustriert. Seine Kollegen erwähnen, dass er bei Vorträgen oft schon vor der Diskussion den Saal verlässt, um lästigen Fragen aus dem Weg zu gehen. Am 29. Juli, 2005 berichtete Tilly, der zu dieser Zeit noch an der Harvard-Universität praktizierte, im Fachmagazin *Science* über seine Mäuse-Experimente. Er gewann seine sogenannten Eizellstammzellen aus dem Knochenmark.

<Ich hatte damals Patientinnen, die mir erzählten, sie gehen in Boston in das Massachusetts-General-Krankenhaus, um sich Knochenmarkszellen entnehmen zu lassen, aus denen dann Eizellen entstehen. Ich sagte zu ihnen, dass derartige Versuche nicht replizierbar sind. Die Frauen antworteten mir jedoch, sie würden alles tun, um ein Kind zu bekommen>, erinnert sich Dr. David Keefe, ein Fruchtbarkeitsspezialist des Langone Medical Centers der New-York-Universität.

Ein Jahr später wurde Tilly's Studie widerlegt (*Science*, 16. Juni 2006). Doch das verunsicherte den Professor nicht im Geringsten. Er fing an, die angeblichen Eizellvorläuferzellen anstatt aus Knochenmark aus Eierstöcken zu entnehmen.

OvaScience hat seinen Hauptsitz in Waltham, Massachusetts, USA. Auch nicht in den USA wohnenden Frauen sollte eine AUGMENT-Therapie für 50.000 Dollars per Zyklus angeboten werden. Wissenschaftler der Firma haben ein Elixier hergestellt, das sie mit den Samenzellen vermischen und bei einer In-Vitro-Fertilisation anwenden. Aus der Außenwand der Eierstöcke gewinnen die Forscher ein Gemisch, aus denen sie angebliche Vorläufer von Eizellen entwickeln.

Daraus werden Mitochondrien extrahiert, die mit den Spermienzellen bei der Befruchtung wieder eingebracht werden. Ob es funktioniert, weiß keiner. Man arbeitet also letztendlich nur mit Substanzen, die man aus den angeblichen Eistammzellen extrahiert.

Eine Stammzelle ist eine Zelle, aus der organspezifische, funktionstüchtige Zellen hervorgehen. Eine Eistammzelle müsste demnach selbstständige Eizellen bilden. Und trotzdem behauptet Tilly, dass er Eistammzellen gefunden hat, die er in Eizellen umwandeln kann. Skeptiker betonen hingegen, man könne erst von einer Eizelle reden, wenn die Zelle einen haploiden Chromosomensatz hat und wenn eine Befruchtung Nachkommen hervorbringt.

Ji Wu von der Shanghai-Jiao Tong-Universität in China schrieb 2009 in einem Artikel in *Nature Cell Biology* von Zellen aus Eierstöcken von neugeborenen Mäusen, die er in sterilisierte Mäuse transplantierte, die daraufhin trächtig wurden. Tilly hat die Versuche von Ji Wu wiederholt. Es dauerte jedoch neun Monate, bis er endlich Erfolg hatte. <Diese lange Zeit gibt den Skeptikern Recht, die längst vorher aufgeben>, sagt Tilly.

Evelyn Telfer von der Universität Edinburgh stellt fest: <Ich glaube, es gibt doch so etwas wie Eistammzellen.> Wissenschaftler, die versucht haben, Wu zu kontaktieren, hatten allerdings keinen Erfolg. Er reagiert weder auf Anrufe noch auf E-Mails.

Viele Forscher zweifeln an den Mäuse-Studien. Vor allem, weil sie nicht nachvollziehbar sind. Sie konnten keine Eistammzellen finden, egal, welche Methode sie anwendeten. <In meinem Labor konnte ich sie nicht isolieren>, sagt Prof. Kui Liu von der Universität von Gothenburg in Schweden.

Weder Dr. Kui Liu noch Lin Liu Nankai von der Universität Tianjin in China haben diese Zellen in Affen, Menschen und Mäusen gefunden. <Vielleicht sehen die Zellen unter dem Mikroskop so ähnlich aus wie Eizellen, und eventuell reagieren sie auf Hormone so wie Eizellen, aber sie teilen sich nicht und sind nicht haploid, so wie alle Eizellen. Es handelt sich um ein Wunschdenken>, sagen John Eppig und David Page, zwei Wissenschaftler von Universitäten in Massachusetts, USA.

Tilly ist zugegebenermaßen erstaunt über seine Kollegen. <Jeder, der weiterhin die Existenz dieser Eistammzellen leugnet, obwohl sie so oft in der Literatur beschrieben worden sind, ist entweder naiv oder hat irgendwelche Hintergedanken, die mit Wissenschaft nichts zu tun haben>.

Sein Kollege Hugh Clarke von der McGill-Universität in Montreal, Kanada, ist fassungslos: <Ich dachte, die Debatte ist endgültig vorbei. Hingegen schenkt man den Eistammzellen immer mehr Aufmerksamkeit. Ich kenne keinen einzigen Wissenschaftler in der Grundlagenforschung, der allen Ernstes an diese Zellen glaubt. Und plötzlich ist da diese dubiose Firma OvaScience.>

Zian Rajani, ist das erste Baby, das im April 2015 in Toronto/Kanada durch die Mithilfe der AUGMENT-Behandlung von OvaScience auf die Welt kam. Bilder des Babys mit seinen schwarzen Haaren und den geballten Fäustchen gingen um die Welt.[209]

Seine Mutter bekam einen Extrasatz Mitochondrien bei der Befruchtung injiziert. Mitochondrien sind kleine Zellorganellen, die sich in jedem Zellplasma befinden und als Energielieferant der Zelle fungieren. Die Mitochondrien der Eizellen von älteren Frauen sind nicht mehr so funktionstüchtig.

Dr. Tilly sagt, er wurde durch ein Experiment der späten 90iger Jahre inspiriert. Wissenschaftler entnahmen damals Zellplasma von jungen Frauen und spritzten es in Eizellen von 30 unfruchtbaren Frauen. Dreizehn der Probanden wurden daraufhin schwanger.

Jacques Cohen von der Livingston-Universität in New Jersey, der damals die Versuche machte, beschreibt sie als Pilot- Studie, die einigen Frauen verhalf, schwanger zu werden, aber ansonsten keine sicheren Erkenntnisse lieferte.

Tilly war dennoch beeindruckt. <Es hat immerhin bei 43% funktioniert>, erklärt er. Krankenhäuser in Kanada, der Türkei und den Arabischen Emiraten bieten seit 2011 die AUGMENT-Methode an. Panama, Spanien, Japan und Großbritannien werden wohl bald folgen.

Seitdem sind angeblich 17 gesunde Babys mit Hilfe von AUGMENT geboren worden. Sie hatten allerdings jüngere Mütter. <Ärzte haben eine höhere Fruchtbarkeitsrate bei ihren Patientinnen festgestellt>, sagte die Direktorin von OvaScience, Michelle Dipp, im September 2015. Neun von 34 Frauen werden fruchtbar, heißt es in den einschlägigen Fachzeitschriften: *Journal of Fertilization, In-Vitro-IVF-Worldwide, Reproductive Medicine, Genetics & Stem Cell Biology.*

Prof. Keefe, der New Yorker Spezialist für Unfruchtbarkeit, ist sehr verärgert. Er war früher einmal Mitglied der US Food and Drug Administration, der Arzneimittelbehörde, die derartige Therapien auswertet. <Das, was OvaScience tut, ist völlig fehlerhaft. Die Patientinnen haben zwei – drei erfolglose Fruchtbarkeitstherapien hinter sich. Was OvaScience veranlasst, dieses als *Null-Fertilität* zu bezeichnen. Dann werden sie behandelt und haben eine 20-prozentige Erfolgsquote.

Wenn ich eine Münze werfe und wenn sie erst beim dritten Mal auf den Kopf fällt, ist das nicht plötzlich 100-mal besser. Daten haben gezeigt, dass die Fruchtbarkeitsrate bei fünf Zyklen 30% beträgt. Jeder möchte gerne an den Hl. Nikolaus glauben. Man zahlt immerhin 50.000 US-Dollars pro Zyklus. OvaScience kann ja weiterhin behaupten, Eistammzellen gefunden zu haben, nur glaubt das außer ihnen kein Mensch auf der Welt.>

Keefe fordert, dass OvaScience keine Therapien mehr anbietet, solange die Grundlagenforschung nicht stattgefunden hat. OvaScience hat eine Niederlassung in Kanada.

In den USA erwartet die FDA von OvaScience wie bei allen neuen Therapien reguläre klinische Studien. Dementsprechend ist die Konversation zwischen OvaScinece und der FDA minimal.

Da jedoch AUGMENT in anderen Ländern angenommen wird, sieht sich OvaScience nicht unbedingt der FDA gegenüber verpflichtet.

<Der Endmarkt ist attraktiv>, sagt Zarak Khurshid von der Firma WedBush Securities in San Francisco, der den Werdegang von OvaScience verfolgt. <Da sind sehr motivierte Kunden. Es ist ein barzahlendes Geschäft.>

AUGMENT ist erst der Anfang. Die Pharmaindustrie plant zwei weitere Therapien: OvaPrime und OvaTure benutzen Extrakte aus den sogenannten Vorläuferzellen der Eistammzellen. Die Therapie mit OvaPrime, die zwei chirurgische Eingriffe erfordert, sollte Ende 2015 angeboten werden. Im Grunde handelt es sich um die gleiche Therapie wie bei der Methode von AUGMENT.

Hugh Taylor, der Forschungsgelder von OvaScience bekommt, ist der Meinung, es wäre unethisch, eine erfolgsversprechende Behandlung nicht anzuwenden. Er hofft, AUGMENT wird sich auch bald in den USA niederlassen.

<Ärzte sollen die Wirkung selber herausfinden. Grundlagenforschung ist in diesem Fall bestimmt nicht so wichtig.>

Die Austragenden dieses Dramas sind die Patientinnen, die jede Behandlung ertragen, jeden Preis zahlen und sonstwohin fahren, nur mit dem Ziel, ein eigenes Baby zu bekommen.[210]

2010 bedauerte Davor Solter in der Fachzeitung *Nature*, dass man aus ethischer Sicht nur eingeschränkt mit menschlichen Embryonen experimentieren kann. <Sobald wir sie mithilfe anderer Organe wie z.B. der Haut gewinnen können, besteht kein Unterschied mehr.>

In 2030 bzw. 2040 wird sich seiner Meinung nach keiner mehr darüber aufregen, wenn ein Entwicklungsbiologe an 20.000 menschlichen Embryonen Forschung betreibt.

Dann werden wir auch eine künstliche Plazenta haben. Jede Frau kann soviel Nachkommen haben wie sie will. Im Geiste sieht der Wissenschaftler die Kinder schon vor sich. Sie schwimmen in einer Flüssigkeit und ihre Nabelschnur endet an einer Maschine.[211]

6.2 Debatte über die Zukunft der Gestation

*D*er Wissenschaftsjournalist Ronald Bailey steht einer Maschine, welche die Aufgaben einer Schwangerschaft übernimmt, skeptisch gegenüber.

Warum sollte man so viel Zeit vertun? Es ist doch eigentlich viel einfacher, unsere Kinder in Kühen oder Pferden auszutragen. Doch dieses Statement verdeutlicht leider, dass dieser Journalist von einer Schwangerschaft keine Ahnung hat.

Ein Kind ist für die leibliche Mutter ein Fremdkörper. Es wächst, vom immunologischen Gesichtspunkt gesehen, in einer feindlichen Umgebung auf. Medizinisch betrachtet verhält sich ein Embryo wie ein Tumor. Eigentlich müsste er von der Mutter abgestoßen werden. Plazentologen und viele andere Forscher sehen die Trächtigkeit eines Tieres als ein Modell für Krebsforschung an.

So fand man Immunzellen, die dafür verantwortlich sind, dass die Leibesfrucht während seiner embryonalen und fötalen Entwicklung im Allgemeinen nicht abgestoßen wird. Dies gibt uns nur einen kleinen Einblick in den biochemisch-physiologischen und immunologischen Aspekt einer Gestation.[212]

Neueste Forschungsergebnisse zeigen, dass eine Schwangerschaft nicht nur für die Mutter einen langanhaltenden hormonellen und psychologischen Effekt hat.

Auch Väter verändern sich. Sie werden einfühlsamer, sensibler, geduldiger, was das Band ihrer Liebe zueinander und zum Kind vertieft.

So gesehen finden es einige naiv anzunehmen, dass wir unseren Glauben und Vertrauen auf moderne Wissenschaft stützen, und behaupten, sie wäre der Schöpfung überlegen. Es erinnert an die Behauptung, eine mit Vitaminen und Mineralstoffen angereicherte Babynahrung sei besser für unser Neugeborenes als Muttermilch. Mit der Zeit fand man heraus, wie falsch diese Aussage war.

Dennoch denken Wissenschaftler daran, die Liebesfrucht außerhalb der Mutter heranreifen zu lassen, was im Fachjargon *Ektogenese* genannt wird.

1924 prägte der Wissenschaftler J.B.S. Haldane das Wort. Von Wissenschaftlern geschaffene Embryonen, die außerhalb der Gebärmutter heranreifen, sind uns bereits durch Paracelsus vertraut, der im 16. Jahrhundert über den *Homunculus* (lat. Menschlein) schrieb. Es handelte ich um einen *künstlichen* Menschen ohne Seele in einer Gebärmutter außerhalb eines Frauenkörpers.

Haldanes Essay *"Daedalus"* oder *"Science and the Future"* verweist darauf, dass die universelle Methode einer Ektogenese bereits allen Menschen 1951 zugänglich sein wird. Alleine in England sollen dann 70% der Kinder in einer künstlichen Gebärmutter auf die Welt kommen. <Die Zivilisation wäre fast zusammengebrochen, wenn unsere Fortpflanzung nicht auf extrakorporale Methoden zurückgreifen könnte>, schreibt er.

Wissenschaftler sind selbst heute — fast 100 Jahre später, keinen Schritt weiter, Nachkommen von Tieren im Labor zu züchten. Wir schaffen es gerade einmal, sie für ein paar Tage in einer Petrischale am Leben zu erhalten.[213]

Es dauerte über 50 Jahre, bis Louise Joy Brown am 25. Juli 1978 die Ära der künstlichen Befruchtung im Menschen einläutete.

Sie hat ihr Leben dem Genetiker Sir Robert Geoffrey Edwards und dem Gynäkologen Patrik Steptoe zu verdanken.

Seit längerem versuchten sie, die menschliche Befruchtung im Labor nachzuvollziehen. <Es war so einfach bei Nutztieren>, gestand Edwards ein.

<Man vermischte einfach Ei- und Samenzellen in der Petrischale und überließ den Rest der Natur.> 1969 gelang ihm zwar eine Befruchtung, jedoch teilte sich die Zygote nur einmal.

Edward war sich all der ethischen Dimensionen und seiner moralischen Verantwortung bewusst. Nicht zuletzt, weil seine Heiligkeit, Papst Paul VI., am 25. Juli 1968 -zehn Jahre, bevor das erste In-Vitro-Kind geboren wurde- ein signifikantes Schreiben über die Weitergabe des Lebens herausbrachte.

Gleich im ersten Satz heißt es: <Die überaus ernste Aufgabe, menschliches Leben weiterzugeben, durch die Gatten freie und bewusste Mitarbeiter des Schöpfergottes sind, erfüllt sie immer mit großer Freude.>

Edwards war hingegen frustriet. Sein Labor musste viele Hindernisse beseitigen. Er brauchte Eizellen, und wenn er sie endlich hatte, dauerte es ganze zwei Jahre, bis er herausfand, wie sie außerhalb des Körpers maturierten. Er hoffte, Eizellen könnten in zwölf Stunden reifen. Schließlich fand er durch viele Versuche und Irrtümer heraus, dass ihre Reifung mindestens fünfundzwanzig Stunden erfordert.

Das stellten nicht die einzigen Probleme dar, die ein Scheitern der Arbeit heraufbeschworen. Die nicht zu vermeidende ethische Debatte, an welcher der Forscher nicht unschuldig war, ließ die Forschungsgelder versiegen.

In diesem Licht schien die Kritik nicht so ungerecht zu sein, dass die normale Ordnung durch unnatürliche Eingriffe -in den mysteriösen Prozess der Erschaffung eines Menschen- untergraben wird. Von Anfang an war Dr. Edwards Forschung von einer zuverlässigen Versorgung mit menschlichen Eizellen abhängig.

Er wandte sich an Dr. Steptoe. Dieser hatte Erfahrung darin, Eizellen durch einen minimalen chirurgischen Eingriff zu gewinnen.

1972 begannen beide Forscher damit, Embryonen in die Gebärmutter einzubringen - genauso, wie sie es bei Nutztieren anwendet. Die Hoffnung, dass die Implantationsrate so hoch sein würde wie bei Nutztieren wurde enttäuscht. Auch eine steigende Hormongabe um den Eisprung auszulösen, war kontraindiziert. Sie hinderte den Embryo am Wachstum.

Als die Ärzte schließlich zusätzliche Hormone injizierten, starben die Embryos im Mutterleib.

Der einzige Erfolg, den sie nach 40 Embryotransfers erzielten, war eine Eileiterschwangerschaft, die Dr. Steptoe *entfernen* musste. Die Mutter dieses abgetriebenen Kindes war Louise Brown.

Nach all den Versuchen war letztendlich ihre zweite Schwangerschaft erfolgreich. Sie brachte ihre Tochter Louise Joy Brown am 25. Juli 1978, auf den Tag genau zehn Jahre nach *Humane Vitae*, zur Welt.

Jedoch wusste man nicht wirklich, ob die Geburt des Kindes mehr mit Glück als Wissenschaft zu tun hatte. Die Anwendung der In-Vitro-Fertilisation bei Menschen war damals sehr umstritten.

Es gab ethische Bedenken. Man wusste nicht, ob ein Embryo bleibende Schäden davontragen würde, wenn er sich auch nur wenige Tage außerhalb des Mutterleibes befunden hatte.

Man war sich damals bewusst, dass im Moment der Empfängnis menschliches Leben entsteht. So bereitete es den Ärzten Gewissensnöte, mehrere Eizellen zu befruchten und dann die nicht gebrauchten Embryos entsorgen zu müssen.[214]

Die wichtigste Frage war, ob die so *empfangenen* Babys gesund sind. Wurde das Ei geschädigt, weil es außerhalb der Gebärmutter war? Wird das Baby medizinische Probleme haben?

Millionen Paare versuchen, ein Kind zu empfangen. Ist es deshalb gerechtfertigt, dass Ärzte und Eltern einen solchen Aufwand betreiben, um Kinder auf Kosten von vielen Embryonen zur Welt zu bringen?

Dr. Helen Hung-Ching Liu's Ziel ist es, eine künstliche Gebärmutter zu entwickeln, in der Babys ausgetragen werden. 2003 hätte ihr Labor es beinahe geschafft, ein Mäusebaby außerhalb des Mutterleibes zu entwickelt. Wobei diese Spezies nur 21 Tage trächtig ist.

Helen, Direktorin des endokrinologischen Labors der Cornell Universität, hat sich vorgenommen, Reproduktion besser zu betreiben als der liebe Gott. Sie bedauert es sehr, dass ein neues Gesetz herauskam, dass die so *erschaffenen* menschlichen Embryonen nur 14 Tage am Leben lassen durfte. Dieser Grundsatz ist für sie völlig sinnlos.

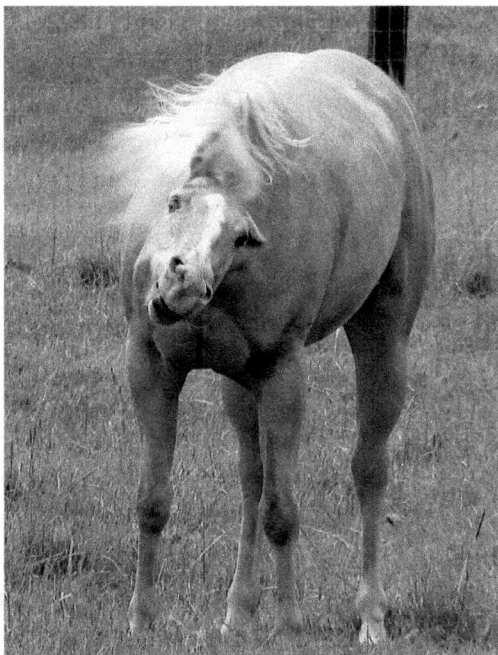

Aber soweit können Embryos höchstens 10 Tage *ohne Mutter existieren*; dann sterben sie.

Seit 1996 arbeitet ein Team um Dr. Yoshinori Kuwabara daran, Ziegenembryos außerhalb des Mutterleibes zu entwickeln. Doch nach drei Wochen Trächtigkeit starb die Leibesfrucht ab, weil die Blutzirkulation in der künstlichen Gebärmutter nicht aufrechterhalten werden konnte.

Es wird angenommen, spätestens 2046 soweit zu sein, unsere Kinder unabhängig von ihrer Mutter auf die Welt zu bringen.

Trotzdem ist es für einige niemals zu früh, sich darüber Gedanken zu machen, welche Vorteile es hätte, eine Schwangerschaft im Labor auszutragen. Dann bräuchte man keine Leihmütter mehr. Unfruchtbare Eltern oder Gleichgeschlechtliche könnten auf diese Weise leibliche Kinder bekommen. Es wäre eine Alternative für Frauen mit Bluthochdruck, und eine biologische Uhr muss auch keiner mehr beachten. Frauen müssten nicht auf Alkohol verzichten und keines der Ungeborenen ist mehr einem passiven Rauchen ausgesetzt. Gynäkologen müssen sich nicht mehr um Mutter und Kind kümmern, sondern nur noch um die Mutter. Man kann das heranwachsende Baby genauestens beobachten und sofort eingreifen, wenn es Schwierigkeiten gäbe. Darüber hinaus hätte man Fotos von seiner vorgeburtlichen Phase.

Frühgeburten gäbe es nicht mehr und jede Schwangerschaft würde automatisch zur Geburt eines Kindes führen. Wenn das Kind nicht mehr auf die Mutter angewiesen ist, kommen nur noch Wunschkinder auf die Welt, die keiner vorgeburtlich töten würde.

Ehen würden nicht mehr erzwungen werden müssen, weil in Kind unterwegs ist. Die Aufgabe der Frau wäre es, nur noch Eizellen zur Verfügung zu stellen. Ansonsten braucht sie keinen Mutterschutz mehr. Mit einer künstlichen Gebärmutter könnte man am besten sein Recht auf leibliche Kinder verwirklichen.

Nach dieser Darstellung bleiben dennoch viele unbeantwortete Fragen. Haben wir denn ein Recht auf Kinder? Oder sehen wir sie eher als eine Art Ware an. Und wenn wir wirklich eine Gebärmaschine hätten, könnten wir theoretisch jeder Zeit die Entwicklung stoppen und uns an den Organen bedienen, die wir gerade brauchen. So wie ein Ersatzteillager. Schon jetzt ist der Handel mit den Organen von abgetriebenen Kindern heftig umstritten.[215]

Babys, die nicht mehr von Müttern ausgetragen werden müssen – ist ein Traum aller, die es als eine Ungerechtigkeit ansehen, dass Frauen die Benachteiligten sind, wenn es darum geht, Kinder auf die Welt zu bringen. Eine künstliche Gebärmutter gewährleistet endlich die *Gleichberechtigung* der Frauen, womit das Ziel einer *reproduktiven Freiheit* erreicht ist. Auch sollen bald Männer Kinder bekommen können.[216]

Kann man sich unter diesem Aspekt vorstellen, dass Frauen trotzdem danach verlangen, die Unannehmlichkeiten einer Schwangerschaft auf sich zu nehmen? Neulich konnte man in der *New York Times* von einer Frau lesen, dessen sehnlichster Wunsch es war, eine Schwangerschaft zu erleben: <Solange ich mich daran erinnern kann, wünsche ich mir all die lästigen Nebeneffekte, wie Schwangerschaftsübelkeit, geschwollene Beine, Rückenschmerzen. Diese Erfahrung ist zwar nicht lebensnotwendig, aber ich möchte sie dennoch unbedingt machen.>

Die neueste Errungenschaft moderner Reproduktions-Technologie besteht in der Transplantation einer Gebärmutter. Es gibt Frauen, bei denen keine Gebärmutter ausgebildet wurde, trotzdem wollen sie schwanger werden.

Lindsey war die erste Frau in den USA, bei der eine Gebärmutter eingepflanzt wurde. Sie erhielt den Uterus einer verstorbenen Spenderin. Ende Februar 2016 erklärten Ärzte der Cleveland-Universitätsklinik, dass die Operation erfolgreich verlief. Einige Tage später stellten sich Komplikationen ein und das Transplantat musste wieder entfernt werden.

Obwohl der erste Versuch fehl schlug, erhielten Ärzte der Cleveland Klinik die Erlaubnis des Ethik-Komitees, mit der experimentellen Studie fortzufahren, und noch neun weitere Frauen zu operieren. Lindsey ist traurig, dass die Transplantation nicht erfolgreich war. Es geht mir gut. Ich bedanke mich besonders bei den Ärzten, die so schnell reagierten. Ich habe mich sehr über die Gebete und guten Wünsche meiner Freunde gefreut.>

Die Gothenburg-Universität in Schweden hat bereits neun Uterustransplantationen ausgeführt. Fünf Kinder wurden dadurch geboren; zwei Transplantate mussten wieder entfernt werden.

Für Dr. Alexander Maskin von der Universität-Nebraska gibt es verschiedene Gründe, warum das Transplantat abgestoßen wird: <Meistens ist es eine Reaktion des Immunsystems, aber auch eine Infektion kann daran schuld sein. Auch wenn die involvierten Arterien und Venen nicht richtig miteinander verbunden sind, ist die Zirkulation vermindert. Wir werden uns mit den anderen Teams zusammentun und mit ihnen diskutieren, wie man in Zukunft die Gebärmutter-Transplantation verbessern kann.> Des Weiteren eruieren drei andere medizinische US-Zentren, diesen Service anzubieten.[217]

Das Transplantat wird allerdings nur temporär im Körper der Frau verbleiben. Um die Abstoßung des fremden Organs zu verhindern, müssen Medikamente eingenommen werden, die das Immunsystem unterdrücken. Damit dies nicht zu lange erfolgt, darf eine Frau nur zwei Schwangerschaften austragen. Danach wird die Gebärmutter wieder herausoperiert. Ob zwei Schwangerschaften physiologisch überhaupt möglich sind, wird nicht hinterfragt.

Die Eileiter werden nicht mit der Gebärmutter verbunden. Eine Schwangerschaft kann also nur nach einer In-Vitro-Fertilisation erfolgen. Frauen, deren Uterus nicht ausgebildet wurde, haben meist keine eigenen Eizellen.

Sie können deshalb nur über eine Eizellspenderin die biologischen Kinder ihres Partners austragen.

Mit einer künstlichen Befruchtung geht eine Pränatal-Diagnostik einher. Embryos, die nicht den Vorstellungen der Mediziner entsprechen, werden vernichtet, tiefgefroren oder an die Forschung gespendet. Hinzu kommt, dass die Uterusschleimhaut eine spezifische Konsistenz und Dicke besitzen muss, damit sich der Embryo einnisten kann.

Bei vielen In-Vitro-Fertilisationen stirbt der Embryo, wenn das Endometrium nicht optimal hormonell vorbereitet ist. Eine Schwangerschaft unter immunsuppressiven Bedingungen aufrecht zu erhalten, ist physiologisch gesehen äußerst schwierig, wenn nicht unmöglich.

Forschungen, inwieweit die Gebärmutter und die Plazenta die Gesundheit des Menschen während seines ganzen Lebens beeinträchtigen, stehen noch am Anfang. Die wenigen *Uterustransplantat-Kinder* kamen über Kaiserschnitt als Frühchen auf die Welt. Forscher berichten zunehmend über die medizinische und psychologische Problematik, aber auch über die Sterberate von prämaturen Babys. Eine Uterustransplantat ist nicht die adäquate Lösung und bietet es recht keine Garantie, ein gesundes Kind auf die Welt zu bringen.

Es unterscheidet sich schon deshalb von anderen Transplantaten, weil der Uterus ein nicht lebensnotwendiges Organ ist. Die Entnahme von einem Verstorbenen sehen viele als unethisch an. Andere wiederum wollen nicht das Leben einer Spenderin für eine Operation, die nicht das Leben eines anderen rettet, aufs Spiel setzen.

In Schweden operierten die Ärzte 10-12 Stunden, um das Organ zu entnehmen. Für die Empfängerin und vor allem für das Ungeborene kann eine Hochrisikoschwangerschaft tödlich ausgehen.

Die Empfängerin unterzieht sich neben der Erstoperation einem Kaiserschnitt und einer späteren Entnahme des Uterus. Das Ungeborene muss sich in einem Uterus entwickeln, der eigentlich vom Körper abgestoßen wird.

Bei einem Baby begann dieser Prozess bereits in der 18. Woche. Medikamente verhalfen dazu, die Schwangerschaft bis zur 31. Woche aufrecht zu erhalten. Fraglich ist, ob der Blutfluss durch die Gebärmutter stark genug ist, um das Ungeborene adäquat zu ernähren. Derya Sert, eine 22-jährige Frau, wurde nach einer Uterustransplantation schwanger. Allerdings erlitt sie bald eine Fehlgeburt. Inwieweit die Gebärmutter dazu beitrug, ist ungeklärt.

Dr. Mats Brännström räumt ein, dass das Experiment einer Uterus-Transplantation nur dann als erfolgreich angesehen werden kann, wenn ein Kind entbunden wird.

Handelt es sich wirklich um eine medizinische Errungenschaft, wenn man die Spenderin, die Empfängerin und ein Kind freiwillig lebensbedrohlichen Situationen aussetzt, nur um eine Schwangerschaft erleben zu können? Ärzte und Ethikrat wissen, dass eine Uterustransplantation ein extrem riskanter *Eingriff* ist. Ungeachtet dessen sind sie der Meinung, mit diesen Experimenten weiterzumachen, solange man Patient und Ärzte hat, die gewillt sind, es auszuführen.

Die nächsten Generationen waren in den letzten Jahren die Versuchskandidaten der modernen Reproduktions-Medizin. Die sogenannten *künstlichen Kinder* wurden zum Maßstab, ob etwas funktionierte oder nicht.

Momentan weiß keiner, inwieweit die so erzeugten Kinder gesundheitliche, psychische oder physische Probleme haben.[218] Die Leidtragenden sind die Frauen, die ausgebeutet werden. Für moderne Reproduktionstechniken braucht man Eizellen, Leihmütter und nun auch Spender-Gebärmütter.

Um unfruchtbaren Frauen zum Kind zu verhelfen, nehmen Eizellspenderinnen in Kauf, selber unfruchtbar zu werden.

Kürzlich hörte man von der Leihmutter Brooke Brown aus Idaho. Sie und ihre Auftragskinder starben durch Komplikationen in der Schwangerschaft. Arme Frauen aus Drittländern fallen schon heute der Fruchtbarkeitsindustrie zum Opfer.

Im *Journal für Reproduktive Biomedizin* war neulich zu lesen, dass Dr. Rachel Brown und Joyce Harper zugaben, das eine Reproduktionstechnologien kaum auf ihre Sicherheit geprüft werden, bevor sie zum Einsatz kommen.[219]

6.3 Eine genetische Eventualität

*D*iesbezüglich drängt sich die Frage auf, wo die Grenzen unseres Handelns liegen. Sollen wir Techniken, die wir bisher entwickelt haben, um Krankheiten zu heilen, auch für den Zweck nutzen, einen Supermenschen zu schaffen?

Viele argumentieren, dass die Produktion eines derartigen Menschen niemals gerechtfertigt werden kann, weil sie konträr zu Personenwürde, der Integrität und Identität eines menschlichen Wesens ist.

Doch, wenn wir die Möglichkeit haben und wissenschaftlich dazu im Stande sind Krankheiten wie: Huntington's Chorea, Hämophile, Sichelzellanämie usw. durch Gentechnik zu heilen, sollten wir dann nicht dankbar dafür sein? Um eine Fehlbildung des Ungeborenen *aufzuspüren*, bedienen wir uns moderner Technologien. Sollten wir bei einem positiven Ausfall eines Tests dem Kind dann ein Recht auf Leben absprechen dürfen? Und wenn wir von vornherein die Erbkrankheiten der Eltern kennen, sollten wir ihnen dann zu guter Letzt das Recht auf ein eigenes Kind verwehren?[220]

Bonnie Rochman schreibt in ihrem 2017 erschienenen Buch: *"Die Genmaschine"*, inwieweit uns genetische Technologien beeinflussen, Kinder zu bekommen. Hilft letztendlich ein Wissen über mögliche Genkrankheiten unseren Nachkommen oder gereicht es uns eher zum Nachteil? Es verändert den Blick auf unsere Ungeborenen.

Zum Schluss sind wir eher verwirrt, und wünschen uns doch lieber im Unklaren zu sein. <Gibt uns unser genetisches Wissen mehr Macht oder macht es uns Angst- bzw. empfinden wir eventuell beides?>, fragt die Bestsellerautorin.

In einer Untersuchung von 2014 wollte man herausfinden, ob 514 Eltern einen Gentest von ihrem ersten Kind haben wollen. 83 Prozent waren interessiert, unabhängig von ihrer Bildung, Einkommen bzw.

ihrer Hautfarbe. Es schein ein Grundbedürfnis der Eltern zu sein, ihr Kind genetisch durchleuchten zu lassen.

Wobei eigentlich jeder Neugeborene circa neun -von den 15 getesteten Anlangen- aufweist. Im Grund hat jedes Kind irgend einen Risikofaktor für eine Krankheit. Trotzdem waren Eltern erstaunt, als sie die Ergebnisse erfuhren.

Nobody is perfect - so gesehen hat keiner ein Recht oder einen Anspruch auf gesunde Kinder. Trotzdem nehmen genetische Test seit geraumer Zeit zu. Und wenn durch Zufall kein genetisches Screening, sei es vor oder nach der Geburt, vorgenommen wurde, bekommt man genügend Gelegenheit das nachzuholen.

Als man 282 Schülern aus dem US-Bundestaat Cincinnati anbot, an einem kostenlosen Gentest teilzunehmen, war die Antwort von allen: <*Yes, please*>.

In unserem Zeitalter, wo sich alle möglichen Daten über unsere Sprösslinge akkumulieren, ist ein Gentest nur eine weitere *Projektdatei*, die auf unserer Computer-Festplatte gespeichert wird. Diesbezügliche Fragen über eventuell in ferner Zukunft zu erwartenden Erkrankungen sind mithilfe unserer Internetverbindung schnell beantwortet.

Heute braucht man keinen Wahrsager mehr, denn ein Gentest ist verlässlicher. Wie wir uns nach dem Ergebnis fühlen, ist nicht relevant. Ein Gentest beeinflusst nicht nur eine Schwangerschaft, sondern auch unsere elterlichen Erwartungen. Wir müssen Entscheidungen treffen, noch bevor das Kind seinen ersten Atemzug getan hat, manchmal noch, bevor ein Kind überhaupt *geplant* wird oder sich in der Gebärmutter einnisten kann.

Vorbei sind die Zeiten, in denen man in froher Erwartung war. Früher, noch vor den 70iger Jahren, gab es nicht einmal den Luxus eines Schwangerschaftstests. Heute ist es ein selbstverständlich in Anspruch genommenes Werkzeug, auf das jedes Jahr vier Millionen Mütter in den USA vertrauen. Hinzu kommen immer mehr diagnostische Hilfsmittel.

Wir erfahren nicht erst bei der Geburt, welches Geschlecht der Familienzuwachs hat und ob es zehn Finger und Zehen besitzt. Doch was für einen Sinn macht es, wenn man weiß, welche Krankheit ein Kind hat, und wir trotzdem noch weit davon entfernt sind, sie zu heilen?[221]

Welche Eigenschaften muss ein Kind haben, damit es auf die Welt kommen darf? Sind es vielleicht nur die, welche den Gütetest bestanden haben? Werden Kinder demnach genauso behandelt wie eine x-beliebige Ware, deren Wert man nur noch nach seinem Nutzen beurteilt? Was aber passiert, wenn die Vorhersagen nicht eintreffen - irren ist menschlich, sagt man so schön. Für unsere Nachkommen geht ein Fehlurteil jedoch meist tödlich aus. Man will dem Kind und uns kein unnützes Leid auferlegen.

Wollen wir also wirklich über die genetische Zukunft unserer Kinder genauestens informiert werden, bevor wir entscheiden, ob wir sie haben wollen oder nicht? Dann sind wir nicht mehr weit davon entfernt, Designer-Babys einen Vorzug zu geben. Denn warum sollen wir uns mit einem mediokren Filius zufrieden geben, wenn wir stattdessen einen Superstar haben könnten. Bei all dem vergessen wir zu leicht, dass nicht wir die *Macher* sind. Und erst

recht keinen Anspruch auf ein perfektes Kind erheben können.

Wir argumentieren, ein Recht auf Selbstbestimmung zu haben und sind überzeugt zu wissen, was gut oder schlecht für uns, unsere Kinder oder unsere Umwelt ist und was nicht.

Wir haben die *Tools*, die Welt zu verbessern. Und wehe, es redet uns einer dazwischen. Falls wir wirklich etwas nicht wissen sollten, müssen wir nicht mal mehr in die Bibliothek laufen, um in einer Enzyklopädie nachzusehen. Rund um die Uhr stehen uns Google und all die anderen Search-Seiten zu Verfügung.

Doch was können wir wirklich? Wir können nicht einmal die Sonne auf und untergehen lassen oder Luft und Wasser erzeugen. Und das, was uns Gott gegeben hat, verschmutzen und verpesten wir. Unsere Nachkommen, die wir -wie alles, was auf unserem Planeten zu finden war- genetisch manipuliert haben, müssen zusehen, wie sie mit dem Desaster zurechtkommen.

Haben wir wirklich lange genug überlegt, was das Beste für unsere Welt ist? Eventuell dachten wir, dass all das, was wir haben, nicht genug sei, obwohl es uns im Überfluss verfügbar ist.

Überhaupt sind wir geneigt, eine Beziehung zu unserem Schöpfer fast schon kategorisch abzulehnen. Die einzige Beziehung, die wir zu ihm haben ist vielleicht, dass er uns ein gutes Leben auf Erden schuldet.

Es gibt Krankheiten, Hunger, Dürren, Leid usw. Demzufolge müssen wir anhand moderner Biotechnologien die Welt selbst verändern. Haben wir mit GMO die Welt verbessert? Oder eher verschlechtert?

Diese Frage müssen wir uns irgendwann stellen? Wenn uns all die Pestizide und Insektizide, ohne die GMO Lebensmittel nicht mehr gedeihen und womit wir anscheinend auch unsere Hühner-Eier bespritzen, krank gemacht haben, dann, - ja dann kann es durchaus passieren, dass wir uns darauf besinnen, dankbar zu sein für das, was wir haben. Und hoffentlich nicht *hatten*, weil wir schon zu weit in der Umwandlung der Schöpfung Gottes nach unseren Vorstellungen vorangeschritten sind. Schauen wir uns doch die *Effizienz* unserer heutigen Kultur in *medias res* an.

Ashley Shirley hatte mit ihrem Mann Ronnie bereits drei gesunde Kinder, Lilly fünf, Londyn drei und Jaxon ein Jahr alt, als sie herausfanden, wieder ein Baby erwarten zu dürfen. Das Ultraschallbild der 20. Woche beunruhigte die Ärzte der werdenden Mutter. In der 24. Woche stand die Diagnose fest. Jocelyn war zwergwüchsig mit allen damit verbundenen Konsequenzen. Die Lungen des Mädchens würden sich nicht richtig entwickeln können, weil der Brustkorb nicht wachsen werde und das Herz bereits all den vorhandenen Platz in Anspruch genommen hatte. Dem Kind fehlten Teile des Gehirns, an seiner Stelle war nur Flüssigkeit vorhanden. Es würde, wenn es seine eigene Geburt überlebt, höchstens eine Stunde auf der Welt sein.

Die Mutter schaute lange auf das Ultraschallbild. Alles was sie sah, waren etwas zu kurze Extremitäten. Man sagte ihr, das Kind wäre ganze vier Wochen kleiner, als es in diesem Alter zu erwarten ist. Das Vorderhirn und Mittelhirn fehlen. Die Ärzte rieten dazu, das Kind abzutreiben.

Die Mutter war geschockt, wie wenig es bedurfte, um eine Abtreibung ihres Lieblings zu rechtfertigen. Shirley sagte: <Es brach mir jedes Mal mein Herz, wenn mir die Ärzte unterbreiteten, mein Kind eher abzutreiben, als auf die Welt zu bringen.> Die Eltern ließen sich nicht irritieren, auch wenn die Ultraschallbilder die Befürchtungen der Ärzte bestätigten. Die Organe wuchsen, aber das Skelett schien nicht mitzuhalten. Die Mediziner wussten nicht einmal, ob das Kind überhaupt atmen könnte, wenn es geboren wurde.

Jedes Mal, wenn Shirley bei einer Untersuchung war, stand dieselbe Frage an. Wird das Kind atmen können? <Ich saß viele Tage einfach nur da und fragte mich, was wohl passieren wird. Ich konnte nur in Gedanken beten. Mein Mund blieb so verschlossen wie meine Bibel.

Ich war emotional völlig am Boden zerstört>, berichtete die Mutter. Der nahe Tod ihres Kindes verfolgte sie die ganze Schwangerschaft.

<Wir riefen einen Photographen, der ein Bild von unserer Tochter machen sollte, damit wir wenigstens eine Erinnerung an sie haben. Wir dachten, es wird ihr erstes und letztes Foto sein.>

Am ihrem Geburtstag waren alle schockiert. Der Neonatologe rief aus: <Ich kam zu der Geburt und erwartete ein sehr krankes und abnormales Baby zu Gesicht zu bekommen, doch das Kind war normal, so gesund wie viele andere Kinder, die ich auf die Welt brachte.>

Die Ärzte hatten keine Erklärung für das, was passierte. Shirley hatte Tränen in den Augen. <Es ist ein Wunder. Keine Wissenschaft kann erklären, was mit meinem kleinen Kind passiert ist. Als ich den ersten Schrei des Babys hörte, explodierte mein Herz vor Glückseligkeit. Mein Mann und ich weinten. Ich war geschockt über die Güte Gottes, uns ein gesundes Kind zu schenken.>

Die Fotografin, die mit ihrer Kamera die Geburt und dem Tod des Kindes festhalten wollte, schrieb auf ihrer Facebook Seite: <Ich hatte Tränen der Freude in den Augen. Ich lief zur Mutter und zeigte ihr die Bilder ihrer Tochter. <Sie ist Ok!>, sagte ich. Und dann weinten wir beide.

Teste ergaben, dass das fehlende Gehirn plötzlich vorhanden war. Die zu kurzen Extremitäten waren voll ausgebildet, der Brustkorb war nicht mehr zu klein. Alles schaute normal aus.

Jocelyn durfte bald nachhause. Nur einen Defekt trug das Kind mit sich, es war blind. Ihre Augennerven hatten sich nicht entwickelt.

<Wir werden weiterhin Gottes gütiger Vorsehung vertrauen, er hat uns bisher geholfen und wird es auch weiterhin tun. Nichts in der Welt kann mich daran hindern, etwas anderes tun zu wollen, was nicht in Gottes Willen liegt>, betont Shirley, die nebenbei noch Pastorin einer kleinen Kirche ist.[222]

Es gibt so viele Dinge, die wir nicht kontrollieren können. Dürfen wir sie trotzdem gebrauchen, ungeachtet dessen, dass wir unserem Mitmenschen ein Recht auf Leben absprechen und nur das kurzsichtige Ziel vor Augen haben, unseren Erwartungen Vorrang zu geben?

Wenn wir anfangen wollen, selber Krankheiten anhand von modernen Technologien wie CRISPR zu heilen, verändern wir nicht nur das Erbgut des Kindes, sondern auch seiner Nachkommen. Wir wissen nicht mal, ob wir einen besseren oder schlechteren Menschen schaffen.

So stellten z.B. Wissenschaftler der Universität Luxemburg zu ihrem Erstaunen fest, dass ein Fanconi-Anämie kranker Junge gesunde Eltern und Geschwister hatte, obwohl es sich bei der Anämie um eine Erbkrankheit handelt.

Dr. Patrick May und sein Team benutzen modernste Sequenzierungsmethoden und weitere zell- und molekularbiologische Techniken, um das Gesamtgenom zu studieren, welches eine Fanconi-Anämie verursacht. Die Luxemburger Universitätsklinik forscht über die Ursachen eines autosomal-rezessiv vererbten Fehlbildungssyndrom, das zu den seltenen Chromosomenbruchsyndromen gehört.

Die Patienten leiden an einem vorgeburtlichen Minderwuchs: einem kleinen Kopf, besitzen eine braune Hautfarbe mit Café-au-lait-Flecken, verschiedenen Fehlbildungen der Nieren und der Hoden und einem vollständigen Funktionsverlust des Knochenmarks (Knochenmarkdepression) mit der daraus resultierenden starken Verminderung aller Blutzellen sowie einer erhöhten Chromosomenbruchrate. Durch eine Knochenmarkstransplantation könnte eine Heilung erzielt werden.

Dr. Patrick May konnte mit seinen Studien Mutationen im RAD51-Gen identifizieren. <RAD51 ist wichtig für die Reparatur von Fehlern an der DNA, die unweigerlich bei der Zellteilung auftreten können>, sagt der Forscher. Bei der Untersuchung des Jungen, der an der Fanconi-Anämie litt, stellte May zu seiner Überraschung fest, dass seine Eltern und Schwester gesund waren:

<Die Mutation trat in nur einer der zwei Ausfertigungen des Genes auf, die jeder Mensch auf seinen Chromosomen trägt. Zugleich war keines der RAD51 Gene bei den Eltern betroffen.>

Das bedeutet: Die normalerweise autosomal-rezessiv vererbte Krankheit wurde durch eine neu entstandene Spontanmutation im RAD51-Gen verursacht. Somit wurde der Patient zum Träger einer nicht vererbten Krankheit. Bisher vertraten Forscher die These, dass Mutationen, die zur Fanconi-Anämie führen, durch beide Eltern bedingt sind, die ihr mutiertes RAD51-Gen an ihre Nachkommen weitergeben. Einen Fall der Spontanmutation hatte man noch nie beobachtet.

<Die Folge der Mutation des RAD51-Gens ist, dass das Protein mit der veränderten Aminosäure die Aktivität des ebenfalls vorhandenen unveränderten Proteins stört. So kommt es, dass das Kind an einer Fanconi-Anämie erkrankte, obwohl die Eltern nicht Träger der Mutation waren. Wenn der Prozess einer Mutation verstanden wird, ist es einfacher, die Entstehung von Leukämie und Tumoren zu erklären>begründet Dr. May.

Die Studie von Dr. May hat Konsequenzen für unsere Familienplanung. Der Sinn einer genetischen Beratung ist es, erbkranke Gene zu identifizieren, an denen die Eltern oder deren Verwandte leiden. Man erhofft sich damit ein Risiko, ein krankes Baby zu bekommen, einzudämmen.

Bisher untersucht man menschliches Erbgut von Erbkranken Trägern nur auf entsprechende Gene, die eine Erkrankung hervorrufen. Man denke an das Brustkrebs-Gen BRCA1.[223]

In England bekam eine 27-jährige Mutter 2009 ein Baby, das *dank* modernem Screening keine Brustkrebsgene in ihrem Erbgut enthielt. Ärzte der Universität in London erzeugten mit Hilfe der künstlichen Befruchtung acht Embryos, welche sorgsam untersucht wurden, ob sie nicht Träger des Brustkrebsgenes BRCA1 sind.

Durch Präimplantationsdiagnostik ließen sich zwei Embryos ausselektieren, die dann der Mutter eingepflanzt wurden.

Mütter, die mit dieser Erbkrankheit behaftet sind, besitzen eine 80-prozentige Wahrscheinlichkeit, an Brustkrebs zu erkranken, und haben zu 60% das Risiko, Eierstockkrebs zu entwickeln. Im *Englischen Fall* war der Vater seit drei Generationen Träger des Brustkrebsgens und hätte eventuell die Krankheit an eine Tochter weitervererben können. Die Mediziner hoffen nun, dass ihr Baby keinen Brustkrebs ausbilden wird. Jedoch – selbst wenn das Kind das Gen nicht besitzt, ist eine solche Garantie sehr vage, weil Krebs multifaktoriell bedingt wird.[224]

Wie jedoch obere Studie von Dr. May zeigt, kann es auch zu unvorhersehbaren Spontanmutationen kommen, die zur Erkrankung eines Kindes mit Fanconi-Anämie führt.

Wir können so gesehen nicht sicher sein, wie verbindlich Genscreening ist, denn trotz der Ausmusterung der erbkranken Embryos in der Präimplantationsdiagnostik besteht die Möglichkeit, dass die Betroffenen erkranken.[225]

Die Fülle der Daten, die uns durch Gentests zuteil werden, kann uns entweder verwirren, Angst machen oder erfreuen. Wir alle haben Mutationen in unserem Genom. Ein Faktum, welches schon Darwin faszinierte, denn die guten Mutationen sind der Grund für eine Selektion und sichern das Überleben.

Heute neigen wir jedoch dazu, Leute mit Daten zu überschütten, ganz nach dem Motto: Wissen ist Macht.

Eine sich schnell entwickelnde Biotechnologie kommt jeden Tag mit neuen Tests heraus, sodass selbst Experten nicht mehr nachkommen. Doch oft können wir schwer entscheiden, wo die Grenzen sind.

<Werden wir ein Baby abtreiben, wenn es keinen Marathon laufen kann?>, fragte 1991 Dr. Kaback, der Präsident der Amerikanischen Gesellschaft für Human Genetics, nachdem gerade ein Gentest

herausgekommen war, der eine begrenzte Lebensdauer aufgrund eines
mutierten Genes vorhersagte.

Viele Schwangere wollten diesen Test haben, obwohl er noch gar nicht sicher genug war, um genauere Aussagen zu treffen. Mit der rasanten Entwicklung in der Medizin kann man mittlerweile Gendefekte heilen, die Eltern noch vor zehn Jahren überlegen ließen, ob sie ein Kind mit dieser Krankheit haben wollen.

Wie aber reagieren Eltern, deren Kind einen seltenen Gendefekt hat? Der Pädiater Michael Kaback von der John-Hopkins-Universität hatte 1970 einen Kollegen, Bob Zeiger, dessen Sohn Michael seltsame Symptome entwickelte, die bald darauf schließen ließen, dass Michael an Tay-Sachs litt. Daran erkrankte Neugeborene entwickeln sich zuerst normal, doch nach sechs Monaten können sie nicht einmal mehr aufrecht sitzen.

Als Michel diagnostiziert wurde, war seine Mutter mit dem zweiten Kind schwanger. Anstatt eine damals bereits übliche Amniozyntese zu machen, beschlossen die Eltern, das Kind nach der Geburt wegzugeben, ohne es auch nur angesehen zu haben. Falls es die gleiche Krankheit wie sein Bruder hatte, wollten sie es in ein Heim oder zur Adoption freigeben.

Kaback's Dilemma, der das Baby diagnostizieren sollte, bestand darin, dass es keinen verfügbaren Test für die Diagnose Tay-Sachs bei Neugeborenen gab. Man konnte die Krankheit entweder vorgeburtlich nachweisen oder, wenn sich die ersten Symptome nach sechs Monaten zeigten. Kaback hatte allerdings erfahren, dass Prof. O'Brien aus Kalifornien 1969 ein Enzym Hex–A entdeckt hatte. Wenn dieser Stoff fehlte, war ein Kind Träger dieser Krankheit.

Nach wie vor weigerten sich die Eltern, ihr Kind zu sehen. Sie wollten nicht einmal wissen, ob es ein Mädchen oder ein Junge war.

Am Geburtstag des Kindes verschickte Kaback Nabelschnurblut an seinen Kollegen am anderen Ende der USA. Er selber saß auch in seinem Labor und testete unentwegt, ob er Hex-A finden würde. Um 5:30 früh des anderen Morgen stimmten er und sein Kollege von der Westküste überein, dass dem Kind nichts fehlte.

Joan entwickelte sich prächtig, wurde selber eine Expertin der Genetik und belegte den vierten Platz als Triathlon Teilnehmerin bei der Olympiade 2000.[226]

Sollte es trotzdem Eltern mit dem genügenden Kleingeld ermöglicht werden, sich die Errungenschaften der Reproduktionsmedizin und die breite Palette der Gentests zunutze zu machen? Damit ermöglichen wir einigen Eltern, dass sie die Kontrolle über ihr Kind haben. Und falls ihre schlimmsten Befürchtungen eintreffen, können sie ihre Entscheidung, dieses Kind zu haben, mit einer Abtreibung revidieren.

Was passiert aber, wenn gesunde Kinder plötzlich erkranken und keiner weiß, was sie haben? Die Zwillinge Addison und Cassidy der amerikanischen Familie Hempel blieben plötzlich in ihrer Entwicklung zurück. Ihre Milz war vergrößert, sie hatten Koordinationsstörungen und bekamen epileptische Krampfanfälle. Über die Ursache tappte man lange im Ungewissen, bis man endlich eine Krankheit den Symptomen zuordnen konnte, die es weltweit nur 500-Mal gibt.[227]

Die jungen Patientinnen litten an der Neimann-Pick-Krankheit Type C, was man auch als Kinder-Alzheimer bezeichnet. Sie tritt im Alter von vier bis zehn Jahren auf, obwohl man mittlerweile auch von jungen Erwachsenen hörte, welche die Krankheit im Alter von 20 Jahren entwickelten. Die Ursache ist, dass Cholesterin nicht mehr abgebaut werden kann. Seine Plaques lagern sich im Gehirn, der Leber und Milz an. Der Zelle fehlt die Möglichkeit, Cholesterin abzubauen, sodass sie es speichert anstatt es zu entlassen.

Die Zwillinge litten an einer unheilbaren, extrem seltenen Erbkrankheit und es gab nichts, was man dagegen machen konnte. Doch so leicht gaben die Eltern Hempel nicht auf. Durch Zufall fanden sie eine Studie, in der man Cyclodextrin-Komplexe, ein Zuckerkomponente, an kranke NPK-Mäuse verabreichte und damit ihre Lebensspanne verlängerte.

Noch nie ist es in Geschichte der Medizin berichtet worden, dass Eltern nicht nur ein Medikament identifizierten und die Methode seiner Applikation eruierten, sondern auch in der Lage waren, ein ok von der amerikanischen Arzneimittelbehörde zu bekommen. Es war ihnen der Versuch wert, denn in so einer Situation klammert man sich an jeden Strohhalm. Solange die Kinder die Zuckerkomponente bekamen, verschlechterte sich das Krankheitsbild nicht.

Um bessere Ergebnisse zu erhalten, wollte man Cyclodextrin direkt in die Wirbelsäule applizieren. Nach langen Bangen, ob die FDA zustimmt, waren die Zwillinge die ersten Kinder weltweit, die so behandelt wurden. Mittlerweile haben Eltern, deren Kinder NPK, haben Hoffnung. Vor allem, wenn man sofort mit einer Behandlung anfängt, verringern sich die Symptome.

Es gibt keine Heilung, jedoch verzögert sich der Verlauf und man kann eine bessere Lebensqualität erzielen. Für die inzwischen 14-jährigen Zwillinge kam die Therapie zu spät. Trotzdem freuen sich die Eltern über jeden Tag, den sie noch mit ihnen verbringen können.

Zur gleichen Zeit hat Familie Hempel die Pharmafirma auf 100 Millionen Dollars verklagt, weil sie ihr *Arzneimittel* vermarkteten, ohne jedoch ihnen als Inventoren eine Teilhaberschaft zukommen zu lassen.[228] Norwegens Wissenschaftler wollen nun mit Cyclodextrin andere Krankheiten heilen, bei denen Cholesterinablagerungen aufgelöst werden müssen.

Von einer sehr seltenen Nervenkrankheit stammt die Idee, Herz- und Blutgefäßerkrankte (bedingt durch Arteriosklerose) zu behandeln. Ein erhöhter Cholesterinspiegel bedingt kardiovaskuläre Erkrankungen. Laut Statistik verursachen Erkrankungen des Herzkreislaufsystems die meisten Todesfälle.[229]

Unabhängig davon sehen nicht nur Wissenschaftler des deutschen Krebsforschungsinstitutes immer mehr das Potential, das adulte Stammzellen besitzen. Ihre erstaunliche Multipotenz macht sie in der regenerativen Medizin zu Alleskönnern. Nach Verletzungen verschiedener Gewebe haben sie die Fähigkeit, sich in gewebseigene Muskelzellen oder das Gehirn zu verwandeln.

Adulte Stammzellen des Gehirns entscheiden so z.B. selber, wann sie sich in Nervenzellen umwandeln, berichtete das Forschungsteam um Ana Martin-Villalba 2019 in der Fachzeitung *Nature*. Sie analysierten am Deutschen Krebszentrum, welche Gene beteiligt sind, um sich in ein Neuron zu verwandeln.

Sie klärten jeden Schritt und fanden heraus, welche Gene eingeschaltet werden, um neue Proteine aufzubauen. Man dachte, dass die Nervenzelle das Endstadium einer Stammzelle sei.

Zur Überraschung der Forscher ist es der Stammzelle jedoch möglich, ihre Vielfältigkeit -die man auch Multipotenz bezeichnet- beizubehalten und für eine gewisse Zeit eine Art *Standbuy-Modus* aufrechtzuerhalten.

So kann aus einer Nervenzelle wieder eine Stammzelle werden. Wenn nun etwas in dem Prozess der Stammzelle zur Nervenzelle schief läuft, können sich Krankheiten wie Krebs entwickeln.

Wenn man den Verlauf der Entwicklung kennt, kann man regulierend eingreifen und muss nicht auf eine utopische embryonale Stammzellforschung zurückgreifen, die zudem viel zu kostspielig ist und bisher noch keine Krankheit geheilt hat.[230]

7. Dysfunktionale Abhängigkeitsstrukturen

7.1 Schadensbegrenzung nach DNA-Test

Mit Geld kann man sich nicht alles kaufen. Wissenschaftler evaluierten, was uns wirklich glücklich macht. <Der Schlüssel zu Glück und Freude im Leben ist die Dankbarkeit für alle kleinen und großen Dinge des Augenblickes>, sagt Schwester Elvira Petrozzi, die 1983 ein Haus für alkohol-, und drogenabhängige Jugendliche in der Nähe von Turin eröffnete. Sie gründete die Gemeinschaft *Cenacolo*. Nach kurzer Zeit musste sie neue Niederlassungen eröffnen. Heute existieren weltweit mehr als 60 Häuser, in denen Jugendlichen ein Neubeginn ermöglicht wird, die ansonsten keine Hilfe erfahren würden.[231]

Wenn *Dankbarkeit* eine Droge wäre, würde sie am meisten konsumiert werden. Sie besitzt universelle Heilkräfte: Schmerzen werden verringert, der Blutzuckerspiegel fällt, das Immunsystem wird verstärkt, der Blutdruck schießt nicht mehr in die Höhe, wir verlieren Alltagsängste, und vor allem hat sie einen antidepressiven Einfluss, was wiederum emotionalen Stress abbaut. Insgesamt wirkt sich dieser Zustand positiv auf unsere Mentalität aus. Dankbarkeit ist eine der Grundvoraussetzungen für eine gelungene Partnerschaft. Schon lange vor uns haben die alten Philosophen Dankbarkeit als den Schlüssel für eine gute Gesundheit bezeichnet.

<Ein dankbarer Mensch ist aufrecht und wahrheitsliebend>, schreibt Robert Emmons in seinem Buch: *"The little book of Gratitude"*. Er versteht, dass ihm das Leben nichts schuldet und all seine Talente eine Gabe Gottes sind. Nichts ist beständig. Wir haben auch keine Garantie darauf, gewisse Dinge zu bekommen. Letztlich ist Dankbarkeit mit einer großen Zufriedenheit und Glück verbunden. Ebenso Großzügigkeit trägt zum Wohlbefinden bei. Eigentlich ist es paradox, weil man auf eigene Vorteile verzichten muss, um andere zu

erfreuen. Trotzdem schreckt es kaum einen ab, großzügig zu sein. Vielleicht liegt das daran, weil wir das Glücksgefühl danach nicht missen wollen. Wissenschaftler bestätigen mittlerweile, dass in unserem Gehirn die Areale für Zufriedenheit und Großzügigkeit miteinander verankert sind.

Die Auffassung, es würde einen glücklicher machen, sein Geld lieber für sich selber auszugeben, stirbt allmählich aus. <Jetzt, wo wir das Gegenteil bewiesen haben, können wir uns diese Lebensweisheit zunutze machen. Du musst nicht ein selbstaufopfernder Märtyrer werden, um glücklicher zu werden. Ein bisschen mehr Großzügigkeit reicht schon>, bemerkt der Wirtschaftswissenschaftler Professor Philipp Tobler von der Universität aus Zürich.

Großzügigkeit muss nicht unbedingt mit Geld zu tun haben. Sie beruht alleine auf Dankbarkeit, sagen die Experten. Wir sollen einfach unsere Euphorie teilen und anerkennen, dass wir in der Lage sind zu helfen. Dankbarkeit steigert das Glücksgefühl und wirkt auf unsere Mitmenschen sehr anziehend. Letztendlich sollten wir ein Tagebuch führen und Notizen machen, wofür wir dankbar sind. Wir sollten aufhören, uns mit negativen Dingen zu belasten.[232]

Was passiert jedoch, wenn Dinge, die man immer als selbstverständlich ansah, plötzlich durch einen ganz einfachen DNA-Test zerstört werden? Catharina Clair hatte zu ihrem 56. Geburtstag einen der mittlerweile überall erhältlichen DNA Tests erhalten. Das Ergebnis hatte ihr den Boden unter den Füssen weggezogen. Ihre Geschwister waren nur noch zu 50 Prozent mit ihr verwandt.

Was sie im Spiegel sah, ähnelte nicht mehr zu 100 Prozent ihren Eltern, welche sie doch so wohlbehütet aufgezogen hatten. Der Mann, den sie Daddy nannte, war nicht ihr Vater. Und ihre drei Geschwister teilten gerade genauso viel Gene, dass man sie als Halbgeschwister bezeichnen konnte. Mehr auch nicht. Ihr biologischer Vater musste jemand anders sein. Es gab keinen Zweifel. Die Telefonauskunft der Testagentur konnte sich bemühen wie sie wollte.

Es gelang ihr nicht, die Nachricht schonend mitzuteilen. Catharina fühlte sich in ihrem Schmerz verloren. Niemand auf der Welt würde jemals verstehen, welchen Verlust sie erlitt. Sie war in einer religiösen Familie groß geworden, die sich immer gegenseitig stützten. Niemals hatte sie einen Zweifel gehabt, nicht ganz dazu zu gehören. Ihr Bruder, der ihr das Geschenk eines DNA-Testes machte, trösteten sie. Alle würden sie genauso lieben wie vorher. Er hätte sich nicht so erschrocken, wenn er erfahren hätte, in Wirklichkeit ein Kuckuckskind zu sein. Sie sollte sich nichts draus machen. <Seitdem diskutiere ich nicht mehr über dieses Thema mit meinem Bruder>, gab Catharina traurig zu bedenken. Mittlerweile hat sie ihren richtigen Vater über eine Ahnenwebseite gefunden. Es war eine beiläufige Bekanntschaft, welche ihre Mutter schon lange vergessen hatte. Der DNA Test löschte nicht ihre schöne Kindheit aus. Aber er veränderte dennoch ihr Leben.

Auf einer Facebook-Seite konnte sie endlich jemand finden, der sie verstand. Sie entdeckte einen Aufruf des bekannten Radiosprechers Delilah. Er fragte, ob jemand etwas Interessantes durch einen DNA-Test herausfand. Catharina fühlte sich sofort gedrängt zu antworten. Kurz darauf befand sie sich in einer angeregten Konversation mit einer Frau, der dasselbe passierte.

<Oh mein Gott, ich bin nicht alleine>, dachte sich Catharina. <Wir weinten und teilten uns unsere Befürchtungen und Ängste mit. Ich merkte, dass unsere Empfindungen angemessen und nicht verrückt waren. Nach drei Stunden eines innigen Gesprächs hatte sich nichts an unsere Situation geändert. Wir fühlten uns jedoch besser, weil wir jemanden hatten, mit dem wir über unsere Erlebnisse sprechen konnten>. Catharina suchte noch mehrere Menschen, denen das gleiche zugestoßen war. Es existierte keine Gruppe von Gleichgesinnten. Weil sie eine Frau der Taten war, gründete sie diese auf Facebook. Sie nannte sie „*DNA NPE Friends*", wobei NPE für *not parent expected* steht. Es ist der genetische Ausdruck für *nonpaternity event*. Auch der Ausdruck *misattributed Perentage* wird in diesem

Zusammenhang gebraucht. <Jeder, der in unsere Gruppe kommt, hatte schon lange vor dem Test das Gefühl, es sei etwas nicht mit ihm nicht in Ordnung. Ein Jahr, nachdem die Gruppe auf Facebook seine Portale aufgeschlagen hatte, existierten schon 1.000 Mitglieder.

Momentan boomen DNA Tests. Mehr als 12 Millionen Menschen sendeten alleine 2017 Speichelproben ein. Die meisten wollen wissen, woher ihre Vorfahren kommen. Einige der Teilnehmer wurden adoptiert oder suchen nach ihrem Vater, der ihr Samenspender war.

23andMe oder AncestryDNA sind die meistbesuchten Seiten. Sie werben u.a. mit einem glücklichen Zusammenbringen der zuvor noch nicht gekannten Familienmitglieder. Dennoch, nicht alle Eltern wollen gefunden werden. Es geht um Schwangerschaften, die man nicht preisgeben wollte und um Vergewaltigungen, von denen man nie den Täter kannte. Oder um Fruchtbarkeitskliniken, deren Ärzte ihr eigenes Sperma benutzten anstatt das des Vaters. <Diese *Geheimnisse* wären mit ins Grab genommen worden. Es wird schwerer und schwerer, etwas verborgen zu halten>, sagt CeCe Moore, ein berühmter Gynäkologe und Genetiker, der oft im Fernsehen mit der Sendung -*Finde Deine Wurzeln*- auftritt. <Jetzt werden Geheimnisse aufgedeckt, die 50 Jahre alt sind und all das für 99 US-Dollars. Früher hätte man sich so etwas nicht vorstellen können. Die nächsten 15 Jahre enthüllen wohl noch einige schockierende Wahrheiten, die Familienmitglieder überraschen wird>, bemerkt Catharina.

Am besten Verständnis haben *geistig Verwandte*. Mit ihnen zu reden, hilft mehr als jede Psychotherapie, die viele der Betroffenen aufgesucht haben. Viele wissen nicht, warum es so ein schwerer Schlag für sie war, plötzlich offenbart zu bekommen, dass sie nicht die leiblichen Kinder eines Elternteiles sind. Es wäre ihnen lieber gewesen, wenn sie es nie erfahren hätten. Die Reklame der DNA-Agenturen verharmlost die ganze Sache. Man sieht einen Mann, der nun nicht mehr in Lederhosen herumtanzt, weil er Irländer ist und sich täuschte, Deutscher zu sein. <Dieser *Klamauk* macht sich über unsere Gefühle lustig>, erklärt einer der Teilhaber, der Angst hatte, seiner Mutter zu sagen, dass der Mann, den sie Vater nannte, nicht mit ihr verwandt war. Lynn wollte mit der DNA ihres Sohnes die leiblichen Eltern ihres Mannes finden, der adoptiert wurde. Doch ihr Bruder hatte eine andere DNA als sie und so merkte sie, dass sie nicht mit dem Mann aufwuchs, der vorgab, ihr Vater zu sein. <Ich hatte es nicht kommen sehen. Wenn du versuchst, das Geheimnis anderer Leute zu lüften, findest du oft dein eigenens>. Lynn's Mutter ist in diesem Fall keine große Hilfe, im Gegenteil, sie weigert sich, über das Thema zu sprechen.

Die Sprecherin von 23andMe versichert zwar, dass ihre Mitarbeiter trainiert wurden, einfühlsam in heiklen Situationen zu sein. Trotzdem sucht Catharina nach Vergleichen, um ihre Situation erklären zu können. <Emotional gibt es kaum einen Unterschied zwischen den Szenarien. Es ist gleich schwer, etwas über ein Kuckucks-Kind herauszufinden oder über die Schwangerschaft der eigenen Teenager-

Tochter. Alles braucht seine Zeit. Und oft ist man nur im zweiten Fall, neun Monate später, glücklich mit Ballons im Krankenhaus vereint>.

Obwohl Catharinas Eltern und ihr eigentlicher Vater tot sind, fand sie zwei weitere Halbgeschwister. Allein das spornt Catharina an, mit ihrer Facebook Seite weiter zu machen. Als sie 2016 erfahren hatte, wer ihr eigentlicher Vater ist, brach sie weinend in ihrem Bett zusammen. Ein leises Gebet kam von ihren Lippen: <Lieber Gott, warum passiert mir das?> Eine innere Stimme antwortet ihr <Mein liebes Kind, es musste so sein wegen all der verlorenen Seelen. Sie brauchen jemand, der die Kraft hat, ihnen zu helfen. Der einzige Weg für dich, ihnen Trost zu spenden und sie anzuspornen weiter zu machen war, dass du einer von ihnen bist.[233]> Die Nachfrage für DNA-Test-Kits steigt rasant. Sie sind relativ billig und werden überall angepriesen. Das heizt die Neugierde an, Ahnenforschung zu betreiben. Was man nicht bedenkt, ist, dass viele der Testanbieter die Information für medizinische Abnormitäten an dritte, wie etwa eine Krankenkasse, weitergeben dürfen. Unsere DNA enthält viele private Informationen. Im Grunde würde keiner wirklich wollen, dass diese genutzt werden, um uns eine Krankenversicherung zu verweigern oder keine Arbeit mehr zu finden. Zudem sind 40% der Ergebnisse falsch. Bereits heute hat *Ancestry.com* in ihrer Datenbank die DNA von mehr als sieben Millionen Menschen gespeichert. Insgesamt liegen etwa 12 Millionen dieser Daten der Industrie vor, obwohl eine DNA Identifikation erst 2016 kommerzialisiert wurde. Die Anfänge der Tests gehen auf das Jahr 2000 zurück. Firmen versprechen, dass sie den Familien-Stammbaum bis zu fünf vorhergehenden Generationen entschlüsseln könnten. Ambry Genetics, eine kleine Firma in Kalifornien, untersuchte, inwieweit diese privaten Tests wirklich das enthalten, was sie vorgeben. Sie wurden schließlich eingeführt, damit Verbrecher identifiziert werden können. Manchmal auch, um den Stammbaum eines Zuchttieres nachzuverfolgen oder sei es nur der des Familienhundes. Allerdings benötigte man dazu das nötige Kleingeld, denn diese Tests waren früher fast unerschwinglich. In einigen medizinischen Fällen wollte der Arzt wissen, inwieweit sein Patient Träger einer bestimmten Erbkrankheit ist, um eine optimale Therapie einzuleiten. Diese Untersuchungen waren jedoch geschützt.

Keiner, außer denen, die es anging, hatte Einblick in die Resultate. Schließlich existieren seit mehr als fünf Jahren Patientenschutzgesetzte. Paragraph §630g BGB regelt die Einsicht in die Patientenakte oder anders gesagt, wem es erlaubt ist, Zugang zu den Daten zu erhalten.[234]

In kommerzielle DNA Tests kann sich jeder Einsicht verschaffen. Außerdem wird eine einfache Methode der genetischen Sequenzierung benutzt, um das Erbgut zu entschlüsseln. Laut Ambry's Studien führt dies in 40% zu falsch-positiven Ergebnissen. Das heißt, die vorhergesagte genetische Möglichkeit, eine Krankheit zu bekommen, wurde aufgrund einer Fehlinterpretation gemacht. Die Tests können einem zwar seit 2016 helfen, seine Verwandten zu finden, sie sind dennoch kein Ersatz für eine medizinische Diagnostik oder Therapie. 23andMe behält sich vor, dass die Daten nicht auf Richtigkeit überprüft wurden und man sie vorsichtig auslegen sollte.

Dem Empfänger wird nahegelegt, dass er lediglich das Risiko einer Erbkrankheit in seiner DNA hat. Es ist schwieriger zu erkennen, was das eigentlich genau heißt. Vielleicht, so hofft man, hätten die Tests trotz ihrer Unverbindlichkeit etwas Gutes. Man würde eine besserer Vorbeuge treffen. Meist jedoch machen sich die Kunden unnütze Sorgen über etwas, was gar nicht relevant ist. Denn obwohl wir Träger bestimmter Gene sind, kommen die mit ihnen assoziierten Krankheiten nicht zum Ausbruch beziehungsweise ist eine genetische Manifestation letztendlich nicht ausschlaggebend. Vielmehr spielt in diesem Zusammenhang die Umwelt und der Lebensstiel eine wesentlich größere Rolle. Immerhin vertrauen wir unsere höchstpersönlichen Daten einer Firma an, die nur über das Internet arbeitet. In einer Zeit, in der man sich in einer unverschämten Leichtigkeit einen Zugang zu Kreditkarten oder Passwörtern verschafft, ist es naiv zu glauben, eine DNA wäre nach dem Test nicht frei zugänglich. Im Feinprint dieser Firmen steht, dass sie ein Eigentumsrecht auf die DNA erheben. Wie es jedoch so oft mit unseren Daten passiert, je öfter sie exponiert werden, desto leichter werden sie der Öffentlichkeit preisgegeben. Eine dieser Firmen gab 2013 zu, diese Tests nur zu machen, um Daten zu sammeln, welche man ohne Einverständnis der Urheber verkaufen kann. Ist es die Befriedigung der reinen Neugierde letztendlich wert, so ein Risiko einzugehen?[235] Die Frage, wann ein Test nötige ist oder wann er nur unserem eigenen Interesse dient, wird bereits von den Eltern eines Ungeborenen gestellt. Mittelalterliche Theologen brandmarkten eine solche Wissbegier als die verderbliche Neugier, die Ursprung unseres Stolzes, unserer Überheblichkeit und unserer Machtversessenheit ist.

7.2 Verbesserung der Elternkompetenz

*I*n diesem Sinne warnen US-Gynäkologen vor zu vielen Ultraschalluntersuchungen, die trotz einer *normalen* Schwangerschaft angeordnet werden.[236]

Milena Mrosovsky erzählt, dass sie mindestens ein Dutzend Ultraschalluntersuchungen hatte, als sie schwanger war: <Ich war glücklich über die vielen Bilder und klebte sie alle in mein kleines Album.> Solche Aussagen sind nicht ungewöhnlich für Eltern. Amerikanische Frauen lassen heute immer mehr Ultraschalluntersuchungen an ihren Ungeborenen durchführen. Sie posten die Bilder stolz auf Facebook oder anderen modernen Medienseiten.

Seit 2004 konnte man einen 92%igen Anstieg dieser Untersuchungen beobachten. Jeder Besuch beim Arzt beinhaltet eine Ultraschalluntersuchung. Experten warnen nun davor, dass es medizinisch nicht gerechtfertigt ist, bei einer risikoarmen Schwangerschaft so viele Untersuchungen durchführen zu lassen.

Im Mai 2014 machten verschiedene medizinische Gesellschaften wie auch die Amerikanischen Gynäkologen und Geburtshelfer darauf aufmerksam, dass eine oder zwei Untersuchungen bei einer Schwangerschaft ohne Komplikationen genügen sollten.

<Ultraschall sollte für die kurzmöglichste Zeit und mit der geringsten Energiefrequenz an einem Ungeborenen angewendet werden, und auch nur dann, wenn es unbedingt nötig ist>, empfehlen die Fachleute. Daniel O'Keefe, Vizepräsident der Gesellschaft für Maternal-Fetal Medizin, beschreibt 2013 im medizinischen Journal *Seminars Perinatology*, dass vier bis fünf Ultraschalluntersuchungen übertrieben sind.

Wenn Frau Milena Mrosovsky dieses Wissen bei ihrer Schwangerschaft gehabt hätte, wäre sie nicht so naiv den Anweisungen ihres Doktors gefolgt. <Früher bestand man auf einer Untersuchung

um die 20igste Woche herum. Neuerdings empfiehlt man die 12. Woche. Leider lesen Ärzte nicht ihre Fachzeitungen>, bemerkt Dr. O'Keeffe.

Ob Ultraschalltests dem Fötus schaden, untersuchte man das letzte Mal 1992. Damals war die Dosierung, mit der die Apparate arbeiteten, viel geringer. Die Schallwellen, die letztendlich vom Körper des Ungeborenen reflektiert oder absorbiert werden, verwandeln sich in elektrische Impulse, die vom Ultraschallgerät verstärkt und auf einem Bildschirm dargestellt werden.

Wie man heute weiß, sind viele Mamogramme, Darmspiegelungen und andere medizinische Ultraschalluntersuchungen meistens gar nicht notwendig. Eltern sind jedoch begeistert, dass ihnen die moderne Technik einen Einblick in die Gebärmutter ermöglicht. Immer genauere Bilder müssen gemacht werden. Weil man wissen will, wie das Baby aussieht. Ob man dafür nun mehr Schallintensität benötigt und eventuell dem Kind schadet, interessiert keinen.

<Selbst Ärzte machen sich über die Sicherheit von pränatalen Ultraschalluntersuchung keine weiteren Gedanken. Krebs kann man davon nicht bekommen, es sei schließlich keine Röntgenstrahlung damit verbunden>, sagt Dr. Jacques Abramowicz von der Wayne-State-Universität. Ärzte warnen Frauen, sie sollten keinen Alkohol zu sich nehmen, kein heißes Bad und Stress vermeiden, wenn sie schwanger sind. Aber über die Sicherheit und Effizienz von Ultraschalluntersuchungen redet kaum ein Arzt. Man hofft, dass Frauen sich stärker an ihr Ungeborenes binden, wenn sie es sehen.

<Lernen sie Ihr Kind kennen, bevor es geboren wird>, wirbt die Firma General Electric auf ihrer Webseite. Sie verkauft ihre Maschinen nur an Gesundheitseinrichtungen. Einige Eltern drängen darauf, mehr von ihrem Kind zu sehen als die Ärzte befürworten.

Andere Ärzte sind besorgt, ein Detail über die Gesundheit des Ungeborenen übersehen zu können. Gynäkologen werden an erster

Stelle herangezogen, wenn es um Kunstfehler geht. Oft wird dann behauptet, weitere Ultraschallbilder hätten Klarheiten gegeben.

Doch wie sicher sind die Apparate? – Die amerikanische Food und Drug Administration, die gleichbedeutend mit unserer Lebens- und Arzneimittelbehörde ist, warnte im Dezember 2014 vor einigen Ultraschallgeräten: <Sie erhitzen das Gewebe und verursachen die Bildung von kleinen Blasen.>

Die Langzeiteffekte, welche diese Maschinen ausüben, kennt man nicht. Tierversuche an Hühnern und Mäusen lassen eine schädliche Auswirkung vermuten. Einige Neurowissenschaftler haben an ungeborenen Tieren Ultraschalluntersuchungen vorgenommen. Eine Studie der Yale Universität, die 2006 in den *Proceedings of the National Academy of Science* erschien, verbindet neurologische Auffälligkeiten bei jungen Mäusen mit einer Ultraschallexposition.

Australische Forscher beschrieben 2009 im International *Journal of Developmental Neuroscience*, Küken-Eier mit Ultraschall bestrahlt zu haben. Die Hühnchen hatten nach ihrem Schlüpfen Gedächtnisstörungen. Ihre Lernfähigkeit lag hinter der von anderen Vögeln.

Die Universität von Washington berichtet 2014 im *Autism Research Journal* von überaktiven Mäusen, die vorgeburtlich mit Ultraschall behandelt wurden. Dr. Pasko Rakic vom Nationalen Institute of Health untersuchte Affenhirne auf mögliche neurologische Folgen nach der intrauterinen Anwendung von Ultraschall.

Frank A. Chervenak, Direktor der Gynäkologie des New Yorker Presbyterian Krankenhauses ist der Überzeugung, dass ein oder zwei Ultraschalluntersuchungen bei einer normalen Schwangerschaft nicht überschritten werden sollten.

Eine Studie von 2012, die im amerikanischen *Journal of Obstetrics and Gynecology* erschien, ergab, dass vermehrte Ultraschall-Untersuchungen zuweilen ein falsches Bild geben. Manchmal meint man, das Ungeborene sei zu groß und man macht einen Kaiserschnitt, der gar nicht nötig gewesen wäre.[237]

Hinzu kommt, dass Ärzte nach einem Kaiserschnitt vor einer weiteren Schwangerschaft abraten. Rebecca Loretz und ihr Mann Michael wollten immer eine große Familie. Als ihr zweites Kind durch einen Kaiserschnitt zur Welt kam, hatten die Ärzte Sorge, dass die Narbe am Bauch einreißen könnte und baten darum, die Sache zu überdenken. Die Eltern beachteten den Rat nicht.

Die medizinische Literatur beschrieb das Risiko mit nur einem Prozent. Das wollten die beiden gerne auf sich nehmen. Es folgten sechs weitere Geburten. Alle Kinder wurden durch Kaiserschnitt entbunden. Nach dem achten Kind meinten die Eltern ihre Familie sei komplett. Und dann, im Mai 2013, erwarteten sie wieder Nachwuchs. <Das war wirklich eine Überraschung. Wir dachten, diese Schwangerschaft würde wie alle anderen verlaufen>, sagte Michael.

Die erste Ultraschalluntersuchung ergab, dass das Baby genau auf dem Narbengewebe der Gebärmutter implantiert war. Man sagte den Eltern, solch eine *ektopische* Schwangerschaft auszutragen, käme einer Katastrophe gleich. Die Ärzte gaben dem Kind keine Chance.

Es müsste abgetrieben werden, um das Leben der Mutter zu retten. Selbst Ethiker würden in so einem extremen Fall zustimmen, die Gebärmutter samt Kind zu entfernen. Normalerweise spricht man von einer ektopischen Schwangerschaft, wenn sich das Kind im Eileiter eingenistet hat. Der Eileiter kann sich nicht ausdehnen wie die Gebärmutter. Er kann platzen, sobald das Kind grösser ist. Eine Operation würde aber auch unweigerlich den Tod des Kindes hervorrufen. Theologen argumentieren, dass das Kind hierbei indirekt getötet wird.

Die Ärzte bedrängten Rebecca, ihr neuntes Kind durch die Einnahme von Methotrexate abzutreiben. Es sollte also direkt getötet werden. Das sehr gläubige Ehepaar brachte dies nicht über das Herz.

Einen Plan B hatte das Krankenhaus nicht, weil noch nie eine Mutter in so einem Fall eine Abtreibung verweigert hatte.

Rebecca wurde in das Krankenhaus eingeliefert, um genauer beobachtet zu werden. Die Ärzte bedrängten die Mutter in den kommenden Tagen. Sie kamen alleine oder zogen andere Experten hinzu. Rebecca sollte das Leben des Babys endlich beenden, um ihr eigenes zu retten. Ein Arzt sagte zu Michael: <Ihre Chance, letztendlich ein lebendes Baby in den Armen zu halten, ist gleich Null. Höchstwahrscheinlich stirbt auch Ihre Frau. Ist es das, was Sie wollen? – Sie können einfach nicht die Realität sehen und deshalb hören sie auch nicht auf den Rat der Experten.>

Erst nachdem den Ärzten klar wurde, dass sie das Paar nicht zu einer Abtreibung bringen konnten, sympathisierten einige Ärzte mit den Eltern und fingen sogar an, mit ihnen für das Ungeborene zu beten. Bei der nächsten Ultraschalluntersuchung hörten sie, dass die Schwangerschaft fehldiagnostiziert worden war. Das Baby hatte sich nicht über der Narbe eingenistet, sondern im Muttermund. <Ist das besser?>, fragte Michael hoffnungsvoll. Er erinnert sich an die schmerzliche Antwort: <Nein! Im Grunde ist das noch schlimmer.>

Ein drittes Ultraschallbild, das viel später gemacht wurde, brachte dann dennoch Hoffnung. Es sah nur so aus, als ob das Baby im Muttermund eingenistet wäre. Aber es war in Wirklichkeit doch in der Gebärmutter. Nur eben sehr nahe an der Cervix.

Dies gab allen eine kleine Erleichterung, auch wenn die Beteiligten noch sehr besorgt blieben. Das Ehepaar gab zu, dass die Schwangerschaft sehr an ihnen zehrte. Nur das Wissen, dass viele Leute für Mutter und Kind beteten, half.

<Ich war fünf Wochen vor der Geburt im Krankenhaus. Die Ärzte hatten Sorge, meine Gebärmutter würde zerreißen. Ich betete unentwegt, dass Gott mir dieses Kind schenkt. Nach einiger Zeit übergab ich mich in den Willen Gottes>, erklärte Rebecca.

Am 1. November 2013 wurde die kleine Philomena nach einer vierstündigen Operation entbunden. Das Kind war vollkommen gesund. Auch wenn es fast unmöglich schien, dass es überhaupt hätte geboren werden können.

Die Eltern beteten die ganze Zeit zur hl. Philomena und versprachen, ihrem Kind den Namen Philomena zu geben, wenn es ein Mädchen werden sollte. Während ihrer ganzen Ehe beteten sie, Gottes Willen folgen zu können und so großmütig wie möglich zu sein. Das brachte ihnen viel Kritik ein.

Michael war erstaunt, als er in der Literatur fand, dass seit 1967 bereits 60.000 ähnliche Schwangerschaften zu 99.7% mit einer Abtreibung endeten. Ihr Fall wurde bei einem wissenschaftlichen Symposium präsentiert. Es wurde empfohlen, beim Vorliegen einer ektopischen Schwangerschaft mit einer Abtreibung länger zu warten und genauere Untersuchungen heranzuziehen.[238]

Wie wir von Studien des Entwicklungspsychologen Prof. Alexander Grob wissen, existiert bereits vor der Geburt eine innige Bindung des Kindes zu den Eltern. Von dieser hängt das Überleben eines Kindes ab. Er bezeichnet es als das *Bindungsverhalten eines Babys.*

Zu vertraut sind uns die Experimente von Konrad Lorenz, der uns aufzeigte, wie sich selbst ein Küken an eine *Ersatzmutter* bindet. Doch leider findet das im Tierreich beschriebenen *Bonding* nicht ganz auf diese Weise bei uns Menschen statt.

<Beim Menschen gibt es keine Mutterliebe auf den ersten Blick>, sagt Remo Largo, der am Kinderspital Zürich forscht. Es dreht sich dennoch alles um die Mutter. Sie ist die erste Person, zu dem ein Baby eine Beziehung aufbaut, weil sie seinen Bedürfnissen entgegen kommt. <Schon Embryonen werten die *mütterliche Chemie* aus und beginnen, die Lautäußerungen der Mutter zu registrieren>, erläutert der Experte.[239] Doch wie weit zurück geht Mutter Natur, um das ideale hormonelle Umfeld für ein Kind in die Wege zu leiten?

Die Reproduktionsmedizinerin Dr. Valerie Grant stellte 2017 die Hypothese auf, dass einige Frauen eher Jungen als Mädchen bekommen. Sicher haben wir uns schon oft gefragt, warum Familien mehr Kinder von demselben Geschlecht haben. Jede Frau hat zwar eine gleiche Wahrscheinlichkeit, entweder Jungen oder Mädchen zu erhalten, dennoch ist das nicht immer so.

Es scheint auch nicht ganz so dem Zufall überlassen und nur davon abhängig zu sein, ob die Samenzelle ein X- oder Y-Chromosom trägt. Nach neuesten Untersuchungen scheint es vielmehr die Eizelle zu sein, die *bestimmt*, welche Samenzelle sie befruchten *darf*.

Der Grund für diese *Prädisposition* hat mit der einmaligen Persönlichkeit und den Erfahrungen der Mutter zu tun, postuliert Dr. Grant. Das Testosteronhormon ist nicht ausschließlich für Männer reserviert. Wenn Frauen auch nur 1/10 der Menge ihres männlichen Partners besitzen, prägt Testosteron dennoch das Verhalten.

Frauen mit einem höheren Testosterongehalt versuchen oft die Meinung ihres Gegenübers zu beeinflussen, anstatt sie zu akzeptieren. Nicht, dass dies negative Eigenschaften sind, die wir alleine mit dem männlichen Geschlecht assoziieren.

Dr. Grant hat es nur als ein Beispiel genommen, um ihre Hypothese verständlicher zu machen. Die Forscherin ist überzeugt in der Lage zu sein, mit einer 80 prozentigen Wahrscheinlichkeit vorherzusagen, welchen Geschlechts die Kinder einer Frau sein werden. Alles, was sie dazu braucht, ist eine Selbstbeschreibung der zukünftigen Mutter. <Frauen die acht oder mehr Adjektive wie: kontrollierend, kraftvoll, meisterhaft usw. von den 64 vorgegebenen Eigenschaften angaben, waren prädestiniert, Söhne zu bekommen. Wenn sie weniger als drei Attribute anführten, wurden sie fast immer Mutter einer Tochter.

Weiterhin bestimmte Dr. Grant die Hormonwerte im Eierstocks-Gewebe; dem Ort, wo Eizellen heranreifen. Wenn ihre Versuchstiere einen höheren Testosteronanteil aufzeigten, bekamen sie männliche Nachkommen.

Kurzgesagt, Frauen, die eine dominante Persönlichkeit besitzen, verfügen physiologisch über einen höheren Testosteronanteil und tendieren damit dazu, Söhne zu bekommen.

Der Testosterongehalt einer Frau wird jedoch nicht nur durch ihre genetischen Eigenschaften bestimmt. Er variiert innerhalb eines Monats. Er ist von Umweltfaktoren abhängig und wird von bestimmten Lebensumständen geprägt. Der Gehalt ist keine Konstante und kann heute einen anderen Wert als morgen haben.

Wenn sich die genannten Umstände addieren, können sie einen Beitrag dazu leisten, welches Geschlecht das Kind haben wird. Genauer gesagt, ob die Eizelle eine Samenzelle mit einem X- oder Y-Chromosom *bevorzugt.*

Obwohl die Sprachauswahl ungewohnt und komisch klingt, fand Dr. Grant mit ihrer Forschung nichts anderes heraus.

Auf die Frage, was das alles zu bedeuten hat, erklärt die Wissenschaftlerin:

<Es ist mehr als höchstwahrscheinlich, dass die Mutter genau das Kind *empfängt*, welches am geeignetsten zu ihr passt und welches sich am besten in ihrem Körper entwickelt, und das sie am optimalsten großziehen kann.> Eigentlich ist das gar kein so abwegiges Ergebnis.

Das fein aufeinander abgespielte Hormonsystem der Mutter wurde von Natur aus so eingerichtet, dass ihr Körper individuell auf das Geschlecht ihres Kindes vorberietet wird.

Jungen haben höhere Testosteronwerte. Dadurch beeinflussen sie die Mutter. Bei Mädchen ist es umgekehrt. Wenn wir also eine Tochter oder einen Sohn haben, ist das kein Zufall, sondern hat physische, psychische und hormonelle Gründe, die auf das Zusammenspiel zwischen Mutter und Kind angepasst sind. Die Mutter bekommt das Kind, welches unter den -ihr eigenen Umständen- am besten zu ihr passt.[240]

Inwieweit Phyto-Hormone, Umweltgifte usw. oder eine freiwillig bzw. unfreiwillig tägliche eingenommene Dosis an Hormon-Cocktails mit diesem fein aufeinander abgestimmten System interferieren, ist eine Frage, die keiner beantworten kann. Sie stellt sich jedoch unweigerlich, wenn wir die Natur nach unseren Vorstellungen umgestalten.

Wissenschaftler sehen mit großer Besorgnis, dass wir es Umwelteinflüssen zu verdanken haben, dass mehr Mädchen als Jungen geboren werden. <Daneben zeigt sich eine Tendenz, dass in Männern die Schwelle zur Subfertilität oder Infertilität ansteigt. Dies sei ein ernstzunehmender Trend, der Folgen auf das Bevölkerungswachstum haben kann, wenn ein erheblicher Teil der Bevölkerung eine sehr niedrige Fruchtbarkeit aufweist>, sagt Professor Hagai Levine vom Hadassah Medical Center.[241]

Vor Jahren hatten einige wenige Wissenschaftler den Verdacht, dass bei Söhnen von Frauen, die Verhütungsmittel einnehmen, die Zeugungsfähigkeit abnimmt. [242] Wie die Hebräische Universität in Jerusalem berichtet, produzierten Männer in den letzten 40 Jahren weniger Samenzellen: Probanden der 185 Studien waren 43.000 Männer aus Europa, Australien, Amerika und Neu Seeland. Sie alle hatten keine Vorgeschichte, an Unfruchtbarkeit zu leiden.

Die Konzentration der Samenzellen betrug 1973 noch 99 Millionen per Milliliter und 2011 nur 47,1 Millionen per Milliliter.

Manchmal gelang es, dieselbe Person Jahre später zu untersuchen. Der Rückgang ihrer Samenzellen betrug fast 60 Prozent. Professor Richard Sharpe, Experte für Andrologie aus der Universität von Edinburgh sowie andere Wissenschaftler für männliche Reproduktionsmedizin tappen über die Gründe ihrer Beobachtung im Dunkeln.

Die Studie wurde eigentlich prophylaktisch durchgeführt. Dennoch können Wissenschaftler die Ursachen nicht ausfindig machen. Im Allgemeinen wird die Bildung von Samenzellen mit dem Lebensstil und der Umwelt in Verbindung gebracht. Daneben können vorgeburtliche Umstände dazu führen, dass sie vermindert wird.

Dabei spielen Endokrine Disruptoren, dem das Ungeborene ausgesetzt war, eine zentrale Rolle. Als endokrine Disruptoren bezeichnet man sogenannte Xenohormone. Das sind Hormone, die aus der Umwelt stammen und dieselben physiologischen Funktionen im Körper übernehmen, die normalerweise Östrogene innehaben.

Auch ein passives Mitrauchen des Ungeborenen, bzw. des Kindes und UV-oder Röntgenstrahlen können eine gewisse Mitschuld tragen. Im Erwachsenenalter wird der zunehmende Kontakt zu Pestiziden für den Rückgang von Samenzellen verantwortlich gemacht.

Viele Studien geben Umwelttoxinen beziehungsweise Pestiziden, welche für die Nahrungsmittelherstellung fast nicht mehr wegzudenken sind, die Schuld an einer Infertilität. Hinzu kommt, dass diese Faktoren einen entscheidenden *Impact* auf den Testosteronspiegel haben. Die Endokrine Gesellschaft berichtet über Phthalate, die u.a. von Plastikprodukten und Kosmetikprodukten stammen, und welche den Testosteronspiegel in sechs bis 12-jährigen Jungen und Männern zwischen 40 und 60 vermindern, was wiederum einen negativen Effekt auf die Entwicklung der Sexualorgane, den Skelettaufbau und auch auf kognitive Funktionen hat.

Daneben verursachen Umweltgifte in männlichen Geschlechtsorganen Krebs. 2017 berichtet eine spanische Studie, dass ein langjähriger Kontakt -wenn auch nur mit sehr geringen Mengen von Endokrinen Disruptoren- Prostatakrebs hervorrufen kann. Dieses Krankheitsbild hat in den letzten 50 Jahren zugenommen.[243]

Chinesischen Wissenschaftlern verfolgen deshalb das Ziel, Samenzellen in einer Petrischale entstehen zu lassen. Sie hätten bereits Erfolg damit. Wenn die Experimente, die mit Mäusen gemacht wurden auf den Menschen übertragbar sind, können endlich unfruchtbare Männer Kinder bekommen. Auch sie bemerkten, dass Unfruchtbarkeit bei Männern zunimmt und sehen die Umwelt als dafür verantwortlich an. Es handelt sich vor allem um Pestizide, Herbizide und Östrogene der Anti-Bay Pille, die nicht aus dem Grundwasser herausgefiltert werden kann.

Der Inhaltsstoff Bisphenol-A (BPA) bringt des Weiteren unser Hormonsystem durcheinander. Endokrine Disruptoren wie BPA sind ein Problem, auf welches man nur allzu selten aufmerksam macht. BPA ist mittlerweile fast allgegenwärtig in unserer Umwelt vorhanden: Man findet es in petrochemischen Produkten, Farben, Kosmetika, Zahnpasten, Pestiziden, Reinigungsmitteln, Lösungsmitteln, Klebstoffen, Emulgatoren, Textilien usw.

Keiner ahnt, wie schädlich sie sich auf unsere Fortpflanzung auswirken. Sie werden mit Prostata-Krebs und Sterilität in Zusammenhang gebracht. Doch auch Kondome tragen eine Mitschuld an der Entstehung von Hodenkrebs.

Man könnte Unfruchtbarkeit heilen, aber dazu müsste man die meiotische Zellteilung der Säugetiere, in welcher sich diploide Zellen in haploide Ei- bzw. Samenzelle teilen, im Labor nachahmen.

Alle Versuche, dies zu tun, schlugen bisher fehl. Die Entwicklung der Keimzellen hängt von einem einzigartigen Milieu ab. Und das herauszufinden, ist ein sehr schwieriges Unterfangen. Ja eigentlich unmöglich.

Endlich gelang es einem chinesischen Team, Mäusestammzellen in der Petrischale so weit zu reprogrammieren, dass sie eine Ähnlichkeit mit Samenzellen hatten. Nachdem sie mit ihnen Eizellen befruchteten, erhielten sie lebende Mäusebabys.

Der Stammzellbiologe Dr. Niels Geijsen vom Hubrecht Institut in Utrecht erläutert: <Ich glaube, es ist das erste Mal, dass Wissenschaftler auf diese Weise lebende Mäuse erzeugen konnten.[244]>

Der Japaner Dr. Katsuhiko Hayashi, der sich mit ähnlichen Studien befasset, räumt ein, dass das Verfahren viel zu mühselig und ineffizient ist, um bei Menschen angewandt zu werden. Von der Maus zum Menschen ist ein langer Weg. Man weiß, dass Verfahren, die erfolgreich bei der Maus wirken, nicht beim Menschen arbeiten – oder dort gerade das Gegenteil bewirken

<Das Ganze bleibt wahrscheinlich nur eine Vision der Technik>, sagt Dr. Hayashi: <Die biologischen Unterschiede werden wir nie überwinden. Auch wenn wir als Ausgangsmaterial Hautzellen nehmen und diese zurückentwickeln, müssen wir generell mehr darüber wissen, wie Keimzellen gebildet werden – und das ist immer noch ein Mysterium.>

Die Schwierigkeiten sind sehr groß. Viele Wissenschaftler zweifeln, ob sie diese jemals überwinden können. Andere sind wiederum optimistischer – oder utopischer?

Man spekuliert, dass man Millionen von Frauen zum eigenen Kind verhelfen würde. Der biologischen Uhr der Frau - wie auch ihrer Unfruchtbarkeit könnte man entgegenwirken. Technische -wie auch ethische Gründe- lassen allerdings daran zweifeln, ob ein derartiges Verfahren in naher Zukunft realisiert werden kann.

Dr. Greely, Juraprofessor in Standford, glaubt, dass wir in 20 bis 40 Jahren soweit sind: <Ehepaare, die bestimmte Eigenschaften in ihren Kindern haben wollen, müssen sich nicht mehr der gefahrvollen Prozedur der eigenen Eizellgewinnung unterziehen, sondern nehmen lieber eine Hautzelle. In Zukunft werden so Eizellen gewonnen und auf genetische Defekte analysiert.

So wird man viel besser wählen können, welches *Kind* man sich *einpflanzen* lässt. Erwünschte Eigenschaften wie blaue Augen oder sportliche Talente könnten ausgewählt werden.>

Debra Mathews vom bioethischen Institut John Hopkins Berman Zweifelt daran. Es wird niemals einen Markt für derartige Verfahren geben: <Die Menschen werden nicht aufhören, Geschlechtsverkehr zu haben. Ich würde die Sicherheit der Methode in Frage stellen>, gibt Lawrence Goldstein, Direktor des Stammzellforschungs-Programms der Universität von Kalifornien in San Diego zu bedenken. <Es sieht zudem so aus, als würden wir mit Embryonen und letztendlich an unseren Kindern herumexperimentieren.[245]>

Trotzdem meinen viele, sie hätten ein Recht auf Kinder und wenn dieses auf natürlichem Weg nicht möglich ist, muss eine moderne Biotechnologie Alternativen finden. Ein Ehepaar in Italien, Guiseppe und Aurora Bellandi, haben ihren Arzt angezeigt, der ihre Tochter abtreiben sollte. Das Kind überlebte und nun sollte die Klinik für die Unterhaltskosten aufkommen. Die Eheleute hatten schon einen erwachsenen Sohn.[246]

Als man feststellte, dass Elisa trotz Abtreibung noch lebte, war eine Wiederholung der Abtreibung nicht mehr möglich, weil das Kind schon älter als 21 Wochen war. Die Schwangerschaft und Geburt waren sehr problematisch und die Eltern wollten, dass die Ärzte für den materiellen Schaden, den das Kind ihnen bescherte, aufkommen.

<Die Ärzte brachten sie auf die Welt. Sie sollen nun für ihren Unterhalt aufkommen, bis sie 18 Jahre alt ist>, erklärte Vater Guiseppe. Die Eltern bekamen 2008 umgerechnet 120.000 €.

Doch damit nicht genug, sieben Jahre später gingen die Eltern vor das Oberste Gericht in Italien. Sie hatten immer noch Schwierigkeiten, Elisa finanziell zu versorgen. Elisa war ungewollt. Die Eltern waren der Auffassung, sie hätten ein Recht auf Entschädigung, weil Elisa nur wegen eines Fehlgriffs der Ärzte überlebte. Guiseppe erkennt, dass Kinder ein Geschenk Gottes sind.

Er ist jedoch der Meinung, dass er ein solches Geschenk nie haben wollte. <Weiß denn die Frau nicht, wie sie schwanger wurde?>, fragt der Publizist Mattew Archbold. <Wenn Leute nicht offen für das Leben sind, aber dennoch sexuellen Vergnügungen nachgehen, kann ein daraus resultierendes Leben nicht als ein Unfall angesehen werden.

Und wenn das Kind unbeabsichtigt entstand, muss jemand Schuld an diesem Unglück sein. Und dieser kann dann verklagt werden.

Sobald man der Liebe und Dankbarkeit den Rücken kehrt, sind Anwälte sehr schnell zur Stelle. Als Gott den Eheleuten ein Kind schenkte, wollten sie es so schnell wie möglich zurückgeben, doch als das nicht klappte, wollten sie eine Rückvergütung.

Die Eltern meinen zwar, sie würden ihre Tochter lieben, dennoch vermitteln sie zweierlei Botschaften an ihr Kind: <Liebling, wir haben versucht, Dich umzubringen, nur hat der Arzt dabei versagt und nun meinen wir, dass er deswegen unterhaltspflichtig ist, aber wir lieben Dich trotzdem>.[247]

<Wenn Eltern nicht mehr für ihr Kind sorgen und die Verantwortung abgeben wollen, ist die ganze Kultur in Schwierigkeiten. Dann kann man ungewollte Kinder töten, bevor sie geboren wurden und ihre Organe an die Forschung oder Kosmetikindustrie verkaufen.

Wir sehen in ihnen nicht mehr ein menschliches Wesen. Menschliches Leben hat nur einen Wert, wenn wir die richtige Wahl treffen, es nicht abtreiben zu lassen.

Ein Ungeborenes hat keine Rechte, wenngleich uns die Wissenschaft ganz klar sagt, dass es sich um einen Menschen handelt>[248], erläutert der Jesuit James V. Schall.

Am meisten trifft es die Kinder, die durch die sogenannte Third-Party-Reproduktion entstehen. Sie haben überhaupt keine Rechte. Um die Anonymität der Spender zu wahren, erfahren die Kinder nichts über Erbkrankheiten oder Gesundheitskrisen ihrer Spender.

Die fundamentalen Rechte, zu wissen, wer die Eltern oder Geschwister sind, werden ihnen immer noch vorenthalten, obwohl bereits 2001 eine Studie im *Journal Human Reproduktion* darauf hinwies, dass Kinder ihre biologischen Eltern kennen sollten. Die Gesundheitsrisiken, welche Frauen auf sich nehmen, um eine Third-Party-Reproduktion zu ermöglichen, wurden bisher kaum adressiert.

Wie oft hören wir von jungen Studentinnen, die dem Angebot auf Geld und der Aussicht anderen Frauen zum Kind zu verhelfen, nicht widerstehen können.

So gesehen verwundert es, dass die biomedizinische Presse am 15. November 2018 über einen großen Erfolg berichtete. Für gleichgeschlechtliche Partner sei es nun doch endlich *vorstellbar*, ein gemeinsames Kind auszutragen.[249]

Dieses Statement verwirrt auf den ersten Blick. Obwohl man an der Universität von Davis in Kalifornien an einem Projekt arbeitet, um eine Eizelle in eine Samenzelle umzuwandeln -indem ein aus Bullenhautzellen hergestelltes SRY-Gen in das Erbgut eines Zuchtbullen inseriert wird, das daraufhin den weiblichen Embryo veranlasst, männlich zu werden (siehe Seite 319)- braucht man dennoch sowohl eine Ei- wie auch eine Samenzelle, um einen Embryo zu erzeugen.

Bisher ist die Reproduktionsmedizin nicht fähig gewesen, Samenzellen aus Hautzellen herzustellen. Man vermag die Zeituhr von induziert pluripotenten Zellen nicht soweit zurückzudrehen, dass man noch über das Stadium der embryonalähnlichen Zellen hinaus Keimzellen produzieren kann.

Dieser *Schritt* ist zwar schon lange ein erklärtes Ziel der Forscher, und einige behaupten, es sei ihnen bei Mäusen gelungen, doch abgesehen davon, wäre es ein langer Weg, bis man im Stande ist, Versuche von der Maus auf den Menschen zu übertragen. So ist man vorerst nur Imstande, Eizellen von Studentinnen oder Frauen, die meist aus Entwicklungsländern stammen, zu gewinnen. Damit sind

Eizellen der limitierende Faktor, der nicht nur die moderne Reproduktionsmedizin beherrscht. Für einige US-Wissenschaftler ist es sogar unethisch, dass Frauen für gespendete Eizellen kein Entgelt bekommen. Zunehmend diskutiert man, ob eine Ei – oder Samenzellspende unter die gleiche Rubrik fallen sollte wie jede andere Organspende, unabhängig davon, ob man die davon gewonnenen Embryos für die Stammzellforschung oder die Reproduktionsmedizin verwendet.

Robert Edwards, der Erfinder der In-Vitro-Fertilisation (IVF), erhielt 2010 den Nobelpreis der Medizin. Damals, 1978, als das erste Retortenbaby geboren wurde, waren viele Zeitgenossen skeptisch. Die medizinischen, soziologischen, juristischen und ethischen Fragen der künstlichen Befruchtung sind bis heute nicht beantwortet.

Trotzdem ist die IVF für gleichgeschlechtliche Paare der einzige Weg, Kinder zu bekommen. Aber normalerweise brauchen sie dazu einen Samenspender oder eine Eizellspenderin samt Leihmutter.

So ist es unverständlich, dass *Bioscience* in einem Artikel eine neue Methode rühmt und dabei von einem gemeinsamen Kind von zwei Gleichgeschlechtlichen redet. Doch, wenn man genauer hinschaut, schreibt der Forscher: Dank neuer Fortschritte in der IVF ist es nun gelungen, dass gleichgeschlechtliche Paare beide ihr *Baby* austragen.

Dieser Prozess der *reciprocal effortless in vitro fertilization* wurde das erste Mal von Ashley und Bliss Coulter in Anspruch genommen. Sie beide hatten Anteil an ihrem *Wunderbaby.*

Effortless IVF ist ähnlich einer herkömmlichen IVF. Der Embryo wird jedoch nicht in der Petrischale *herangezüchtet*, bis er das Blastozystenstadium erreicht hat und dann in die Gebärmutter entlassen wird; nein, in diesem Fall wuchs der Embryo für fünf Tage in einer *Kapsel* heran, die in den Gebärmutterhals von Bliss eingeführt wurde. Es war auch die Eizelle, welche Bliss gespendet hatte, und die mit einer Samenzellspende befruchtet wurde.

Danach wurde die INVOcell Kapsel samt Embryo in Ashley's *Reproduktionsorgan* übertragen, was Ashley zur Leihmutter machte. Diesen Vorgang nennt man *Reciprocal IVF*.

Es bedeutet, dass eine *andere* Frau das Baby austrägt als jene, die ihre Eizelle spendete. Das klingt kompliziert. Dennoch ist es - abgesehen von der *INVOcell Kapsel-* ein ganz einfacher Vorgang, den man schon lange in der Tiermedizin kennt. Sicher, das Ziel ist hier, möglichst schnell Hochleistungstiere bzw. geklonte Tiere heranzuzüchten. Natürlich kann man das nicht vergleichen. Aber rein technisch ist der Vorgang fast derselbe. Im Falle Coulter wurde diese neue Methode gewählt, damit beide Eltern in einem gewissen Sinne an der *Erzeugung ihres Kindes* teilhaben können.

Weiterhin schreiben die Wissenschaftler, dass man neben einer reciprocal effortless IVF bereits viele andere Fortschritte in der Reproduktionsmedizin gemacht hat.

Man redet von einer In-Vitro-Maturation, was nichts anderes bedeutet, als dass man unreife Eizellen der Frau entnimmt und diese dann im Labor heranreifen lässt. Diese Methode der Eizellreifung außerhalb des weiblichen Körpers erspart es der Frau, Unmengen von Hormonen zu schlucken, um meist 12 Eizellen auf einmal durch eine Hyper-Ovulation entnehmen zu können.[250] Auch diese Art der Hyper-Ovulation ist aus der Tierzucht bekannt.

Die Gewinnung von Eizellen erweist sich bisher als besonders schwierig, weil man anstatt der üblichen einen Eizelle im Monat bis zu einem Dutzend gewinnen will. Dafür muss die Eizellspenderin eine sehr schmerzhafte, gesundheitsgefährdende Prozedur über sich ergehen lassen.

Die Frau, die das Kind austragen will, setzt sich ebenfalls einer schmerzhaften und gefährlichen Behandlung aus. Die Liste der Kurzzeitbeschwerden ist lang und kann zu Unfruchtbarkeit oder Tod führen.

Die Fertility Industrie ist sehr manipulativ. In dem Film, *"Maggie's story"*, von CBC, einer US-Organisation, die bioethische Themen behandelt, wird über eine dieser Frauen berichtet, die ihre Eizellen spendete. Man sagte ihr, sie sei eine Auserwählte: <Sie sei Teil eines Teams, einer Familie>. Sie fühlte sich danach schuldig, Unfruchtbaren zum Kind zu verhelfen.

So etwas kann passieren, weil es keine Vorschriften oder Gesetze im Fruchtbarkeitsgewerbe der USA gibt. Das macht Amerika zu einem beliebten Ziel für den Fertility-Tourismus. <Die Frauen bieten sich freiwillig an und werden nicht gezwungen>, erklärt die American Society for Reproductive Medicine und die Society for Assisted Reproductive Technologies.

Es besteht keine nationale Registrierung für Frauen, die ihre Eizellen verkaufen oder ihre Gebärmutter vermieten. Nachdem die Frau ihre *Dienste* als Eizellen-Lieferant oder Gestations-Carrier beendet hat, wird nicht mehr an sie gedacht, obwohl sie auf lange Zeit unter den gesundheitlichen Folgen ihres Dienstes zu leiden hat.

Es gibt keine einzige Studie über Langzeiteffekte einer Eizellspenderin oder Leihmutter. Das macht es unmöglich, Informationen an *Leidgenossinnen* weiterzugeben.[251]

Die hochprofitable Fertilitätsindustrie hat ihre Geheimnisse, die sie nicht aufdeckt. Sie ignoriert lieber die Gesundheitsrisiken, welche die Kommerzialisierung der Erschaffung eines menschlichen Lebens mit sich bringt.

Der Film *Eggsploitation: Maggie's Story* des Centrums für Bioethics and Culture gibt uns einen Einblick was geschah, als Maggie sich zehnmal einer Eizellenextraktion unterzog. Sie hatte plötzlich einen Knoten in der Brust. Er wurde von der Fertilitätsinstitution nicht ernst genommen. Erst als sie später ihren eigenen Hausarzt aufsuchte, diagnostizierte er Brustkrebs im vierten Stadium, mit Metastasen in der Lunge und in den Knochen. Keiner in ihrer Familie hatte vor ihr diese Krankheit. Diese Art von Krebs sieht man eigentlich nur bei Frauen nach ihren Wechseljahren oder bei Frauen, die drei oder mehr Kinder hatten. Die Frage bleibt, welche Beziehungen eine Leihmutter zu ihrem Auftragskind aufbaut. Zum ersten Mal brachte das *Journal of Child Psychology and Psychiatry* im Juni 2013 eine Studie heraus, die belegt, dass die mütterlichen Bindungen an das Ungeborene prägend sind.[252]

Fehlt die *gestationale* Verbindung, wird es problematisch für das Kind. Die biologische Beziehung zwischen Mutter und Kind während der Schwangerschaft ist unweigerlich intim. Eine Leihmutter schadet so gesehen auch den Eltern. Eine andere Studie aus dem Jahr 2013, die in *Reproductive BioMedicine* erschienen ist, untersuchte 108 Paare, die eine Leihmutter für ihr Kind hatten. 50% der Paare bedauerten diesen Schritt wegen der oben genannten Gründe.

Besonders Annie Murphy Paul hebt in ihrem Buch: *'How the Nine Months before Birth Shape the Rest of our Lives'*[253] diesen Zusammenhang hervor: <Während der letzten 20 Jahre haben Wissenschaftler damit begonnen, zu erforschen, welchen Effekt die Zeit, die wir in der Gebärmutter verbringen, auf unser ganzes Leben hat. Unsere Gesundheit, unsere Intelligenz und unser Temperament werden bereits vorgeburtlich beeinflusst. Frauen, die z.B. die Attacke auf das World Trade Center am 11. September 2001 miterlebten, gaben ihren Kindern die Effekte einer *Posttraumatischen*

Stress Disorder weiter. Eine Schwangere ist meistens nicht diejenige, die dem Ungeborenen schadet, sondern die es positiv beeinflusst. Dieser Mechanismus ist viel wirksamer, als wir bisher annahmen.> Das *Wall Street Journal* berichtete am 27. Juli 2015 von einen Gerichtprozess, in welchem ein angemessenes Entgelt, den eine junge Frau für den Erlös ihrer Eizellen erhalten sollte, verhandelt wurde. [254] Der Preis variierte zwischen 5.000 und 15.000 US-Dollars und war hauptsächlich abhängig von der Qualität der gewonnen Eizellen, dem Aussehen, der Intelligenz und anderen Eigenschaften der Spenderin.

<Die Idee, dass Eizellen zu verschiedenen Preisen vermarktet werden können, erinnert an eine moderne Form des Sklavenmarktes. Sollte menschliches Leben nicht in einer liebenden Atmosphäre weitergegeben werden? Eizellen mit einem Preisschild zu versehen, macht deutlich, dass an der ganzen Sache etwas falsch ist>, erläutert der Jesuit James Schall S.J. [255]

<Wie neues Leben entsteht, ist keine menschliche Erfindung. Wir verdanken es auch nicht den Wissenschaften, Nachkommen haben zu können. Neues Leben entstand bereits, bevor wir überhaupt darüber nachdachten. Die Menschheit *erneuert* sich seit jeher und ist unabdinglich an einen Mann und eine Frau gekoppelt, die sich gegenseitig ergänzen. Ihre Unterschiede machen es möglich, eine Einheit zu bilden, aus der neues Leben hervorgeht.

Das Geschäft, menschliche Eizellen und die dazugehörigen Samenzellen käuflich zu erwerben, ist erst seit der künstlichen Befruchtung möglich. 1978 wurde das erste Retortenbaby, Louise Joy Brown geboren. Heute ist Sex steril geworden, er hat nichts mehr mit der Zeugung eines Kindes zu tun. Ehe definiert man neuerdings als Freundschaft oder Liebe, die keinen Bezug zu Nachkommen hat>, schreibt der kanadische Journalist David Warren.

Kinder bringt uns nicht der Storch. Der Mensch kann sich nicht selber erschaffen. Der Tod gehört zum Leben und so wird alle hundert Jahre -oder auch kürzer- die gesamte Menschheit auf dem Planeten durch Nachkommen regeneriert. Mann und Frau ersetzen sich durch die Geburt ihrer Kinder. Milliarden Menschen haben bisher auf unserer Erde gelebt. Momentan leben etwa sieben Milliarden Menschen auf dem blauen Planeten.

Die Wissenschaft hat sich zum Ziel gesetzt, die Lebensqualität zu verbessern. Bereits Plato (427 bis 347 v. Chr.) hatte dieses Ziel. Damals durften Eltern nicht wissen, wer ihre Kinder sind und Kinder sollten ihre Eltern nicht kennen. Die Familie wurde als Institution angesehen, die Ungerechtigkeit hervorbringt. Die Anonymität der modernen Reproduktionstechniken weist diesbezüglich eine Ähnlichkeit auf. Trotzdem ist es sinnvoll, dass Kinder wissen sollten, wer ihre Eltern sind. Durch eine DNA-Analyse kann man das heute sowieso herausfinden. Und oft hat das immense rechtliche Folgen. Diese Möglichkeit erlaubt es, Eizellenspender oder Samenzellenspender unterhaltspflichtig zu machen. Vielleicht denkt man jetzt erst darüber nach, ob Eizellen verkauft werden sollen, oder ob auch andere Dienste -wie die einer Leihmutter- angeboten werden sollten.

Wir sprechen von einem biologischen Kolonialismus, wenn wir von unfruchtbaren Paaren reden, die sich ihre Kinder in Asien oder Indien bestellen. Ob die Inanspruchnahme einer Leihmutter letztendlich frauenfeindlich ist, interessiert nicht. Die Gesellschaft ist desensibilisiert. Dass bei einer künstlichen Befruchtung viele Embryos sterben oder im Gefrierschrank landen, scheint nicht weiter verwerflich zu sein.

Ob es sich bei einem Embryo um menschliches Leben handelt, ist für viele keine biologische Tatsache, sondern religiöse Anschauungssache.[256] Die Leute diskutieren lieber darüber, zu welchem Zeitpunkt menschliches Leben beginnt, damit sie keine Verantwortung übernehmen müssen. Ein Leserbrief von Colleen Sonderberg im Wisconsin State Journal vom 8. August 2015 ist der Überzeugung, dass soziale Gerechtigkeit unparteiisch sein sollte:

<Es scheint leichter, über Ungerechtigkeiten zu schweigen. Sonst hätte es vielleicht gar keinen Sklavenhandel in Amerika gegeben.

Diese Praktiken waren damals legal, womit sie allerdings nicht gerechtfertigt oder moralisch entschuldigt werden können. Wir sind wertvoll, weil wir Menschen sind. Ob wir im Mutterleib sind oder schon geboren wurden, spielt dabei keine Rolle.

Wir sind kein Zellhaufen, der auf magische Weise zum Menschen wird, wenn er durch den Geburtskanal rutscht.>

Ein Bericht, dass Planned Parenthood Organe von abgetriebenen Kindern *verkauft*, erregte kaum die Gemüter. <Warum protestieren die Medien nicht und sind darüber empört, dass das grundlegende Menschenrecht, das Recht auf Leben, den Mitmenschen verweigert wird und ihre Organe respektlos verkauft werden? Das verwundert, vor allem wenn man in Betracht zieht, dass die Medien mehr als empört waren, als ein amerikanischer Zahnarzt den Löwen Cecil in Zimbabwe abgeschossen hat. Der Schütze wurde dafür vehement zur Verantwortung gezogen>, hieß es in einer Leserzuschrift.

Der Journalist und Präsident des Zentrums für Familie und Menschenrechte, Austin Ruse, berichtete am 28. Juli 2015 über ein Video, das vom Center for Medical Progress veröffentlicht wurde. Es zeigt Angestellte der Firma Stem-Express, deren Aufgabe es war, Frauen zu finden, die bereit waren, das fötale Gewebe ihrer abgetriebenen Kinder zu spenden.[257]

Die *New York Times* hatte am 21. Juli 2015 den Artikel *With Planned Parenthood Videos, Activist Ignites Abortion Issue*[258] auf ihrer ersten Seite abgedruckt. Dieser, wie auch andere Beiträge, die als Reaktion auf die Skandal-Videos über den Planned Parenthood-Verkauf von Organen geschrieben wurden, attackieren den 26-jährigen Video-Produzenten des Center for Medical Progress, David Daleiden.

Die Zeitung schreibt, dass Daleiden dem Planned Parenthood-Abtreibungszentrum einen profitbringenden Verkauf von Körperteilen von Kindern unterstellt, was *angeblich* nicht der Fall sei.

In dem Artikel wird die Frage gestellt, wie glaubwürdig und integer der Produzent der Videos sei und welche Verbindungen er zu *zwielichtigen* Abtreibungsgegnern habe. Die Videos erscheinen in einer Zeit, in der die Republikaner ihren Präsidentschafts-Kandidaten ermittelten und man wollte mit den Videos vor allem *Lebensrechtler* als Wähler gewinnen, heißt es weiter.

<Es geht also gar nicht mehr um die Tatsache, dass Planned Parenthood Organe von abgetriebenen Kindern verkauft. Stattdessen wird behauptet, das Daleiden nicht einsieht, dass die Forschung mit fötalem Gewebe wichtig ist, um Krankheiten behandeln und heilen zu können. Damit verteidigt *New York Times* die Abtreibungsmentalität>, schreibt die christliche Radiosprecherin Sheila Liaugminas.[259]

Auch in Madison, der Hauptstadt des US-Bundestaates Wisconsin, und der Metropole für biotechnologische Forschungen redete man über nichts anderes als die Abtreibungsvideos. Dort hat Prof. J. A. Thomson erstmals 1998 humane embryonale Stammzellen isoliert.[260] Die Stadt hat seitdem viele Biotechfirmen angezogen. Immer wieder wird man darauf hingewiesen, so auch am 11. August 2015 in einem Leitartikel des Wisconsin State Journals. Einen Tag später jedoch sorgen sich Wissenschaftler, dass Biotechfirmen bald abwandern könnten. Der Grund ist einfach zu nennen. Der Abgeordnete Andre Jacque scheint dafür verantwortlich zu sein. Seiner Meinung nach sollte Planned Parenthood damit aufhören, Organe von abgetriebenen Kindern an Forschungseinrichtungen zu verkaufen.

Am Dienstag, dem 11. August 2015, machte Andre Jacque vor dem Parlament auf die Undercover-Skandalvideos aufmerksam. Wenn nun ein Verbot beschlossen werden sollte, könnte Planned Parenthood strafrechtlich verfolgt werden.

Etwa 100 Labors arbeiten allein an der Universität von Wisconsin in Madison mit fötalem Gewebe. Es wird benutzt, um in Zukunft Krebs, Herzerkrankungen, Parkinson, Erblindung und andere schwere Krankheiten heilen und Impfstoffe verbessern zu können. Bisher wurde die Forschung mit fötalem Gewebe als ethisch einwandfrei angesehen.

Bei einem Verbot könnte FluGen, eine Biotechgesellschaft in Madison, die Impfstoffe gegen Grippe mit Hilfe von Nierenzellen von abgetriebenen Kindern herstellt, ihre Forschungsarbeiten nicht mehr weiter durchführen und müsste den Bundesstaat verlassen.

Jacque räumte am 11.8.2015 in seiner Parlamentsrede ein, es sei akzeptabel, Forschungen mit fötalen Zellen, welche vor 2010 gewonnen wurden, weiterhin zuzulassen.

<Das würde aber immer noch neue Forschungen beeinträchtigen. Die Zellen, mit denen wir eventuell eine Heilung erzielen könnten, würden dann einfach mit dem abgetriebenen Kind entsorgt werden>, erklärte Bob Golden, der Dekan des Medizinischen Fachbereichs der Universität Madison.

<Sensationsgierige Videos, die keinen Beweis liefern, dass die medizinische Forschung etwas Falsches tut, wenn sie fötales Gewebe benutzt, sollten erst gar nicht beachtet werden.

Das Parlament solle Jacques Forderung ignorieren, solange noch kein Schaden entstanden ist. Wisconsin sei stolz auf seine Forschung und sollte seine biomedizinische Expertise auch wertschätzen>, schreibt das Editorial des Wisconsin State Journals in einem Artikel mit dem Titel *Don't mess with lifesaving UW research* vom 12. August 2015.

Die Universität Wisconsin könnte 76 Millionen Dollars und tausende Stellen verlieren, wenn das Verbot, fötales Gewebe von abgetriebenen Kindern für Forschungszwecke zu benutzten, durchkommt. Die Stammzellenforschung wäre von solch einem Verbot nicht betroffen. Hierzu liefert nicht Planned-Parenthood das *Material,* sondern Fertilisationskliniken.[261]

Inzwischen gibt es ein neues Video über Planned Parenthood.[262] Eine ehemalige Mitarbeiterin von StemExpress LLC, Holly O'Donnell, erklärt darin, dass Planned Parenthood mit biotechnologischen Firmen zusammenarbeitet, die Organe von abgetriebenen Kindern an Forschungslabors weiter verkaufen. <Die Laboratorien geben ihre Bestellungen ab, und Planned Parenthood koordiniert die Wünsche. Oft wissen die Mütter nicht, was mit ihren abgetriebenen Kindern passiert. Sie haben keine Ahnung.

Das Gesetz verlangt zwar, dass die Mütter damit einverstanden sind, dass das Gewebe und die Organe ihrer Kinder freiwillig gespendet werden.

Demnach erteilt Planned Parenthood StemExpress Mitarbeitern einen Einblick in die Krankenakten, damit sie im Voraus planen können, wann und in welchem Gestationsalter Abtreibungen zu erwarten sind. Wir wussten über alle Prozeduren Bescheid: Ultraschalluntersuchungen, Abtreibungen, Spätabtreibungen, ja sogar über die Patientinnen, die einen Schwangerschaftstest machten, wurden wir aufgeklärt. Für Planned Parenthood bedeutet ein Schwangerschaftstest eine mögliche Schwangerschaft und damit evtl. ein verwertbares fötales Gewebe. Man muss einfach die Gelegenheit nutzen.>

Obwohl Planned Parenthood das offiziell bestreitet, werden Organe von abgetriebenen Kindern, ohne zu fragen, entwendet. <In einem Fall gab eine Mutter kein Eiverständnis.> O'Donnell sah kurz danach einen Mitarbeiter mit einem toten Fötus.

<Er sagte, er wäre einfach reingegangen, hätte Blut abgenommen und dann den Fötus beim Rausgehen mitgenommen. Die Frauen, die dort arbeiteten, waren sehr kalt. Sie hatten kein Mitgefühl, sie wollten nur Geld.

Die Atmosphäre in der Abtreibungsklinik war furchterregend und makaber. Du kannst ein Schreien und Weinen hören. Es ist entsetzlich. Das Abtreibungs- und Organhandel-Geschäft von Planned Parenthood ist kein sicherer Platz für verwundbare Frauen.[263]>

<Es klingt ironisch, wenn sich Wissenschaftler rechtfertigen, dass sie mit ihren Forschungsarbeiten mit abgetriebenen Föten Leben retten. Sie nehmen dafür die Tötung gesunder unschuldiger Ungeborener in Kauf. Die ethischen Grenzen werden damit vollkommen beiseite geschoben. Forschungsgelder werden benutzt, um fötales Gewebe von Planned-Parenthood-Abtreibungskliniken zu

bezahlen>, sagt Frank Piraino in einem Leserbrief vom 11. August 2015.[264]

Diese Argumente kennen wir von der Stammzelforschung. Bereits 2001 sagte der britische Vizegesundheitsministers Lord Hunt, es sei längst selbstverständlich geworden, Embryonen zu zerstören und ihnen das Recht auf Leben zu nehmen. Dies sei ein notwendiges Opfer, das man für lebenswichtige Forschung bringen müsse.

Die Stammzellenforschung, die bereits Erfolge erzielen wollte, ist offensichtlich immer noch nicht soweit, Organe aus humanen embryonalen Stammzellen zu entwickeln. Sie muss deshalb auf die Organe von abgetriebenen Kindern zurückgreifen.[265]

Es ist sowieso nicht einfach, embryonale Stammzellen zum Wachsen zu bringen. Um dies zu lernen, brauchen wir Zeit, ist ein üblicher Satz der Forscher.[266]

Dr. David Prentice ist der Überzeugung, dass man nicht auf die obsolete Forschung mit Organen von abgetriebenen Kindern zurückgreifen muss, um z.B. Impfstoffe herzustellen. Adulten Stammzellen oder Forschungen mit Nabelschnurblut haben sich bereits bestens bewährt.[267]

Dennoch, die Behauptung, lebensrettende Forschung zu behindern, ist nicht neu. Auch humane embryonale Stammzellforscher haben so argumentiert. Wenn man den Ungeborenen allerdings die Personenwürde zukommen lassen würde, wie das der damalige Präsidentschaftskandidat und Gouverneur des US-Bundestaates Wisconsin, Scott Walker, schon lange forderte, hätte das Auswirkungen.

Im Juli 2015 tagte ein New Yorker Gericht darüber, ob man zwei Versuchstier-Schimpansen (Hercules und Leo) von der Stony-Brook-Universität das Recht auf Personenwürde zukommen lassen solle. Steven Wise von der Nonhuman Rights Project Gruppe in Florida, der den Fall vor Gericht brachte, sagte: <Wenn man Schimpansen legal zu

Personen erklärt, bekommen sie eine gewisse Integrität und man kann sie nicht mehr als Versuchstiere einsetzen. Auch wenn das allerdings bedeutet, dass man sie nicht mehr einsperren darf.[268]>

Ist es nicht schon lange an der Zeit, dem weltweiten Druck von Tierschützern nachzugehen und uns an ihrem Boykott gegen grausame Tierversuche zu beteiligen?

Vielleicht klingt das paradox, aber haben wir nicht alle Reproduktionsmethoden der Tiermedizin zu verdanken? Früher oder später werden die neuesten Methoden der Verhütung, die heute noch bei Hunden und Katzen angewendet werden, auf den Menschen übertragen.

Wissenschaftler forschen bereits über eine permanente Verhinderung der Reproduktion, die bald bei kleinen Haustieren zum Einsatz kommen wird.[269] Eine neuartige einmalige Injektion kann männliche und weibliche Mäuse unfruchtbar machen, heißt es im *Science Magazin* vom 5. Oktober 2015.

Die Spritze bewirkt, dass die Muskulatur der Nagetiere eine Substanz herstellt, welche die Bildung von (GnRH) Hormonen blockiert und Unfruchtbarkeit verursacht. GnRH (Gonadotropin releasing hormone) werden im Zwischenhirn gebildet. Sie sind für eine normale männliche und weibliche Sexualfunktion nötig und bewirken eine zyklisch pulsierende Freisetzung von Gonadotropinen ins Blut.

Prof. William Swanson, Direktor der Forschungseinrichtung am Cincinnati Zoo in Ohio ist begeistert: <Bisher konnten wir Hunden und Katzen nur durch eine sehr kostspielige chirurgische Sterilisation dauerhaft unfruchtbar machen. Die Reproduktionsraten der Haustiere und auch der Nager sind sehr hoch. In den USA werden jährlich 2,7 Millionen Hunde und Katzen euthanasiert. Ein billigerer und schnellerer Weg, Tiere unfruchtbar zu machen, wird als der *Heilige Gral* in der Tierpopulation betrachtet.>

Um dieses Ziel zu erreichen, hat man mit Impfstoffen experimentiert, welche die Hormone attackieren, die für die Ei- und

Samenzellproduktion verantwortlich sind. Dieser Impfstoff scheint zu wirken. Nur braucht man, wie bei jedem Impfstoff, bald eine weitere Impfung.

Bruce Hay vom California Institute of Technology in Pasadena versuchte nun einen anderen Weg, um GnRH zu blockieren. Anstatt das Immunsystem heranzuziehen, inserierte der Forscher ein von ihm geschaffenes Stück der Erbsubstanz (DNA) in Viruszellen, die als Vehikel für die Einbringung in die Muskelzellen der Mäuse dienen.

Die Muskelzellen bilden daraufhin anti-GnRH Antikörper. Weil Muskelzellen sehr lange im Körper leben, werden die Antikörper mindestens 10 Jahre produziert. Männliche und weibliche Mäuse werden zwei Monate nach dieser Injektion unfruchtbar.

<Es dauert zwei Monate, bis die Muskelzellen genug Antikörper bilden>, sagt Hay's Forschungsteam in dem Magazin *Current Biloogy*. Eine andere Lösung besteht darin, dass die Antikörper in der Zona pellucida gebildet werden. Das ist eine Zellschicht, welche die reife Eizelle umgibt. Spermien können dadurch die Eizelle nicht mehr befruchten, weil sie am Eindringen gehindert werden. Durch diese Methode wird der Hormonspiegel nicht beeinflusst, was sicher von Vorteil ist, weil Hormone unser Verhalten regulieren. Bei manchen Tieren will man nur die Fruchtbarkeit regulieren, nicht jedoch das Verhalten ändern.

Wenn diese Methode beim Menschen eingesetzt werden sollte, möchte man auch keine drastische Veränderung des Hormonspiegels erzielen. <Momentan wollen wir erst mal ausprobieren, wie das Modell bei anderen Tieren funktioniert. Es ist immer eine Herausforderung, Forschungen auf eine andere Spezies zu übertragen>, sagt Prof. Swanson. In Kürze will er anfangen, die Methode von Prof. Hay an Katzen auszuprobieren: <Wenn es funktioniert, hätten wir einen neuen, sicheren Weg für eine lebenslange Verhütung gefunden, um der so oft lästigen Katzenüberpopulation Herr zu werden, ohne dass wir den Tieren direkt schaden.>

Joyce Briggs, Präsident der Alliance für die Kontrazeption bei Katzen und Hunden (Alliance for Contraception in Cats an Dogs), die sich dafür einsetzt, weibliche Tiere nicht mehr chirurgisch zu sterilisieren oder männliche zu kastrieren, erklärt: <Eine Langzeitverhütung die 10 Jahr anhält, würde eine grundlegende Veränderung bedeuten. Sie würde dem Wohl der Tiere dienen und unerwünschten Nachwuchs verhindern. Es ist unmöglich, alle Tiere einer kostspieligen Operation zu unterziehen. Auch für die Besitzer der Tiere wäre das eine kostengünstige Lösung.>

Prof. Hay und sein Forschungsteam versucht nun, bei Mäusen andere Hormone und Proteine mit seiner Methode zu blockieren. <Es gibt so viele Moleküle, die wir nun ins Visier nehmen können, weil wir jetzt wissen, dass es funktioniert.[270]>

Tiere, die man auf sogenannten Adoption-Fairs (Adoptionsmärkten) in den USA kaufen kann, sind chirurgisch sterilisiert, geimpft, entwurmt, haben einen Chip mit ihren Daten unter der Haut und besitzen einen Haustierarzt.

Menschen werden bereits gegen Fruchtbarkeit geimpft. In den frühen 1990iger Jahren fanden Forscher heraus, dass das menschliche Schwangerschafts-Hormon chorionic gonadotropine (Beta-hCG) -mit dem Tetanusimpfstoff vermischt- genau dieser Impfstoff sein könnte. Damit wird das körpereigne Hormon Beta-hCG attackiert. Ohne das Hormon kann sich ein Baby nicht im Mutterleib entwickeln. Aber wie soll man afrikanische Frauen dazu bekommen, sich gegen ihre Fruchtbarkeit impfen zu lassen? Sie sehen ihre Fertilität als ein Geschenk an. Sie sind stolz auf ihre vielen Kinder.

Einige dieser Impfstoffe kamen 1993 in Mexiko und 1994 auf den Philippinen und in Nicaragua zum Einsatz.

Lokale Ärzte wunderten sich, dass anstatt der üblichen zwei Impfungen jetzt fünfmal hintereinander gespritzt werden musste. Auch beobachteten sie, dass ihre Patientinnen nach der Impfung Fehlgeburten hatten und keine Kinder mehr bekamen. Ärzte aus Peru ließen den Impfstoff von der WHO (UNO-Weltgesundheitsorganisation) untersuchen. Dort fand man, dass der Tetanusimpfstoff mit Beta-hCG vermischt war. <Es handelt sich um ein Versehen>, wehrte sich die WHO. Die gleichen UN-Organisationen benutzen ihre Impfstoffe in Kenia.

Die Kenianische Katholische Medizinische Gesellschaft und die Kenianische Bischofskonferenz verurteilen den Impfstoff. Die Bischöfe waren nicht generell gegen Impfungen. Sie ließen die Impfstoffe von der WHO/UNICEF untersuchen und stellten fest, dass sie mit Beta-hCG vermischt waren. Das Parlament stritt dies ab und verunglimpfte stattdessen die Ärzte, die doch eigentlich als sogenannte *Whistleblower* den Mut hatten, alles aufzudecken.

Schon öfters brachte man Frauen in Kenia nicht den nötigen Respekt entgegen. Ihre Rechte wurden von der USAID (United States Agency for International Development) erst neulich beschnitten, als man über die Nebenwirkungen der ausgegebenen Verhütungsmethoden wie der Pille oder auch der Depo-Provera-Injektionen schwieg. Acht Prozent der Frauen, die man sterilisierte, wurden nicht informiert, dass die Eileiterdurchtrennung für immer unfruchtbar macht.Um Licht in das Dunkel zu bringen, entnahmen Ärzte Urinproben von Frauen, die kürzlich geimpft wurden. Man fand Anti-Körper gegen das Schwangerschafts-Hormon Beta-hCG. Seit einem halben Jahrhundert will man die Bevölkerung durch Programme der *Familienplanung* oder der *Reproduktiven Gesundheit* kontrollieren. Die arme Bevölkerung Afrikas hat das Gefühl, zu Versuchstieren geworden zu sein.[271]

8. Globale Bedrohung

8.1 Die Jagd auf Ebola

Gerade Zentralafrika ist immer wieder in den Schlagzeilen durch alle die hochinfektiösen Tropenkrankheiten, die durch Lassa-, Dengue-Fieber, Marburg- oder Ebola-Virus hervorgerufen werden. Es ist schwer, wirksame und sichere Impfstoffe herzustellen und oft kommen sie zum Einsatz, obwohl sie zuvor nur bei Tieren verwendet worden sind, weil man keine anderen Gegenmittel zu Bekämpfung armutsbedingter Krankheiten hat. Oft stehen korrupte und ineffiziente Regierungen im Verdacht, einer Epidemie nichts entgegen halten zu können. Die schwerwiegenden Komplikationen, die ein hämorrhagisches Fieber hervorruft, lässt die Todesrate rapide ansteigen. Arzneimittel gegen die Krankheit zu finden ist nicht so leicht, vor allem, wenn man nicht weiß, wie z.B. bei Ebola der Übertragungsweg ist.

Ein lauter Knall drang an Leonhards Ohr. Mit einem Ruck fuhr er hoch. Lachend stand Kurt neben ihm. In der Hand hielt er einen zerfetzten Papierbeutel. „Na endlich", sagt er. „Du warst wohl ziemlich müde. Das Meeting mit Professor Anderson ist längst vorüber, aber Du bist mitten drin eingeschlafen. Wir wollten Dich nicht stören und der Professor brachte Dir sogar ein Kissen."

Tatsächlich, unter seinen Händen fühlte Leonhard den feinen Samtbezug eines weichen Kopfkissens. „Habe ich denn geschlafen? Habe ich dann alles geträumt?", stammelt er.

Ich weiß nicht wovon Du geträumt hast. Anscheinend nimmt Dich die ganze Sache mit dem Jungen, der angibt, aus Gentopia zu stammen, wohl doch ziemlich mit. Es schien, als hättest Du Angst man würde Dich als Reporter hinrichten. Keine Sorge, hier bist Du sicher. Aber jetzt musst Du leider gehen, wir wollen alle nachhause."

„Träume", murmelt Leonhard, als er das Gebäude verlässt. „Es kommt wohl alles zusammen, was man den Tag über gelesen hat." Aber konnte ihm wirklich etwas zustoßen? So weit hergeholt war die Frage nicht. Wir leben in einer Zeit, in der man Reporter öffentlich erschießt.

Der Schock über den Tod von James Foley, saß Leonhard noch in den Knochen. Der Dokumentarfilm über den Fotojournalisten war beeindruckend. James war ein tieffrommer Mann. Sein Anliegen, uns das Leid unserer Mitmenschen nahe zu bringen, wurden ihm zum Verhängnis. Jeder kennt Foley und weiß, wie er gestorben ist. Der Film ging Leonhard außerordentlich nahe. Er verdeutlichte ohne Umschweife, wie Foley gelebt hat. Das wichtigste war für ihn sein Glaube und die damit unweigerlich verbundene Nächstenliebe.[272]

Viele rühmten Foley, der seinen Job als Berufung ansah. Man verglich ihn mit Ärzten und medizinischem Personal, die trotz eines Ebola-Virus nach Afrika gehen. Und wenn sie zu den seltenen Menschen gehören, die geheilt wurden, konnten sie nicht warten, in ein Krisenland zurückzukehren. So ging auch James Foley wieder nach Libyen, obwohl man ihn dort bis 2012 gefangen gehalten hatte.[273]

Leider war es Leonhard noch nicht möglich, bedrohte Regionen aufsuchen. Durch das Internet ist es allerdings kein zu großes Problem, mit der Welt in Kontakt zu bleiben. Seine Recherchen über den Ausbruch von Ebola haben den jungen Mann sehr nachdenklich gemacht. Im Grunde ging die Krankheit in Sierra Leone von einer einzigen Person aus. Eine junge Frau, bekam nach einer Fehlgeburt hohes Fieber und suchte im Mai 2014 das Kenema Gouvernement Krankenhaus ihres Landes auf.

Die sie untersuchenden Ärzte entdeckten recht bald Ebola Viren. Ihre Patientin erholte sich zum Erstaunten der Wissenschaftler sehr schnell, dennoch war es schon zu spät. Sie hatte das Virus bereits verbreitet. Forschern gelang es, ihre sowie 77 anderen Virusproben zu sequenzieren. Dadurch konnten wertvolle Informationen über die

Verbreitungstaktik des Virus gewonnen werden, was für weitere diagnostische Tests sehr nützlich wurde. Anhand der Daten hofften die Forscher, sehr bald in der Lage zu sein, Impfstoffe und Medikamente gegen Ebola entwickeln zu können.

Aus vier verschiedenen Ländern kamen 50 Wissenschaftler zusammen. Sie alle hatten nur den einen Gedanken, die Hintergründe von Ebola in einem Artikel darzulegen. Das Engagement wurde fünf Forschern zum Verhängnis, als sie sich selber an Ebola infizierten. Sie starben noch bevor das Paper in *Science* im August 2014 veröffentlicht wurde.[274]

2017 brach Ebola erneut im Kongo aus. Als erstes infizierte sich in der Demokratischen Republik Kongo ein Jäger an seiner Wildschwein-Trophäe. Dies veranlasste einige Wissenschaftler, das Wild- und Hausschwein dafür verantwortlich zu machen.

Seitdem sind in der abgelegenen Gegend, dem Ebola-Epizentrum Nambwa, 84 Schweine auf mysteriöse Weise gestorben. Forscher haben Gewebsproben der Tiere genommen. Sollte sich dieser Verdacht bestätigen, hat das Virus einen neuen Weg gefunden, sich zu verbreiten. <Schweine sind eigentlich nicht die typischen Wirte für das Virus. Trotzdem müssen wir auf Nummer sichergehen und sie testen>, sagte damals Fabian Leendertz vom Robert Koch Institute in Berlin.

Das National Biomedical Research Zentrum in Kinshasa hatte den Experten mit der Frage konsultiert, ob es eine mögliche Verbindung zwischen den Tieren und Ebola gibt. Anne Rimoin, Epidemiologien der Universität in Kalifornien, Los Angeles sieht dies als unwahrscheinlich an. Die Tiere infizieren sich eher am Afrikanischen-Schweine-Fieber, welches im Kongo nach wie vor die höchste Sterberate hat. So ganz aus der Luft gegriffen ist die Vermutung dennoch nicht. Schweine spielten eine gewisse Rolle beim Ebola-Ausbruch auf den Philippinen. 2009 hatten Forscher ein aus der Ebola Familie von Schweinen kommendes Reston-Virus isoliert. Die Tiere wurden durch ein akutes respiratorisches Krankheitsbild auffällig.

Ebola-Reston hat bisher noch keine Symptome beim Menschen hervorgerufen. Trotzdem hatten die Besitzer der Tiere Antikörper gegen das Virus in ihrem Organismus. So ist es nur konsequent, der Frage nachzugehen, wie sich die Bauern mit dem Virus infiziert haben und sie damit in der Lage waren, Antikörper auszubilden.

Wenn man in Betracht zieht, dass Menschen unmittelbar neben den Tieren *kohabitieren*, ist der Gedanke nicht so abwegig, sie als Erregerreservoir für Ebola-Zaire verantwortlich zu machen. Tiere sind

durchaus in der Lage, eine Viruskrankheit auf Menschen oder Primaten weiterzugeben. Bis heute wurden noch keine Ebola-Zaire Viren in Schweinen gefunden; alle anderen Vermutungen sind Spekulationen. Eine Infektion wurde bisher nur induziert, als man Labor-Schweine infizierte.

Seit 1976 fragen sich Wissenschaftler, welche Tiere bei einer Zoonose, in der eine Krankheit von Menschen auf Tiere übertragen wird, ein Erregerreservoir beherbergen.

Zum ersten Mal trat Ebola im Juni 1976 in einem kleinen Missionskrankenhaus in Yambuku auf. Heute gehört dieses Gebiet zur Demokratischen Republik des Kongos. Die am Rande des Dschungels gelegene Ortschaft grenzt an den Ebola Fluss. Die sich infizierten Personen bekamen plötzlich hohes Fieber, Unterleibsschmerzen und einen entzündeten Hals. Dann bluteten sie aus der Nase, den Augen und anderen Körperöffnungen. Neunzig Prozent der damals 318 infizierten Menschen starben innerhalb weniger Tage. Danach schien die Krankheit verschwunden.

Mittlerweile nannte man sie nach dem Fluss - *Ebola*. Es betraf jedes Mal nur ein paar Personen in ein oder zwei Ortschaften.

Bis das Ebola-Zaire-Virus -wie aus dem Nichts heraus- 2011 plötzlich wieder in Zentral-Afrika auftrat, worüber der Virologe Garz Kobinger des Gesundheitsinstitutes in Winnipeg, Kanada berichtete.

2013 infizierten sich dann 11.000 Menschen in West Afrika. Als Erstes erkrankten Guineas Einwohner. Rasant verbreitet sich das Virus in der dicht mit Menschen gefüllten Hauptstad Conakry. Schnell infizierten sich die Bewohner der Nachbarländer Liberia und Sierra Leona.

Wissenschaftler studierten in den letzten Jahren das Virus sehr genau. Weltweit entschlüsselte man in Sicherheitslaboren das Erbgut des Virus. An Hunderten von Patienten entnahm man damals Blutproben und speicherte Gesundheitsdaten. Während des Ausbruchs testeten Wissenschaftler viele Impfstoffe. Arzneimittelfirmen versuchten mehrere verschiedene Medikamente aus. Bis auf einen Impfstoff schien alles Andere nicht zu helfen.

Den einzigen vielversprechenden Impfstoff entwickelte Merk. Er wurde bereits in Guinea angewandt, obwohl er damals noch nicht offiziell freigegeben war. Wenn Kongos Regierung Bedarf angemeldet hätte, wäre er als Versuchsimpfstoff eingesetzt worden. Ärzte ohne Grenzen standen bereit, den Impfstoff zu applizieren.

Forscher versichern, dass folgende Ebola-Ausbrüche längst nicht mehr so dramatisch verlaufen würden. 2017 wurden zwei Personen in einer sehr abgelegenen Gegend des Kongos positiv auf Ebola getestet. Nicht lange danach wurden drei bestätigte Fälle und 37 Verdachtsfälle des hoch pathogenen Virus gefunden.[275]

Trotzdem ist man sich über die Entstehung des mysteriösen Virus immer noch im Unklaren. Der Virologe des Nationalen Institutes für Allergien und Infektionskrankheiten im Bundestaat Montana, Vincent Munster erläuterte gegenüber dem *Science Magazin* am 2. Juni 2017: <Wir wissen sehr genau, wie sich das Virus vermehrt. Dennoch

können wir uns weder erklären woher es kam, noch wissen wir, was seinen sporadischen Ausbruch bewirkt?>

Es tötet Menschen, Antilopen, Gorillas und Schimpansen. Eines der Tiere muss das Virus in sich tragen. Das dem Ebola Virus naheverwandte Marburg-Virus hat sein Erregerreservoir in Fledermäusen, Nagetieren und in Menschen.

Bei vorhergehenden Ebola Ausbrüchen fanden Wissenschaftler Antikörper des Erregers in Fledermäusen. Ein lebendes Virus hat noch keiner von einem Tier isoliert. Die Wissenschaft tappt im Dunkeln, wie das Virus vom Menschen auf Tiere -und umgekehrt- übertragen wird. Keiner weiß, unter welchen Bedingungen es zum Ausbruch der Krankheit kommt und vor allem wo oder wann.

Wenn es um eine so tödliche Krankheit geht, wird der Wunsch verständlich, den Unsicherheitsfaktor auszuschalten. Man möchte Vorhersagen und Vorsichtsmaßnahmen treffen.

Dr. Munster ist bemüht diese Fragen so schnell wie möglich zu klären. Globalisierung, Urbanisierung und eine zunehmende Mobilität führen außerdem dazu, dass dem Virus keine Grenzen mehr gesetzt werden. Es kann sich in Windeseile verbreiten.

Wir müssen wissen, wo wir suchen müssen; und unter welchen Bedingungen es sich am Leben erhält. Deshalb ist Dr. Munster mitten in der Nacht in Kongo's Dschungel zu finden. Es ist der Ort, von wo aus sich Ebola Viren zu ihrer bisher tödlichsten Attacke verbreiteten. Man kann fast sagen, es handele sich in dieser Gegend um den Geburtsort von Ebola.

Seit sechs Jahren kommt der Wissenschaftler immer wieder hier her. Er hat sein Augenmerk auf Fledermäuse gerichtet. So schläft Dr. Munster kaum im Mai des Jahres 2017, weil er Urin- und Gewebsproben sicherstellen will, die er auf eine lange Reise nach USA sendet, damit sie dort auf Ebola-Viren getestete werden.

In der nur durch den Vollmond erhellten Nacht kann man über den Köpfen der Forscher ein Netz ausmachen.

Aus den Bäumen kommen knackende Geräusche. Munster und sein Team sind trotz der Schwüle in Schutzkleidung. In Masken und dicken Lederhandschuhen warten sie, bis ihnen ihre Beute -der Hammerkopfflughund- eine Fruchtfledermaus, ins Netz geht. Wenn es dunkel ist, kann man Afrikas größten Vampir -den Hypsignathus monstrous- im Regenwald finden. Ihre Flügel spannen sich bis zu einem Meter.

Dr. Munster hofft, den Tieren das Geheimnis um das Ebola Virus zu entlocken? In zwei Wochen haben die Forscher 100 Tiere gefangen. Sie werden aus ihrer Falle befreit, in einen Sack gesteckt und an eine Leine gehängt, die zwischen den Bäumen aufgespannt ist.

Im *Zeltlager* der Wissenschaftler sind viele voller Hoffnung, das erste Mal lebende Viren aus einem Tier zu isolieren und so das Verhaltensmuster entschlüsseln zu können. Es könnte doch sein, dass sich Fledermäuse nur in jungen Jahren mit Ebola infizieren?

Oder es ist so etwas wie eine Kinderkrankheit und das Virus wird zeitlebens ausgeschieden? Vielleicht sind es nur ein paar Fledermäuse, die sich anstecken? Um genau diese Tiere zu identifizieren, reist Dr. Munster und sein Team jedes Jahr in Kongos Urwald.

Um zwei Uhr morgens, wenn die Arbeit der *Vogelfänger* vorbei ist, bekommt die Epidemiologien Sarah Olsen die Säugetiere. Eines der Zelte dient als Arbeitsplatz. Unter einer einfachen Osram-Birne, die durch einen lauten Generator gespeist wird, werden den hässlichen Kreaturen mit ihrem großen Kopf und gelben Augen, Urin und Blutproben entnommen. Danach werden sie vermessen und schließlich freigelassen.

Die Forscher tragen immer noch Schutzkleidung. Über die Lederhandschuhe haben sie Vinylhandschuhe gezogen. Sie müssen sich absichern, falls sie wirklich mit Ebola zu tun haben sollten. Wenn der Morgen dämmert, verstummen die Schreie der Hammerkopf-Fledermäuse. Die Poben der in der Nacht gefangen Tiere sind alle in flüssigem Nitrogen verstaut. Jetzt beginnt der Kampf mit den

Bürokraten. Es wird viel Zeit in Anspruch nehmen, bis die Proben sicher in den USA ankommen. Man klassifiziert sie als hoch infektiöses Material. Unabhängig davon, ob sie Ebola-Viren enthalten.

Dr. Ondzie, Tierarzt der kongolesischen Artenschutzbehörde ist Dr. Munsters rechte Hand. Seine Organisation untersucht vor allem inwieweit das Ebola-Virus Schimpansen und Gorillas schadet. Ebola tötet zwischen 2005 bis 2012 die Hälfte aller im Kongo lebender Gorillas. Das ist ein schwerer Schaden, denn 60% dieser Primaten leben im Norden vom Kongo. Genau in diesem Gebiet hat Munster seine Zeltstadt aufgebaut. Durch die Affen könnten sich Menschen sehr leicht an Ebola infizieren.

Vor allem, wenn sie tote Urwaldtiere einsammeln und ihr Fleisch essen. Wenn Dr. Ondzie nicht damit beschäftigt ist, Fledermäuse zu fangen, sucht er die Eingeborenen auf. Seine Botschaft ist immer die gleiche: <Wenn sie ein totes Tier sehen, sollen sie es nicht anfassen, sondern seine Organisation anrufen.> Es scheint fast unmöglich, Ebola in lebenden Tieren zu finden. Desto wahrscheinlicher beherbergen Kadaver das Virus.

Munster hat ein besonderes Protokoll entworfen, dem jeder strikt folgt. Normalerweise schneiden Pathologen ein totes Tier auf, um Blutproben entnehmen zu können. Munster gibt sich mit abgeschabten Hautpartikeln zufrieden. Für ihn spielt es keine so große Rolle, denn: <Jede Zelle, die wir hier finden, ist mit Ebolaviren aufgefüllt>.

Die Zelte der Forscher sind nur knappe 100 Meter von der Straße entfernt, die erst seit kurzer Zeit eine Asphaltdecke trägt. Falls das Virus erneut im Urwald auftritt, kann es dank der Infrastruktur, die bis in den entlegensten Urwald hinein entwickelt wurde, morgen schon in Kongos Hauptstadt Brazzaville wüten und übermorgen in Boston, Berlin oder Bombay auftreten.[276]

„Schade", denkt sich Leonhard. „Ich habe jetzt wirklich keine Zeit mehr, über Ebola nachzudenken. Es wartet eine andere Aufgabe auf mich."

8.2 Wahrnehmungen - das Gegenteil der Realität

Kurz darauf macht sich sein Handy bemerkbar. „Es ist der lang erwartete Anruf aus dem das Krankenhaus."

„Kommen Sie bitte, Genadiy wacht bald auf und da wäre es gut, wenn Sie, als seine einzige Bezugsperson, dabei sind." Leonhard schwingt sich auf sein Fahrrad, obwohl die Klinik sehr nahe von Professor Andersons Institut liegt.

„Ich darf Sie dennoch bitten zu warten. Wir holen Sie dann", sagt die Krankenschwester. In dem mit einer gemütlichen Kautsch ausgestatteten kleinen Zimmer befand sich bereits eine Familie mit zwei chinesischen Mädchen. Leonhard setzt sich. Die Mutter lächelt ihm zu. Die Gesichter der Kinder sehen seltsam aus. Er will sie nicht zu sehr anstarren.

Sofort ergreift die Mutter das Wort und stellt sich als Kimberly vor. „Wird ein Familienangehöriger von ihnen operiert?" Eine Antwort wartet sie nicht ab. Zu reden, schien ihr ein Anliegen. „Wir kommen aus Amerika. Mein Mann Friedrich und ich sind allerdings in Deutschland aufgewachsen. Jetzt leben wir in den USA. Wir haben uns dort als Postdocs kennen gelernt. Mein Mann ist amerikanischer Staatsbürger. Seine Eltern forschten in den USA, als er geboren wurde. Es war mein Glück, weil ich so die amerikanische Staatsbürgerschaft durch eine Heirat bekommen konnte. Sonst hätten wir kaum Chancen gehabt einzuwandern. Doch heute schreiben Zeitungen über unsere Familie aus Wisconsin. Sie meinen wir würden die Vorurteile kennen, die anders aussehende Menschen hervorrufen. [277]

Die Geschichte begann mit unserem Sohn Jackson. Von Geburt an war sein rechtes Bein kürzer. 2012 wurde das Bein verlängert. Dazu wurde das Schienbein jeweils an der Wachstumsfuge gebrochen und fixiert. Viermal täglich wurde an den Schrauben gedreht. Die dadurch entstandenen Druck- und Zugkräfte regten das Wachstum an, womit Jackosn's Knochen zehn Zentimeter länger wurde. Früher, noch bevor die Methode in Deutschland 1996 entdeckt wurde, hatten Kinder mit so einer Kondition, oder wenn sie sich den Knochen in der Wachstumsfuge brachen, für den Rest ihres Lebens ein kürzeres Bein, weil der Knochen einfach aufhörte zu wachsen. 2008 wurde das erste Mal ein Kind mit der neuen Methode erfolgreich therapiert.[278]

2013 hörten wir eine Predigt in unsere Kirche. Der Pastor berichtete von einer Familie aus Minnesota, die einen Jungen adoptierten, der einen total deformierten Fuß hatte, den man amputieren musste. Ich überlegte damals, was wäre mit Jackson passiert, wenn er in einem anderen Land geboren worden wäre, wo es kein so gutes Gesundheitssystem gibt wie bei uns?

Ich dachte an die vielen Kinder, die keine medizinische Betreuung bekommen können. Unsere eigenen Jungen hatten gerade das Teenageralter erreicht, als wir uns entschlossen haben, zwei Mädchen aus China zu adoptiert. Die Kinder, die wir uns näher ansahen, wurden zurückgewiesen und waren die letzten auf der Adoptionsliste. Keiner wollte sie. Der Grund bestand darin, dass sie beide eine Gesichtsdeformation besaßen. Eine Nase war nicht vorhanden und die Augen standen weit auseinander. Sie hatten einen Geburtsdefekt, auch *Meningoencephalocele* genannt. Wegen der Einkind-Politik in China -in der vor allem Jungen erwünscht sind- haben behinderte Mädchen keine Chance.

Zwischen 1999 und 2013 wurden 71.632 chinesische Kinder adoptiert. Viele von ihnen waren Mädchen, jünger als zwei Jahre. Wir wollten ein älteres Kind. Ich entdeckte das Foto von Molly, legte es aber zur Seite. Ich dachte, ich könnte so ein Kind nicht haben. Es sei sehr schwierig, sich ihrer anzunehmen. Beinahe hätte ich das Licht meines Lebens nie kennengelernt. Ich kann mir ein Leben ohne meine Adoptivtöchter nicht mehr vorstellen. Nach ihrer Operation haben sie endlich ein normales Gesicht. Molly ist mit ihren 13 Jahren ein gescheites junges Mädchen", sagt Kimberly.

Molly blinzelt Leonhard verlegen an. „Meine Schwester ist neun", erläutert sie stolz. „Unsere Eltern haben noch Billy und seinen Freund Allan adoptiert. Sie werden gerade operiert. Beide haben Hasenscharten und auch sie wollte keiner. Eine amerikanische Krankenkasse weigerte sich eine Operation zu bezahlen. Ich habe extra meine langen Haare abschneiden lassen. Obwohl ich sie so liebte. Sie brachten mir 1200 US-Dollars ein", plaudert Molly.[279]

„Vor ein paar Tagen sind wir nach Deutschland geflogen, wo das Krankenhaus uns sofort half. Auf diese Weise haben wir endlich unsere Großeltern kennen gelernt."

„Schon lange sehen wir, dass Familien mit behinderten Kindern einen vorwurfsvollen Blick ernten. Wir finden sie ja fast nur noch in christlichen Familien", fällt ihre Mutter ins Wort.

„Der Mensch ist nur solange frei, seine Meinung zu äußern, solange er nicht die Wahrnehmung der Gesellschaft verletzt oder gegen die politische Korrektheit verstößt", erklärt Friedrich etwas verdrossen. „Das ist fast überall so. Wissen Sie, ich bin Klimaforscher. Selbst die Debatte über den Klimawandel hat sich geändert. Wahrheit und Fakten spielen keine Rolle mehr. Übertreibungen werden nicht bestritten, unwissenschaftliche Spekulationen werden fraglos akzeptiert und diejenigen, die es wagen, nicht an eine durch den Menschen verursachte Globale Erwärmung zu glauben, verlieren ihre Stelle.

Tatsachenprüfungen werden als Phantasien abgetan und unsere Wahrnehmungen werden als das Gegenteil der Realität angesehen. Vielleicht ist es auch einfacher, an einer Umweltapokalypse festzuhalten. Es ist sehr riskant, eine globale Erwärmung nicht als eine uneingeschränkte Katastrophe zu betrachten. Vielleicht liegen wir falsch- zumindest lag im Februar 2019 in den Wüstenstaaten Arizona und Utah Tiefschnee. Als vor Jahren der stellvertretende Klimaforscher für Washington, Mark Albright einen Bericht per Email an Journalisten über den Rekord-Schneefall für die Cascade Mountains (Kaskadenberge) gesendet hatte, wurde er entlassen.

Eigentlich hat das Klima mit der Neigung der Erdachse und der Flugbahn der Erde um die Sonne zu tun. Wir Menschen können dies

nicht beeinflussen. Dennoch sind wir erstaunt, wenn ein Hagelsturm mitten im Sommer -bei 30 Grad Hitze- Vororte der mexikanischen Stadt Guadalajara mit einer bis zu 1,5 Meter hohen Eisdecke bedeckte. Verletzte gab es keine. Nur umgestürzte Bäume und Überschwemmungen hielten die Räumfahrzeuge im Einsatz. <Schon öfters gab es hier Hagelstürme>, sagt

der Staatsgouverneur Enrique Alfaro. <Doch dieses Naturphänomen hier ist unglaublich. Es ist noch nie dagewesen. Wir fragen uns, ob der Klimawandel real ist.[280]>

Trotzdem glauben wir an Science-Fiction Filme, wie: *"The Day after tomorrow"*, oder an Gore's *"An inconvenient truth"*. Sie bedrängen und manipulieren uns förmlich, etwas gegen den Klimawandel zu unternehmen. Fakten oder eine widersprüchliche Realität interessieren uns dann fast nicht mehr.

<Die ganze Debatte ist demagogisch geworden. Jeder der es wagt, nicht mit der Allgemeinheit zu denken, wird fast schon physisch und psychisch bedroht. Er wird als Klimawandel-Leugner bezeichnet. Damit steht er auf der gleichen Stufe wie Holocaust-Leugner>, schrieb die *Boston Globe* Kolumnistin Ellen Goodman im November 2006.

2007 spekulierte der Schauspieler Leonardo DiCaprio, dass eine Erderwärmung schon bald zur Auslöschung unserer eigenen Spezies - des *Homo Sapiens*- führen wird.

Obwohl seit 1975 die Temperaturen gestiegen sind, auch wenn nicht in den derartigen Größen, die wir oft zu hören bekommen, hat unsere Ernte zugenommen.

Der amerikanische Farmer ist ein anpassungsfähiges Wesen, der landwirtschaftliche Praktiken verändert und selbst mehrere Fruchtfolgen im Jahr ernten kann. Seine Technologie ist schneller, als dass sich das Klima ändert. Ein Hauptnahrungsmittel wie Mais kann unter vielen klimatischen Bedingungen gedeihen. Sonst würden unserer frischen Gemüsesorten nicht aus einer natürlichen Halbwüste namens Kalifornien bzw. Arizona kommen.

Politiker schalteten sich recht bald in die Debatte ein. Für Präsident Busch, Präsident Obama und selbst der kürzlich verstorbene Senator John McCain, war der Klimawandel ein bewiesener Fakt. Nun meinten sie, man könne einer Erderwärmung mithilfe von nachwachsenden Rohstoffen -aus denen wir Ethanol erzeugen- eindämmen. Wir müssten nur ein Gesetz entwerfen und in 40 Jahren nimmt damit eine Kohlendioxid-Ausscheidung ganz automatisch ab. Dass gerade das Gegenteil der Fall ist und wir mit Ethanol unsere Umwelt mehr ausbeuteten bzw. schädigen, ist irrelevant.

Es ist fast so, als ob wir allen Ernstes behaupten, dass nichts sein kann, was nicht sein darf. Um meinen Kollegen Patric J. Michels zu zitieren: <Die Welt geht nicht aufgrund eines globalen Klimawandels zu Ende. Wir sind gar nicht in der Lage, die Temperaturen des Planeten erheblich zu verändern.>

Im September 2004 berichtete die Klimaforscher Thomas Knutson und Robert Tuleya vom Nationale Oceanic und Atmospheric Administration Institut in einem Artikel im *Journal of Climate* über den minimalen Einfluss, den eine Anreicherung von CO_2 auf eine Erderwärmung hat. Sie induziert nicht den Anstieg von Starkregen oder Hurrikans. Ein Wissenschaftsautor der *New York Times* verdrehte daraufhin die Ergebnisse der Studie. Er behauptete, Wissenschaftler hätten eindeutig bewiesen, dass in den nächsten Generationen die

Intensität von Hurrikans zunimmt. Diese Behauptung stimmt nicht im Geringsten mit dem überein, was die Klimaforscher schrieben. Auch wenn ich mich wiederhole", erklärt Friedrich mit lauter werdender Stimme. „Meine Freunde und ich stellen hingegen fest, dass tropische Stürme nicht auf von Menschen verursachten erhöhten CO_2-Ausstoß zurückzuführen sind, weil die Emission viel zu gering ist, um atmosphärische Einflüsse irgendwelcher Art auszuüben.

Obwohl die Industrialisierung seit 1975 zugenommen hat, ist der gemessene atmosphärische Ausstoß in etwa unverändert. Vielleicht verzeichnen wir eine kleine Änderung in 100 Jahren! Dennoch keiner kann voraussagen, wie wir unsere Energie 2119 gewinnen. Wir werden wahrscheinlich nicht mehr fossile Brennstoffe verwenden.

Am 28. September 1955 zerstörte der Hurrikane Janet, der in die fünfte Kategorie eingestuft worden ist, Mexikos Yukatan Peninsula. Mehr als 600 Leute kamen damals ums Leben. Am 21. August 2007 wurde fast derselbe Ort von dem verheerenden Wirbelsturm Dane heimgesucht. Diesmal starb kein einziger Mensch als Dane, der drittstärkste Sturm, welcher jemals gemessen wurde, auf Mexiko traf. Was war der Unterschied? Wir erworben das Wissen, wie wir uns gegen Naturkatastrophen zu wappnen haben. Hydrologische Modelle und Vorhersagen von Überschwemmungen sowie unsere Infrastruktur helfen uns mit einem extremen Wetter umzugehen.

2005 verloren vier Menschen von Hurrikan Wilma in Galveston, Texas ihr Leben. Im Jahr 1900 wurden 7.000 Menschen bei einem Sturm der gleichen Kategorie am nordöstlichen Zipfel von Yukatan getötet. Wir haben gelernt zu überleben und je mehr unsere Technologie fortschreitet, umso weniger können uns Umweltkatastrophen anhaben. Auch wenn sich Wissenschaftler uneinig sind, ob eine Zunahme der Erderwarmung letztendlich verantwortlich für all die vielen Katastrophen sind, wäre es nicht besser, in eine Ökonomie zu investieren, die uns hilft Katastrophen zu überleben? Aber stattdessen verteufeln wir Forscher, die behaupten, dass der

Mensch nicht in der Lage ist, unser Klima zu beeinflussen. Es wird ja nicht verneint, dass die Temperaturen ansteigen. Doch wenn man in das Klima der Erdgeschichte schaut, ist es für einige wahrscheinlicher, dass wir lediglich in einer Zwischeneiszeit leben.

<Das Amt des führenden Klimaforschers in den USA ist heute mehr zu einem politischen Posten geworden>, behauptet mein Freund Patrik J. Michaels in seinem 2009 erschienenen Buch, *"Climate of Extremes"*. Viele unserer Katastrophen sind selbst gemacht. Schauen wir doch nur nach New-Orleans. Was erwarten wir denn, wenn wir eine Stadt unterhalb des Meeresspiegels bauen, die noch dazu von einem undichtem und fast schon kriminell veraltetem Dammsystem umgeben wird? Wir machten jedoch von vornherein einen Klimawandel für das Desaster verantwortlich, als der verheerendste Hurrikane der Saison, Katharina, über die Golf Küste Alabama und Mississippi 2005 hereinbrachte, obwohl dies doch eigentlich unserer Unverantwortlichkeit und Inkompetenz zuzuschreiben war.

Es war vorhersehbar, dass so etwas früher oder später passiert. Trotzdem wurde damals nicht genügend Vorsorge getroffen, um die Gesundheit und das Leben unserer Mitmenschen zu schützen. Warum auch, man hatte ja einen Schuldigen.[281] Deshalb verlangen wir nicht nach Lösungen und Ergebnissen. Es ist uns fast egal geworden, wie wir uns dadurch selber schaden", schlussfolgert Friedrich.

„Ohne Katharina wäre demnach der Damm auch 2019 noch veraltet gewesen. Doch inwieweit begünstigt ein Klimawandel eine Pandemien?", fragt Leonhard.

„Sicher haben Sie gehört, dass in China die Afrikanische Schweinepest ausgebrochen ist", antwortet Friedrich. „Auch wenn es wahrscheinlich Monate dauert, bis wir eine Erhöhung der Fleischpreise in unseren Breitengraden vermerken, vergleicht natürlich die Marktforschung die Szenarien.

Man denke an 2013/14, als in den USA ein Ferkelsterben die Schinkenpreise um 15% anstiegen ließ.

Wir rufen uns automatisch 2017 in Erinnerung. Damals veranlasste uns die Europäische Vogelgrippe, Millionen der Tiere zu keulen. In den USA ließ diese Krankheit bereits 2015 die Eierpreise um 33% in die Höhe schnellen. Es war der höchste Preisanstieg, den es bisher gab. Es dauerte neun Monate, bis sich die Preise wieder normalisierten.

Die in China wütende Afrikanische Schweinepest wird nicht nur den Verlust von mehr als 200 Millionen Tieren zur Folge haben, um die weitere Ausbreitung zu verhindern, sondern China wird unweigerlich Fleisch importieren, was die Preise in allen anderen Teilen der Welt ansteigen lässt.[282] In Deutschland dachte man fast schon, Schweinemastbetriebe könnten zumachen, weil wir, mehr und mehr kulturell bedingt, kaum noch Schweinefleisch essen.

Eine unvorhergesehenen Pandemie, die China noch Ende April 2019 als *<wirksam unter Kontrolle gebracht zu haben>* beschrieb, gab nur Wochen später den Skeptikern recht. Dazu kommt, dass Chinas Journalisten von den kommunistischen Behörden zensiert werden. Verbreitet werden die Viren über Zecken, die bei uns kein Lebensreservoir haben.[283] So findet man in unserem Klima auch keine Moskitos, die Zikaviren übertragen.

Übrigens meldeten die USA bisher keinen einzigen Ausbruch einer Zika-Virus bedingten Mikrozephalie in ihrem Land. Als Vektoren der Afrikanischen Schweinepest ist der Kontakt der Tiere untereinander (Wildschweine) zu nennen. Ihre Ausscheidungen, Lebensmittel sowie auch unsere Kleidung bzw. Autoreifen fördern eine Verbreitung. Für Menschen ist die Krankheit ungefährlich. Unabhängig davon verkauft die Fastfood-Kette Burger King schon seit einiger Zeit ihren veganen *Impossible Whopper*® *Burger* (100 Prozent Whopper, 0% Beef) in den USA. Ob dies jedoch ein Ausweg ist, um dem Anstieg der Fleischpreise entgegenzutreten, ist sehr fraglich", erläutert Friedrich."

8.3 Zika- Missbildungen der Moderne

„**A**ls Journalist interessierte mich das tropische Virus, das bei Ungeborenen einen kleineren Kopf ausbildet, und bald darauf Drittländer veranlasste, die Legalisierung der Abtreibung zu fordern. Wie entstand Zika-Virus? Handelt es sich zu guter Letzt um eine von Menschen verursachte Krankheit?[284]

„Das ist eine gute Frage", antwortet Friedrich. „Ich will versuchen, Ihnen zu antworten. Am 18. April 1947 hatte das Versuchstier 766 eine erhöhte Temperatur. Forscher hatten den Rhesusaffen mit Gelbfieber infiziert; ihre Station lag am Viktoriasee in Uganda im kleinen Zika-Wäldchen. Der Nonhumane Primat wurde in einem Käfig gehalten. Nach drei Tagen sammelten die Wissenschaftler vom Tier 766 Blut, um es einer weißen Maus einzuspritzen, die daraufhin erkrankte. 10 Tage später entnahmen sie das Gehirn dieser Maus.

Einige Zeit später untersuchten die Forscher die Schnaken des Tiergeheges in der Hoffnung, dass auch sie das Gelbfiebervirus in sich trugen. Die zerkleinerten Insekten wurden in Mäusegehirne gespritzt. Auch diese Tiere erkrankten. Als man nach sieben Tagen die Gehirne beider Mäuse-Gruppen untersuchte, stimmten sie überein.

Die Forscher nannten ihr Flavi-Virus Zika. Fast 70 Jahre hörte man kaum etwas über die neue Krankheit, welche wahrscheinlich durch Schnaken übertragen wird.[285] Doch Mitte 2015 explodierten die Infektionen. Plötzlich sieht man in Brasilien immer mehr Kinder, die mit einem zu kleinen Kopf geboren werden. Andere Länder wie Kolumbien, Venezuela, Lateinamerika sind zunehmend betroffen.

Die Weltgesundheitsorganisation WHO redete von einem globalen Gesundheitsnotstand. Es sei der schlimmste Virus, den es je auf unserem Planten gab. Es handelt sich eigentlich um eine milde Krankheit, die nach spätestens zwei Wochen wieder abklingt. Den einzig erschreckenden Krankheitsverlauf haben Ungeborene.

Eine geistige Retardierung geht mit einem kurzen Leben einher. Liz Szabo berichtete am 10. Februar 2016 in der amerikanischen Zeitung *The Arizona Republic* über zehn Kinder aus Brasilien, die sich von den anderen 29 Babys mit Mikrozephalie absonderten. Ihre Augen waren durch den zu kleinen Kopf stark in Mitleidenschaft gezogen. Ärzte waren besorgt, ob die Babys, deren Netzhaut beschädigt ist, sehen können. Ob die Krankheit jedoch wirklich durch das Virus bedingt ist, war fraglich.

Dr. Raiane Negreiros, Ärztin für Fetale Medizin aus dem Epizentrum des Virus, einer kleinen Stadt namens Sprawling, erklärt: <In den letzten Monaten von 2015 hatten wir mehr Kinder mit kleinerem Kopf. Mittlerweile geht die Zahl wieder zurück.[286]>

Frauen sind besonders im ersten und zweiten Trimester betroffen. In Französisch-Polynesien, wo es bereits 2014/15 zu einer Zika-Virus-Epidemie kam, hatten vier Mütter Virus-Antikörper im Blut. Sie konnten sich nicht erinnern, eine Zika-Infektion erlitten zu haben.

Viele fragen sich, ob das Virus auch in Deutschland zu Missbildungen führen kann. Die betreffenden tropischen Mücken können sich in Deutschland jedoch nicht dauerhaft ansiedeln.

Am 16. Juni 2019 berichtete der Norddeutsche Rundfunk über drei Isländer, die von der Aedes-Mücke gestochen wurden, als sie im Urlaub in Spanien waren. Einen Grund zur Panik bei uns in Deutschland ist dennoch nicht gegeben, weil die Insekten ein tropisches Habitat benötigen[287].

Wenn bei uns eine Erkrankung auftritt, die durch die Tigermücke übertragen wird, sind die Betroffenen entweder Reiserückkehrer beziehungsweise könnten sich durch Geschlechtsverkehr mit einem Infizierten angesteckt haben. Deshalb pochen Experten so sehr darauf, dass Schwangere nicht in diese Regionen reisen. Afrika sowie Südostasien sollten Insekten vertreibende Repellents und Kondome zur Prävention verteilen.

Prof. Dr med. Christian Drosten von der Virologischen Gesellschaft erklärt, dass sich der Mensch nur einmal in seinem Leben mit Zika-Viren anstecken kann, danach ist er lebenslang immun.

Brasilianische Frauen ziehen mittlerweile eine Abtreibung vor, viele warten gar nicht auf ihr Testergebnis, denn zu groß ist die Angst vor einem Kind mit Mikrozephalie.[288]"

„Kann man durch eine Abtreibung eine Krankheit heilen?", unterbricht Leonhard. Friedrich lacht etwas zynisch, redet aber unverdrossen weiter. „Eine Frau aus Slowenien klagte nach einem Aufenthalt in Brasilien über Fieber. Bei der mittlerweile Schwangeren wurde eine adäquate Diagnostik auf Zika nicht vorgenommen. In der 14. und 22. Schwangerschaftswoche war das Kind noch normal entwickelt. Danach spürte sie das Baby kaum noch. In der 32. SSW zeigte das Ultraschallbild starke Wachstumsverzögerungen.

Sie entschied sich für eine Abtreibung und stellte ihr Kind der Forschung zur Verfügung. Slowenische Forscher fanden im Gehirn des Kindes Partikel, bei denen es sich um Zika-Viren handeln könnte. Einen sicheren Nachweis gibt es aber nicht, weil Kontrollstudien fehlen. Über jeden Einzelfall wird berichtet und oft entscheiden Angst und Unwissen über das Leben des Ungeborenen[289].

Der Jurist Dr. Lawrence Gostin vom *O'Neill Institut für Nationale und Globale Gesundheitsgesetze* der Georgetown-Universität klagte WHO an, die einen Gesundheitsnotstand ausgerufen hatte. <Solange kein Reiseverbot für Schwangere vorliegt, klingt die Anweisung der WHO, dass man Zika-Gebiete meiden und sich vor Schnaken schützen sollte, unglaubwürdig. Der Rat der Seuchenschutzbehörde an Frauen, die schwanger werden wollen, vor einer Reise ihren Arzt zu kontaktieren, ist eher angebracht.>

Der Sprecher der infektiologischen-Gesellschaft von Amerika, Dr. Jeff Duchin von der Washington-Universität in Seattle, spricht sich für eine konsequente Risikowarnung aus: <Die WHO sollte die richtige Botschaft aussenden und nicht überreagieren. Alles andere ist

kontraproduktiv und hindert nur daran, Zika erfolgreich zu bekämpfen. Vor allem müssen Wege gefunden werden, die Übertragung zu verhindern.>

Aber vielleicht haben wir schon längst den Punkt der Hysterie überschritten? Mitarbeiter von großen Unternehmen, die bisher ihre Fortbildungen in der Karibik veranstalteten, beobachten zunehmend Stornierungen. Keiner will mehr dorthin aus Angst vor einer Zika-Infektion, schreibt USA-Today am 14. Februar 2015.

Zu Ihrem Einwand kommend will ich bemerken, so wie Sie Leonhard, äußerte sich auch die katholische brasilianische Bischofskonferenz in einem Statement am 4. Februar 2016: <Es ist der falsche Weg, Zika als Vorwand zu nutzen, um Abtreibung zu legalisieren.>

Anfang März 2016 erklärte Dr. Smith in einer US-medizinischen Zeitung, dass es in jedem Land Kinder gibt, die eine Mikrozephalie entwickeln: <Die tatsächlich an Mikrozephalie erkrankten Ungeborenen sind eher gering im Vergleich zur Gesamtzahl der Neonaten eines Landes. In den USA werden im Jahr 39 Millionen Babys geboren. Von ihnen entwickeln 2–12 pro 10.000 eine Mikrozephalie.

Die Amerikanische Akademie für Neurologie und die Gesellschaft für Kinder-Neurologie vermutet, dass die Anzahl im höheren Bereich liegt. Das heißt: 25.000 aller Neugeborenen haben einen kleineren Kopf. 2015 wurden in Brasilien weniger als 200 Kinder mit Mikrozephalie geboren. Von drei Millionen Babys erkrankten in 10.000 Fällen 0.5 Kinder. Das sind viel weniger Babys, als man vermutete>, sagte damals der Experte.[290]

Es war jedoch bisher nicht bekannt, dass Zika-Viren eine Mikrozephalie hervorrufen. Als Ursachen kamen Herpes- und Rötelinfektionen, toxische Substanzen, z.B. Roundup, genetisch induzierte Fälle oder Cumarinderivate -die im Blutverdünnungsmittel bzw. Rattengift enthalte sind-[291] in Frage. Auch weiß man, dass

Neugeborene von einer drogenabhängigen Mutter unter dieser Entwicklungsstörung leiden können.[292]

Die Töchter von Gwen Hartley aus dem Bundestaat Washington haben einen kleineren Kopf. Claire (14) und Lola (neun) sind für die Mutter trotzdem perfekt. Auch ihr nun schon 17-jähriger Sohn Cal hat eine Nervenkrankheit. Einige behaupten, für eine Mutter seien ihre Kinder immer perfekt, egal, was sie haben. Doch für Harley ist es grausam, mitzuverfolgen, wie sehr die Gesellschaft Kinder, die so aussehen wie ihre Töchter, brandmarkt.

<Die Regierung in Lateinamerika hat Frauen dringend geraten, eine Schwangerschaft hinauszuzögern. Ungeborene, die nur die geringsten Anzeichen eines kleineren Kopfes hätten, sollten nicht geboren werden. Es ist genauso, als ob man auf ihre Töchter schauen und einfach sagen würde: Das sollte niemals wieder irgendeinem passieren. Sie nennen Mikrozephalie einen schrecklichen Geburtsfehler. Ich sehe meine Kinder nicht als Monster. Für mich sind sie großartig. Ihr Geburtsfehler beschränkt nicht ihre Schönheit.>

Die Krankheit kann milde oder auch schwerwiegende Störungen hervorrufen. Einige Kinder entwickeln sich normal, unabhängig davon, wie klein ihr Kopf ist. Andere haben eine Langzeitbehinderung und leben nicht lange.

Hartley's Kinder sind ernsthaft betroffen. Sie haben epileptische Anfälle, sind zwergwüchsig und haben Kinderlähmung. Sie können weder sprechen noch laufen. Die fast 15-jährige Claire hat gelernt zu krabbeln. Ihre kleine Schwester stößt mit der Nase auf die Dinge, die sie haben möchte.

Ihre Mutter berichtet auf ihrem Blog *The Hartley Hooligans* über alle die kleinen Herausforderungen ihrer Familie. Weil es immer mehr Mikrozephale Kinder gibt, steigen auch die Klicks auf ihrer Seite. Harley betrachtet das mit gemischten Gefühlen: <Einerseits bin ich froh, dass endlich mehr Leute auf diese Krankheit aufmerksam werden. In den 15 Jahren habe ich viel Schweres, aber auch Schönes erlebt.

Das alles ist sehr emotional für mich, und es tut mir so leid, ein Kind mit so einer Krankheit zu sehen. Ich bin glücklich, durch meine Erfahrungen anderen helfen zu können. Ich hätte das meinen Kindern nicht gewünscht, und trotzdem bin ich froh, sie zu haben. Ich habe nicht alle Antworten bezüglich der Krankheit, hoffe aber, mein Testament wird anderen Müttern helfen, sich weniger allein und ängstlich zu fühlen.[293]>

Wir alle wissen, wie unangenehm ein Insektenstich ist. Keiner liebt Stechmücken. Besonders wenn Wissenschaftler immer wieder vor den Krankheiten warnen, die durch Insekten verbreitet werden können.[294] Die in exotische Länder Reisenden kennen die Gefahren, die Malaria, Dengue Fieber, West-Nile-Virus mit sich bringen.

1952 wurde die Zika-Erkrankung das erste Mal beschrieben. Im Dezember 2015 lagen nur 214 Veröffentlichungen über Zika vor. Im Jahr 2005 waren weniger als 15 Fälle bekannt. Doch 2007 kam es zu einem massiven Ausbruch auf der Westpazifischen Marianen Insel Yap. Von dort verbreitete sich Zika. Bald schon erkrankten Menschen in Afrika, Asien und Lateinamerika.[295]

Ohne Mückenspray in der Tasche unterwegs zu sein, ist leichtsinnig. Trotzdem war die Nachricht, dass sich für Ungeborene unheilbare Krankheiten über Insekten in Puerto Riko und Brasilien ausbreiten, schrecklich. US-Behörden befürchten, bald auch Krankheitsfälle in Nordamerika zu haben. Wie gesagt, es sind nur Ungeborene betroffen. Eine Infektion veranlasst, dass sich ihr Gehirn nur teilweise entwickelt.

Warum Zika-Virus eine Mikrozephalie hervorruft, ist bisher kaum erforscht. Der erste Fall trat in den 1940iger Jahren in Uganda auf. Bald schon erkrankten die Menschen in ganz Afrika, Asien, Latein Amerika. Im Jahr 2015 infizierten sich in Brasilien etwa 1,5 Millionen Menschen.

Die Aedes-Mücke -und möglicherweise auch die Asiatische Tigermücken- sind Träger des Zika-Virus und damit ihr Hauptvektor.

Die Migration der Moskitos in andere Länder würde durch globale Erwärmung begünstigt werden, spekulieren Forscher.

USA-Reisende nach Salvador, Venezuela, Guatemala, Kolumbien trugen bereits das Virus in sich, als sie wieder in ihr Heimatland kamen. Wenn sie von einer Mücke gestochen wurden, konnte das Virus beim nächsten Stich weitergegeben werden. Bis jetzt hat sich die Infektion innerhalb Nordamerikas noch nicht verbreitet.

Die Behörden sind dennoch besorgt, obwohl man das Virus hier schneller entdecken und bekämpfen könnte als in den anderen Ländern. Für die Experten des US-Institutes für Humane Infektion und Immunität sind die Bundesländer Florida und Texas besonders exponiert. Das Risiko, sich mit Zika-Virus zu infizieren, ist zwar gering, trotzdem sollte man Vorkehrungen treffen und feuchte Gebiete, in denen sich Schnaken aufhalten, meiden.[296]

Gesunden Erwachsenen schadet der Virus sonst eigentlich nicht, behauptet das *Newsmagazine* der *Alternative Daily*. Man schützt sich durch eine bedeckende Kleidung, Moskitospray und indem man Gebiete, wo Schnaken auftreten, meidet.[297]

Ob sie damit Recht haben Leonhard? Sie wollen jetzt wohl wissen, was wissenschaftliche Zeitungen berichten?

Als 2008 die Insektenkundler Foy und Kobylinski der Colorado-State-Universität von einem Forschungsaufenthalt aus Senegal kamen und zuhause plötzlich geschwollenen Gelenke, Kopfschmerzen und

Hautausschläge erlitten, wussten sie nicht, woran sie erkrankt waren. Ihre Symptome passten zu keiner ihnen bekannten Virusinfektion.

Ein Jahr später trafen sie den Virologen der University of Texas, Andrew Haddow, der auf Zika-Viren tippte. Er fand tatsächlich Zika-Antikörper im Blut von Foy und Kobylinski. Haddow berichtete, dass es in Afrika 50 Jahre lang zu sporadischen Erkrankungen mit dem Virus kam. Wissenschaftler haben sich dafür allerdings nicht interessiert.

Mittlerweile hat sich die Situation geändert. Man verzeichnete den vermehrten Ausbruch in Südostasien und den pazifischen Inseln. Zwischen 2013 und 2014 war jeder zehnte Bewohner von Französisch-Polynesien erkrankt. Durch die Fußball-Weltmeisterschaft wurde das Virus nach Brasilien eingeschleppt.

Prof. Duane Gubler, Leiter des Programm on Emerging Infectious Diseases, der Duke-National-University in Singapur geht davon aus, dass es unweigerlich zu Ausbrüchen der Krankheit im Süden der USA und Südeuropa kommen wird. Er erklärt: <Das Zika-Virus Pathogen gleicht den bekannteren Flaviviren wie dem Dengue-, West-Nil-, Gelbfieber- oder dem Japan B Encephalitis-Virus. Nach einer Inkubationszeit von zwölf Tagen leiden die Patienten an Kopf- und Gelenkschmerzen, Fieber, Schüttelfrost und einem allgemeinen Krankheitsgefühl. Es kann auch zu Augenentzündungen kommen. Die Infektion klingt häufig wieder von selber ab.>

Wie bereits erwähnt, vermehren sich in Brasilien Fälle einer kongenitalen Mikrozephalie, die bei ungeborenen Kindern auftritt. Forscher vermuten, dass eine Virusinfektion, die während der Schwangerschaft erfolgte, zu einer Fehlbildung des Zentralnervensystems führt. Im Blut und Gewebe der erkrankten Babys fanden die Forscher dann doch das Zirka-Virus. Dem European Center for Disease Prevention and Control reichen diese Beweise nicht aus, obwohl ein Zusammenhang wahrscheinlich ist.

Die brasilianischen Behörden wollen jedoch nicht länger warten. Sie sandten 25.000 Soldaten in den Nordosten Brasiliens, um den Träger des Zika-Virus auszurotten. Es ist ein schwieriges Unterfangen, weil jeder noch so kleine Wasserfleck als Brutstätte der *Aedes aegypti*-Mücke dient.

Forscher erhoffen sich einen Erfolg mit transgenen, sterilen Mücken und versuchen, die Übertragung der Vieren mit Wolbachia-Bakterien zu unterbinden. Allerdings dauert es sehr lange, bis man mit diesen Methoden einen Erfolg verzeichnen kann.

Didier Musso, Vriologe des Lous Malardé Institutes in Tahiti, fand in 593 Blutproben Antikörper gegen das Dengue- und das Zika-Virus, auch das Japan-B-Encephalitis-Virus oder das West-Nile-Virus waren vorhanden. Daraufhin forderten die Ärzte, in den betroffenen Ländern die Transfusionsmedizin besser zu überwachen.

Dr. Musso fand weiterhin, dass in Einzelfällen ein ungeschützter Geschlechtsverkehr zu einer Infektion führt. Forscher konnten Viren im Sperma nachweisen. Literatur über Zika gab es, wie bereits erwähnt kaum. Im Dezember 2015 lagen nur 214 Veröffentlichungen vor, wobei es über Dengue 14.700 Studien gab. Für die Weltgesundheitsorganisation gehört seit neuestem nicht mehr HIV, Tuberkulose, Malaria, Influenza oder Dengue zu den gefährlichen Krankheiten, sondern Ebola, das Marburg-Fieber, MERS, SARS und Zika-Fieber. Diese Erreger haben das Potential, eine Epidemie auszulösen, erklären Virologen. Reisende sollen keine helle Kleidung tragen und Repellentien mitnehmen. Einen Impfstoff gibt es nicht. Schwangere sollen die Regionen meiden, in denen das Virus vorhanden ist.[298]

Die Weltgesundheitsorganisation fürchtet nach wie vor einen Zusammenhang zwischen Mikrozephalie und dem Virus. Vor allem Dr. Margaret Chan, Direktorin der WHO, vermutet eine enge Beziehung des Zika-Virus zu der neurologischen Missbildung. Die vier lateinamerikanische Länder Ecuador, El Salvador, Jamaica und

Kolumbien empfehlen Frauen, eine geplante Schwangerschaft hinauszuzögern. In El-Salvador sollen Frauen zwei Jahre warten, um wieder Kinder zu bekommen.

Schwangere Frauen, die das Virus in sich tragen, sind beunruhigt. Monica Roa aus Madrid, Direktorin des Programmes *Women's Link Worldwide,* die sich für Menschenrechte von Frauen einsetzen, sieht den Vorschlag, eine Schwangerschaft hinauszuzögern, als unrealistisch an:

<Man vergisst, dass Frauen bei einer Vergewaltigung schwanger werden können. Bei mehr als 50% der Frauen erfolgt eine Schwangerschaft ungeplant. <Frauen sollen die Möglichkeit einer Abtreibung haben, wenn sie mit dem Virus infiziert sind. Nur ist das in vielen Ländern von Lateinamerika immer noch illegal. So kann es passieren, dass Frauen eine Abtreibung bei nicht medizinischem Personal durchführen und selber daran sterben können. Deshalb muss die Empfehlung, eine Schwangerschaft zu verzögern, mit der Erlaubnis einer Abtreibung verbunden sein>, sagt sie.[299]

Aber wie *sicher* ist schon eine Abtreibung? In der letzten Januarwoche 2016, hörte man von einer Abtreibung in Italien. Die Teenagemutter, die nicht wusste, dass sie schwanger war, behandelte ihre Gesichtsakne mit einer Salbe, die ihrem Ungeborenen eventuell schaden hätte können. So rieten Ärzte zu einer Abtreibung. Bei dem Eingriff verblutete die junge Mutter. Wie sich herausstellte, war ihr Kind gesund. <Muss man ein Kind töten, um eine Krankheit zu behandeln?>, fragt auch Pfarrer Boquet, Leiter von Human Life International.

Inzwischen haben Mediziner viele Babys mit Mikrozephalie untersucht. Dr. João Ricardo de Almeida aus Brasilien ist über die Ergebnisse sehr erschrocken. Mikrokephale Babys, deren Mütter während der Schwangerschaft an Zika erkrankt sind, sondern sich von den Kindern ab, die einen kleineren Schädel durch eine Toxoplasmose, Cytomegalovirus bzw. Rötelviruserkrankung entwickelten.

Die Hirnoberfläche hat viele Falten, Rillen und Furchen, wohingegen die Struktur eines erkrankten Babys glatt ist. Eine Rehabilitation eines derartigen Defektes ist unmöglich. So ein Gehirn kann nicht funktionieren. Diese Kinder brauchen bis an ihr Lebensende Pflege.

Dr. Albert Ko von der Yale-Universität vermutet, dass das Zika Virus noch weiter Entwicklungsschäden hervorruft. <Wir sehen Kinder, deren Kopf normal ausgebildet ist. Sie besitzen jedoch neurologische Veränderungen– oder ihre Augen sind missgebildet. Das bedeutet: Kinder, die normal aussehen, bleiben in ihrer Entwicklung zurück. Je mehr Einblicke wir erhalten, desto beunruhigender sind unsere Ergebnisse. Eine Mikrozephalie könnte nur die Spitze des Eisberges sein.[300]>

Was bleibt, ist die Frage, ob wir unsere gesunden Kinder abgetrieben haben – und durchkreuzt nun eine Epidemie unsere Fruchtbarkeit?

Doch so weit müssen wir gar nicht gehen. Zwei Laborstudien könnten uns helfen, die Pathogenität des Zika-Virus aufzudecken. Wie es scheint, hat sich das Virus auf das Gehirn des Ungeborenen spezialisiert. Damit verdichten sich die Hinweise, dass das Zika-Virus eine Mikrozephalie hervorruft.

Zwei unabhängige Forschergruppen der John-Hopkins-Universität in Baltimore (Maryland) und der Florida-State-Universität in Tallahassee zeigten in ihren Experimenten, wie das Virus das Gehirnwachstum des Ungeborenen beeinflusst.[301]

In der Petrischale wurden neuronale Stammzellen, aus welchen sich später Gehirnzellen bilden, mit dem Virus infiziert. Drei Tage danach hatte das Virus 85% der Zellen durchseucht. Im Gegensatz dazu wurden fetale Nierenzellen, humane embryonale Stammzellen sowie induzierte pluripotente Stammzellen nur zu 10% infiziert, berichteten die Neurowissenschaftler Dr. Hongjun Song, Guo-li Ming und der Virologe Hengli Tang in *Cell Stem Cell* Anfang März 2016.

Zum Erstaunen der Wissenschaftler wurden die erkrankten Zellen nicht gleich getötet. Das Virus benutzte stattdessen das Genom der Wirtszelle und veranlasste es, seine Virus-DNA herzustellen.

<Durch das Hijack-Prinzip vermehrten sich die Viruszellen. Allerdings wuchsen die Zellen sehr langsam und unterbrachen sogar Teilungs-Zyklen. Diese Faktoren können zu einer Verkleinerung des Kopfes beitragen>, sagte Song.

Trotz allem bestehen noch viele Ungereimtheiten. Der eindeutige Link zwischen Zika und Mikrozephalie ist immer noch nicht klar bewiesen. Die Forscher wollen die gleichen Versuche mit anderen Flavi-Viren durchführen, die in den Gebieten vorkommen, in denen Zika ausgebrochen ist. Einige Wissenschaftler gehen davon aus, dass vorrausgegangene Virusinfektionen das Erkrankungsbild von Zika beeinflussen. Auch muss noch geklärt werden, wie das Virus auf das Ungeborene übertragen wird. Die Plazenta bildet eine Barriere aus. Die Frage ist, wie das Zika-Virus die Plazentaschranke durchbrechen und den Fötus infizieren kann, schreibt das *Science Magazine.*[302]

Viele Experimente werden fast wie selbstverständlich an humanen embryonalen Stammzellen ausgeübt. Dennoch tappen Wissenschaftler weiter im Dunkeln. Als sich die am 7. März 2016 verstorbenen Nancy Regan nach der Alzheimererkrankung ihres Mannes dafür einsetzte, die Krankheit zu erforschen und später humane embryonale Stammzellforschung stark förderte, empörten sich viele Republikaner.

Bei aller Sympathie, welche sie für die einstige *Mutter der amerikanischen Nation* empfanden, sahen sie es doch als falsch an, Menschen am Anfang ihres Lebens ein Recht auf dieses abzusprechen, weil man eventuell in ferner Zukunft alten Menschen das Leben verlängern könnte. Bisher hat das Töten von unzähligen Embryonen keinem Menschen eine Heilung zukommen lassen.

<Man kann keine Krankheit heilen, indem man Ungeborene tötet>, betonten Bischöfe immer wieder. So gesehen kann man auch

keine humanen embryonalen Stammzellen benutzen, um die Epidemiologie eines Virus zu erforschen.[303]

Bisher hat sich noch nie eine Missbildung im Ungeborenen entwickelt, die durch einen Insektenstich hervorgerufen und ggf. über Geschlechtsverkehr übertragen wurde. Berichte über Zikavirus verfolgen uns und jagen schwangeren Frauen Angst ein.

Die abtreibungsfreundliche Organisation Planned Parenthood pocht auf die Rechte der Schwangeren, die von einer Schnake gestochen wurden, damit sie ihr ungeborenes Kind töten darf. Nur so könnte man eine eventuell vorliegende Mikrozephalie des Babys behandeln.

<Wir kennen die Argumente von Planned Parenthood, die armen, jugendlichen oder Afroamerikanern zu einer Abtreibung raten. Nun wurde Mikrozephalie der langen Liste der Abtreibungsempfehlungen hinzugefügt>, sagt Patti Armstrong in ihrem Artikel *"Questionable Zika Scare Manipulated by Pro-Abortion Forces"* vom 7. September 2016.

<Das Erschreckende an dem Virus ist nicht, dass es durch eine Schnake übertragen wird, sondern dass die Abtreibungsindustrie angibt, Schwangeren in den *Zika-Virus Gebieten* nur durch eine Abtreibung helfen zu können. Es scheint nicht so sehr relevant, ob ihr Ungeborenes wirklich erkrankt ist. Zika wird benutzt, um Ängste zu schüren. Es ist die reinste Hysterie ausgebrochen>, erklärt Patti.

Mittlerweile hinterfragen immer mehr Wissenschaftler den Zusammenhang zwischen den Erkrankungen und ihrem Transmitter, der Schnake.

Das New England System Institute (NECSI) untersuchte 12.000 kolumbianische Schwangere, die mit Zika infiziert waren. Keines ihrer Ungeborenen hatte Mikrozephalie. Das NECSI fand insgesamt nur sieben Mikrozephalie-Fälle, die bei 48 Millionen Kolumbianern auftraten, während bei 200 Millionen brasilianischen Einwohnern 1.500 erkrankte Ungeborene gefunden wurden. Die Einwohnerzahl der Länder kann jedoch nicht für den zahlenmäßigen Unterschied der

Erkrankung verantwortlich gemacht werden. Forscher interpretierten die Daten dahingehend, die Verbindung zwischen Zika und Mikrozephalie neu zu überdenken.

So gehen Wissenschaftler im *New England Journal of Medizin* davon aus, dass eine Zika-Virus-Infektion während der Schwangerschaft höchstwahrscheinlich nicht mit einer sogenannten Mikrozephalie, d.h. mit der Ausbildung eines kleineren Kopfes beim Ungeborenen in Verbindung gebracht werden kann. Die Krankheit könnte hingegen durch die Insektenschutzmittel hervorgerufen werden, welche großflächig angewendet werden, um die Virusträger bzw. Schnaken abzutöten.[304]

Die wissenschaftliche Kommune sucht mittlerweile nach anderen Ursachen. In einem Artikel der medizinischen Fachzeitung *Science Daily* wird das Insektenschutzmittel Pyriproxyfen als Mikrozephalie-Verursacher angesehen. Die Substanz gleicht chemisch einem Hormon von Insektenlarven, welches dem Körper Retinsäure, ein Metabolit des Vitamin A, raubt. Wenn Vitamin A, das für das Wachstum und die Entwicklung des Menschen verantwortlich ist, während der Embryonalentwicklung fehlt, kommt es zu Missbildungen.[305]

Wissenschaftler aus Brasilien, Argentinien und des toxikologischen Wissenschaftszentrums in Schweden sowie die NECSI untersuchen das Insektenschutzmittel Pyriproxyfen genauer. Einige Impfstoffe oder genetisch *veränderte Moskitos* kommen weiterhin als Verursacher von Mikrozephalie in Betracht. <Multimillionen-Dollar-Konzerne, die GMO-Organismen herstellen, sind wahrscheinlich eher verantwortlich, als dass man Moskitos die Schuld an der Krankheit gibt>, erläutert Petty.

Noch im April 2016 hat das US-amerikanische Zentrum für Krankheitskontrolle (*Center for Disease Control and Prevention*) Zika als Ursache für die Missbildung angesehen. Der amerikanische Staat stellte bereits damals 222 Millionen US-Dollars zur Verfügung, um Moskitos zu vernichten. Eine weitere Unterstützung aus der Staatskasse wurde im September beschlossen.

Die angewendeten Insektenschutzmittel schaden allen Insekten. Man beobachtet, dass Bienen millionenfach im Südosten der USA verenden, nachdem von der Luft aus ein Neurotoxin versprüht wurde, um Moskitos zu töten. Die vielen meist leblosen Bienen, die neben den Bienenstöcken liegen, sind auf einem Video zu sehen, dass Imker auf Facebook veröffentlichten.[306]"

„Bienen!" unterbricht Leonhad. „Bienen gehören nach Rindern und Schweinen zu den wichtigsten landwirtschaftlichen Nutztieren. Mit 200 Millionen Euro berechnet man weltweit ihre Wertschöpfung. Immer öfter hören wir von Bienen, die auf mysteriöse Weise sterben. Gegner von GMO machen gentechnisch veränderte Pflanzen dafür verantwortlich.

GMO-Pflanzen produzieren neben Herbiziden auch Insektizide. Ihr Bt-Gift wird in jede Zelle der Pflanze eingebaut. So gelangt es auch in die Pollen. Insekten sterben daran, wenn sie Bt-Toxin fressen. Pollen landen meistens auf den Blättern. Das Ziel ist es, die Insekten zu schwächen, damit sie keinen weiteren Schaden anrichten können.

Leider können auch andere Insekten an dem Gift sterben. Langzeiteffekte und die Kumulation im Insektenorganismus sind noch nicht erforscht. Der Pollenflug ist zwar hauptsächlich auf das Maisfeld konzentriert, aber Pollenflug und Niedrigkonzentrationen sowie chronische Effekte des Bt-Giftes erfassen somit alle Insekten, auch die des weiteren Umfeldes. Hummeln und Bienen könnten dadurch sogar ausgerottet werden.

In Ländern wie Brasilien, die massiv GMO-Pflanzen anbauen, kommt es zudem zu einer Resistenz der Unkräuter und Insekten gegen GMO-Gifte. Zu oft hören wir Landwirte klagen, die mit GMO-Pflanzen mehr Insektizide und Herbizide anwenden müssen.

Auf den Verlust der Imker durch ein Bienensterben wird seit Jahren aufmerksam gemacht. Gesunde Bienen-Populationen garantieren letztendlich eine gute Ernte, sodass Bt-Toxine und andere Insektizide, wie z.B. Clothianidin, nicht dazu beitragen sollten, sie auszurotten.

Insektizide aus der Gruppe der Neonicotinoide (Acetamiprid, Clothianidin, Imidacloprid und Thiamethoxam) können die Entwicklung von Neuronen und Hirnstrukturen bei Föten und Kleinkindern beeinträchtigen. Die zuständige EU-Behörde für Lebensmittelsicherheit will deshalb die Grenzwerte für Neonicotinoide verschärfen.[307]"

„Obwohl der deutsche Konzern Bayer, der gerade für 63 Billionen Dollars Monsanto aufgekauft hat, im Juni 2019 in 13.000 Rechtsstreite bezüglich Roundup verwickelt ist und sein Forschungsbudget auf 5 Billionen Euros erhöht hat -damit untersucht werden kann, inwieweit Glyphosat Krebs verursacht bzw. um alternative Unkrautkiller zu finden-[308] wurden in den USA Steuergelder ausgegeben, um einen Virus mit Pestiziden zu bekämpfen, an dem bisher 35 Amerikaner mit eher milden Symptomen erkrankt sind", unterbricht Herr Friedrich.

Leonhard, können Sie sich vorstellen, dass die ganze Insektenvernichtung bzw. die Aufregung und all die Empfehlungen, was man bei einer Erkrankung (prophylaktisch) tun soll, vergeblich waren?

Amerikanischer Wissenschaftler der Florida-State-Universität, des Nationalen Institutes of Health und der John-Hopkins-Universität haben zwei Substanzen entwickelt, die das Virus an einer weiteren Teilung und damit Vermehrung hindern. Die bereits von der amerikanischen Arzneimittelbehörde (FDA) zugelassene existierende Komponente kann bei Ungeborenen verhindern, dass es zu einer Fehlentwicklung kommt und so Geburtsdefekte erst gar nicht entstehen. *Niclosamid* wird momentan dazu benutzt, Endoparasiten zu behandeln. Theoretisch könnte es umgewidmet werden und steht damit sofort Schwangeren zur Verfügung.

<Es hat keine weiteren Nebenwirkungen, man müsse nur mehr Untersuchungen vornehmen, um die genaue Dosierung für Schwangere festzulegen. Es ist eine große Hoffnung für Frauen, die ein hohes Risiko haben, ein Kind mit Mikrozephalie zu bekommen>, sagt der Biologe Professor Hengli Tang der Florida-State-University.

<Wir konzentrierten uns auf die chemischen Substanzen, die wir haben und waren so in der Lage, schnell ein Mittel zu finden, welches eine Fehlbildung stoppen kann.> Der Professor berichtet weiter: <Auch wenn eine Mikrozephalie, die durch Zika-Virus entstanden ist, nur sehr selten vorkommt – der Schaden ist schrecklich, weil er irreversible ist und ein Kind mit einem kleineren Kopf später nicht mehr geheilt werden kann.[309]>"

Nachdenklich hört Leonhard zu. „Das ist noch nicht alles. Stellen Sie sich vor, mein lieber Journalist. Es kommt sehr darauf an, wie die Behörden mit Zika umgehen. Kubas Gesundheitsministerium hat in der Vergangenheit die Epidemie schlichtweg vertuscht und geleugnet. Wie es in solchen Ländern üblich ist, kommunizieren sie erst dann, wenn die Existenz einer Sache offensichtlich ist.

Nathan Grubaugh von der Yale School of Public Health schätzt, dass im Jahr 2017 allein 5.700 Infektionen vorlagen. Eine Pressemitteilung von *New Scientist* sprach bereits im Mai 2017 von 1.9000 Erkrankten. Kuba berichtete über den ersten Zika-Fall im März 2016. Im Januar 2017 standen keine Daten mehr zu Verfügung, obwohl die Infektion in der zweiten Jahreshälfte 2017 ihren Höhepunkt erreichte.

Die kubanischen Behörden schwiegen gegenüber der panamerikanische Gesundheitsorganisation PAHO über einen Ausbruch. Forscher der Yale Universität analysierten Touristen, die auf Kuba waren und sich dort mit *Zika* angesteckt haben. Eine Unterlassung der Meldepflicht ist oft die Ursache, dass Epidemien in anderen Ländern ausbrechen, weil Reisende und Gesundheitsbehörden keine entsprechenden Vorsichtsmaßnahmen treffen können, wenn sie nichts über ein erhöhtes Risiko der Infektion wissen. Peter Hoetz vom Baylor College of Medicine in Texas ist beunruhigt: <Es sollte demnächst möglich sein, einen Anstieg von Geburtsfehlern nachzuweisen.> Für ihn steht es ziemlich fest. Eine Zika-Virus Infektion während der Schwangerschaft birgt ein erhöhtes Risiko für Mikrozephalie.[310]"

„Das gibt es doch nicht," antwortet Leonhard. „Ich kann mich noch gut daran erinnern, wie die Obama Administration 2016 Kuba gepriesen hat. <Dieses Land hätte Krankheiten, die von Stechmücken ausgehen, fest im Griff. Sie würden nicht warten, bis die Krankheit auftritt>, verdeutlichte damals der Tropenexperte Carlos Espinal Tejada des Globalen Gesundheit-Konsistoriums der Internationalen Universität von Florida, in Miami."

„In Kuba ist vieles anders, als wir es von lateinamerikanischen Ländern gewohnt sind", fällt Herr Friedrich ins Wort.

Carilda Peña García, der Gesundheitsminister des Landes erklärte: <Wenn wir einen Virus erwarten, mobilisieren wir alles. Seitdem 1981 auf er Insel 158 Menschen dem Dengue-Fieber zum Opfer gefallen sind, wissen wir was wir, zu tun haben.> Lokale Kliniken haben insgesamt 15.000 Leute angeheuert, welche die 11 Millionen Einwohner des Landes *kontrollieren.* <Sie statten ihnen Besuche ab. Wenn sie eine Schnake sehen, wird sie umgebracht. In Havanna ist jeder Moskito Kontrolleur für 280-300 Haushalte verantwortlich. Sie vernichten die Brutstätten der Insekten. Wenn wir einen Erkrankten finden, untersuchen wir sein Umfeld. Auch Reiserückkehrer müssen erst mal in die Klinik kommen, wo sie von Ärzten untersucht werden, damit sie keine Viruskrankheit einschleppen. Vor allem werden Schwangere beobachtet. Als man zwei Frauen mit einer Infektion fand, die beide im siebten Monat schwanger waren, haben die Ärzte ihnen das Risiko erklärt und ihnen nahegelegt ihre Kinder abzutreiben. Sie haben sehr geweint, weil sie ja schon so weit in ihrer Schwangerschaft waren. Aber sie haben doch eingesehen, dass es so besser war.

Die intensive Anstrengung die Seuche einzudämmen, hätte sich rentiert, wir fanden in Kuba nur drei Zika-Infizierte>, versicherte Nilda Roca Menendez, die Epidemiologiedirektorin von Havanna. <Aber viele Fälle verlaufen mild und werden gar nicht registriert.>

Wenn Kuba nicht die Mithilfe ihrer engagierten Einwohner hätte, wäre es nicht so glimpflich ausgegangen. Obwohl eigentlich keiner so recht Moskito-Kontrolleur sein will. Die Leute haben zudem Sorge, dass Wertsachen mit entwendet werden, wenn die Wohnungen mit Insektiziden eingesprüht werden. Die Kontrolleure werden nicht richtig bezahlt und sie haben keine Schutzkleidung. Sie müssen lange und hart arbeiten. Die giftigen Chemikalien stinken. Es werden fast nur junge Soldaten vor ihrem Studium rekrutiert. So ging es auch dem 18-jährigen Abel. <Wir wissen, wie wichtig der Job ist>, sagt er. Aber wir sind nicht gerade begeistert davon. Unser Chef kontrolliert uns genau. Und wenn er Moskitos in einem bereits besprühten Haus findet, können wir uns auf Repressalien gefasst machen.

Yasmani, den man nach seinem Einsatz immer im Park findet, erklärt, dass er seit vier Jahren diese Arbeit verrichtet. Manchmal kommen noch 10 Dollars für Überstunden hinzu. <Jeden Tag schleppen wir die schweren Sprühflaschen die Stufen rauf und runter. Das Gas, welches wir in den Wohnungen mithilfe eines alten Dieselmotors, der die Flaschen antreibt, versprühen, ist ungesund. Yasmani hat jeden Abend Kopfschmerzen. Ein Arzt sagte, es käme von den Abgasen. Der Treibstoff enthält Blei, bestätigt Antonio Bell.

Der Aufseher, repariert oft notdürftig Gasapparate. Er trägt eine blaue Baseball- Kappe, auf der zu lesen ist: *campaña anti-Aegypti*. Es ist der Name der Firma, welche *Aegypti Moskitos* und ihre Zikaviren ausrotten sollen. <Mit Hilfe von Blei steht uns das Moskito-Gift als eine Suspension zur Verfügung>, erläutert er.

Alle sechs Monate werden unsere Arbeiter untersucht. Als Aufseher verdient er $29. An der Wand hängen zwar Masken für die Arbeiter, doch keiner benutzt sie. Man hebt sie für den Fall auf, dass derjenige der sie brachte, sie wieder haben will.

Trotzdem schwärmen immer noch viele Amerikaner vom Gesundheitssystem der Insel. Unter ihnen Arachu Castro von der Tulane Universität in New Orleans. Sie konnte sich selbst davon überzeugen, wie gut es funktioniert. Sie reiste mit ihrer Tochter. Als sie unterwegs ein hohes Fieber bekam, brachte man sie sofort ins Krankenhaus, um sie auf Zika und Denguefieber zu testen. Alles war negativ. Seitdem ist Castro begeistert. Sie sagte: <wenn jemand krank wird, hat er Glück im Unglück, weil er in Kuba ist.>"

„Das ist Gehirnwäsche, Wunschdenken, wie auch immer Sie es nennen wollen", protestiert Leonhard offensichtlich entrüstet. „Wie kann man sich etwas so sichtbar Gesundheitsschädliches schönreden?[311] Ich kann nur wiederholen, was einst schon Präsident Reagan sagte. <Sozialismus funktioniert nur an zwei Orten. Im Himmel, wo man ihn nicht braucht und in der Hölle, wo dieses System schon lange etabliert ist>."

Friedrich schweigt für einen Moment. „Sicher wissen Sie über das Mysterium des Dahinscheidens vieler Touristen auf der Dominikanischen-Republik Bescheid. Jährlich besuchen alleine 2.7 Millionen Amerikaner und 179.000 Briten das populäre Urlaubsziel. Doch plötzlich sterben die Urlauber, die vor ihrer Reise kerngesund waren. Kaylynn Knull und Tom Schwander aus dem US-Staat Colorado berichteten von ihrem *Inselerlebnis* im Juni 2019.

Am Morgen des sechsten Urlaubstages wachten sie um vier Uhr früh schweißgebadet auf. Das Zimmer stank nach Chemikalien, sie hatten Kopfschmerzen und konnten vor lauter Tränen in den Augen nicht richtig sehen. Es war ihnen schwindelig, sie bekamen kaum Luft und dachten, eine Kreissäge hätte in ihren Gedärmen gewütet, was einen blutigen, wässrigen Durchfall verursachte. Noch bevor der Morgen dämmerte, buchte das Ehepaar den Rückflug in die USA, wo sie sechs Wochen an den Folgen der Ereignisse litten.

<Es war ein schrecklicher Geruch>, erklärt Knull gegenüber CNN. US-Ärzte diagnostizierten die Heimkehrer mit einer Pestizidvergiftung. Das Ehepaar erinnerte sich, ständig Mitarbeiter des Resort zu sehen, welche die Palmen des Anwesens mit Insektiziden besprizten. Und wie man inzwischen weiß, geht man in dem Urlaubsort sehr locker mit Pestiziden betreffenden Richtlinien um. <Ehrlich gesagt, irgendetwas läuft ziemlich schief mit der Nutzung von Chemikalien in diesen Hotels. Es müsste dringend untersucht werden, ob man nicht unwissentlich Menschen dadurch gefährdet> sagt Knull.

Der Tourismusminister der Dominikanischen Republik, Francisco Gracia, spielte die ganze Sache herunter. <Es kamen über die letzten fünf Jahre 30 Millionen Touristen zu uns. Es ist das erste Mal, dass sich die Medien so sehr über Einzelfälle aufregen. Es ändert nichts daran, unser Land als einen sicheren Urlaubsort zu betrachten.>

Die betroffenen Urlauber, so sie überlebten, gaben an, einen *Drink* aus der Minibar zu sich genommen zu haben. Kurz danach hatten sie Blut im Urin. Die Diagnose aller Verstorbenen lautete, plötzlicher Herztod. Eine Autopsie ist schwer zu bekommen. Angehörige berichten, ihre Lieben hatten ein Getränk von der Minibar und starben danach an einem Lungenversagen. Eine Frau sagt, sie hätte Blut erbrochen nach einem 7-Up und zuerst gedacht, es sei nichts Besonderes. Doch nachdem so viele andere Menschen in dem gleichen Hotel gestorben waren, sei sie hellhörig geworden. Mittlerweile sind 70 Touristen schwer erkrankt, berichtet *iwaspoisend.com*, eine Webseite über

Krankheiten, die durch Lebensmittel hervorgerufen werden. [312] Die Frage ist sicher legitim, ob man wegen Angst vor einer Zikavirus-Infektion so rigoros mit Pestiziden umgehen kann und darf, gibt Friedrich zu bedenken."

Genau in diesem Moment wird das Gespräch durch die hinzukommende Schwester unterbrochen, die Leonhard bittet, ihr zu folgen. „Schade", sagt Leonhard. „Es war so interessant mit Ihnen zu plaudern." „Auf Wiedersehen", ruft ihm die Familie noch zu. Dann steht er in einem langen Gang.

Ihre Schritte hallen in den langen Korridoren der Klinik. „Wird Genadi entlassen?", fragt er schließlich die Schwester. „Ich glaube schon. Genaueres kann ich Ihnen natürlich nicht sagen."

Als der junge Reporter das Krankenzimmer betritt, sitzt Genadi bereits auf dem Bett. Voller Erwartung sieht er seinen neuen Freund an. „Ich werde entlassen, und doch habe ich in Deutschland kein Zuhause. Ich komme aus Hawaii, dem Paradies auf Erden, dort wo die USA alle ihre genetisch manipulierten Pflanzen testen, weil das Klima einfach einmalig auf dem Inselstaat ist.

Ich habe die Strapazen einer langen und sehr abenteuerlichen Reise auf mich genommen, um die Konsequenzen der genetischen Manipulationen zu verdeutlichen. Wir sind nicht mehr sicher vor den Risiken, die moderne Biotechnologie bergen. Die Sorge um unseren Planeten hat mich angetrieben. Wir setzen ihm durch genetische Manipulationen und Mutationen, die zu Epidemien führen und die natürlichen Ressourcen erschöpfen, unglaublich zu. Mein größter Wunsch ist, mit jemandem zu sprechen, der die Gefahren beurteilt und helfen kann sie abzuwenden."

„Lass uns zu Professor Anderson gehen. Er wartet schon auf uns und ist sehr gespannt, Dich kennenzulernen. Er ist genau der Richtige, der weiß, wie man vor Katastrophen warnt und das Ausmaß der Schäden abschätzen kann."

9. Revolution der Genetischen Veränderungen

„Nicht nötig, der Herr Professor ist schon da", klingt die vertraute Stimme des Hochschullehrers. „Ich kann sie beide doch nicht hier auf der Straße sitzen lassen. Es ist alles organisiert. Genadiy kommt vorerst zu Emily Vague. Sie kennen Sie doch noch Leonhard? Sie half Ihnen so sehr mit Ihrem Buch. Ich bringe Euch hin. Sie wartet schon mit einem leckeren Essen. Garantiert GMO frei!"

Ehe sich die beiden jungen Herren versahen, saßen sie schon im gemütlichen Esszimmer der alten Dame. Selbst Dr. Nikola, die Tierärztin und Verlobte des Professors, trifft Leonhard hier wieder. Dann ergreift der Gelehrte das Wort. Keiner wagt es, ihn zu unterbrechen.

„Angefangen hat es damit, unsere Pflanzen genetisch zu verändern. Wir inserierten Gene von anderen Spezies, die erstrebenswerte Eigenschaften hatten, um mithilfe von genetischer Manipulation die Welt auch weiterhin ernähren zu können. Dass es auch anders geht, interessierte dabei nicht. Doch damit hörten die Innovationen nicht auf. Mittlerweile experimentieren Wissenschaftler mit neuen Gen-Editierungs-Technologien, wie CRISPR-Cas9, um das eigene Erbgut eines Organismus neu zu gestalten.

Anhand der neuen Technologien werden z.B. Rinder dahingehend manipuliert, dass sie toleranter gegen warme Temperaturen werden. Wir haben uns daran gewöhnt, riesige Rinderherden im semiariden Klima von Arizona bzw. Kalifornien anzutreffen. Jetzt wäre es möglich, Kühe in den Tropen weiden zu lassen. Ziegen dienen der Erzeugung von Kaschmirwolle; Hasen und Schweine besitzen eine bessere Marmorierung der Muskulatur. Nebenwirkungen, die unweigerlich bei einem genetischen Editieren auftreten, wie z.B. eine längere Zungenmuskulatur in Hasen, nimmt man dafür in Kauf.

In Schweinen eliminierte man Myostatin, ein Gen, welches das Muskelwachstum limitiert. Ohne Myostatin werden so keine Wachstumsgrenzen mehr gesetzt. Doch zum Erstaunen der Wissenschaftler hatten nun 20 Prozent der so behandelten Tiere plötzlich einen zusätzlichen Wirbelkörper entwickelt.

Aber fragen wir uns ehrlich, würden wir einen Hamburger von einem Rind essen, mit dessen Erbsubstanz im Labor herumexperimentiert wurde? Die Technologien werden bereits angewendet, um das Erbgut der Kartoffel oder des Lachses zu optimieren.

Mithilfe von molekularen Scheren alteriert man auf präzise Weise das Erbgut von Mais oder Sojapflanzen. Man hat es auf ihr Fettsäureprofil abgesehen. Kartoffeln werden nicht mehr so schnell schlecht; die Haltbarkeitsdauer nimmt zu, und wenn man sie braten will, produzieren sie keine krebserzeugenden Stoffe mehr.

Sicher haben wir von genetisch hergestellten Lachsen gehört, die zweimal so schnell wie typischer Weise wachsen. Fünf Tonnen dieses *Frankenfisches* wurden 2017 allein in Kanada verkauft. Keines der Lebensmittel wurde als genetisch verändert gekennzeichnet.

Abgesehen davon versprach Monsanto 1999, niemals ihre sterilen *Terminator GMO Pflanzen* zu kommerzialisieren. Das Gegenteil war dann sehr schnell der Fall: Bauern verpflichteten sich, das Saatgut nur für eine Aussaat zu gebrauchen. Noch heute kritisieren viele diese Vorgehensweise.

Im Frühjahr 2019, als der Mittleren Westen der USA fast schon im sintflutartigen Ausmaß überschwemmt wurde, bringt das Verbot der Lagerung von GMO-Saatgut die Bauern nahe des Bankrottes. Die bereits gepflanzten GMO-Setzlinge ertranken im Hochwasser des Mississippi.[313]

Doch nicht genug mit den Terminatorpflanzen, der nächste große Schritt ist es nun, im Erbgut des Tieres selber herumzubasteln. Bereits bei genetisch veränderten Lebensmitteln (GMO-Food), bei denen ein nicht zum Erbgut gehörendes Gen mit dem von einer anderen Spezies *ausgebessert* wurde, ist mit unvorhergesehenen Risiken für die Tiere selber und für diejenigen zu rechnen, denen *GMO-Food* als Nahrung dient.

Wir haben zweifelsohne große Fortschritte bei der Sequenzierung und Kartierung der Genome ganzer Organismen gemacht. Trotzdem wissen wir nicht, inwieweit einzelnen Gene eine Rolle spielen, wenn sie miteinander interagieren. Falls wir also Änderungen an Genen vornehmen, selbst, wenn diese auf den Punkt genau limitiert sein sollten, hat dieser Vorgang oft überraschende und unbeabsichtigte Folgen.

Eine davon sind die in Schweinen auftretenden Skelettveränderungen. Derartige Mutationen erweitern zwar unser Verständnis, inwieweit myostatin Gene skeletomuskuläre Modifikationen hervorrufen, und wir könnten damit herausfinden, was wir in Zukunft anders machen sollten, dennoch war es nicht unser Ziel, einen extra Wirbelkörper zu erzeugen.[314]

Und genau darin liegt das Problem. Man sollte annehmen, dass wir *in puncto Geneditierung* aus der Versuchs- und Irrtumsphase heraus sind, wenn wir diese Technologie bereits in Pflanzen, Tieren und auch dem Menschen anwenden.

Es geht doch darum, eine exakte Wissenschaft zu betreiben. Vor allem dann, wenn wir derart in das Genom eines Organismus eingreifen. Dieser Meinung ist zumindest Lisa Moses, Tier-Ethikexpertin der Harvard Medical School. Sie äußerte sich gegenüber dem *Wall Street Journal*[315] im Dezember 2018 wie folgt:

<Wir Menschen haben eine sehr lange Geschichte, in die fein aufeinander abgestimmten Abläufe der Natur einzugreifen. Wir machen in unserer Überheblichkeit nicht mal mehr vor dem Erbgut selbst halt. Eigentlich *pfuschen* wir herum, ohne die mit unserem Handeln verbundenen Konsequenzen zu kennen. Wir behaupten dann noch, wir würden wissen, was wir tun und können unbeabsichtigte

Nebeneffekte genauestens abschätzen, obwohl wir schon lange die Kontrolle verloren haben.>

Das wirklich Besorgniserregende ist, dass wir nicht nur den Muskelanteil der Schlachttiere beeinflussen, sondern auch Gene herausschneiden, um bei Schweinen Krankheiten - wie dem *Porcine reproductive und respiratorische Syndrome Virus* - vorzubeugen. Das PRRS-Virus wird von Wildschweinen übertragen und ist mittlerweile in den USA und Europa verbreitet.

Zum ersten Mal trat es 1985 in Iowa auf. 1986 wurde es in Minnesota entdeckt und war dann von 1988-1989 in Ostdeutschland zu finden. In Masttierbetrieben verbreitet sich das potentiell tödliche Virus schnell.

Forscher hoffen, die Krankheit besiegen zu können, indem sie ein Stück des Erbgutes -mithilfe von CRISPR-Cas9- eliminieren. Dass es sich dabei um einen permanenten Eingriff handelt, der weitervererbt wird, nimmt man gerne -um des Profites-Willen- hin.

Die Australierin Alison Van Eenennaam hat ihr Labor an der Universität von Davis, Kalifornien. Sie arbeitet an einem Projekt, welches vom amerikanischen Landwirtschaftsministerium gefördert wird. Sie nennt es *Boys Only*. In ihrem Labor will sie einen Zuchtbullen herstellen, der nur männliche Nachkommen erzeugen kann. Und falls es sich doch um Samenzellen mit zwei X-Chromosomen handelt, hat er ein aus Bullenhautzellen hergestelltes SRY Gen in seinem Erbgut, der den weiblichen Embryo veranlasst, männlich zu werden.

Man ist vor allem an einem größeren Muskelwachstum interessiert. Deshalb sollen weibliche Tiere phänotypisch einem Bullen gleichen. *All inklusive* sozusagen, nur dass die *Male-like* Tiere keine Samenzellen produzieren können, was sie nicht automatisch zum Ochsen machen, weil diese -durch eine *manuelle* Kastration bedingt- keine Samenzellen mehr herstellen können. Die so erzeugten Tiere produzieren ein besseres Fleisch, wachsen schneller und sorgen für einen erhöhten Umsatz und all das in kürzester Zeit.

Die Genetikerin Allison sieht die unvorstellbaren Vorteile, welche uns CRISPR in der Tierzucht bieten. Durch sie erhalten wir größere und bessere landwirtschaftliche Nutztiere.

Das Geschlecht ihrer *Terminator-Tiere* umzuändern, ist nur der Anfang. Jeder, der mit der Genetikerin zu tun hat, wird unweigerlich ihre Ansicht über die Sicherheit von Monsantos Sojabohnen - und all den anderen Errungenschaften moderner Biotechnologien- zu hören bekommen.[316]

Andere Biotechfirmen haben sich auf Gene spezialisiert, die für das Hornwachstum verantwortlich sind. Ohne sie hätten Jungtiere weniger zu leiden, weil wir nicht mehr ihre Hörner entfernen müssen. Dass ein Kalb selten Schmerz empfindet, wenn nicht vaskularisiertes Gewebe - wie Hörner- abgetrennt werden, ist dabei nicht relevant. Oder leiden wir, wenn wir uns unsere Nägel schneiden?

<Wir zeigen die bessere Seite der gentechnischen Manipulationen>, behauptet Tammy Lee, Geschäftsführer von Recombinetics gegenüber der *New York Post*.[317]

Kälber ohne Hörner, um nicht zu sagen -die *hornlosen Hornochsen*-, sind zur Zeit auf dem Gelände der Universität von Kalifornien in Davis zu bewundern. Auch plant man, Gene zu editieren, die verhindern, dass Schweine geschlechtsreif werden. Dann wäre auch die *inhumane* Kastration von Ebern -die zudem ohne Schmerzmittel stattfindet, damit der Ebergeruch nicht auf das Fleisch übergeht- hinfällig.

Tatsächlich kastriert man *Mastschweine* schon im Ferkelalter. Dass wir einen Eber kastrieren und dann der Tierarzt die Hoden verspeist, gehört eigentlich ins tiefste Mittelalter. Zumindest liegt es so weit zurück, als dieser Beruf noch eine Männerdomäne war.

Fest steht, Recombinetics (eine US-Firma, die Geneditierung in der Viehzucht vorantreibt) möchte nicht die Akzeptanz ihrer Verfahren schmälern. So pocht sie darauf, ihre Ware nicht kennzeichnen zu müssen, damit niemand ihr Herstellungsverfahren in Frage stellt. <Nur

dann kann man Genforschung nutzen, um größere Gewinne zu erzielen>, behauptet sie.

Eine Geneditierung wird momentan nicht vom U.S.-Landwirtschaftsamt (USDA) reguliert. Natürlich kann man so eine Nahrung nicht als ein organisch hergestelltes Lebensmittel bezeichnen. Im März 2018 entschied sich das Amt, überhaupt keine Kennzeichnung anzubringen. Nicht einmal der Aufdruck *CRISPR-Edited* ist notwendig, weil sonst eine Innovation des Lebensmittels gefährdet sein könnte.

Und man will doch nicht hinter die Forschung anderer Länder zurückfallen. Es handelt sich dabei um ein Argument, welches immer beeindruckt. Die USA benutzte es in allen reproduktiven Techniken, die mit der Verbesserung von Pflanzen, Tieren und Menschen sowie deren Embryonen... zu tun hatte.

Viele sehen CRISPR als ein Verfahren an, das unsere Lebensmittelherstellung revolutionieren wird. Dies liegt vor allem an der lockeren Regulierung, der adäquaten Zugänglichkeit und den schnellen Resultaten, die wir mit der Anwendung von einer Geneditierung haben.

Die Europäische-Union möchte dennoch, dass geneditierte Lebensmittel genauso gekennzeichnet werden wie genetisch modifizierte Organismen. Jaydee Hanson, Sprecher des Zentrums für Lebensmittelsicherheit, bemerkt dazu: <Dies ist die neue Art der Gentechnik, unabhängig davon, ob sie es als transgen (GMO/genetisch modifizierte Organismen) oder eine Gen-Editierung bezeichnen. Es muss angemessen reguliert werden. Wir sagen nicht, dass die Herstellung gestoppt werden sollte – Der Verbraucher sollte wissen, wie die Ware produziert wurde.>

Niemand kennt die gesundheitlichen Auswirkungen des Verzehrs von geneditierten Lebensmitteln. In einem Interview mit GM-Watch erklärte der in London ansässige Molekulargenetiker Michael Antoniou: <Durch eine genetische Bearbeitung können signifikante

Veränderungen sowohl im landwirtschaftlichen als auch im medizinischen Bereich auftreten. Dies macht langfristige Sicherheits- und Toxizitätsstudien unabdingbar.

Viele der durch Genomeditierung hervorgerufenen *Off-Target-Mutationen* werden wahrscheinlich hinsichtlich eventueller Auswirkungen auf die Genfunktion gutartig sein. Einige jedoch nicht. Entscheidend ist, dass ihre Wirkung in einem bereits vermarkteten pflanzlichen oder tierischen Endprodukt vorhanden sein kann.

Hinzu kommt, dass Veränderungen aufgrund einer Genom-Editing-Technik vererbt werden. Wir erkennen sie somit nicht sofort. Es ist daher immer noch erforderlich, langfristige Toxizitätsstudien in etablierten Tiermodellsystemen durchzuführen. Solange diese Studien nicht vorliegen, ist die Behauptung, eine Genomeditierung sei sicher, präzise und vorhersehbar, schlichtweg falsch.>

Inzwischen wissen wir von vielen CRISPR-bedingten *Off-Target-Mutationen*, die wahrscheinlich Krebs verursachen. Daran beteiligt ist mit großer Wahrscheinlichkeit das sogenannte p53 Gen, welches durch die *Methode* geschädigt werden kann und für die Entstehung von Eierstock-, Darm-, Lungen-, Pankreas-, Magen-, Brust-, und Leberkrebs... verantwortlich ist.

Das Argument für den Gebrauch von geneditierten Lebensmitteln ist, dass sie keine fremden Gene eingebaut haben, sondern es sich nur um eine Anpassung in der bereits vorhandene DNA handelt. Aber ist ein Stück Fleisch von einem so mutiertem Schwein -mit zusätzlichen Muskeln und Wirbeln- dasselbe wie

Fleisch von einem Wildschwein? Die US-Amerikanische Food and Drug Administration (FDA) schlug vor, Tiere mit editierter oder manipulierter DNA als Arzneimittel zu klassifizieren, was zweifelsohne zu einem Rückschlag des gesamten geneditierenden Verfahrens führen würde. Dennoch befinden wir uns in einer völlig neuen Welt, welche die Nahrungsmittelproduktion vollkommen *verwandelt* hat.

So schulden wir es dem Verbraucher, darüber informiert zu sein, was er auf seinem Teller hat. Nur dann kann er eine fundierte Entscheidung treffen, ob er genetisch-editierte Lebensmittel konsumieren möchte.

Ohne ein Etikett mischen sich solch hergestellte Lebensmittel, wenn sie denn auf den Markt kommen, direkt in die Lebensmittelkette. So ist es zumindest bei GMO-Produkten der Fall gewesen.

Weil eine genetische Veränderung dauerhaft ist und an neue Generationen weitergegeben wird, ist große Vorsicht geboten.

Während solche technologischen Fortschritte durchaus erforscht werden sollen, muss dies trotzdem mit einer vollständigen Transparenz gegenüber dem Verbraucher geschehen. Auch muss man wissen, dass, falls alterierte DNA in unser Ökosystem gelangt, die Folgen katastrophal sein werden.[318]

So gesehen kann sich heute jeder ein relativ billiges CRISPR-Kid kaufen und damit z.B. von seinem Garten aus unsere Bienen (Pollinatoren) steril machen, auch wenn man eigentlich vorhatte, Zika-Viren tragende Mücken außer Gefecht zu setzen. Dies alles ist kein Science-Fiction, sondern Realität. Wir sind vor allem in diese Lage gekommen, weil die Bioethik einer schnell voranschreitenden Biotechnologie hinterherhinkt und so keine Gesetzesvorlagen oder eine moralische Autorität vorhanden sind, die uns Einhalt in unserem Tun gebieten.[319]"

„Bravo", ruft Gennadiy „endlich versteht jemand mein Anliegen. Meine Reise war also nicht umsonst."

Über die Autorin

Die 1964 in München geborene Wissenschafts- und Medizinpublizistin, Dr. Edith E. M. Breburda studierte von 1983-1988 Medizin, danach Tiermedizin und einige Semester Psychologie und Agrarwissenschaften in Gießen, München und Berlin. Sie hat ein Vordiplom in Agrarwissenschaften und approbierte 1995 als Tierärztin.

1996 promovierte sie mit dem Prädikat „sehr gut" zum Dr. med. vet. mit einer in der Orthopädie des Uniklinikums Marburg angefertigten bahnbrechenden Arbeit, welche die Behandlung der kindlichen Fraktur revolutionierte.

Danach folgten wissenschaftliche Tätigkeiten in Forschung und Lehre an der Unfallchirurgie im Uniklinikum Gießen sowie an der Veterinärmedizinischen Fakultät der Universität Leipzig.

2001 ging Dr. Breburda an das Department of Biochemistry, University of Wisconsin-Madison/USA, wo sie als Wissenschaftlerin im Labor des weltberühmten Vitamin D. Experten - Prof. Dr. Hector F. DeLuca - forschte. Später wechselte sie in das National Primate Research Center, wo sie immuntolerante Zellen entdeckte, was unser Verständnis für die immunhistologischen Vorgänge während einer Schwangerschaft, aber auch in Bezug auf Tumorerkrankungen, HIV und Impfstoffe erweiterten.

Dr. Breburda ist zweisprachige Autorin von zahlreichen wissenschaftlichen und populärwissenschaftlichen Publikationen, fünf Monographien und vier Kinderbüchern, die sie auch illustrierte. 2017 erhielt sie einen Award der Catholic Press Association für USA und Kanada - für Ihr Kinderbuch *'Felix the Shrine Cat'*.

Weitere Bücher

Reproduktive Freiheit, free for what?

Globale Chemisierung, vernichten wir uns selbst?

Promises of New Biotechnologies

Verheißungen der neuesten Biotechnologien

Felix the Pilgrimage Cat in Paris, Chartres and Rom

Felix the Shrine Cat

Felix, der Wallfahrtskater in Paris, Chartres und Rom

Felix, der Wallfahrtskater

LITERATUR

[1] Hvistendahl M.: Seedy tale: Chinese researchers stole patented corn, U.S. prosecutors allege. ScienceInsider, 7. July 2014

[2] Boddy J.: 5000-year-old cobs reveal corn domestication in the act. Science, AAAS, 21. November 2016

[3] Franke W. Nutzpflanzenkunde, Thieme-Verlag, 1992, 5. Auflage

[4] http://www.pflanzenforschung.de /de/themen/pflanzen-im-fokus/mais

[5] Tabashnik et al.: Diamonback Moth Resistance to Bacillus thuringiensis in Hawaii. World Vegetable Center

[6] Bravo A, Gill S, Soberón M.: Mode of action of Bacillus thuringiensis Cry and Cyt toxins and their potential insect control. Toxicon, 49 (4): 423-35, 22. November 2006

[7] Böschen S.: Risikogenese. Prozesse gesellschaftlicher Gefahrenwahrnehmung. 2000

[8] Zimmermann D.: Zwei Jahrzehnte des Versagens. Die gebrochenen Versprechungen der Agro-Gentechnik. Greenpeace, Nov. 2015

[9] Peele A.: That Joke isn't funny anymore. GQ&GQ Style Subscription, 4. June 2018.

[10] Engdahl F. W.: Seeds of Destruction. The Hidden Agenda of Genetic Manipulation. Global Research, 2007. ISBN 978-0-937147-2-2,Reviewed von Stephen Lendman, 22. January 2008

[11] Breburda E.: Promises of New Biotechnologies, Scivias Publisher, ISBN-13: 978-0615548289, 28. September 2011

[12] Witte J.: Gentechnik Weltweit, Greenpeace Aachen, 2007

[13] McGinty C.: Why a decline in insects should bug you. The Wall Street Journal, 9. June 2018

[14] The Republic: Feds: 'Destructive pest' caught at Sky Harbor. AZ Central, 10. Juli 2015

[15] Moore P.: Goldener-Reis. Eine gefährliche Illusion. Greenpace Schweiz, 24. Januar 2014

[16] Breburda E.: Promises of New Biotechnologies, Scivias Veralg, 2011

[17] Stockstad E.: Golden rice paper retracted after legal bid fails. 31. Juli 2015

[18] Epoch Times.: Warum Chinesen keinen Appetit auf Gen-Reis haben. 24. Oktober 2013

[19] Paine J.A. et al.: Syngenta has no commercial interest in Golden Rice. Golden Rice 2 transgenic events will be donated for further research and development through license under certain conditions. Improving the nutritional value of Golden Rice through increased pro-vitamin A content. Nature Biotechnology, 23, 428-487. 2005

[20] Cornish W.R. et al.: Intellectual Property Rights (IPRs) and Genetics. Public Health Genetics Unit UK, 2003

[21] Marshall E.: A deal for the rice genome. Science, 296: 34, 2002

[22] Then C.: Greenpeace e.V. Grosse Elbstrasse 39, 22767 Hamburg, 4/2005 https://www.evb.ch/fileadmin/files/documents/Saatgut/Weltweites_Mono pol_auf_Reis-Saaten_d.pdf

[23] Knight J.: Crop improvement: A dying breed, Nature, 421: 568-570 2003

[24] Entwicklungsprogramm der Vereinigten Nationen (UNDP) 1999

[25] Transparenz Gentechnik. Goldener Reis mit mehr Vitamin A: Die unendliche Geschichte- doch noch ein Happy End? Forschung, 4. Februar 2019

[26] Mercola J.: Latest update on Toxicity of popular weed killer and proposed rule for labeling of GMOs. Mercola, take control of your health. 23. May 2018

[27] Mercola J.: Organic egg farmer wages war on "health" agency. Mercola, take control of your Health. 13. August 2018.

[28] Mercola J.: Dairy Debate: Should nondairy beverages be labelled as Milk? Mercola, take control of your health. 18. August 2018

[29] Becker K.: From Best to worst –My new ranking of 13 pet foods. Mercola, healthy pets, November 2015

[30] Ivanova I: Consumer watchdog finds traces of Roundup weed killer in beer and wine. CBS News, 25. February 2019

[31] Mercola J.: Roundup's Toxic Chemical Glyphosate, Found in 100% of Californias Wines. Healthy holistic Living, 9. July 2016

32 Mercola J.: Ben& Jerry's sued for misleading customers. Mercola, take control of your health. Health Articles, 24. July 2018

33 Colby M.: Ben&Jerry's has no clothes. VTDIGGER, News in pursuit of truth. 24. July 2017,

34 J. VanEgeren, Manure digesters seen as best hope for curbing lake pollution, but drawbacks remain. Capital Times, 1. May 2014

35 Breburda E.: Wisconsin (USA): Das Schlamassel der Massentierhaltung für die Umwelt. Christliches Forum, 27. Oktober 2014

36 Perkins S.: Human faces from the developing world could power millions of homes. Science, 5. November 2015

37 Negroni L.: Skid Row, die Straße der Verlorenen. Welt. Panorama 24. June 2016

38 Terry M.: From menopausal Nuns to Israeli Biotech: Israel's BTG development first genetically modified hormone to treat Infertility. Bio Space, 16. August 2018

39 Doyle C.: Asian Seafood raised on human and pig feces approved for U.S. consumers. China Watch, Canada, 9. January 2016

40 Scutti Susan, Fleash-eating bacteria in New Jersy reveal one possible effect of climate change, study says. CNN, 18. June 2019

41 Associated Press: Hundreds of dolphins have died along Gulf Coast since February, scientist say. The Guardian, 15. June 2019

42 Ludwig.: Pig City: A nice view for Pork. Futureprospects, 25. May, 2010

43 Röhlig M.: China baut eine "Schweine-Stadt"- mit Massentierhaltung in Hochhäusern. bento. 10. Juli 2018

44 Yan W.: Thousand-year-old agriculture practice: China's solution the sustainable farming. China Daily, 14. June 2016

45 Chen Y.C.: Integrated livestock-fish production in China. Chinese Academy of Agricultural Science. 1987

46 Borek R.: Killervieren aus dem Schweinestall. Wissenschaft.de 1. Januar 1998

47 Patton D.: China is building high-rises for pigs- one has 13 floors. St. Louis Post-Dispatch, 10. May 2008

48 Hungerkamp M.: China: Erster Ausbruch der Afrikanischen Schweinepest. Agrarheute, 6. August 2018

49 Normile D. et al.: Arrival of deadly pig disease could spell disaster for China. Science, 24. August 2018

50 Mercola J.: Can you Belive there are Cockroach Farms in China. Mercola, 29. December 2018

51 Presse Agentur: Immer mehr tote Schweine in chinesischem Fluss. RP Online, 19. März 2013

52 Mercola J.: Polluting Pigs in Politics. Mercola take control of your health. 26. February 2019

53 Galton Fenzi B. et al.: Seism study allows scientists to see below glacier. Australien Antarctic Devision, 25. March 2019

54 Hays A.: Antarctic Lake Vostok might have fish. Ocean Leadership, 8. July 2013

55 Köpke S.: Wasserraub? Die mögliche Privatisierung des Guarani-Aquifers. Umweltkonflikte, 12. Februar 2018

56 Mercola J.: How factory farms pump, poison and pollute the earth. Mercola, take control of your health. 14. August 2018

57 Mercola J.: The worst kind of meat. Mercola, Take control of your health. 21. Juni 2017

58 Czycholl H.: Der digitale Bauer hat die dicksten Kartoffeln. Welt, 06. Mai 2017

59 Mercola J. Ditching nature in favor of fake food is not the solution to destructive factory farming. Take control of your health, 18. July 2018

60 Goldberg M.: GMO Impossible Burger Tests Positive for Glyphosat. LivingMaswell, 17. May 2019

61 Moore Lappé F. Diet for a Small Planet. Ballantien Books, ISBN 0345321200, 1971

62 Breburda E.: Streit ums Rindfleisch: US-Bürgermeisterter vertreibt Öko-Metzger -Präsident Putin verbietet McDonald's- Burger. Christliches Forum, 1. August 2014

63 Berburda E.: Gesunde Ernährung - die neue Religion, die ewiges Leben auf

Erden verspricht, Christliches Forum, 9. Juli 2016

[64] Urologenblog: „Ich bin Klempner von Beruf", Ideologischer Eifer. 2. Juli 2016

[65] Koreandogs.com: The south Korean dog meat trade. Compassion through action, 2016

[66] Kroth M.: You want flies with that? Sampling the fare at the Mexican capital's edible insect celebration. Hemisphere, June 2016

[67] Siebert D.: Insekten-Burger aus Käferlarven. Deutschlandfunk Kultur, 14. August 2018

[68] Breburda E.: Sozialistische Misswirtschaft in Venezuela, Mord und Totschlag in der Warteschlange. Christliches Forum, 28. Juli 2016

[69] Dreier H.: Beleaguered Venezuelans spend all day in line. Wisconsin State Journal, 16. July 2016

[70] Achenbach J.: 107 Nobel laureates sign letter blasting Greenpace over GMOs. The Washington Post, 30. June 2016

[71] Chatsko M: Roundup? The herbicide Roundup is widely associated with Monsanto. Here's what you need to know about the product's financial importance to the company. The Motley Fool, 26. May 2016

[72] Olschewski F.: Urgeschmack, Natürlich essen-gesund leben. wwwlurgeschmack.de, 18. November 2014

[73] Breburda E.: Biotechnologie contra Gottes Schöpfung. Christliches Forum, 17. April 2014

[74] Gerstenberger E.: Macht Euch die Erde Untertan (Gen. 1,28)- vom Sinn und Missbrauch der Herrschaftsformel. Gießener Hochschulblätter, Groninger Vortrag, vom 21. Mai 1992

[75] Caldwell Z.: Morgan Freeman turns his 124-acre ranch in a bee sanctuary. Aleteia, 22. June 2017

[76] Stockstad. E.: Biggest producer of coffee could see bean-growing land shrink nearly 90% by 2015. Science, 11. September 2017

[77] Stokstad E.: Controversial pesticides can decimate honey bees, large study finds. Science, 29. Juni 2017

[78] Brehmer K.: Vegetationsreport: Feldhygiene und die richtige Beize.

Agrarheute, 11. Oktober 2013

[79] AIZ: Zehn Fakten zu Neonicotinoiden. Agrarheute, 22. Januar 2016

[80] Tsvetkov N. et al.: Chronic exposure to neonicotinoids reduces honey bee health near corn crops. Science, 30. June 2017.

[81] Stokstad E.: European bee study fuels debate over pesticide ban. Science, 30. June 2017

[82] Stokstad E.: Pesticides found in honey around the world. Science, 5. October 2017

[83] Bonn-Meuser V.: Fipronil Millionen mit Insektizid belastet Eier zurückgerufen. Zeit, 1. August 2017

[84] Robbins J. und Ornish D.: The Food Revolution: How your diet can help save your life and our world. Conari Press, ISBN 978-1-57324-487-92011

[85] Robbins O.: GMO: OMG! What Everyone Needs to Know, Ocean Robbins and Food Revolution Network, INC, 2018

[86] Tschierskey-Schöneburg H.: Die Grüne Gentechnik. Ein Überblick. Bundesamt für Verbraucherschutz und Lebensmittelsicherheit (BVL), Pressestelle, 3.

[87] Steffin U.: Frankreich, Parkinson als Berufskrankheit anerkannt. agrar heute16.05.2012// Hamilton I.: Zusammenhang zwischen Pestiziden und Parkinson, Aargauer Zeitung, 20. Mai 2018

[88] Breburda E.: Globale Chemisierung, vernichten wir uns selbst? Scivias, 2014

[89] Müller A.: Studie zu Roundup: Monsantos Glyphosat trägt zum Bienenvölkersterben bei. Grenzwissenschaft-aktuell, 27. September 2018

[90] Albert-Schweitzer-Stiftung: Glyphosat: Auswirkungen auf die Natur. 6. Juni 2013

[91] Cook S.K., Wynn S.C., Clarke J.H.: How Valuable is Glyphosate to UK Agriculture and the Environment? *In:* Outlooks on Pest *Management.* Band21, Nr. 6, 2010, S.280–284

[92] Häusling M.: Glyphosat und der Mythos Bodenschutz, Die Grünen, Europäische Freie Allianz, Juni 2016

[93] Planthaler G.: Glyphosat-Ein Herbizid mit Nebenwirkungen, 7. April 2016

[94] Chemie in Lebensmitteln. Krebserregendes Glyphosat- Zulassung für weitere 5 Jahre. 28. November 2017

[95] Houser K.: US Berkeley finally scores a win with two CRISPR Patents, Futurism, 14. June 2018

[96] Terry M.: U.S. Grants Emanuelle Charpentier, U of C University of Vienna CRISPR Patent, Bio Space, 20. June 2018

[97] Charo A.: Ethics, Policy, and Genome Editing of Plants and Animals. Agronomy Colloquium Seminar/University of Wisconsin, Madison. 18. October 2017

[98] Papst Benedikt XVI.: Begegnung mit dem Klerus der Diözese-Brixen. AAS 100, S. 634, 6. August 2008

[99] Papst Franziskus: Laudate SI, über die Sorge für das gemeinsame Haus, Enzyklika, 24. Mai 2015

[100] Bradt G.: Executive onboarding note: Cultural issues in combining Monsanto and Bayer. Forbes, 8. June 2018

[101] Goldstein M.: The Nature of Animal healing. Ballantine Books, 2000

[102] José-Thumbeck M.: Der Mensch in der Mitte der Schöpfung. Cityprastorale, Sankt Michael, Bistum Hildesheim, 17. September 2018

[103] May William E.: Namhafter US-amerikanischer Bioethiker Prof. William E. May verstorben. Christliches Forum, 19. Dezember 2014

[104] Meyer M.: Das Wunder der Schöpfung bewahren. Missio Achen, April 2013

[105] Leu A.: Cool the Planet. Feed the World. About Regeneration International, 16. March 2017

[106] Mercola J.: Monsanto, you can run but can't hide. Mercola, Take control of Health, 19. June 2018

[107] Global: Reis-Rekord-Ernte durch biologischen Anbau. 24. Mai 2018

[108] Breburda E.: Globale Chemisierung, vernichten wir uns selbst? Scivias Verlag, ISBN-10: 0615926657, ISBN-13: 978-0615926650, 2014

[109] Reishunger: Nassreisanbau: www.reishunger.de/wissen/article/2/nassreis anbau

[110] Environmental Working Group: Feeding The World Without GMOs, March 2015

[111] Hertwig. D.: Gentechnikfreie Anbaumethoden/ Pflanzenzucht ohne Gentechnik. Informationsdienst Gentechnik. https://kaech.weebly.com/ uploads/2/0/8/1/20817364/anbau_ohne_gentechnik.pdf

[112] Lieb D.: Right to farm: An idea for farmers or corporations? Wisconsin State Journal, A8, 11. July 2014

[113] Mercola J.: Polluting Pigs in Politics. Mercola, 26. February 2019

[114] Wachter H.: Making Hunger History. Experience Life, October 2018

[115] Breburda E.: Wonder Woman: Wie Komal Ahmad dem Hungerproblem in den USA zu Leibe rückte. Christliches Forum, 9. Oktober 2018

[116] Johannes Paul II: Fides et Ratio. An die Bischöfe der katholischen Kirche über das Verhältnis von Glaube und Vernunft. Libreria Editrice Vaticana, 15. Oktober 1998

[117] Ratzinger J.: Enzyklika "Fides et Ratio"-Vorstellung durch Kardinal Josef Ratzinger. Vorstellung der Enzyklika von Papst Johannes Paul II. durch Kardinal Josef Ratzinger im Vatikanischen Pressesaal, 15. Oktober 1998

[118] Die Welt: Beängstigende Zeit für junge Männer in Amerika. Politik Ausland, 02. Oktober 2018

[119] Breburda E.: Zur Causa Kavanaugh (USA): Wo bleibt die rechtsstaatliche Unschuldsvermutung? Christliches Forum, 3. Oktober 2018

[120] Breburda E.: Hope-Center und Cavington-Schüler: Wenn Opfer zu Tätern gestempelt werden. Christliches Forum, 24. Januar 2019

[121] Waggoner K.: Homeless woman and foster kids? Alliance Defending Freedom, 18. January 2019

[122] Wegner D.: US-Medien befeuern Jagd auf Teenager-basierend auf einer Fake News. Wegner Blog Madrid, 21. January 2019

[123] McLean D.: Covington bishop speaks of corrective action, offers no apology to mistreated boys. LifeSite News, 22. January 2019

[124] Freiburger C.: Covington diocesan offices evacuated. LiveSite News, 23. January 2019

[125] Barillas M.: New York storeowner closes for a day to protest radical

abortion. LiveSite News, 24. January 2019

[126] Breburda E.: Aktenzeichen Covington-Fall (USA): Medien problematisieren den "Marsch fürs Leben". Christliches Forum, 24. Januar 2019

[127] Freiburger C.: Go get Nick'. LifeSite, 20. Februar 2019

[128] Fernbach P. M., Light N., Scott S, E., Inbar, Y. & Rozin, Paul (2019). Extreme Opponents of Genetically Modified Foods Know the Least But Think They Know the Most. Nature Human Behavior 2019

[129] Dunning D., Johnson K., Ehrlinger J. & Kruger J.: Why People Fail to Recognize Their Own Incompetence. Current Directions in Psychological Science (2003). 12(3): 83-87

[130] Klein M.: Zumeist inkompetente Fundamentalisten? Aktivisten gegen gentechnisch veränderte Nahrungsmittel. ScienceFiles, 20. Januar 2019

[131] Spindelböck J.: Mündliche Mitteilung 2018

[132] Sonntag B.: Töteten, um zu retten. DocCheck News, 14. Februar 2018

[133] Thies C.: Allgemeine Ethik. Universität Rostock, Zentrum für Qualitätssicherung in Studium und Weiterbildung. 2006

[134] Breburda E.: Promises of New Biotechnologies. Scivias, 2011

[135] Rochman B.: The Gene Machine. How Genetic Technologies Are changing the way we have kids- and the kids we have. Scientific American, 2017

[136] Rochman B.: The Gene Machine. How Genetic Technologies Are changing the way we have kids- and the kids we have. Scientific American, 2017

[137] Gautam N.: Gene Editing credited with eliminating an infant's aggressive cancer in London. The Wall Street Journal, 6. November 2015

[138] Breburda E.: Führt der Gen-Bearbeitungsansatz zur Heilung von Leukämie und anderen Tumoren? Christliches Forum, 10. November 2015

[139] Stark G.E.: Gen "editing": The Devil in in the detail. Aleteia, 14. August 2017

[140] Engber D.: Why is everybody freaking out about sperm counts? New York Magazine, 1. October 2018

141 Breburda E.: Besorgniserregende Abnahme männlicher Fruchtbarkeit durch immer mehr Östrogene. Christliches Forum, 11. Oktober 2018

142 Uddin P.: The pregnant Patient with unstable Angina: Special concerns, evaluation and treatment options. Cardiovascular Disease Management, 6th Annual Symposium, Biltmore, 11. October 2018

143 Breburda E.: Promises of New Biotechnologies. Scivias Verlag, 2011

144 Mercola J.: Is soy milk bad for you? Foodfacts, 09. December 2018

145 Setchell, K. et al. Exposure of infants to Phytoestrogens from soy-based infant formula. Lancet, 5. July 1997; 350(9070): 23-7

146 Mercola J.: Replace dangerous oils with healthy fats. Mercola, Take control over your health. 7. January 2019

147 Longenecker D.: Warning against the 10 deadliest tricks. ChruchPO, 13. January 2016

148 Burger J.: Mother says adult. Disabled daughter traumatized by doctor's suggestion of assisted suicide. Aleteia, July 30, 2017

149 Nachrichten: Menschen nicht nach Nutzen beurteilen. Diözese Rottenburg, Stuttgart, 16. Oktober 2012

150 Breburda E.: USA: Eine Fast-Food-Kette im Politkampf. Kathnet, 01. August 2012

151 Breburda E.: Trauer darf nicht dazu führen, dass christliche Grundsätze über Bord geworfen warden. Christliches Forum, 22. Juni 2016

152 Conger K.: und Frenkel S.: Dozens at Facebook unite to challenge its Intolerant Liberal Culture. New York Times, 28. August 2018

153 Breburda E.: Der Arzt als Heiler damals und heute. Christliches Forum, 20. Februar 2016

154 Moore J: What Sir Luke Fildes 1887 painting The Doctor can teach us about the practice of medicine today. The British Journal of General Practice, 1. March 2008

155 State Legislative Strategy Conference. Propelling Today's advocacy into tomorrow's reality. Tucson, AZ, 7-9. January 2016

156 Rosenberger M.: Versuche sanktionieren. Domradio.de, Erzbistum Köln, 29. Januar 2018

157 Maltzan M.: Schlag die Trommel und fürchte Dich nicht. Vortrag über ihr Buch in Veterinärmedizinischen Fakultät, der Justus Liebig Universität, Februar 1993, Gießen.

158 Räfle K. und López A: Die Unsichtbaren. Wir wollen Leben. Cine Plus Media Group& LOOK, ARD, 16. January 2019

159 Kentenich J.: Aus dem Glauben leben. Predigten in Milwaukee (4) Patris Verlag, ISN 3 87620016 4, 1970

160 Normile D.: China cracks down on fraud. Sciencemag, 4. August 2017

161 Johnson D.Y.: Scientists argue heart stem cell trail should be paused. The Washington Post, 18. October 2018

162 Huang Y.: Discredited gene-editing researcher vows to clear his name. Science, 4. August 2017

163 May W.E. und Breburda E.: Promises of New Biotechnologies. Sciviaspublisher 2011, ASIN: B004TM9CZO, ISBN-10: 0615548288, ISBN-13: 978-0615548289

164 Becker M.: Zum Tod eines Ausnahmeforschers. Spiegel, Wissenschaft, 14. März 2018

165 Bönt R.: Eine kurze Geschichte der Weltformel. Süddeutsche Zeitung, September 2010

166 Knoepfler P.: GMO Sapiens: The life-changing science of designer Babies, World Scientific Publishing, ISBN: 9814678537, 9. December 2015

167 Bodderas E.: Ewiges Leben? Nein. Aber 150 Jahre. Welt N24, 06. März 2010

168 Lossau N.: Forscher wollen Erbgut von Embryonen verändern. Welt, 29. März 2017

169 Harris J. and Darnovsky M: Pro and Con: Should Gene editing be performed on human Embryos? National Geographic, August 2016

170 Begley S.: A serious new hurdle for CRISPR: Edited cells might cause cancer, two studies find. STAT, Reporting from the frontiers of health and medicine, 11. June 2018

171 Breburda E.: Genom-Editierung am menschlichen Embryo: Das Tor für eine neue Technik ist geöffnet. Christliches Forum, 29. July. 2017

[172] Pennisi E.: Scientists genetically engineer the world's first blue chrysanthemum. Science, 26. July 2017

[173] Breburda E.: Reproduktive Freiheit, free for what? ISBN 13: 978-0692447260, ISBN-10: 0692447261 Scivias, 2015

[174] Servick K.: First U.S. team to gene-edit human embryos revealed. Science, 27. July 2017

[175] Begley S.: U.S. scientists edit genome of human embryo, but cast doubt on possibility of 'designer babies'. STAT, 2. August 2017

[176] Terry M.: Researchers Debate on whether CRISPR works in Embryos. BioSpace, 13. August 2018

[177] Kosicki M. et al.: Repair of double-strand breaks induced by CRISPR-CAS9 leads to large deletions and complex rearrangements. Nature Biotechnology, 31. July 2018

[178] Keown A.: New Study says DNA damage from CRISPR-Cas9 gene editing has been underestimated. BioSpace, 16. July 2018

[179] Terry M.: Second pregnancy reported by Chinese CRISPR researcher as ethical and legal investigations launch. Biospace, 28. November 2018

[180] IMABE: Ethikerin: Keimbahneingriff für Forschung ein Schlag ins Gesicht. Kathpress, 27. November 2018

[181] Burger J.: Chinese scientist announces birth of first humans whose genes have been edited. Aleteia, 26. November 2018

[182] Breburda E.: Gefährliche Menschenexperimente mit CRISPT-Cas9 in China durchgeführt. Christliches Forum, 29. November 2018

[183] Schaefer et al.: Unexpected mutations after CRISPR-Cas9 editing in vivo. Nature Methods, 30. Mai 2017. RETRACTED ARTICLE

[184] TerrY M.: Uh-oh! 2 New studies emphasize CRISPR Off-Target Edits and Imperfections. BioSpace, 01. March 2019

[185] Quinones J. und Lajka A. What kind of society do you want to live in? Inside the country where Down Syndrome is disappearing. CBS News, 14. August 2017

[186] Mercola J.: The New GMO Mandate-Government Modified Babies, Mercola, Take Control of your Health, 27. March 201 8

[187] Dabrock P.: Zugriff auf das menschliche Erbgut. Neue Möglichkeiten und ihre ethische Beurteilung. Jahrestagung des Deutschen Ethikrates, 22. Juni 2016

[188] Breburda E.: Reproduktive Freiheit, free for what? 350 Seiten, Scivias Verlag, 2015

[189] Bastgkeit M.: Das ansteckende Trauma. DocCheck News, 18. April 2018

[190] Mercola J.: The New GMO Mandate-Government Modified Babies, Mercola, Take Control of your Health, 27. March 2018

[191] Vgl. Online Etymology Dictionary auf: etymonline.com

[192] Canavero S.: HEAVEN: The head anastomosis venture Project outline for the first human head transplantation with spinal linkage (GEMINI). Surg. Neurol. Int., 13. June 2013

[193] Brodwin E. The outlandish surgeon who aims to do the first body transplant says he wants to create a 'full death experiment" . Business Insider, Science, 28. June 2017

[194] Canavero S. und Xiaopoing R.: Huston, GEMINI has landed: Spinal cord fusion achieved. Surgical Neurology International, 13. September 2016

[195] Brodwin E.: An Italian surgeon has renewed his promise to perform the world's first head transplant ager a 'prof-of-concept" experiment in a dog. Business Insider, Science, 20. September 2016

[196] Brodwin E. The outlandish surgeon who aims to do the first body transplant says he wants to create a 'full death experiment". Business Insider, Science, 28. June 2017

[197] Breburda E., Strauss A., Dingeldein E., Donath K.: Kalziumsulfat-Wirkstoffträger und Knochenersatzmaterial. Osteosynthese International, Supplement 1, Jahreskongress Osteosynthese International 1999 Gerhard Küntscher Kreis e.V. Frankfurt/Main, 9/9-11/1999, Johann Ambrosius Barth Verlag Supp. ll/00 8: 1-4 (Calciumsulfat carriers and bone replacement material.)

[198] Lederer E.: Der Guillotinier, DocCheck News, 6. Juli 2017

[199] Wagner A.: Watch a robotic exoskeleton help a stroke patient walk. Science, 26. July 2017

[200] Redaktion: Jeder Mensch ist ein ewiger Gedanke Gottes. Zenit, 12.

November 2013

[201] Breburda E.: Affenliebe: Zählt das Leben eines Gorillas mehr als das eines Jungen? Christliches Forum, 6. Juni 2016

[202] Lindenman M. How tears for Gorilla waters seeds for the culture of death., Aleteia, Society, 31. May 2016

[203] Vicky McKenna: Blood on the blackboard: Violence against teachers in Milwaukee public schools, Milwaukee's News/talk show station. AM 1310, 2. June 2016

[204] Leary P. Yorkville woman hit, killed by truck while chasing her dog. Wisconsin State Journal, 1. June 2016

[205] Landwehr T. und Lüdemann D.: Eizellen züchten – es geht. Zeit, 17. Oktober 2016

[206] Greenblatt E. J. und Spradling A.C.: Fragile X mental retardation 1 gene enhances the translation of large autism-related proteins. Science, 17. August 2018

[207] Kolata Gina: Scientist bypass need for Embryo to get stem cells. Science/the New York Times, 21. November 2007

[208] Breburda E.: Verheißungen der neuesten Biotechnologien. Christiana Verlag, 2010

[209] http://ti.me/1cnqF4E.

[210] Breburda E.: Körperzellen in Eizellen umwandeln: Eine neue Methode für unfruchtbare Frauen? Christliches Forum, 16. November 2015. / Couzin-Frankel J.: Feature: A controversial company offers a new way to make a baby. Science Magazine, Latest News, 5. November 2015

[211] Solter D.: Babys ohne Schwangerschaft. Süddeutsche Zeitung, 11. Mai 2010

[212] Breburda EE, Dambaeva SV, Golos TG. Selective: Distribution and Pregnancy-Specific Expression of DC-SIGN at the Maternal-Fetal Interface in the Rhesus Macaque: DC-SIGN is a Putative Marker of the Recognition of Pregnancy. Placenta 2006, 27, 11-21 PMID: 16310033

[213] Wills S.E.: Growing Babies in Artificial Wombs. Aleteia, 13. August 2014

[214] Breburda E.: Promises of New Biotechnologies. Sciviaspublisher 2011, ASIN: B004TM9CZO, ISBN-10: 0615548288, ISBN-13: 978-0615548289

[215] Wills S.E.: Growing Babies in Artificial Wombs. Aleteia, 13. August 2014

[216] Breburda E.: Reproduktive Freiheit, free for what? Scivias Verlag, 2015

[217] Denise Grady: First Uterus Transplant in U.S. has failed. The New York Times, 9. March 2016

[218] Rebecca Taylor: Uterus-Transplants are supremely risky. Nat. Cath. Register, 18. April 2016

[219] Breburda E.: Die neueste Errungenschaft moderner Reproduktions-Technologie. Die Gebärmuttertransplantation! Schattenblick, 23. April 2016

[220] Kurland R.: Designer babies vs Catholic teaching. Aleteia, 5. August 2017

[221] Rochman B.: The Gene Machine. How Genetic Technologie Are changing the way we have kids- and the kids we have. Scientific American, 2017

[222] Flanders N.: Mom of baby diagnosed with dwarfism refuses to abortion: "I wouldn't change a thing' LifeSite News, 30. September 2016

[223] Najim A. et al., A novel Fanconi anemia subtype associated with a dominant-negative mutation in RAD51, Nature Communications, 15. Dez. 2015/ Universität Luxemburg, Fanconi-Anämie: Mutation trotz Vererbungsthese, Doccheck News, 4. January 2015

[224] E. Breburda, Verheissungen der neuesten Biotechnologien, MM Verlag, ISBN-10: 3717111728, ISBN-13: 978-3717111726, ASIN: B007MSBJGM, 7. Juni 2010,

[225] Breburda E.: Spontanmutation: Gesunde Eltern bekamen erbkrankes Kind bekommen-Wird Genscreening sinnlos? Christliches Forum, 31. January 2016

[226] Rochman B.: The Gene Machine. How Genetic Technologies Are changing the way we have kids- and the kids we have. Scientific American, 2017

[227] http://addiandcassi.com/

[228] McAndrew S.: Parents Chris and Hugh Hampel did the nearly impossible for a frantic search to save their dying daughters. Reno Gazeet Journal, 12. January 2018

229 Zimmer S. et al.: Cyclodextrin dissolve away cholesterol crystals. Drug used for rare disease may be able to treat heart disease. Science News, 8. April 2016

230 Kohlstädt S.: Wie sich Stammzellen im Gehirn in neue Nervenzellen verwandeln und warum dabei Krebs entstehen kann. IDW-Informationsdienst Medizin. 31. Januar 2019.

231 Gemeinschaft@cenacolo.at

232 Mercola J.: Gratitude- the hidden key to health and happiness. Mercola, 10. August 2017

233 Zhang S.: When a DNA test shatters your identity. The Atlantic Daily, 17. July 2018

234 Van den Heuvel M.: Patientenrechte: Nutzen Ärzte Unwissen aus. DocCheckNews, 6. September 2018

235 Mercola J.: Up to 40 Percent of Consumer DNA tests are inaccurate. Mercola, take control of your health, 14. April 2018

236 Breburda E.: Sind Ultraschalluntersuchungen für die Ungeborenen schädlich oder nützlich? Christliches Forum, 27. Juli 2015

237 Helliker Kevin: The case for fewer fetal scans. Obstetrics expert says frequent ultrasounds in low-risk pregnancies aren't medically justified. The Wall Street Journal, 18-19. July 2015

238 Jalsevac John: Abort or die: Pregnant with an ectopic pregnancy after 5 c-sections, this couple found a miracle. LifeSite, 17. July 2015

239 Dietschi I.: Die Bindung der Babys. Wir Eltern 1985

240 O'Neil A.: The one personality trait that may determine the sex of your baby. Aleteia, 29. Juni 2017

241 Van den Heuvel M.: Wo sind all die Spermien hin? DocCheck, 31. Juli 2017

242 Breburda E.: „Promises of New Biotechnologies", ISBN, Ean 13 0615548288 / 9780615548289. Scivias Verlag, 2011

243 Cooper C.: 18 ways to protect declining sperm and T-levels. Easy Healthoptions, 11. August 2017

244 Servick K.: New Method grows sperm in a dish. Science, 25. February

2016

245 Breburda E.: Aktuelle Medizin-Nobelpreise: Wird es einst Wunschkinder aus Hautzellen geben? Christliches Forum, 10. Oktober 2012

246 Breburda E.: Gibt es ein Rückgaberecht für Babys? Christliches Forum, 19. August 2015

247 Archbold A.: Accidental life lawsuits or gratitude. National Catholic Register, 14. August2015

248 Schall J.V.: The madness of intellectuals. Aletia, 12. August 2015

249 Sasha Mortimer, Breakthroughs in IVF: How a Same-sex couple carried the same Baby. BioSpace, 15. November 2018

250 Breburda E.: Irrwege der Reproduktionsmedizin für homosexuelle Paare und ihren Kinderwunsch. Christliches Forum, 18. November 2018

251 Breburda E.: Reproduktive Freiheit, free for what? ISBN-10: 0692447261, ISBN-13: 978-0692447260

252 Golombok s.: Children born through reproductive donation: a longitudinal study of psychological adjustment. J. Child Psychol. Psychatry. 54(6): 653-60, June 2013

253 Murphy A.: Origins: How the nine months before birth shape the rest of our lives. Free Press, July 2011

254 Sloan K.: Eggsploitation: The dirty secrets of the third-party reproductive industry. Aleteia, 13. August 2015

255 Breburda E.: Ethische Grenzen der Biotechnologie: Gibt es ein Recht auf Kinder. Christliches Forum, 11. August 2015

256 James V. Schall: Selling our souls to trade in ova, sperm and fetal parts. Aleteia News, 31.August 2015

257 Austin Ruse: Planned Parenthood Investigation, Breitbart, July 28, 2015-08-02

258 http://www.nytimes.com/2015/07/22/us/with-planned-parenthood-videos-activist-ignites-abortion-issue.html?_r=1

259 Sheila Liaugminas: A Handbook of Logical Fallacies: The Defense of Planned Parenthood. Society, Aleteia 6. August 2015

260 Breburda E.: USA: Kontroverse über die Forschung mit Organen abgetriebener Kinder. Christliches Forum, 21. August 2015

261 Scott Bauer: Scott Walker noncommittal on support for fetal tissue research ban. Wisconsin State Journal, 13. August 2015

262 http://go.aleteia.org/2Fx9E4h

263 Johnson Ben: Breaking: New video: Planned Parenthood would steal aborted baby parts without mom's consent. LifeSiteNews, 12. August 2015

264 Piraino F.: Planned Parenthood should stop abortions. Madison.com. Leserbrief, 11. August 2015

265 Breburda E.: Verheissungen der neuesten Biotechnologien, 2010, Christiana Verlag. ISBN-10: 3717111728, ISBN-13: 978-3717111726

266 Breburda E.: Globale Chemisierung, vernichten wir uns selbst? Scivias Verlag 2014. ISBN-10: 0615926657 ISBN-13: 978-0615926650

267 EWTN: News Nightly, 12. August 2015

268 Scientist Features: What if.. We learn to talk to animals. 5. August 2015

269 Breburda E.: Neue Impftests gegen Fruchtbarkeit bei Tieren, Zwangssterilisationen bei armen Völkern. Christliches Forum, 15. Oktober 2015

270 William S.C.P.: DNA vaccine sterilize mice, could lead to one-shot birth control. Science, 5. October 2015

271 Breburda E.: Reproduktive Freiheit, free for what? Scivias, 358 Seiten, ISBN-10: 0692447261, ISBN-13: 978-0692447260, 18. Juni 2015

272 Ives D.: Documentary on James Foley, American Beheaded by ISIS, Focus on his life on faith. Aleteia, 11. March 2016

273 Burger J.: James Foley, Executed by Jihadists, Recalled as a "Man for Others." Aleteia, World, 20. August 2014

274 Gire S.K. et al.: Genomic surveillance elucidates Ebola virus origin and transmission during the 2014 outbreak. Science Magazine, 28. August 2014

275 Kupferschmidt K. und Cohen J.: Could pigs be involved in Congo's new Ebola outbreak? Science, 26. May 2017

276 Kupferschmidt K.: Hunting for Ebola among the bats of the Congo.

Science, 1. June 2017

[277] Idzera C.W.I.: Elkhorn family adopts children with facial differences. Wisconsin State Journal, 29. August 2015

[278] Breburda E, Wirth T, Leiser R, Griss P.: The influence of intermittent external dynamic pressure and tension forces on the healing of an epiphyseal fracture. Arch Orthop Trauma Surg, 2001 September 121 (8): 443-9

[279] Breburda E.: Vom tiefen Sinn eines Lebens mit Behinderungen Christliches Forum, 28. November 2015

[280] Panorama: Wetter-Phänomen in Mexiko. Hagelsturm fegt über Guadalajara hinweg. 01. July 2019

[281] Michels P. and Balling RC.: Climate of Extremes, Global Warming science we don't want you to know. Cato Institute Washington, July 2009

[282] Haddon H.: Swine Fever to Lift Meat Prices in US. Washington State Journal, Business & Finance, 20. May 2019

[283] Basler M., Deuber L., Hägler M.: Afrikanische Schweinepest breitet sich in China aus. Süddeutsche Zeitung, 3. Mai 2019

[284] Breburda E.: Wie das Zika-Virus zunehmend zu einem Freibrief für eine Abtreigung wird. Christliches Forum, 22. Februar 2016

[285] Cohen J.: Zika's long, strange trip into the limelight. Science, 8. February 2016

[286] Carless W.: On Brazils Zika front lines, cases of microcephaly are actually dropping. Health, 3. February 2016

[287] NTV-Nachrichten: Isländische Familie betroffen. Chikungunya-Virus erstmals in Spanien. 16. Juni 2019

[288] Gesellschaft für Virologie: Angst vor dem Zika Virus, DocCheck, 2. Februar 2016

[289] Dr. Marcus Mau im Gespräch mit Frau Prof. Susanne Modrow von der Gesellschaft für Virologie zu den Fakten rund um das Zikavirus. DocCheck, 15. Februar 2015

[290] Smith M.: Brazil: Reported Microcephaly number rising. But among investigated cases, 60% were ruled out. Medpage, 02. March 2016

[291] Klant V.L.M.: Teratogenität von Cumarinderivaten. Dissertation

Medizinische Fakultät Universität Ulm, 2005

[292] Weninger M.: Neugeborene drogenabhängiger Mütter. Monatszeitschrift Kinderheilkunde 15(1): 79-89, 6. Januar 2006

[293] Itkowitz C.: What this amazing mom of two girls with microcephaly has to say about Zika scare. Inspired Life, The Washington Post, 3. Februar 201

[294] Breburda E.: Gefährliche Ausbreitung des Zika-Virus: fatale Folgen für die Fruchtbarkeit. Christliches Forum, 2. Februar 2016

[295] Breburda E.: Zika-Virus, immer mehr Babys werden mit Mikrozephalie geboren. Wieviel Kinder erkranken wirklich und soll man sie abtreiben? Lebensforum, nr117, 1. Quatal 2016

[296] Breburda E.: Wie das Zika-Virus zunehmend zu einem Freibrief für eine Abtreigung wird. Christliches Forum, 22. Februar 2016

[297] The Alternative Daily, The Zika Virus Outbreak-it this brain shrinking virus spreading to the United States? 29. Januar 2016

[298] Van den Heuvel M.: Zika-Virus: In 40 Mücken um die Welt. DocCheck, 5. Januar 2016

[299] NPR Staff: Is it realistic to recommend delaying pregnancy during Zika Outbreak? NPR News, 27. Januar 2016

[300] Geo V: Zika-linked brain damage in infants may be tip of the iceberg. NPR, 29. Januar 2016

[301] Breburda E.: Scientists are using human embryonic stem cells to provide evidence that Zika virus causes microcephalia. FIAMC, 9. March 2016

[302] Vogel G.: Zika Virus kills developing brain cells. Science, 4. März 2016.

[303] Breburda E.: Humane embryonale Stammzellen werden zur Erforschung des Zika-Virus benutzt. Christliches Forum, 8. März 2016

[304] Breburda E.: Zika-zwischen Hoffnung und Desaster. Schattenblick, 14. September 2016

[305] Breburda et al. Vitamin A deficiency in the late gastrula stage rat embryo results in a one to two vertebral anteriorization that extends throughout the axial skeleton. Dev Biol., 257(1): 14-29. 1. May 2003

[306] Video: https://www.facebook.com/Flowertown-Bee-Farm-and-Supplies-169371146803372/

307 Edith Breburda: Globale Chemisierung, vernichten wir uns selbst. Paperback: Publischer: Scivias-Verlag: 254 pages. ISBN-10: 0615926657, ISBN-13: 978-0615926650, Language: German, Februar 2014

308 Loh T. und Kresge N.: Bayer Dangles $5.6 Billion Olive Branch to Roundup Critics. Busines, Bloomberg, 14. June 2019

309 Kthleen Haugency FSU Research team makes Zika drug breakthrough, Florida State University. Science, 29. August 2016

310 Zimmerman M.: Kuba vertuscht Epidemie. DocCheck, 9. Januar 2019

311 Waters R.: Cuba is waging an organized, intrusive war on Zika. It's working. STAT, 8. November 2016

312 Lock S.: Hotel Hell 'Terrified' couple poisoned by pesticide at luxury Domincan Republic. The Sun, A new UK company. 11. June 2019

313 Davidson P.: Low prices, floods and trade wars plague American farmers, putting their survial at risk. USA Today, 6. June 2019

314 Qian L et al.: Targetd mutations in myostatin by zinc-finger nuclease in double-muscled phenotype in Meishan pigs. Scientific Report, 25. September 32015

315 Rana P. und Craymer L.: Big Tongues and extra vertebrae: The unintended conseauences of anima gene editing. The Wall Street Journal, 14. December 2018

316 Rosenblum A.: Meet the woman using CRISPR to breed all-male terminator Cattle. Gen editing can change an animal's sex. MIT Technology Review, 10. January 2018

317 Assoc. Press. Gene-editing could create bigger, better farm animals. New York Post, 15. November 2018

318 Mercola J.: Genetic Editing of Animals has horrible side effects. Mercola, 12. März 2019

319 Breburda E.: Die Folgen genetischer Veränderungen im Erbgut von Tieren durch CRISPR etc. Christliches Forum, 15. März 2019

www.ingramcontent.com/pod-product-compliance
Lightning Source LLC
Chambersburg PA
CBHW062157270326
41930CB00009B/1563